소재집

한국고전번역원 한국문집번역총서

소재집 3

蘇齋集

노수신 지음

盧守愼

임정기 옮김

일러두기

1. 이 책의 번역 대본은 한국고전번역원에서 간행한 한국문집총간 35집 소재《소재집(穌齋集)》으로 하였다. 번역 대본의 원문 텍스트와 원문 이미지는 한국고전종합DB(http://db.itkc.or.kr)에서 확인할 수 있다.
2. 내용이 간단한 역주는 간주(間註)로, 긴 역주는 각주(脚註)로 처리하였다.
3. 한자는 필요한 경우 이해를 돕기 위하여 넣었으며, 운문(韻文)은 원문을 병기하였다.
4. 맞춤법과 띄어쓰기는 한글 맞춤법과 표준어 규정을 따랐다.
5. 이 책에서 사용한 부호는 다음과 같다.

   ( ) : 번역문과 음이 같은 한자를 묶는다.

   〔 〕 : 번역문과 뜻은 같으나 음이 다른 한자를 묶는다.

   " " : 대화 등의 인용문을 묶는다.

   ' ' : " " 안의 재인용 또는 강조 부분을 묶는다.

   「 」 : ' ' 안의 재인용을 묶는다.

   『 』 : 「 」 안의 재인용을 묶는다.

   《 》 : 책명 및 각주의 전거(典據)를 묶는다.

   〈 〉 : 책의 편명 및 운문·산문의 제목을 묶는다.

차례

소재집 제3권

시 詩

소재집

제3권

詩 시

새벽에 앉아서 읊다 기유년(1549, 명종4)[1] 8월이다.

曉坐 己酉八月

성중에는 야경하는 목탁 소리 엄중하고	城警嚴宵拆
이웃엔 밥 짓고 새벽 다듬이소리도 급한데	隣炊急曉砧
폭풍은 불어와 옆 벽을 흔들어 대고	顚風旁撼壁
차가운 빗물은 새 들어 이불을 적시누나	寒雨隙沾衾
광활한 바다 가운덴 가을 나그네 외로워라	雲海三秋客
천지의 마음은 곧 만물의 마음이로다	乾坤萬物心
내일 아침에 국화 떨기를 보거든	明朝看叢菊
떨어져서 담장 뒤에 버려져 있으리	離拆委墻陰

1 기유년 : 이때 저자의 나이 35세였다.

빙군의 금대운[2]을 읽고 눈물을 흘리며 재차 차운하다
讀聘君琴臺韻涕泣再次

선생의 띳집은 깊은 물굽이에 의지해 있는데	函丈茅齋倚積灣
공자 안자만 즐겨 찾고 문환은 수치로 여겼네[3]	樂尋顏孔恥文桓
우매한 내겐 그 얼마나 운무를 헤치게 하려던고[4]	愚蒙幾欲披雲霧
끝내는 분비하여 여울 터 내리듯 하기 기다렸지[5]	憤悱終須決瀨灘

2 빙군(聘君)의 금대운(琴臺韻) : 빙군은 바로 저자의 장인인 이연경(李延慶)을 지칭한다. 이때 이연경은 만년에 고향인 충주(忠州)로 내려가 살고 있었으니, 그렇다면 그가 지은 '금대운'이란 혹 그가 탄금대(彈琴臺)를 읊은 시가 아닐까 추측은 되나, 그의 저서(著書)에 대해서는 전혀 상고할 길이 없다.

3 공자(孔子)……여겼네 : 공자, 안자(顔子)를 즐겨 찾았다는 것은 곧 공자의 도(道)를 독실히 닦았다는 뜻이다. 문환(文桓)은 오패(五霸) 중에 가장 뛰어난 제 환공(齊桓公), 진 문공(晉文公)을 병칭한 말인데, 그들을 수치스럽게 여겼다는 것은 곧 그들이 정도(正道)가 아닌 패도(霸道), 즉 권모술수(權謀術數)로 정치를 하였기 때문이다.

4 우매(愚昧)한……하려던고 : 운무(雲霧)를 헤친다는 것은 곧 진(晉)나라 때 위관(衛瓘)이 상서령(尙書令)으로 있을 적에 악광(樂廣)이 조정(朝廷)의 명사(名士)들과 담론(談論)하는 태도를 보고는 매우 기특하게 여기어, 자제(子弟)들에게 나아가 만나 보도록 명하여 이르기를 "이 사람은 사람 중에 거울이다. 그를 보면 마치 구름 안개를 헤치고 푸른 하늘을 보는 것 같다.〔此人, 人之鏡也. 見之若披雲霧覩青天.〕"라고 한 데서 온 말이다.《世說新語 賞譽》 여기서는 곧 저자에게 스승이며 장인이기도 한 이연경이 저자를 악광 같은 인물이 되기를 바랐다는 뜻으로 한 말이다.

5 끝내는……기다렸지 : 분비(憤悱)의 분은 마음속으로 뭔가를 통해 보려고 애쓰는 것을 말하고, 비는 입으로 말을 해 보려고 애쓰는 것을 말한다. 공자(孔子)가 이르기를 "마음속으로 통하려고 애쓰지 않으면 열어 주지 않고, 입으로 말해 보려고 애쓰지 않으면 말해 주지 않거니와, 한 귀퉁이를 들어 주었는데, 이로써 세 귀퉁이를 유추해서

좋은 때엔 근심 풀고자 나막신 끌고 산책도 하고　時趁寫憂治木屐
또는 흥취가 날 땐 모시고 꽃밭도 구경했었네　還陪乘興看花欄
삼 년의 인간사가 천산의 달빛처럼 하 많으니[6]　三年人事千山月
단지 시편만 가지고 통곡하기도 어렵구려　只把詩篇慟哭難

알지 못하면 다시 더 말해 주지 않는다.〔不憤不啓, 不悱不發, 擧一隅, 不以三隅反, 則不復也.〕"라고 한 데서 온 말이다. 이는 곧 스승이 제자를 가르침에 있어 하나를 가르쳐 주고 세 가지를 통할 수 있도록 하는 것을 의미한다.《論語 述而》 여울을 터 내리듯 한다는 것은 또한 미처 몰랐던 것을 환히 깨닫게 되는 것을 의미한다.

6 삼 년의……많으니 : 여기서 삼 년의 인간사라고 한 것은 곧 저자가 유배(流配)된 지 3년 동안의 모든 일을 가리킨 것으로, 저자의 스승이며 장인인 이연경과의 사이에 있었던 여러 가지 일을 말한 듯하다.

10일에 빙군 선생의 말총갓을 받다

十日受聘君先生馬尾笠

빙모께서 멀리 부쳐 주시어, 평생 동안 사위에 대한 빙군의 애틋한 정을 표하였다.

선생께서 옛 용만에서 자리를 바꾸셨지만　先生易簀古龍灣
남긴 옷은 애당초 계환에게서 받은 게 아니었네[7]　遺服初非受季桓
빙모께서 내려 주시어 은혜가 바다에 미쳤어라　贈自夫人恩及海
제자에게 씌워 주시니 눈물이 여울물처럼 흐르네　加于弟子淚如灘
하수의 용마 그림 취하고는 총으로 망을 만들고[8]　河圖驗罷鬃爲網
기욱 대를 읊고 나서는 조릿대로 테를 둘렀네[9]　淇奧吟來簳作欄

7 선생께서……아니었네 : 여기서 용만(龍灣)은 바로 이연경(李延慶)이 만년에 내려가 살았던 충주의 용탄동(龍灘洞)을 가리킨 것으로, 거기에 강(江)이 있기 때문에 '만(灣)' 자를 사용한 것이다. 자리를 바꾼다는 것은 곧 증자(曾子)가 병이 위독했을 때 동자(童子)가 한쪽 구석에 앉아 촛불을 잡고 있다가 말하기를 "선생님의 대자리는 화려하고 고우니, 대부가 사용하는 자리인가 봅니다.〔華而睆, 大夫之簀與.〕"라고 하자, 증자가 선비의 신분으로 일찍이 대부(大夫)인 계환자(季桓子)에게서 받은 화려한 자리에서 죽어서는 안 된다 하고, 다른 자리로 바꾸게 하여 그 자리에서 운명한 고사에서 온 말이다.《禮記 檀弓上》 여기서는 곧 이연경이 애당초 대부에게서 받은 자리 따위도 없거니와 누추한 자리로 바꾸어 임종을 맞았다는 뜻으로 한 말이다.

8 하수(河水)의……만들고 : 복희씨(伏羲氏) 때 하수에서 용마(龍馬)가 그림을 등에 지고 나와서 그 그림을 본받아 팔괘(八卦)를 그었다는 고사에서 온 말인데, 여기서는 저자의 장인이 쓰던 갓이 말총갓이기 때문에 위의 고사를 인용했다.

9 기욱(淇奧)……둘렀네 : 기욱 대란, 《시경》〈위풍(衛風) 기욱(淇奧)〉에 "저 기수가 언덕을 보니, 푸른 대가 아름답고 무성하도다.〔瞻彼淇奧, 綠竹猗猗.〕"라고 한 데서 온 말인데, 여기서는 갓 테두리를 대로 둘렀기 때문에 위의 고사를 인용한 것이다.

문득 갓끈 단단히 매고 저승에 가서 뵙고파라　便欲結纓泉下拜
필부처럼 도랑에서 죽는 것도 어렵지 않다오[10]　匹夫溝瀆也無難

험파(驗罷)가 다른 본에는 부출(負出)로 되어 있다.

10 필부(匹夫)처럼……않다오 : 공자(孔子)가 일찍이 관중(管仲)이 처음 패했을 때 죽지 않은 것을 두고 이르기를 "어찌 필부, 필부들이 작은 신의를 지키고자 도랑에서 목매어 죽어서 알아줄 이가 없게 되는 것과 같이 하겠는가.〔豈若匹夫匹婦之爲諒也, 自經於溝瀆而莫之知也!〕"라고 한 데서 온 말이다.《論語 憲問》 여기서는 저자 자신 또한 작은 신의를 위해 죽을 수도 있다는 뜻으로 한 말이다.

취하여 김정용 정 에게 화답하여 사절하고 겸하여 중명에게 보이다 9월이다.

醉和金挺庸 珽 致謝兼示仲明 九月

이때 김정용이 《대학》을 배우려고 청하므로, 내가 그의 청을 사절하고 그의 시운에 화답한 것이다. ○상고하건대, 중명은 민성(閔誠)의 자이다.

《대학》 한 권에 학문하는 시종 규모가 갖춰 있어　一部規模有始終
수년을 노력해야만 가슴속에 넣을 수 있다네　數年方可在胸中
회옹께서 정력을 여기에 몽땅 쏟았으니[11]　晦翁精力於斯盡
조용히 분향하고 연구하면 그 공 절로 알게 되리　靜室焚香自識功

11 회옹(晦翁)께서……쏟았으니 : 회옹은 주희(朱熹)의 호이다. 주희에게는 저서(著書)가 수없이 많지만, 특히 《대학(大學)》, 《중용(中庸)》에 대해서는 장구(章句)와 혹문(或問) 등을 저술하여 후학(後學)들에게 지침이 되도록 하였다.

김정, 민성 두 서생이 각각 절구를 지었으므로, 나도 한마디 없을 수가 없어, 문득 두 서생의 운을 합쳐서 진퇴격[12]으로 지어 받들어 작별하다

金閔二生各有絶句予不能無言輒合其韻爲進退格奉別

경중을 알 만한 학문 기회를 놓쳤기에	失學知輕重
이리저리 반복하여 설명할 마음은 없네	無心說豎橫
가을이라 서풍은 솔솔 불어오고	西風秋嫋嫋
저물녘 남쪽 바다는 넘실거리누나	南海暮洋洋
한번 만나서 흉금이 서로 통하였고	一見襟懷照
석 잔 술에 의기도 화평해졌는데	三杯意氣平
서로 말없이 멍하니 앉아 있다가	茫然卽無語
이 사람들은 각기 고향으로 가는구려	之子各歸鄉

12 진퇴격(進退格) : 시를 짓는 데 있어 비슷한 운(韻)을 사용하는 한 가지 격례(格例)이다. 예를 들면 시의 제1구와 제3구에는 '우(虞)' 자 운을 사용하고, 제2구와 제4구에는 '어(魚)' 자 운을 사용하는 따위이다.

주천[13]의 죽음을 하늘에 호소할 길이 없었는데, 꿈에 만나 보고는 깨고 나서 울면서 마침내 '환' 자 운을 사용하다

舟川之死籲天無從夢見覺泣遂用桓韻

연원 거슬러 올라가서 항만에 퇴거했으니[14]	共泝淵源退港灣
그대는 솔과 잣나무처럼 꿋꿋하기도 했어라	君如松柏尙桓桓
홀로 들어앉아 부친의 삼년상을 마치고는[15]	獨居廠經三年室
장차 양구 입고 칠리탄에서 늙으려 하였네[16]	終老羊裘七里灘

13 주천(舟川) : 저자와 동문(同門)이며 동서 간(同壻間)이기도 한 강유선(康惟善)의 호이다. 그는 1537년(중종32) 사마시(司馬試)에 합격하여 성균관 유생이 되었고, 문장으로 이름이 있었으며, 인종(仁宗) 초기에는 성균관의 유생들을 이끌고 상소(上疏)하여 조광조(趙光祖)를 신원(伸冤)시키기도 했다. 그러나 그 후 충주에 내려가 지내다가 1549년(명종4) 이홍윤(李洪胤)의 옥사(獄事)에 연루되어 장살(杖殺)당하였다.

14 연원(淵源)……퇴거했으니 : 연원을 거슬러 올라갔다는 것은 곧 강유선이 스승 이연경(李延慶)이 거주하고 있던 충주의 용탄(龍灘)으로 퇴거한 것을 말하고, 여기서 말한 항만(港灣) 역시 용탄을 가리켜 한 말이다.

15 홀로……마치고는 : 저자가 지은 〈강상사갈명(康上舍碣銘)〉에 의하면, 강유선이 1541년(중종36), 부친 강의(康顗)의 상(喪)을 당하여 개령(開寧)에서 삼년상을 치렀는데, 장례와 제사를 모두 예법에 맞게 잘하여 남들로부터 거상(居喪)을 잘한다는 칭찬을 받았다고 하였다. 《穌齋集 卷10 康上舍碣銘》

16 양구(羊裘)……하였네 : 양구는 양피(羊皮)로 지은 갖옷을 말하는데, 후한 광무제(後漢光武帝)의 어릴 적 학우(學友)이기도 했던 은사(隱士) 엄광(嚴光)이 광무제가 등극(登極)한 이후로는 광무제의 간곡한 부름을 끝내 거절하고 부춘산(富春山)에 은거(隱居)하면서 양구를 입고 칠리탄(七里灘)에서 낚시질을 하며 여생을 보냈던 데서 온 말이다. 《後漢書 卷83 逸民列傳 嚴光》 여기서는 강유선이 충주의 용탄에서 낚시질이나 하며 늙고자 했던 것을 엄광의 고사에 빗대서 한 말이다.

학문을 전해서 장차 문업을 지키고자 하여　傳派幸將文守業
마구에 간힌 말처럼 산에 간히길 감수했었지[17]　囚山甘與馬同欄
아 이젠 그만이로다 시운이 원망스러워라　嗚呼已矣天時懟
웬일로 이 외론 신하는 한번 죽기가 어려운고　何事孤臣一死難

빙군(聘君) 선생의 장례를 예로써 잘 받들어 모신 것은 그대의 힘이었네. 바라건대 집을 이미 지었거든 위로는 옛 가업(家業)을 보전하고, 아래로는 농사짓고 낚시질하려던 소망만 이루면 될 것인데, 빙군의 장례 마치고 그대가 갑자기 죽었으니, 다시 무슨 말을 하겠는가.

17 마구(馬廏)에……감수했었지 : 곧 유종원(柳宗元)이 영주 사마(永州司馬)로 폄척되어 오랜 유배 생활에 지쳐, 마침내 〈수산부(囚山賦)〉를 지어서 뜻을 피력했는데, 그 〈수산부〉에 "나는 무소도 아닌데 우리에 갇혔음이여, 나는 돼지도 아닌데 외양간에 갇혔도다.……성군이 날로 다스리매 현신이 날로 진용되거늘, 누가 나의 산이 나를 이리도 넓게 가두도록 하는고.〔匪兕吾爲柙兮, 匪豕吾爲牢.……聖日以理兮, 賢日以進, 誰使吾山之囚吾兮滔滔?〕"라고 한 데서 온 말이다.《柳河東集 卷2》 여기서는 곧 산수(山水) 좋은 곳에서 한가로이 지내는 것을 의미한다.

취하여 민생의 운에 차하여 받들어 작별하면서 회포를 보이다

醉次閔生韻奉別示懷

군신 간의 의리는 도피하기 어렵거니와	天地難逃義
부모님 은덕은 하늘처럼 끝이 없다네	庭闈罔極恩
나는 삼 년 동안 우환을 만났을 뿐이니	三年惟有疢
친애하여도 내 넋을 부르진 말아다오[18]	相愛莫招魂
뜻은 굳게 세워 끝내 변함이 없으련만	志立終無變
맘은 밖으로 달려 오래 보존치 못하네[19]	心馳久不存
가을바람에 슬픈 눈물을 뿌리노니	西風灑悲淚
앞으로는 회포를 누구와 논한단 말가	懷抱向誰論

18 내……말아다오 : 넋을 부른다는 것은 본디 사자(死者)의 넋을 부르는 것을 말하지만, 생자(生者)의 넋을 부르는 것을 말하기도 한다. 여기서는 바로 생자의 넋을 부르는 것을 이른 말이다. 《초사(楚辭)》 〈초혼(招魂)〉에 대한 왕일(王逸)의 제해(題解)에 "〈초혼〉은 송옥이 지은 것이다.……송옥이 자기 스승 굴원이 충성함으로 인하여 버림을 받아 산택 사이에서 시름겹게 지내다가 혼백이 방일하여 생명이 곧 끊어지게 된 것을 가련하게 여겼으므로, 이 〈초혼〉을 지어서 그의 정신을 회복시켜 수명을 연장시키고자 한 것이다.〔招魂者, 宋玉之所作也.……宋玉憐哀屈原, 忠而斥棄, 愁懣山澤, 魂魄放佚, 厥命將落. 故作招魂, 欲以復其精神, 延其年壽.〕"라고 하였다. 여기서 저자 자신은 굴원만큼 다급한 지경에는 이르지 않았으므로 넋을 부를 필요가 없다는 뜻으로 한 말이다.

19 맘은……못하네 : 아직도 마음은 외물(外物)의 유혹을 받게 된다는 뜻으로 한 말이다.

무회가 친구에게 준 200언 시를 내가 읽어 보고 슬피 여긴 나머지, 문득 《논어》, 《맹자》 가운데 있는 말들을 엮어서 차운하여 기록해서 보이는 바이다 11월이다.

無悔贈友二百言予讀而悲之輒綴語孟中語次韻錄示 十一月

본말로 논하자면 샘 근원이 바다를 이루고[20] 本末原泉海
고비로 말하자면 촌목은 낮고 누각은 높지[21] 高卑寸木樓
궁술을 전함에 예의 구율을 어찌 변경하랴[22] 彀傳那變羿
바둑을 배울 땐 추의 가르침에 전심해야지[23] 奕受要專秋

20 본말(本末)로……이루고 : 서자(徐子)가 맹자(孟子)에게, 공자(孔子)가 자주 물을 칭탄(稱歎)한 데 대하여 묻자, 맹자가 이르기를 "근원 있는 샘물이 괄괄 솟아 나와서 밤낮을 쉬지 않고 흘러 구덩이를 채운 다음에야 나가서 사해에 이르나니, 학문에 근본이 있는 사람도 이와 같은 것이라, 이것을 취하신 것이다.〔原泉混混, 不舍晝夜, 盈科而後進, 放乎四海. 有本者如是, 是之取爾.〕"라고 한 데서 온 말이다. 《孟子 離婁下》

21 고비(高卑)로……높지 : 맹자가 이르기를 "그 밑동을 헤아리지 않고 그 끝만을 가지런히 한다면 한 치 되는 나무를 높은 누각보다 더 높게 할 수 있다.〔不揣其本而齊其末, 方寸之木可使高於岑樓.〕"라고 한 데서 온 말이다. 《孟子 告子下》 여기서는 곧 실제로 낮은 것은 한 치 되는 나무이고, 실제로 높은 것은 바로 누각이라는 뜻으로 한 말이다.

22 궁술(弓術)을……변경하랴 : 예(羿)는 하(夏)나라 때 활을 아주 잘 쏘았던 사람이고, 구율(彀率)은 활을 당기는 한계를 말한다. 맹자가 이르기를 "예는 활 못 쏘는 사람을 위하여 활 당기는 한계를 변경하지 않는다.〔羿不爲拙射, 變其彀率.〕"라고 한 데서 온 말로, 즉 남을 가르치는 사람에게는 모두 바꿀 수 없는 법칙이 있음을 의미한다. 《孟子 盡心上》

23 바둑을……전심해야지 : 추(秋)는 전국 시대에 바둑을 매우 잘 두던 사람의 이름이다. 맹자가 이르기를 "지금 바둑은 비록 작은 기예이지만 전심치지하지 않으면 이룰 수 없는 것이다. 혁추는 온 나라 안에서 바둑을 가장 잘 두는 사람이니, 혁추로 하여금

내가 양쪽 끝을 다 말해 준 걸 잘 들으니[24] 聽我端皆竭
그대의 도가 절로 여유 있음을 알겠구려 知君道自悠
가슴속엔 아름다운 옥이 쌓였거니와[25] 在中良玉蘊
몸 밖엔 조각구름이 떠 있을 뿐이네[26] 於外片雲浮

두 사람에게 바둑을 가르치게 했을 경우, 한 사람은 전심치지하여 혁추의 말만을 듣고, 또 한 사람은 혁추의 말을 들으면서 한편으로는 속으로 홍곡이 날아오거든 주살을 메겨 쏘아 잡으리라고 생각한다면, 아무리 같이 배우더라도 진취됨이 같지 못하게 된다.〔今夫奕之爲數, 小數也, 不專心致志, 則不得也. 奕秋, 通國之善奕者也. 使奕秋誨二人奕, 其一人專心致志, 惟奕秋之爲聽, 一人雖聽之, 一心以爲有鴻鵠將至, 思援弓繳而射之, 雖與之俱學, 弗若之矣.〕"라고 한 데서 온 말이다.《孟子 告子上》

24 내가……들으니 : 여기서 양쪽 끝이란 바로 시종(始終), 본말(本末), 상하(上下), 정조(精粗) 등을 말한다. 공자가 일찍이 이르기를 "내가 아는 것이 있느냐? 나는 아는 것이 없다. 그러나 어떤 비루한 사람이 나에게 무언가를 물으면 그가 아무리 어리석다 하더라도 나는 그 묻는 말의 양쪽 끝을 다 말해 주노라.〔吾有知乎哉? 無知也. 有鄙夫問於我, 空空如也, 我叩其兩端而竭焉.〕"라고 한 데서 온 말로, 여기서 양쪽 끝을 다 말해 준다는 것은 곧 스승으로서 제자를 자상하게 가르친 것을 의미한다.《論語 子罕》

25 가슴속엔……쌓였거니와 : 여기서 아름다운 옥〔良玉〕이란 바로 사람의 재덕(才德)에 비유한 것으로, 자공(子貢)이 일찍이 공자에게 묻기를 "아름다운 옥이 여기에 있으니, 궤에 담아서 감춰 두시겠습니까, 아니면 좋은 값을 받고 팔아야겠습니까?〔有美玉於斯, 韞匵而藏諸, 求善賈而沽諸?〕" 하자, 공자가 이르기를 "팔겠다, 팔겠다. 그러나 나는 좋은 값을 기다리는 사람이다.〔沽之哉! 沽之哉! 我待賈者也.〕"라고 한 데서 온 말인데, 좋은 값을 기다린다는 것은 곧 정당한 예우(禮遇)를 받아야만 세상에 나가서 도(道)를 행할 수 있음을 의미한다.《論語 子罕》

26 몸……뿐이네 : 공자가 이르기를 "거친 밥을 먹고 물을 마시고 팔을 굽혀 베더라도 낙이 또한 그 가운데 있으니, 의롭지 못하고 부귀함은 나에게 뜬구름과 같으니라.〔飯疏食飮水, 曲肱而枕之, 樂亦在其中. 不義而富且貴, 於我如浮雲.〕"라고 한 데서 온 말이다.《論語 述而》 여기서는 곧 뜬구름과 같은 부귀 따위는 나와 아무런 상관이 없다는 뜻으로 한 말이다.

사어의 곧음은 죽어서 여한이 없게 되었고[27] 魚直屍靡悔
전금은 화하여 곤액을 당해도 걱정 안 했지[28] 禽和阨不愁
인을 좋아하여 덕 있는 기마와 친하고[29] 好仁親德驥

27 사어(史魚)의……되었고 : 사어는 춘추 시대 위(衛)나라의 사관(史官)으로 직간(直諫)을 잘했던 사람으로, 이름은 추(鰌)이고, 자가 어(魚)이다. 공자가 이르기를 "정직하다, 사어여. 나라에 도가 있을 때에도 화살처럼 곧고, 나라에 도가 없을 때에도 화살처럼 곧도다. 군자답다, 거백옥이여. 나라에 도가 있으면 벼슬하고, 나라에 도가 없으면 거두어 감춰 버리도다.〔直哉史魚! 邦有道, 如矢, 邦無道, 如矢. 君子哉蘧伯玉! 邦有道則仕, 邦無道則可卷而懷之.〕"라고 하였다.《論語 衛靈公》또《한시외전(韓詩外傳)》에 "위나라 대부 사어가 임종 시에 자기 아들에게 이르기를 '내가 평소에 거백옥의 어짊을 자주 진언했으나 그를 진용하지 못했고, 미자하의 불초함을 자주 진언했으나 그를 물리치지 못했다. 신하 된 사람으로 생전에 어진이를 진용하고 불초한 자를 물리치지 못했고 보면, 죽은 뒤에 정당에서 상을 치러서는 안 되니, 내 빈소는 실에 설치하는 것으로 족하다.'라고 하여, 그의 아들이 그의 유언대로 빈소를 설치했던바, 위 영공이 와서 보고는 그 까닭을 물으므로, 그 아들이 자기 아버지의 유언을 아뢰자, 영공이 불안한 기색으로 급히 거백옥을 불러 높은 자리에 앉히고 미자하를 물리친 다음, 정당에 빈소를 설치하게 하여 예를 행하고 나서 떠났다. 살아서는 몸으로 간하였고, 죽어서는 시신으로 간하였으니, 정직하다고 이를 만하다.〔衛大夫史魚病且死, 謂其子曰: 我數言蘧伯玉之賢而不能進, 彌子瑕之不肖而不能退. 爲人臣生不能進賢而退不肖, 死不當治喪正堂, 殯我於室足矣. 衛君問其故. 子以父言聞. 君造然召蘧伯玉而貴之, 而退彌子瑕. 從殯於正堂, 成禮而後去. 生以身諫, 死以尸諫, 可謂直矣.〕"라고 하였다.《韓詩外傳 卷7》

28 전금(展禽)은……했지 : 전금은 춘추 시대 노(魯)나라 대부(大夫) 유하혜(柳下惠)의 이름이다. 맹자가 이르기를 "유하혜는……벼슬길에 오르지 못해도 원망하지 않았고, 곤액을 당하여도 걱정하지 않았다.〔柳下惠,……遺佚而不怨, 阨窮而不憫.〕" 하였다. 또 이르기를 "백이는 성인의 청한 분이요,……유하혜는 성인의 화한 분이다.〔伯夷, 聖之淸者也;……柳下惠, 聖之和者也.〕"라고 한 데서 온 말이다.《孟子 公孫丑上, 萬章下》

29 인(仁)을……친하고 : 공자가 이르기를 "기마에 대해서는 그 힘을 칭찬하는 것이 아니라, 그 덕을 칭찬하는 것이다.〔驥, 不稱其力, 稱其德也.〕"라고 한 데서 온 말로,

말만 잘하는 가변 갈매기 같은 자는 멀리해야[30] 便佞遠輕鷗
누가 예리한 기구를 말해 절차탁마케 했던고[31] 利器誰敎琢
큰 띠에 써서 모두가 닻줄을 풀었지[32] 書紳摠解舟
성실치 못하면 폐간을 가리기 어렵거니와[33] 不誠難掩肺

즉 기마는 힘도 있지만, 그보다 더 칭찬할 만한 것은 곧 길이 잘 들고 양순하기 때문에 이것을 덕으로 칭한 것이다.《論語 憲問》

30 말만……멀리해야 : 공자가 이르기를 "유익한 벗이 세 가지가 있고, 손해되는 벗이 세 가지가 있으니, 벗이 정직하고, 신실하며, 문견이 많으면 유익한 것이요, 벗이 겉치레만 잘하고, 유순한 태도만 잘 지으며, 말만 잘하면 손해되는 것이다.〔益者三友, 損者三友. 友直, 友諒, 友多聞, 益矣. 友便辟, 友善柔, 友便佞, 損矣.〕"라고 한 데서 온 말이다.《論語 季氏》 여기서는 곧 가벼운 갈매기의 자태에 비유한 것이다.

31 누가……했던고 : 자공(子貢)이 인(仁)을 묻자, 공자가 이르기를 "기술자가 일을 잘하려면 반드시 먼저 그 기구를 예리하게 만들어야 하는 것이니, 이 지방에서는 대부 중에 어진 자를 섬겨야 하며, 선비 중에 인한 자를 벗 삼아야 한다.〔工欲善其事, 必先利其器. 居是邦也, 事其大夫之賢者, 友其士之仁者.〕"라고 하여, 자공으로 하여금 어진이들과 사귀면서 늘 절차탁마하여 덕을 이루도록 한 데서 온 말이다.《論語 衛靈公》

32 큰 띠에……풀었지 : 큰 띠에 썼다는 것은 곧 자장(子張)이 일찍이 행해짐〔行〕을 물은 데 대하여 공자가 이르기를 "말이 충신하고 행실이 독경하면 오랑캐의 나라에서도 행해질 수 있거니와 말이 충신하지 못하고 행실이 독경하지 못하면 주리에선들 행해질 수 있겠는가. 일어서면 충신 독경이 눈앞에 드러나는 것을 볼 수 있고, 수레에 있으면 충신 독경이 멍에에 기대 있음을 볼 수 있어야 하니, 그런 다음에야 행해질 수 있는 것이다.〔言忠信, 行篤敬, 雖蠻貊之邦行矣. 言不忠信, 行不篤敬, 雖州里行乎哉? 立則見其參於前也, 在輿則見其倚於衡也, 夫然後行.〕"라고 하자, 자장이 이 말씀을 큰 띠에 썼던 데서 온 말이다.《論語 衛靈公》 닻줄을 풀었다는 것은 곧 행하기 위한 출발의 의미로 쓰인 듯하나 자세하지 않다.

33 성실치……어렵거니와 : 《대학장구(大學章句)》 전(傳) 6장 성의장(誠意章)에 "소인이 한가로이 있을 때에 불선한 짓을 하되 못하는 짓이 없다가, 군자를 본 다음에는 불선한 짓을 은폐하여 가리고 선함을 드러내려 하지만, 남들이 자기를 보는 것이 마치

오직 철인만이 눈동자를 관찰한다네[34] 惟哲始觀眸
오솔길을 찾아보면 띠풀이 막아 버렸고[35] 尋徑菅茅塞
채마밭에 가 보면 가시나무만 빽빽하여라[36] 歸場樲棘稠
슬픈 일은 마음을 놓아 버린 것이거니와[37] 哀哉心則放

폐간을 들여다보듯 할 것이니, 무슨 유익함이 있겠는가. 이것을 일러 '마음속에 성실하면 외면에 나타난다.'라고 하는 것이다. 그러므로 군자는 반드시 그 홀로 있을 때를 삼가는 것이다.〔小人閒居, 爲不善, 無所不至, 見君子而后厭然, 揜其不善, 而著其善. 人之視己, 如見其肺肝然, 則何益矣. 此謂誠於中, 形於外. 故君子必愼其獨也.〕"라고 한 데서 온 말이다.

34 오직……관찰한다네 : 맹자가 이르기를 "사람의 정신이 보존된 곳이 눈동자보다 더 좋은 데가 없다. 눈동자는 악을 엄폐하지 못하나니, 가슴속이 바르면 눈동자가 밝고, 가슴속이 바르지 못하면 눈동자가 흐리느니라. 그의 말을 들어 보고 그의 눈동자를 관찰해 본다면 그가 어떻게 자신의 거짓을 숨기겠는가.〔存乎人者, 莫良乎眸子. 眸子不能掩其惡. 胸中正, 則眸子瞭焉; 胸中不正, 則眸子眊焉. 聽其言也, 觀其眸子, 人焉廋哉?〕"라고 한 데서 온 말이다.《孟子 離婁上》 여기서는 곧 철인(哲人)만이 남의 눈동자를 관찰해서 그의 내면(內面)을 파악할 수 있다는 뜻으로 한 말이다.

35 오솔길을……버렸고 : 맹자가 고자(高子)에게 이르기를 "산중의 오솔길이 잠깐 사람이 이용하면 길이 되고, 한참만 이용하지 않으면 띠풀이 나서 길을 막아 버리나니, 지금 그대는 띠풀이 마음을 막아 버렸도다.〔山徑之蹊間, 介然用之而成路, 爲間不用則茅塞之矣. 今茅塞子之心矣.〕"라고 한 데서 온 말이다.《孟子 盡心下》 여기서 띠풀이 오솔길을 막아 버렸다는 것은 곧 의리(義理)의 마음이 막혀 버렸음을 비유한 것이다.

36 채마밭에……빽빽하여라 : 맹자가 이르기를 "지금 장사가 오동나무와 가나무를 버리고 가시나무를 기른다면 천한 장사인 것이다.〔今有場師舍其梧檟, 養其樲棘, 則爲賤場師焉.〕"라고 한 데서 온 말인데, 이는 곧 사람이 중대한 자기의 심지(心志)는 기를 줄 모르고 사소한 구복(口腹)이나 채우는 데에 비유한 것이다. 장사(場師)는 채마밭을 가꾸는 원예사 같은 사람을 가리킨다.《孟子 告子上》

37 슬픈……것이거니와 : 맹자가 이르기를 "인은 사람의 마음이요, 의는 사람이 갈 길인데, 그 길을 버리고 따라가지 않으며, 그 마음을 놓아 버리고 찾을 줄을 모르니,

반드시 학문을 하고 여력이 있어야 하리[38] 必也學而優

예악을 익혀야만 때로 서게 되려니와[39] 禮樂時將立

시서를 열심히 읽어야지 세월은 안 머문다오 詩書歲不留

아버지 교훈 따라야 당족에게 칭찬받거니와[40] 趨庭孚黨族

멀리 노니는 이는 바다로 들어갔었지[41] 遊遠入溟漚

슬프도다.〔仁, 人心也; 義, 人路也. 舍其路而不由, 放其心而不知求, 哀哉!〕"라고 한 데서 온 말이다. 마음을 놓아 버린다는 것은 곧 외물(外物)에 유혹을 받아 선심(善心)을 잃어버린 것을 말한다. 《孟子 告子上》

38 반드시……하리 : 자하(子夏)가 말하기를 "벼슬하면서 여력이 있으면 학문을 하고, 학문을 하고서 여력이 있으면 벼슬을 하느니라.〔仕而優則學, 學而優則仕.〕"라고 한 데서 온 말이다. 《論語 子張》

39 예악(禮樂)을……되려니와 : 공자(孔子)가 일찍이 홀로 서 있을 때 아들 리(鯉)가 뜰 앞을 총총걸음으로 지나가자, 공자가 리에게 "시를 배웠느냐?〔學詩乎〕"라고 묻자, "배우지 못했습니다.〔未也〕"하니, 공자가 이르기를 "시를 배우지 않으면 말을 할 수가 없는 것이다.〔不學詩, 無以言.〕" 하므로, 리가 물러가서 시를 배웠고, 후일에 또 리가 뜰 앞을 총총걸음으로 지나가자, 공자가 "예를 배웠느냐?〔學禮乎〕"라고 묻자, "배우지 못했습니다."하니, 공자가 이르기를 "예를 배우지 않으면 설 수가 없는 것이다.〔不學禮, 無以立.〕"하므로, 리가 물러가서 예를 배웠다고 한 데서 온 말이다. 《論語 季氏》

40 아버지……칭찬받거니와 : 당족(黨族)은 향당(鄕黨)과 종족(宗族)을 병칭한 말로, 자공(子貢)이 공자에게 "어떻게 해야 선비라 이를 수 있습니까?〔何如斯可謂之士矣〕"라고 묻자, 공자가 "처신함에 있어 부끄러워할 줄을 알며, 사방에 사신으로 나가서는 군주의 명을 욕되게 하지 않으면 선비라 할 수 있다.〔行己有恥, 使於四方, 不辱君命, 可謂士矣.〕" 하므로, 다시 묻기를 "감히 그다음 가는 선비에 대하여 묻겠습니다.〔敢問其次〕" 하자, 공자가 "종족들로부터 효성스럽다는 칭찬을 받고 향당으로부터 공손하다는 칭찬을 받는 사람이다.〔宗族稱孝焉, 鄕黨稱弟焉.〕"라고 한 데서 온 말이다. 《論語 子路》

41 멀리……들어갔었지 : 공자가 이르기를 "소사 양과 경쇠를 치던 양은 바다 섬으로 들어갔다.〔少師陽、擊磬襄入於海.〕"라고 한 데서 온 말인데, 이들은 모두 난세(亂世)를 피해서 바다로 들어갔던 것이다. 《論語 微子》

형은 절로 사마우의 두려움거리가 되었고[42]	兄自爲牛懼
어버이는 오직 체가 근심거리였지[43]	親唯以彘憂
미복은 입었지만 송을 지나가려는 건 아니요[44]	服微非過宋
녹봉이 끊어지니 휴 땅에 머문 것 같구려[45]	祿絶似居休
원헌의 가난함은 부끄럽지 않지만[46]	不恥貧原憲

42 형(兄)은……되었고 : 사마우(司馬牛)라는 사람이 공자에게 어떻게 해야 군자(君子)일 수 있느냐고 묻자, 공자가 이르기를 "군자는 걱정하지도 않고 근심하지도 않는 것이다.〔君子不憂不懼〕"라고 한 데서 온 말인데, 본래 사마우는 자기 형인 사마상퇴(司馬向魋)가 늘 난(亂)을 일으키므로, 항상 그것을 걱정하고 있었기 때문에 이른 말이다. 《論語 顔淵》 여기서는 저자 자신 또한 아우에게 걱정거리가 되었다는 뜻으로 한 말이다.

43 어버이는……근심거리였지 : 체(彘)는 춘추 시대 노(魯)나라 대부(大夫) 맹무백(孟武伯)의 이름이다. 맹무백이 공자에게 효(孝)를 물었을 때 공자가 이르기를 "부모는 오직 자식이 병들까 근심하는 것이다.〔父母唯其疾之憂〕"라고 한 데서 온 말이다. 《論語 爲政》 이 또한 저자 자신이 부모님께 혹시 아프지나 않을까 하는 걱정을 끼쳐 드리고 있다는 뜻으로 한 말이다.

44 미복(微服)은……아니요 : 미복은 존귀(尊貴)한 이가 자기 신분을 감추어 남의 주목을 피하기 위하여 남루한 평상복으로 갈아입는 것을 이른다. 공자가 일찍이 노(魯)나라와 위(衛)나라에 머물기를 싫어하여 떠나는 길에 송(宋)나라 환 사마(桓司馬)가 공자를 살해하려고 하자, 미복을 하고 송나라를 지나갔던 데서 온 말이다. 《孟子 萬章上》 여기서는 곧 저자 자신 또한 관복(官服)이 아닌 미복을 입기는 했지만, 공자의 일과는 다르다는 뜻으로 한 말이다.

45 녹봉이……같구려 : 맹자가 일찍이 제(齊)나라에 머물다가 녹봉도 받지 않고 제나라를 떠나서 휴(休) 땅에 잠시 머물렀을 때, 공손추(公孫丑)가 묻기를 "벼슬하면서 녹봉을 받지 않는 것이 옛 도입니까?〔仕而不受祿, 古之道乎?〕"라고 한 데서 온 말이다. 《孟子 公孫丑下》 여기서는 저자 또한 녹봉을 받지 않는 처지는 맹자와 같다는 뜻으로 한 말이다.

46 원헌(原憲)의……않지만 : 원헌은 공자의 제자인데, 그가 노(魯)나라에서 몹시 곤궁하게 지낼 적에 자공(子貢)이 헌거 대마(軒車大馬)를 타고 원헌을 방문하여 말하

오히려 중유의 성난 얼굴을 꺼릴 뿐이네[47] 猶嫌慍仲由
몸은 서로 헤어져 눈물을 흘리겠지만 分身垂涕泣
도는 같으니 계책을 남김없이 다해야지 同道盡謨謀
아홉 길 산을 만들되 중지하지 말아야 하고[48] 九仞山毋止
삼 년 묵은 약쑥도 구해 두어야 하리[49] 三年艾可求
생각에 거슬려야만 능히 분발하거니와[50] 慮衡能發憤

기를 "아, 선생은 어찌하여 이렇게 병되이 지내십니까?〔嘻! 先生何病?〕" 하자, 원헌이 대답하기를 "나는 듣건대, 재물이 없는 것을 가난이라 하고, 배워서 그대로 실천하지 못하는 것을 병이라 한다 하니, 지금 나는 가난한 것이지, 병든 것이 아니라오.〔憲聞之, 無財謂之貧, 學而不能行謂之病. 今憲貧也, 非病也.〕"라고 한 데서 온 말이다. 《莊子 讓王》 이 시 제목에 의하면, 저자가 이 시구들을 모두 《논어》, 《맹자》에 있는 말들로 엮었다고 하였으나, 원헌이 공자께 부끄러움을 물은 적이 《논어》에 한 번 나올 뿐, 가난에 대한 말은 나오지 않아서 참고 문헌을 《장자》로 하였다.

47 중유(仲由)의……뿐이네 : 중유는 자로(子路)의 이름이다. 공자가 일찍이 진(陳)에 있을 적에 양식이 떨어져서 종자(從者)들이 병들어 일어나지 못하자, 자로가 성난 얼굴로 공자를 뵙고 말하기를 "군자도 궁할 때가 있습니까?〔君子亦有窮乎〕" 하자, 공자가 이르기를 "군자는 진실로 궁한 것이니, 소인은 궁하면 나쁜 짓을 하게 된다.〔君子固窮, 小人窮斯濫矣.〕"라고 한 데서 온 말이다. 《論語 衛靈公》

48 아홉……하고 : 《서경(書經)》 〈여오(旅獒)〉에 "작은 행실을 신중히 하지 않으면 마침내 큰 덕에 누를 끼쳐, 아홉 길의 산을 만들다가 공이 흙 한 삼태기가 모자란 데서 무너지는 격이 되리라.〔不矜細行, 終累大德, 爲山九仞, 功虧一簣.〕"라고 한 데서 온 말이다.

49 삼 년……하리 : 맹자가 이르기를 "지금 천하에 왕 노릇을 하려는 것은 마치 7년 된 병에 3년 묵은 약쑥을 구하는 것과 같으니, 만일 미리 약쑥을 비축해 두지 않으면 종신토록 얻지 못할 것이다.〔今之欲王者, 猶七年之病求三年之艾也. 苟爲不畜, 終身不得.〕"라고 한 데서 온 말이다. 《孟子 離婁上》 여기서는 병이 깊어지면 어찌할 도리가 없게 되므로 미리 약쑥을 비축하듯이, 모든 일을 항상 미리 대비해야 한다는 뜻으로 한 말이다.

덕이 일정하면 어찌 수욕을 받으리오[51] 德恒豈承羞
날로 자식의 직분을 힘써 행해야지[52] 日勉子之職
내가 무도한 짓을 하면 하늘이 버리리라[53] 天厭予所否
내일이면 우리 서로 만나지 못하겠지 明朝不相見
사이에 추방된 몸 저녁엔 죽을 테니[54] 夕死四夷流

50 생각에……분발하거니와 : 맹자가 이르기를 "사람은 항상 과실이 있는 다음에야 고치는 것이니, 마음에 괴롭고 생각에 거슬린 다음에야 분발한다.〔人恒過, 然後能改, 困於心, 衡於慮, 而後作.〕"라고 한 데서 온 말이다. 《孟子 告子下》

51 덕이……받으리오 : 《주역(周易)》 〈항괘(恒卦) 구삼(九三)〉에 "그 덕이 일정하지 못한지라, 혹 수욕을 당할 수도 있다.〔不恒其德, 或承之羞.〕"라고 한 데서 온 말이다.

52 날로……행해야지 : 순(舜) 임금이 이르기를 "나는 힘을 다하여 농사를 지어서 공손히 자식의 직분을 다하는데, 부모께서 나를 사랑하지 않은 것은 나에게 무슨 죄가 있어서인가.〔我竭力耕田, 共爲子職而已矣. 父母之不我愛, 於我何哉?〕"라고 한 데서 온 말이다. 《孟子 萬章上》

53 내가……버리리라 : 공자가 이르기를 "내가 무도한 짓을 한다면 하늘이 나를 버리리라. 하늘이 나를 버리리라.〔予所否者, 天厭之, 天厭之.〕"라고 한 데서 온 말이다. 《論語 雍也》

54 사이(四夷)에……테니 : 사이는 사방 오랑캐 땅을 말한 것으로, 여기서는 유배지를 뜻한다. 《대학장구》 전(傳) 10장에 "오직 어진 사람만이 불선한 사람들을 추방하되 사방 오랑캐 땅으로 내쫓아서, 중국에서 그들과 함께하지 않는다.〔唯仁人, 放流之, 迸諸四夷, 不與同中國.〕"라고 한 데서 온 말이다. 저녁에 죽는다는 말은 공자가 이르기를 "아침에 도를 깨달았으면 저녁에 죽어도 괜찮다.〔朝聞道, 夕死可矣.〕"라고 한 데서 온 말이다. 《論語 里仁》

정상과 작별하다

別鄭尙

정상은 나에게 먼 서얼 대부(庶孽大父)뻘이 되고, 정화(鄭和)가 바로 그의 형이다.[55] 정화는 시를 능히 지을 줄 아는데, 그의 시에 "편평한 들판에 눈이 녹으니 물이 흘러가고, 먼 산 위에 하늘이 너르니 조각구름이 떠오네."라고 하였으니, 경구(警句)라 이를 만하다. 나는 여기에 차운하면서 '재(纔)' 자를 더 보태서 근체시(近體詩)를 지어 주었다. 시편 가운데서 많이 언급하였다.

문득 가문을 떠나온 지 오래이건만	忽隔家門久
아직껏 목숨만은 근근이 이어왔는데	猶完性命纔
강가에서 또 서로 만나고 보니[56]	江潭且相見
회포를 온전히 토로하지 못하겠네	懷抱未全開
인간사는 이와 같을 뿐이거니와	人事如斯已
군왕의 은혜는 또한 크다 하리로다	天恩亦大哉
구구한 이내 심정 소식이나 부치고자	區區附消息
북쪽을 향해 조각구름 떠오기 기다린다오	北望片雲來

55 정상은……형이다 : 소세양(蘇世讓)이 찬(撰)한 정광필(鄭光弼)의 신도비명(神道碑銘)에 의하면, 정화(鄭和)와 정상(鄭尙)은 모두 정광필의 서자(庶子)로 되어 있는데, 정화는 사역원 정(司譯院正)을 지냈고, 정상은 율려 습독(律呂習讀)을 지낸 것으로 되어 있다. 그러나 여기서 저자가 그들을 서얼 대부(庶孽大父)라 칭한 데 대해서는 혹 인척(姻戚) 관계로 한 말인지 자세하지 않다.

56 강가에서……보니 : 《초사(楚辭)》 〈어부사(漁父辭)〉에 "굴원이 쫓겨나서는 강가에서 노닐면서 늪가를 거닐며 시가를 읊조릴 적에 안색은 초췌하고 형용은 바싹 야위었다.〔屈原旣放, 游於江潭, 行吟澤畔, 顔色憔悴, 形容枯槁.〕"라고 한 데서 온 말로, 여기서 강가를 말한 것은 곧 유배된 저자 자신의 처지를 굴원의 처지에 빗대서 한 말이다.

크게 취하여 붓을 달려 10운을 부르다. 이때 아우 및 두세 서생이 자리에 있었다

大醉走筆唱十韻時舍弟及二三生在坐

의기는 천승[57]을 가벼이 여기고	意像輕千乘
경서는 오거에 가득 실을 만하도다[58]	經書滿五車
문에 기댄 이는 광자인 증점이었고[59]	倚門狂者點
안석에 기댄 이는 호연한 자여였지[60]	隱几浩然輿
술은 즐기어 성인에 맞았다 일컫고[61]	耽酒稱中聖

57 천승(千乘) : 옛날 병거(兵車) 1000대를 이르던 말인데, 또는 병거 1000대를 보유한 대제후국(大諸侯國)을 지칭하기도 한다.

58 경서(經書)는……만하도다 : 오거(五車)는 다섯 수레라는 뜻으로, 《장자(莊子)》 〈천하(天下)〉에 "혜시의 학설은 다방면이어서 그 저서가 다섯 수레에 쌓을 정도이다. 〔惠施多方, 其書五車.〕"라고 한 데서 온 말인데, 서책(書冊)이 많음을 의미한다.

59 문에……증점(曾點)이었고 : 증점은 증자(曾子)의 아버지로, 뜻만 크고 행실이 뜻에 미치지 못한다 하여 그를 광자(狂者)라 일컬었는데, 일찍이 노(魯)나라 대부(大夫) 계무자(季武子)의 상(喪)을 당했을 때, 증점이 계무자의 문에 기대서서 노래를 부른 데서 온 말이다. 《禮記 檀弓下》

60 안석에……자여(子輿)였지 : 자여는 맹자의 자이고, 호연(浩然)은 바로 맹자가 말한 호연지기(浩然之氣)를 지칭하는 말이다. 안석에 기대었다는 것은 곧 맹자가 일찍이 제(齊)나라를 떠날 적에 주(晝) 땅에서 유숙하였던바, 이때 제왕(齊王)을 위해 맹자를 못 떠나게 만류하려는 자가 있어 맹자를 뵙고 앉아서 말하였으나, 맹자는 아무런 대꾸도 하지 않고 안석에 기대어 누워 버린 데서 온 말이다. 《孟子 公孫丑下》

61 술은……일컫고 : 여기서 성인(聖人)은 바로 청주(淸酒)를 가리킨 것으로, 맞았다는 것은 곧 청주에 취했다는 뜻이다. 삼국(三國) 시대 위(魏)의 상서랑(尙書郞) 서막(徐邈)이 술을 몹시 좋아한 나머지, 한번은 금주령(禁酒令)이 내렸음에도 불구하고

시를 말하면 실로 나를 흥기시키네[62] 言詩實起予
호해의 기개는 제거하지 못한 채[63] 不收湖海氣
다만 유배살이만 하고 있을 뿐이네 祗作放流居
해가 이미 이와 같이 저물었으니 晩歲已如此
학문의 모임은 이때에 해야 하리[64] 會文之所於

사적으로 술을 마시고 잔뜩 취하여, 교위(校尉) 조달(趙達)이 가서 조사(曹事)를 묻자, "내가 성인에게 맞았다.〔中聖人〕"라고 하므로, 조달이 그 사실을 조조(曹操)에게 아뢰니, 조조가 매우 진노하자, 장군(將軍) 선우보(鮮于輔)가 조조에게 아뢰기를 "평일에 취객들이 청주를 성인이라 하고 탁주를 현인이라 합니다. 서막은 성품이 신중한 사람인데, 우연히 취해서 한 말일 뿐입니다.〔平日醉客謂酒淸者爲聖人, 濁者爲賢人. 邈性修愼, 偶醉言耳.〕"라고 한 데서 온 말이다. 《三國志 卷27 魏書 徐胡二王傳》

62 시(詩)를……흥기시키네 : 자하(子夏)가 일찍이 공자에게 묻기를 "《시경》에 이르기를 '예쁘게 웃어 보조개가 나오고, 아름다운 눈이 흑백이 분명함이여, 흰 바탕으로 채색을 삼는다.' 하였으니, 무엇을 뜻하는 말입니까?〔巧笑倩兮, 美目盼兮, 素以爲絢兮. 何謂也?〕"라고 하므로, 공자가 이르기를 "그림 그리는 일이 흰 비단 바탕보다 뒤에 하는 것이니라.〔繪事後素〕"라고 하자, 자하가 말하기를 "그렇다면 예법이 충신한 바탕보다 뒤이겠군요.〔禮後乎〕"라고 하므로, 공자가 이르기를 "나를 흥기시켜 준 사람은 상이로다. 비로소 더불어 시를 이야기할 만하도다.〔起予者商也! 始可與言詩已矣.〕"라고 한 데서 온 말로, 여기서는 서로 좋은 시우(詩友)가 된 것을 의미한다. 상(商)은 자하의 이름이다. 《論語 八佾》

63 호해(湖海)의……채 : 호해의 기개란 곧 호협(豪俠)한 기개와 같은 뜻으로, 《삼국지(三國志)》 권7 〈위서(魏書) 진등전(陳登傳)〉에 "진원룡은 호해의 기개가 있는 선비로서 호기를 제거하지 못했더라.〔陳元龍湖海之士, 豪氣不除.〕"라고 한 데서 온 말이다. 원룡(元龍)은 진등의 자이다. 여기서는 곧 저자 자신 또한 진등처럼 호기를 제거하지 못했다는 뜻으로 한 말이다.

64 학문의……하리 : 학문의 모임이란, 증자(曾子)가 이르기를 "군자는 학문으로 벗을 모으고, 벗으로 인을 돕는다.〔君子以文會友, 以友輔仁.〕"라고 한 데서 온 말이다. 《論語 顔淵》

하늘 높이 남으로 가는 기러기를 보고 天看南去雁
물결 타고 북에서 오는 고기를 기다리노라[65] 波待北來魚
만나고 헤어짐은 구름과 비 같거니와[66] 聚散如雲雨
존망 간에 부러운 건 농사짓고 고기 낚는 일일세 存亡羨稼漁
옳고 그름은 가는 곳마다 허망한 것이지만 是非隨處妄
근심과 즐거움은 본래부터 텅 빈 거라네 憂樂本來虛
늘 염려가 되는 건 마음속의 일이요 耿耿心中事
흐리멍덩한 건 술 취한 뒤에 쓴 글이로다 昏昏醉後書
삼 년 동안 내내 앉아 졸기만 하면서도 三年但坐睡
휘장을 내리쳤던 동중서를 때로 생각한다네[67] 時憶下帷舒

65 하늘……기다리노라 : 남으로 가는 기러기를 말한 것은 이때가 겨울이기 때문에 한 말이고, 북에서 오는 고기란 바로 저자의 고향에서 보내오는 서신(書信)을 의미한다. 서신을 물고기에 비유한 것은 악부(樂府) 상화가사(相和歌辭) 〈음마장성굴행(飮馬長城窟行)〉에 "손이 먼 곳으로부터 와서, 나에게 잉어 두 마리를 주길래, 아이 불러 두 잉어를 삶게 했더니, 배 속에서 짤막한 서신이 나오네.〔客從遠方來, 遺我雙鯉魚. 呼兒烹鯉魚, 中有尺素書.〕"라고 한 데서 온 말이다.

66 만나고……같거니와 : 소식(蘇軾)의 〈여자유동유한계서산(與子由同遊寒溪西山)〉 시에 의하면 "그대와 만나고 헤어짐은 구름 비 모이고 흩어짐 같으니, 우리 함께 오늘을 아끼어 서로 이끌고 노닐잔다.〔與君聚散若雲雨, 共惜此日相提携.〕"라고 하였다. 《蘇東坡詩集 卷20》

67 삼 년……생각한다네 : 동중서(董仲舒)는 한대(漢代)의 대유(大儒)로 경제(景帝) 때에 박사(博士)가 되었는데, 그는 휘장을 깊이 내리치고 3년 동안이나 밖을 나가지 않고 방 안에 들어앉아 글을 강송하고〔下帷講誦〕 제자(弟子)들을 교수(敎授)하면서 학문에 정진(精進)한 데서 온 말이다. 《史記 卷121 儒林列傳 董仲舒》 여기서는 곧 저자 자신 또한 3년 동안 한곳에 가만히 들어앉아 있는 것이 동중서와 흡사하다는 뜻에서 한 말이다.

또 취하여 차운하다

又醉次韻

한 해 일이 흘러흘러 만물이 겨울을 만났는데	歲事悠悠萬物冬
형용은 많이 초췌해졌지만 의사는 똑같다네	形容殊異意思同
권하노니 그대들은 오늘밤 실컷 취하도록 마시고	勸君今夜厭厭醉
시인으로 하여금 북풍시를 읊게 하지 말게나[68]	莫遣詩人詠北風

68 시인(詩人)으로……말게나 : 북풍시(北風詩)란, 《시경》 〈패풍(邶風) 북풍(北風)〉에 "북풍이 차갑게 불어오고, 눈이 펑펑 쏟아지도다. 사랑하여 나를 좋아한 이와, 손잡고 함께 길을 떠나리라.〔北風其涼, 雨雪其雱. 惠而好我, 攜手同行.〕"라고 한 데서 온 말로, 이 시는 곧 국가(國家)에 위란(危亂)이 곧 닥쳐올 것을 알고 좋은 친구와 함께 속히 피란을 하자는 뜻이다. 또 고시(古詩) 〈행행중행행(行行重行行)〉에 "호지의 말은 북풍에 몸을 의지하고, 월지의 새는 남쪽 가지에 둥지를 짓네.〔胡馬依北風, 越鳥巢南枝.〕"라고 하였다. 이 시의 뜻으로 본다면 단지 고향을 그리워하는 심정을 말한 것으로 볼 수도 있다. 여기서 저자의 생각은 어느 쪽인지 자세하지 않다.

취하여 조씨, 박씨 두 서생에게 주고, 다시 무회[69]에게 주다

醉贈曺朴兩生復與無悔

무회가 운(韻)을 불렀다.

산 밖에는 원래부터 흙이 없었고	山外元無土
물결 속에는 하늘이 따로 있는데	波中別有天
생애는 길이 번민 속에 지내건만	生涯長惱擾
절서는 저절로 늘 변천하는구나	節序自推遷
명숙과는 함께 마셔 취해 볼 만하고	明叔堪同醉
덕원과는 서로 나이를 잊을 만하네[70]	德元可忘年
우리 친구들이 내일 떠나 버리면	吾儕明日逝
이런 행락이 그 어디에 있으랴[71]	行樂在誰邊

69 무회(無悔) : 저자의 아우인 노극신(盧克愼)의 자이다.

70 명숙(明叔)과는……만하네 : 여기서 명숙은 제목에 나온 조생(曺生)의 자이고, 덕원(德元)은 박생(朴生)의 자인 듯하다. 나이를 잊는다는 것은 곧 재덕(才德)이 서로 계합함으로써 나이의 고하를 따지지 않고 친구로 사귀는 이른바 '망년교(忘年交)'에서 온 말이다.

71 이런……있으랴 : 송지문(宋之問)의 〈유소사(有所思)〉 시에 "어느 날 병들어 누우면 서로 아는 이 없으리니, 삼춘의 행락이 그 어디에 있을런가.〔一朝臥病無人識, 三春行樂在誰邊?〕"라고 하였다.

스승과 벗을 꿈꾸다

夢師友

꿈에 스승을 모시고 약초를 캐고 한 냇물에서 배를 함께 탔다.

이날 저녁이 어느 저녁이던고	此夕知何夕
지금 사람이 옛사람을 만나 보았네	今人見古人
스승 모시고 호미 메고 약초를 캐고	荷鋤陪斸藥
함께 거룻배 타고 나루에 뜨기도 했네	拏艇共浮津
상서로운 태양은 청옥을 내리비추고[72]	瑞日臨淸玉
된서리는 푸른 하늘에 뿌려 대었지[73]	嚴霜灑碧旻

72 상서로운……내리비추고 : 상서로운 태양이란, 주희(朱熹)의 〈육선생상찬(六先生像贊) 명도선생(明道先生)〉에 "양기로 만물을 다습게 하듯 하고 산처럼 우뚝 섰으며, 옥빛처럼 아름답고 종소리처럼 쟁쟁했다. 원기가 한데 모이어, 혼연히 천연으로 이루어졌도다. 상서로운 태양이요 상서로운 구름이며, 온화한 바람이요 단비와도 같도다. 용덕을 가지고 정중을 지키시니, 그 은택이 천하에 널리 펴졌도다.〔揚休山立, 玉色金聲. 元氣之會, 渾然天成. 瑞日祥雲, 和風甘雨. 龍德正中, 厥施斯普.〕"라고 한 데서 온 말로, 곧 스승을 찬양하는 말로 쓰였다. 청옥(淸玉)은 빙청옥윤(氷淸玉潤)의 약칭으로, 훌륭한 장인과 사위에 대한 미칭으로 쓰인 말이다. 진(晉)나라 때 위개(衛玠)는 용모가 옥같이 깨끗하게 생긴 데다 언론(言論) 또한 아주 뛰어났으며, 그의 장인인 악광(樂廣) 또한 명망이 천하에 우뚝했으므로, 당시의 논자(論者)들이 "장인은 얼음처럼 깨끗하고, 사위는 옥같이 윤택하다.〔婦公氷淸, 女壻玉潤.〕"라고 한 데서 온 말이다. 《晉書 卷36 衛玠列傳》 여기서는 곧 저자가 꿈속에서 스승이며 장인인 이연경(李延慶)을 뵙고 나서, 장인과 자신의 사이를 진나라 악광과 위개의 사이에 빗대서 한 말이다.

73 된서리는……대었지 : 여기서 말한 된서리는 곧 당시 사림(士林)에 대한 가혹한 형벌에 빗대서 한 말인 듯하다. 《초사(楚辭)》 〈구변(九辯)〉에 "가을에 먼저 흰 이슬로

깨고 나니 눈물은 강물처럼 쏟아지고	覺來河注目
놀라 일어나니 온몸에 소름이 돋누나	驚起粟生身
서로 감응이 통한 소치인 줄만 알 뿐이요	只識感而應
이게 참인지 거짓인지는 논하지 않노라	無論虛與眞
나의 쇠함이 그리 심하지만 않으면	吾衰苟未甚
우리 좋은 만남이 자주자주 있으련만	佳會莫頻頻

경계를 하였고, 겨울에는 또 거듭 된서리를 내리도다.〔秋旣先戒以白露兮, 冬又申之以嚴霜.〕"라고 하였는데, 그 집주(集註)에 의하면, 임금이 덕을 펴지 않고 엄명(嚴命)을 내리고 이어 가혹한 형벌을 내린 것을 의미한다고 하였다.

수일 뒤 밤에 다시 꿈속에서 친구를 보았다

後數夜復夢友

이때 친구는 마치 자기 집 돌아가듯이 죽음에 태연하게 임하면서, 오히려 통곡하며 나에게 말하기를 "내가 바라는 바가 있으니, 기억하지 않아서는 안 된다. 이 때문에 통곡을 하는 것이다."라고 하였다.

자네는 죽기를 자기 집 가듯 하면서 看子死爲歸
나에게 한마디를 기억하라 부탁했지 屬吾記一辭
자네는 이때에 이미 통곡을 했으니 子於斯旣慟
자네 위해 통곡 않고 누굴 위해 통곡하랴 吾不慟而誰

같은 밤의 꿈을 기억하다

同夜記夢

나는 목욕하고 옷을 갈아입고, 죽음에 임하여 미소(微笑)를 지었다.

나는 자네와 다르다오	我則異於是
생사를 넘나든 지 지금 육 년째이거니	死生今六年
모름지기 목욕하고 옷 갈아입고	振衣須沐浴
웃음 머금고 황천을 향하련다	含笑向黃泉

유주의 별제운[74]에 화답하여 무회에게 주고, 겸하여 친구에게 수답하다 12월이다.

和柳州別弟韻贈無悔兼酬友人 十二月

친구의 운(韻)이 우연히 서로 같기 때문에 겸하여 수답한 것이다.

해상에서 서로 만난 게 어찌 우연이리오	海上相逢豈偶然
슬픔과 즐거움이 취해 읊는 데서 유독 드러나누나	悲歡偏見醉吟邊
아우와의 생이별은 가고 또 가는 날이요[75]	與君生別行行日
올해는 나를 일어나라고 꿈 깨우는 해가 되리라[76]	屬我魂驚起起年
백발 양친은 천리 밖에서 눈물을 흘리실 게고	鶴髮雙垂千里土
성상의 용안은 구중궁궐에 계실 뿐이로다	龍顏只在九重天

74 유주(柳州)의 별제운(別弟韻) : 유주는 바로 유주 자사(柳州刺史)로 폄척되어 나갔던 유종원(柳宗元)을 가리키고, 별제운이란 바로 그가 자기 아우와 작별하면서 지은 〈별사제종일(別舍弟宗一)〉 시를 지칭하는데, 그 시의 전문은 다음과 같다. "零落殘魂倍黯然, 雙垂別淚越江邊. 一身去國六千里, 萬死投荒十二年. 桂嶺瘴來雲似墨, 洞庭春盡水如天. 欲知此後相思夢, 長在荊門郢樹煙." 《柳河東集註 卷42》

75 생이별은……날이요 : 무명씨(無名氏)의 〈고시(古詩)〉에 "가고 가고 또 끝없이 가니, 임과 영영 생이별이로다.〔行行重行行, 與君生別離.〕"라고 한 데서 온 말이다. 《文選 卷29》

76 올해는……되리라 : 후한(後漢) 때의 경학자(經學者)인 정현(鄭玄)이 어느 날 밤 꿈에 공자를 뵈었는데, 공자가 그에게 고하기를 "어서 일어나거라, 금년은 진년이고, 내년은 사년이다.〔起起, 今年歲在辰, 來年歲在巳.〕"라고 하므로, 꿈을 깨고 나서 즉시 참서(讖書)로 맞추어 본바, 자기의 명(命)이 다한 것을 알게 되었다. 이윽고 얼마 안 되어 병이 나서 죽은 고사에서 온 말이다. 《後漢書 卷35 鄭玄列傳》 여기서는 곧 저자 자신이 금년을 넘기지 못하고 죽게 될 것을 예측하여 이른 말이다.

지금은 다시 좋은 벗의 탄식까지 듣게 되니[77] 如今更有良朋歎
덧없는 생이 불탄 재 연기 같음을 문득 깨닫겠네 便覺浮生似燼煙

77 좋은……되니 : 《시경》 〈소아(小雅) 상체(常棣)〉에 "할미새가 언덕에 있으니, 형제가 급난을 당하였도다. 매양 좋은 벗이 있으나, 길이 탄식할 뿐이니라.〔脊令在原, 兄弟急難. 每有良朋, 況也永歎.〕"라고 한 데서 온 말로, 아무리 급난한 때를 당하더라도 형제만이 서로 도울 수 있는 것이고, 아무리 좋은 친구라 하더라도 친구는 탄식만 할 뿐 도와줄 수는 없음을 의미한다. 여기서는 곧 저자 자신이 곧 죽음을 당하게 된 처지라, 친구들이 길이 탄식해 주고 있음을 의미한다.

일재[78]에게 올리다

上一齋

이때 아우가 장차 가르침을 청하기 위해 가려고 한다.

선생께서 스스로 서재 이름을 일 자로 하셨으니	先生自以一名齋
그 의의가 깊고도 큰 것이 아니겠습니까	爲義非深且大哉
성현의 글에서 모두 일 자를 증험할 수 있으니	賢傳聖經俱可驗
내 마음과 사물 이치도 역시 하나인 것이로다	吾心物理亦應該
문장도 아직 발현함을 볼 수가 없거니와	文章不得見其發
광간이 어떻게 재단할 줄을 알겠습니까[79]	狂簡焉能知所裁
꺾이어 폐해진 나머지 가르침을 청하오니	摧廢之餘須請益
남에게 우퇴로 불리는 걸 면하게 해 주소서[80]	免教人喚做牛魋

78 일재(一齋) : 조선 중기의 성리학자(性理學者)인 이항(李恒)의 호이다. 그는 학행(學行)으로 천거를 받아 여러 벼슬을 거쳐 장령(掌令), 장악원 정(掌樂院正)을 역임하였다. 이항이 저자에게는 바로 외당숙(外堂叔)이 된다.

79 문장(文章)도……알겠습니까 : 광간(狂簡)의 광은 뜻만 크고 행실이 뜻에 미치지 못하는 것을 말하고, 간은 소략함을 말한 것으로, 공자가 일찍이 진(陳)에 있을 때 이르기를 "돌아가련다, 돌아가련다. 오당의 소자들이 뜻만 크고 소략하여 찬란하게 문장만 이루었을 뿐이요, 그것을 재단할 줄을 모르는도다.〔歸與! 歸與! 吾黨之小子狂簡, 斐然成章, 不知所以裁之.〕"라고 한 데서 온 말이다.《論語 公冶長》 여기서는 저자와 저자의 아우를 싸잡아 스스로 광간에 빗대서 한 말이다.

80 남에게……주소서 : 우퇴(牛魋)는 공자의 제자인 사마우(司馬牛)와 그의 형인 사마상퇴(司馬向魋)를 병칭한 말인데, 사마상퇴는 위인이 불량하여 일찍이 공자를 해치려고 했었고, 또 난(亂)을 일으키기도 했으므로, 그의 아우인 사마우가 항상 그것을 근심하고 두려워했다.《論語 顔淵》 여기서는 저자의 형제가 남들에게 사마우의 형제처럼 간주되지 않도록 잘 가르쳐 달라는 뜻으로 한 말이다.

빙군의 연제[81]가 이미 지났는지라, 울면서 쓰다
聘君練祭已過泣而書之

앙화를 겪어 온 이래로 집만 남아 있으리니	禍敗經來只有家
장모님의 상심과 질병이 생각건대 어떠실까	夫人憂疾想如何
종사를 이을 약한 조카만 점석[82]에 거처하고	承宗弱姪徒居苫
뒤에 남겨 줄 노복들은 다 관아에 몰수됐다지	傳後豪奴盡屬衙
가사 친히 가르친 사위 하나만 남았더라면	若使淵源甥慭一
모르긴 하나 상제례를 조금이나마 어겼으랴	不知喪祭禮違些
우부[83]에게 당부컨대 항상 입는 게 아니니	寄言愚婦非常服
이날만은 상복을 함부로 벗지 말지어다	此日毋輕釋帶麻

지(只)가 다른 본에는 근(僅)으로 되어 있다.

81 연제(練祭) : 소상(小祥)의 별칭이다.

82 점석(苫席) : 상(喪)을 당했을 때 상주(喪主)가 깔고 앉는 거적자리를 말한다.

83 우부(愚婦) : 일반적으로 무지(無知)한 서민의 여인을 지칭한 말인데, 여기서는 누구를 가리키는지 자세하지 않다.

아우와 작별한 이후 10여 일 동안 곤드레로 취해 있다가 갑자기 일어나서 회포를 쓰자니 정신이 혼란스러워 시편을 다 마치지 못했다

別弟後泥醉十餘日遽起書懷昏荒不卒章

기유년 마지막 가는 달이요	作噩年終月
무신일 한낮 때로다	戊申日午時
진도군엔 하얀 조수가 밀려 들어오고	霜潮珍島郡
탕산사엔 숲 바람이 거세게 불겠지[84]	風樹碭山祠
아우 후재는 돌아가는 나그네요	弟厚齋歸客
형은 음곡에 늙어 갇힌 신세로다	兄陰谷老纍
생긴 모양은 분명 두 남자였지만	形容兩男子
엉엉 우는 모습은 똑같이 어린애였네	啼哭竝嬰兒
동복은 추위에 떨며 바위 밑에 기대섰고	僕凍依巖竇
자류[85]는 병들어 갈림길에 구부리고 있었지	騮瘏跼路岐

84 탕산사(碭山祠)엔……불겠지 : 한 고조(漢高祖)가 미천했을 때 진 시황(秦始皇)을 피하여 망산(芒山)과 탕산(碭山) 사이에 숨어 있었는데, 그 위에는 항상 채색 운기(雲氣)가 떠 있었다는 고사에서 온 말로, 여기서 말한 탕산사는 바로 제왕(帝王)의 발상지로 즉 전주(全州)에 소재한 조선 태조(太祖)의 발상지에 있는 조경묘(肇慶廟)와 경기전(慶基殿) 등을 지칭한 듯하다. 여기서는 곧 저자의 아우가 전주 근처인 태인(泰仁)으로 일재(一齋) 이항(李恒)을 찾아가는 길이어서 이렇게 말한 것이 아닌가 싶으나 자세하지 않다.

85 자류(紫騮) : 본래는 준마(駿馬)의 이름인데, 여기서는 저자의 아우인 노극신(盧克愼)이 탄 말을 가리킨다.

두 술동이 앞에서 서로 돌아보며 朋樽相顧眄
온 좌중이 다 같이 눈물을 줄줄 흘리었네 四座盡漣洏
멍하니 길을 가다가는 다시 머무르고 忽忽行還住
한없이 취하여도 몸은 기울지 않네그려 悠悠醉不攲
놀란 노루는 별천지로 옮겨 왔고 驚麕移別洞
새는 날개 돌려 거친 성가퀴에 떨어졌네[86] 回翮落荒陴
골목의 뿌연 안개는 겨울 장기가 낀 것이요 巷霧侵冬瘴
셋집에 연기 오르니 저녁밥 짓는 걸 알겠네 僑煙認夕炊
꿈꾸는 동안 벽에 걸린 등불은 어둑하더니 夢來燈暗壁
깨고 나니 달빛은 울타리에 환히 밝구나 醒罷月明籬
외론 그림자 슬픈 기러기만 남아 있고[87] 片影存哀雁
외론 소리는 젓대의 화음이 끊어졌네[88] 孤音絶和篪
마음 위로할 건 술보다 나을 게 없거니와 寬心無過酒
욕심껏 마시려니 어찌 속 아플 걸 걱정하랴 徇欲豈虞脾
술집이 멀어 남자종은 술집 찾길 걱정하고 帘遠奚愁覓

86 놀란……떨어졌네 : '놀란 노루'와 '날개 돌린 새'는 모두 저자 자신의 처지에 빗대서 말한 것이고, '별천지'와 '거친 성가퀴'는 또한 노루와 새가 깃들일 수 없는 황량한 곳으로, 저자 자신이 있을 곳에 있지 못하고 생소한 곳에 와 있음을 비유한 것이다.

87 외론……있고 : 이는 형제(兄弟)를 기러기 떼에 비유한 것으로, 형제가 서로 헤어져 저자 자신만 홀로 이곳에 떨어져 있음을 의미한다.

88 외론……끊어졌네 : 《시경》 〈소아(小雅) 하인사(何人斯)〉에 "형은 질나발을 불고, 아우는 젓대를 부는도다.〔伯氏吹壎, 仲氏吹篪.〕"라고 한 데서 온 말로, 본디 형제가 서로 화목함을 뜻한다. 여기서 젓대의 화음이 끊어졌다는 것은 곧 형제가 서로 헤어져 있음을 의미한다.

항아리가 차가워 여종은 술 거르길 싫어하네	缸寒婢厭釃
열흘 동안을 마냥 술잔만 씻고 또 마시곤 했고	一旬長洗盞
오일 동안 밥 안 먹어 숟가락엔 먼지가 끼었네	五晝尙塵匙
다만 내 형체를 잊고 멍하니 앉았을 뿐이지	只得忘形坐
어찌 삽을 메고 따르기를 기대하리오[89]	寧須荷鍤隨
하지만 필부처럼 작은 신의를 지켜	非如匹夫諒
후인이 알지 못하게 하려는 건 아니라오[90]	不使後人知
때마침 성산의 외삼촌[91]이 와서	時有星山舅
이곳 수영의 군관이 되어	來爲鎭海裨
삼십 리 길에 말채찍 휘둘러 와서	鳴鞭三十里
수천 마디의 서신을 급히 보내왔었네	飛簡數千辭
내가 죽기 전에 모임을 자주 가졌으니	屢做生前會
이별한 뒤의 생각을 응당 서로 말하겠지	應論別後思
생각건대 우리 세 사람[92]은	念吾三子者
일찍이 한집안이었거니와	曾是一家而

89 어찌……기대하리오 : 삽을 메고 따른다는 것은 곧 진(晉)나라 때 죽림칠현(竹林七賢)의 한 사람인 유령(劉伶)이 술을 매우 즐기어 일찍이 〈주덕송(酒德頌)〉을 지어서 술을 매우 예찬하기도 했거니와, 그는 항상 녹거(鹿車)를 타고 술 한 병을 휴대하고 다니면서, 사람을 시켜 삽(鍤)을 메고 따라다니게 하면서 말하기를 "내가 죽거든 그 자리에 묻어 달라.〔死便埋我〕"라고 한 데서 온 말이다. 《晉書 卷49 劉伶列傳》

90 하지만……아니라오 : 일개 서민(庶民)처럼 작은 신의를 지켜 목숨을 함부로 버리지는 않겠다는 뜻이다. 25쪽 주10 참조.

91 성산(星山)의 외삼촌 : 저자에게 서외숙(庶外叔)이 되는 이수부(李秀夫)를 가리킨다.

92 우리 세 사람 : 저자 형제와 저자의 외삼촌을 지칭한 말이다.

한 방에서 잠자고 어른 될 이는 없지만　　共寢終無長
동행 중에는 반드시 내 스승이 있다오[93]　　同行必有師

아우는 자류마(紫騮馬)를 탔고, 이때 외삼촌은 수영 군관(水營軍官)이 되었다.

93 한 방에서……있다오 : 공자가 이르기를 "세 사람이 함께 길을 갈 경우, 반드시 나의 스승이 될 만한 사람이 있으니, 그중에 선한 것을 가려서 따르고, 불선한 것을 가려서 자신의 잘못을 고쳐야 한다.〔三人行, 必有我師焉. 擇其善者而從之, 其不善者而改之.〕"라고 한 데서 온 말이다. 《論語 述而》 여기서는 곧 저자 형제와 외삼촌과의 3인 중에도 서로 취하고 버릴 것이 있을 터이니, 좋은 점은 본받고 그렇지 못한 점은 고치도록 노력하자는 뜻으로 한 말이다.

수영 군관 배씨에 대한 만사

水營軍官裵挽詞

경술년(1550, 명종5)[94] 4월에 해선(海船)에 널을 실었다.

본디 별시위 군문의 무사로　別侍牙門士
군관이 되어 해진의 비장이 되었네　軍官海鎭裨
무더위 속에 전염병에 걸렸건만　炎蒸仍遘厲
객지라서 의원도 부르지 못했구려　旅泊不迎醫
갈대자리 지붕엔 상여 줄이 놓여 있고[95]　葦屋閑麻紼
배의 창 아래는 비단 깃발[96]이 놓였네　篷窓臥帛旗
인정 많은 주장의 뜻에 따라　殷勤主將意
장례 도구를 모두 의례대로 갖추었네　喪具摠如儀

누런 띠풀 속에 장기가 자욱할 제[97]　瘴癘黃茆裡

94 경술년 : 이때 저자의 나이는 36세였다.

95 갈대자리……있고 : 갈대자리 지붕이란, 사(士)가 객관(客館)에서 죽었을 때 그 상여(喪輿)의 장식을 말한 것으로, 《예기(禮記)》 〈잡기 상(雜記上)〉에 "객관에서 죽었을 때……사의 경우 상여 덮개는 갈대자리를 가지고 지붕 모양으로 만들고, 부들자리를 가지고 주위에 포장을 두른다.〔如於館死,……士輤, 葦席以爲屋, 蒲席以爲裳帷.〕"라고 한 데서 온 말이다.

96 비단 깃발 : 명정(銘旌)을 지칭한 듯하다.

97 누런……제 : 여기서 누런 띠풀이란 곧 초목(草木)의 잎이 늦가을의 장기(瘴氣)로 인하여 누렇게 단풍 들어 떨어지는 것을 말한다. 진(晉)나라 혜함(嵇含)의 《남방초목상(南方草木狀)》 권상(卷上)에 의하면 "망모가 마르는 시기에 장기의 역질이 크게 발작

푸른 바다 구석에 머물러 있으면서 淹留碧海隅
두 아이의 괴롭힘을 가벼이 여기고[98] 相輕二竪子
한 노복에게 몸을 의탁해 있었네그려 且托一奚奴
내년이면 사십 세를 갓 넘는 나이요 四十明年過
처자식은 오늘 아무도 없는 처지로다 妻孥此日無
남녘의 순풍에 장사치의 배가 있어 南風有商舸
외로이 떠도는 넋을 실어 돌아가누나 飄泊返魂孤

교실에 임하여 해로가를 부르고[99] 薤露臨鮫室
부들 돛 순풍을 타고 하늘로 돌아가누나 蒲風返玉京

하는데, 교주(交州), 광주(廣州)가 다 그러하다. 그 지방 사람들은 이것을 '황모장'이라 부르고 또는 '황망장'이라 부르기도 한다.〔芒茅枯時, 瘴疫大作, 交、廣皆爾也. 土人呼曰黃茅瘴, 又曰黃芒瘴.〕"라고 하였다.

98 두 아이의……여기고 : 여기서 두 아이란 곧 병마(病魔)를 지칭한 것이다. 춘추시대 진후(晉侯)가 병이 들었을 때 진(秦)나라에서 완(緩)이라는 명의(名醫)를 불러 진후를 치료하게 했는데, 그 명의가 도착하기 전에 두 아이가 진후의 꿈에 나타나서 말하기를 "저 완이라는 사람은 명의이니, 우리를 괴롭힐 것이 두렵다. 어디로 도망을 가야 할까?〔彼, 良醫也. 懼傷我, 焉逃之?〕" 하자, 또 한 아이가 말하기를 "흉부 횡격막의 위와 심장의 아래로 가 있으면 우리를 어찌하겠느냐.〔居肓之上膏之下, 若我何?〕"라고 했다. 이윽고 명의가 도착하여 진후를 보고는 말하기를 "이 병은 어찌할 수가 없습니다. 병의 근원이 흉부 횡격막의 위와 심장의 아래에 있어 손을 쓸 수가 없습니다.〔疾不可爲也. 在肓之上膏之下, 攻之不可.〕"라고 한 데서 온 말이다. 《春秋左傳 成公10年》

99 교실(鮫室)에……부르고 : 교실은 남해(南海) 가운데 있다는 인어(人魚), 즉 교인(鮫人)의 집을 말한 것으로, 여기서는 남해를 지칭한 것이다. 해로가(薤露歌)는 상여(喪輿)가 나갈 때에 부르는 만가(輓歌)를 말하는데, 사람의 생명은 마치 부추 잎에 내린 이슬처럼 허무하다는 뜻에서 이렇게 일컫는다.

장군은 지난날과 똑같지만　　　　將軍如宿昔
동료 군관은 평소와 달라졌구려[100]　　　　僚伴異平生
군산포엔 사람이 구름처럼 모여들 게고　　　　雲合群[101]山浦
우수영의 하늘은 멀기만 하여라　　　　天長右水營
나는 그와 얼굴도 모르는 사이건만　　　　有人非識面
나그네 신세라 더욱 상심이 되는구려　　　　爲客轉傷情

100 장군(將軍)은……달라졌구려 : 수영(水營)의 영장(營將)은 전과 다름이 없지만, 군관(軍官)들은 한 동료 군관을 잃었기 때문에 평소와 달라졌다고 한 것이다. 두보(杜甫)의 〈곡엄복야귀츤(哭嚴僕射歸櫬)〉 시에 의하면 "늙은 모친은 지난날과 같건만, 군대는 평소와 다르게 되었구려.〔老親如宿昔, 部曲異平生.〕"라고 하였다.《杜少陵詩集 卷14》

101 群 : 대본에는 '君'으로 되어 있는데,《신증동국여지승람》권36 〈전라도(全羅道) 함평현(咸平縣)〉에 의거하여 바로잡았다.

아우 무회의 운에 차하여 수부[102] 편에 부치다

次舍弟無悔韻附秀夫寄

말은 수많은 산을 넘어 여행은 고통스럽고	馬度千山行李苦
사람은 한세상을 삶에 이별이 가장 어렵지	人生一世別離難
누가 알리오 서로 친애하여 사모하는 곳에	誰知戚戚相思地
끊임없이 이어지는 천륜이 따로 있는 것을	別有綿綿不竟天
사양길에도 웅대한 뜻은 잦아들기 어려운데	壯心斜日難零落
그 옛날 경사스런 일들은 쉬 허황되어 버렸네	好事當時易謬悠
채색옷 입고 당 아래서 장난은 하지 못하고[103]	不着綵衣堂下戲
문득 난초를 차고 바다 가운데 떠 있네그려[104]	却紉蘭佩海中浮

102 수부(秀夫) : 저자에게 서외숙(庶外叔)이 되는 이수부(李秀夫)를 가리킨다.

103 채색옷……못하고 : 채색옷 입고 장난을 한다는 것은 곧 춘추 시대 초(楚)나라의 효자(孝子)로 명성이 높았던 노래자(老萊子)가 그의 나이 70에 어린애처럼 채색옷〔彩衣〕을 입고 부모 앞에서 새 새끼를 가지고 장난을 하여 부모를 즐겁게 해 드렸던 고사에서 온 말로, 부모에게 효도하는 것을 의미한다. 여기서는 부모에게 가 뵐 수도 없는 처지이기 때문에 한 말이다.

104 난초를……있네그려 : 난초를 찼다는 것은 곧 초 회왕(楚懷王)의 충신(忠臣) 굴원(屈原)이 소인들의 참소를 입어 조정에서 쫓겨나 강가의 늪지대를 방황하면서 읊은 〈이소(離騷)〉에 "강리와 벽지를 몸에 걸쳐 입고, 가을 난초를 꿰어서 허리에 찬다.〔扈江離與辟芷兮, 紉秋蘭以爲佩.〕"라고 한 데서 온 말이다.《楚辭 離騷》 저자 자신의 처지를 굴원에 빗대서 한 말이다.

하늘 한가운데 밝은 달이 떠올라	中天有明月
밝은 빛이 온 사방을 다 비추건만	皎皎光四隣
내 마음속으론 밝은 달빛이 온통	心知十分影
초췌한 이 몸만 비춰 주는 듯하구나	獨照憔悴身
외삼촌이 떠나매 바다가 아득하여라	舅行海渺渺
외삼촌이 올 적엔 구름이 아스라했지	舅至雲茫茫
보내는 때 만나는 때를 논할 것 없이	無論送與遇
언제나 눈물이 눈자위에 가득 차누나	俱是涕盈眶

차운하여 정화[105]에게 수답하다

次韻酬鄭和

한 번 읽으매 회심[106]이 더욱더 적막해지더니	一讀灰心復却冥
재차 읊으매 어른어른한 눈이 비로소 번쩍 띄네	再吟花眼始能青
세속과 안 맞아 형산의 옥박 품은 건 알거니와[107]	也知寡與懷荊璞

105 정화(鄭和) : 자세한 내용은 40쪽 주55 참조.

106 회심(灰心) : 불 꺼진 재와 같은 마음이라는 뜻으로, 마음이 외물(外物)에 의해 아무런 동요가 없음을 의미한다. 《장자(莊子)》〈제물론(齊物論)〉에 의하면, 남곽자기(南郭子綦)라는 사람이 안석에 기대앉아서 하늘을 우러러 숨을 길게 내쉬자, 그 멍한 모양이 마치 짝을 잃은 것 같았으므로, 안성자유(顔成子游)라는 사람이 그를 모시고 있다가 묻기를 "무엇을 하고 계십니까? 형체는 진실로 마른 나무와 같이 할 수 있고, 마음은 진실로 식은 재와 같이 할 수 있는 것입니까? 지금 안석에 기대앉은 분은 전에 안석에 기대앉은 그분이 아닙니다그려.〔何居乎? 形固可使如槁木, 而心固可使如死灰乎? 今之隱几者, 非昔之隱几者也.〕"라고 하므로, 남곽자기가 대답하기를 "언아, 자네는 또한 착하지 아니한가. 자네가 그렇게 물음이여. 지금 나는 내 자신의 존재를 잊고 있었는데, 자네도 그것을 알았던가?〔偃, 不亦善乎, 而問之也! 今者吾喪我, 汝知之乎?〕"라고 한 데서 온 말이다.

107 세속과……알거니와 : 형산(荊山)의 옥박(玉璞)이란, 옛날 초(楚)나라의 변화(卞和)라는 사람이 일찍이 형산에서 옥박을 얻어, 이것을 초나라 여왕(厲王)과 무왕(武王)에게 바쳤으나, 그때마다 옥인(玉人)의 잘못된 감정(鑑定)에 의해 왕을 속였다는 죄목으로 월형(刖刑)을 받아 두 발꿈치를 다 베이었다. 문왕(文王)이 즉위함에 미쳐서는 변화가 이 옥박을 안고 형산에서 밤낮 3일을 운 끝에 드디어 왕명에 의해 그 옥박을 다시 조사하게 한 결과 마침내 보옥(寶玉)임을 알게 되었던 고사에서 온 말이다. 《韓非子 和氏》 여기서는 곧 상대방이 훌륭한 재능(才能)을 지니고 있지만 남들이 알아주지 못한다는 의미로 한 말이다.

초나라 평실 쪼개어 주린 배도 채울 수 있다오[108]	可以充飢剖楚萍
시상은 응당 아송[109]을 뒤따를 만하거니와	思致只應追雅頌
문장은 또한 〈이소경〉[110]을 이으려고 하누나	文章還欲續騷經
또 반드시 근본적인 일을 이해해야 하니	且須理會原頭事
그런 다음에야 정신이 육정신[111]처럼 되겠지	然後精神似六丁

108 초(楚)나라……있다오 : 평실(萍實)은 일종의 과실 이름으로, 춘추 시대 초왕(楚王)이 일찍이 강을 건너다가, 모양은 둥글고 빛깔은 붉은 것이 크기가 말〔斗〕만 한 물체를 보고 이것을 취하여 사람을 시켜 노(魯)나라에 가서 공자(孔子)에게 물어보게 했더니, 공자가 이르기를 "이것이 이른바 평실이라는 것으로 쪼개서 먹을 수가 있는데, 이것을 얻은 것은 길상의 조짐이다.〔此所謂萍實者也, 可剖而食之, 吉祥也.〕"라고 했다는 데서 온 말이다. 후세에는 흔히 수분(水分)이 많은 과실에 비유한다. 《孔子家語 致思》 두보(杜甫)의 〈독좌(獨坐)〉 시에 의하면 "노인을 다습게 하자니 연옥이 생각나고, 주린 배를 채우려니 초나라 평실이 생각나네.〔煖老思燕玉, 充饑憶楚萍.〕"라고 하였다. 《杜少陵詩集 卷20》

109 아송(雅頌) : 《시경》의 아와 송을 말하는바, 아는 조정에서 연주하던 악곡(樂曲)이고, 송은 종묘 제사 때 연주하던 악곡이다. 그 음조가 아주 중정(中正)하고 화평(和平)하다고 일컬어진다.

110 이소경(離騷經) : 굴원(屈原)의 〈이소(離騷)〉를 높여 일컬은 말이다.

111 육정신(六丁神) : 도교(道敎)에서 이른바 정묘(丁卯), 정사(丁巳), 정미(丁未), 정유(丁酉), 정해(丁亥), 정축(丁丑)의 여섯 신장(神將)을 가리킨다. 이들은 본래 천제(天帝)의 부림을 받는 신들인바, 도사(道士)의 경우는 부록(符籙)을 사용하여 이들을 불러서 또한 부릴 수가 있다고 한다. 여기서는 신통(神通)한 경지를 의미한 것이다.

차운하여 묘정[112]을 읊다 6월이다.

次韻詠茆亭 六月

개펄은 서남쪽으로 죽 뻗치었고	浦溆西南亘
구름과 놀은 안팎으로 겹치었는데	雲霞表裡兼
남은 화기는 겨울에도 줄지 않아서	殘炎冬不減
새 습기에 더위가 인하여 더해지네	新濕暑仍添
국화는 밥으로 먹고자[113] 좋아하지만	菊爲供餐愛
닭은 오직 묶여 있는 게[114] 꺼렵구려	鷄唯被縛嫌
삼 년 동안 읊조림 속에 늙어 가다가	三年老吟嘯
어느 날 조용한 가운데 죽으리라	一夕死幽潛

112 묘정(茆亭) : 띠로 이엉을 엮어 지붕을 인 정자(亭子)를 말한 것으로, 모정(茅亭)과 같다.

113 국화는 밥으로 먹고자 : 《초사(楚辭)》 〈이소(離騷)〉에 "아침에는 목란의 떨어진 이슬을 마심이여, 저녁에는 가을 국화의 떨어진 꽃잎을 먹는도다.〔朝飮木蘭之墜露兮, 夕餐秋菊之落英.〕"라고 한 데서 온 말이다.

114 닭은……게 : 두보(杜甫)의 〈박계행(縛雞行)〉에 "종아이가 닭을 묶어 팔러 나가려 하니, 급히 묶인 닭들이 서로 시끄러이 떠드누나. 집에서는 닭이 벌레 먹는 것만 싫어하고, 팔려 간 닭이 도리어 삶길 줄은 알지 못했네. 벌레와 닭이 사람에게 무슨 후박이 있으랴, 나는 종을 꾸짖어 닭을 풀어 놓게 하였네. 닭과 벌레의 이해득실은 다하는 때가 없겠지, 찬 강물을 눈여겨보며 산집에 기대 있노라.〔小奴縛雞向市賣, 雞被縛急相喧爭. 家中厭雞食蟲蟻, 不知雞賣還遭烹. 蟲雞於人何厚薄? 吾叱奴人解其縛. 雞蟲得失無了時, 注目寒江倚山閣.〕"라고 한 데서 온 말로, 여기서 닭이 묶이었다는 것은 시장에 팔려 가기 위해 잡아 묶어 놓은 것을 말한다. 《杜少陵詩集 卷18》

꿈에 주천[115]을 만나 울면서 예전 운에 차하다 윤6월이다.

夢舟川泣次舊韻 閏六月

푸른 신나무 희미한 길 그 몇 강산을 넘었던가[116] 青楓迷路幾岡灣
서로 만나매 옷깃 적신 눈물이 사환보다 더했네[117] 相就沾襟劇謝桓
쇠잔한 형체가 어느 날 오악을 진동시켰던고[118] 何日殘形動鰲嶽

115 주천(舟川) : 저자와는 동문(同門)이며 동서 간이기도 한 강유선(康惟善)의 호이다. 28쪽 주13 참조.

116 푸른……넘었던가 : 두보(杜甫)가 이백(李白)을 꿈에 보고 지은 〈몽이백(夢李白)〉 시에 "그대 넋이 올 때는 신나무 숲이 푸르더니, 그대 넋이 떠날 때는 관새가 캄캄하네.〔魂來楓林青, 魂返關塞黑.〕"라고 한 데서 온 말이다.《杜少陵詩集 卷7》곧 저자의 죽은 친구인 강유선을 꿈에 만났기 때문에 그의 넋을 이백의 넋에 빗대서 한 말이다.

117 서로……더했네 : 사환(謝桓)은 진대(晉代)의 명신(名臣) 사안(謝安)과 환이(桓伊)를 병칭한 말이다. 환이는 본디 젓대를 잘 불고 쟁(箏)도 잘 탔다. 사안이 일찍이 지위와 공훈(功勳)이 현달함으로 인하여 남의 참소를 입어 무제(武帝)의 의심을 받고 있을 때, 환이가 마침 무제의 연음(宴飮)에 부름을 받고 가서 무제의 명에 따라 젓대 한 곡조를 분 다음, 쟁 한 곡조 타기를 청하여 원시(怨詩)를 노래했던바, 그 시에 "임금이 되긴 이미 쉽지 않거니와, 신하가 되긴 참으로 유독 어렵네. 충성하고 미쁜 일은 드러나지 않고, 이에 의심을 받는 걱정만 있도다.〔爲君旣不易, 爲臣良獨難. 忠信事不顯, 乃有見疑患.〕"라고 하였다. 이에 무제 곁에 모시고 앉았던 사안이 감격하여 흐르는 눈물이 옷깃을 적신 채 환이에게로 다가가 그의 수염을 잡으며 말하기를 "사군이 여기에서 비범함을 보여 주었소.〔使君于此不凡〕"라고 하므로, 무제가 마침내 사안에 대한 의심을 풀고 매우 부끄러운 기색이 있었다는 고사에서 온 말이다.《晉書 卷81 桓伊列傳》여기서는 단지 꿈속에서 친구 간에 서로 만나서 감격의 눈물이 옷깃을 적신 뜻만을 취한 것이다.

떠도는 넋은 지금 응당 용탄에 들렀겠지[119] 卽時游氣過龍灘
서쪽 기린은 나무꾼이 이미 들에서 잡았거니와[120] 西麟已分樵傷野
요동 돼지는 우리에 갇힌 게 도리어 부끄럽네[121] 東豕還慙罥在欄

118 쇠잔한……진동시켰던고 : 오악(鰲嶽)은 옛날 큰 자라가 삼신산(三神山)을 머리에 이고 있다는 전설에서 온 말로, 우리 조선(朝鮮) 땅을 가리킨다. 조선을 진동시켰다는 것은 곧 저자와 동문이며 동서 간이기도 한 강유선(康惟善)이 충주에 내려가 지내다가 1549년(명종4)에 이홍윤(李洪胤)의 옥사(獄事)에 연루되어 장살(杖殺)당하였던 사건을 말한 듯하다.

119 떠도는……들렀겠지 : 용탄(龍灘)은 강유선의 스승이며 장인이기도 한 이연경(李延慶)이 만년에 내려가 살았던 충주의 용탄동(龍灘洞)을 가리킨 것으로, 그의 죽은 넋이 응당 용탄동에 들렀으리라는 뜻으로 한 말이다.

120 서쪽……잡았거니와 : 노 애공(魯哀公) 14년 봄에 서쪽으로 사냥을 나가서 숙손씨(叔孫氏)의 하인 서상(鉏商)이 기린을 잡았는데, 공자가 본디 성왕(聖王)의 상서인 기린이 난세(亂世)에 잘못 나와서 잡혀 죽은 것을 보고는 이를 몹시 상심(傷心)한 나머지 흐르는 눈물을 옷소매로 닦으면서 이르기를 "나의 도가 궁하였도다.〔吾道窮矣〕" 하고, 마침내 《춘추(春秋)》를 지으면서 "14년 봄에 서쪽으로 순수하여 기린을 얻다.〔十有四年, 春, 西狩獲麟.〕"라는 것으로 끝을 맺었던 데서 온 말이다. 《春秋 哀公14年》 강유선이 난세를 만나서 억울하게 죽은 것을 위의 기린에 빗대서 한 말이다.

121 요동(遼東)……부끄럽네 : 후한(後漢) 때의 무장(武將) 주부(朱浮)가 일찍이, 자신의 공이 천하에 으뜸이라고 과시하던 팽총(彭寵)에게 서신(書信)을 보내어 질책했던바, 그 글에 "옛날 요동 지방의 한 돼지가 머리 하얀 새끼를 낳자, 이상하게 여겨 나라에 바치러 가던 도중, 황하 동쪽에 이르러 보니, 그곳의 돼지들은 모두가 하얗게 생겼으므로, 부끄러운 마음을 품고 되돌아왔다는 고사가 있으니, 지금 만일 당신의 공을 가지고 조정에서 논한다면 바로 요동의 돼지가 되고 말 것이다.〔往時遼東有豕生子白頭, 異而獻之, 行至河東, 見羣豕皆白, 懷慙而還. 若以子之功論於朝廷, 則爲遼東豕也.〕"라고 한 데서 온 말이다. 《後漢書 卷33 朱浮列傳》 저자 자신은 지식(知識)이 천박(淺薄)하다는 겸사와 아울러 유배지에 갇힌 몸이 된 것을 우리 안의 돼지에 빗대서 한 말이다.

이 세상에서 그 누가 사생의 이론을 알리오	此世誰知死生說
자네는 쉽게 여기련만 나는 어렵게 여기노라[122]	子爲其易我爲難

122 이 세상에서……여기노라 : 사생(死生)의 이론을 안다는 것은 곧 《주역(周易)》 〈계사전 상(繫辭傳上)〉에 "주역은……위로는 천문을 관찰하고, 아래로는 지리를 살핀다. 그러므로 유명의 원인을 아는 것이며, 사물의 시작과 끝을 추구하는지라, 그러므로 죽고 사는 이론을 아는 것이며, 정과 기가 사물이 되고 넋이 떠돌아서 변화되는지라, 그러므로 귀신의 정상을 아는 것이다.〔易……仰以觀於天文, 俯以察於地理, 是故知幽明之故; 原始反終. 故知死生之說; 精氣爲物, 游魂爲變, 是故知鬼神之情狀.〕"라고 한 데서 온 말이다. 자네는 쉽게 여기리라는 것은 곧 저자의 친구 강유선(康惟善)은 이미 죽은 사람이기 때문에 그는 천지(天地)의 이치를 알 것이라는 뜻에서 한 말이다.

꿈에 얘기를 나누다

夢話

이때 친구 중에 한 사람은 죽고 두 사람은 생존하였다.

한 귀신과 세 사람이 길모퉁이에 서서	一鬼三人立路隅
조용히 문답하며 공부 진취를 증험했는데	從容答問驗工夫
뜻밖에 지붕마루 달빛에 꿈을 깨고 나니[123]	無端夢破屋梁月
외로운 베갯머리 두 눈물이 가슴을 적시네	雙涕垂胸欹枕孤

123 지붕마루……나니 : 두보(杜甫)의 〈몽이백(夢李白)〉 시에 "사별이라면 이미 흐느껴 울었겠거니와, 생이별은 항상 슬프기만 하구려. 강남 땅은 장기가 많은 곳이라는데, 귀양 간 나그네는 소식도 없구나.……지는 달빛 지붕마루에 가득하니, 아직도 그대 얼굴이 비치는가 의심하노라.〔死別已呑聲, 生別常惻惻. 江南瘴癘地, 逐客無消息.……落月滿屋梁, 猶疑照顔色.〕"라고 한 데서 온 말이다.《杜少陵詩集 卷7》 여기서 지붕마루의 달빛을 말한 것은 곧 친구를 그리워하는 뜻으로 한 말이다.

냇물에서 고기 잡고 포구에서 노닐며 조극인에게 보이다

7월이다.

漁川遊浦示曺克仁 七月

경술년 초가을이라 칠월 중순 날에	孟月中旬庚戌秋
두 노인이 말 타고 냇가에 와서 노느라니	兩翁騎馬過川遊
선창에 해 돋아 오르자 조수는 막 떨어지고	船倉日出潮初落
안현의 거센 바람에 안개는 다 걷히었네	鞍峴風高霧正收
그물을 치고는 한 자 고기 잡기를 기다리다가	擧網且須原滿尺
낚싯대 들고는 끝내 탄주어[124]를 낚으려 드네	持竿終欲釣呑舟
형나무 깔고 앉아 함께 햅쌀밥 배불리 먹고[125]	班荊共飽新粳飯
큰 바다 머리에서 천천히 길게 읊조리노라	緩節長吟大海頭

선창(船倉)은 포구 이름이고, 안현(鞍峴)은 고개 이름이다.

124 탄주어(呑舟魚) : 배를 삼킬 만큼 큰 고기를 말한다. 《장자(莊子)》 〈경상초(庚桑楚)〉에 의하면 "배를 삼킬 만한 큰 고기도 강에서 뛰쳐나가 물을 잃으면 개미도 그를 괴롭힐 수 있다.〔呑舟之魚, 碭而失水, 則蟻能苦之.〕"라고 하였다.

125 형나무……먹고 : 《춘추좌전(春秋左傳)》 양공(襄公) 26년 조에 "초(楚)나라 오거가 정나라로 도망갔다가 다시 진나라로 도망가던 도중, 그의 친구인 채나라의 성자 또한 진나라에 가던 길에 정나라의 교외에서 서로 만나 형나무를 깔고 앉아서 함께 밥을 먹으면서 오거의 초나라 복귀에 대한 이야기를 나누었다.〔伍擧奔鄭, 將遂奔晉. 聲子將如晉, 遇之於鄭郊, 班荊相與食, 而言復故.〕"라고 한 데서 온 말로, 형나무를 깔고 앉았다는 것은 흔히 친구 간에 길에서 서로 만나 함께 앉아서 회포를 나누는 것을 의미한다.

서울로 돌아가는 장중제를 멀리 전송하다 8월이다.

遙送張仲悌還京 八月

아름다운 장 군자가	有美張君子
유람을 가겠다고 문득 고별을 하네	遊方遽告歸
남녘 강산에 장기 섞인 비는 그쳤고	關河瘴雨歇
초목 사이에 새벽 서늘한 기운 이는데	草樹曙涼微
이별의 자리서 막 빚은 술 마시노라니	祖飮開新釀
그리운 벗 오래 못 볼 게 애석하구려	交情惜久違
버려진 신하는 단지 앉아 읊조릴 뿐	孤臣但坐嘯
가을 옷을 전당 잡히지는 못한다오[126]	不得典秋衣

126 가을……못한다오 : 옷을 전당 잡힌다는 것은 곧 두보(杜甫) 〈곡강(曲江)〉 시에 "퇴청해서는 나날이 봄옷을 전당 잡혀, 날마다 강 머리에서 실컷 취해 돌아오네.〔朝回日日典春衣, 每日江頭盡醉歸.〕"라고 한 데서 온 말이다. 《杜少陵詩集 卷6》 여기서는 계절에 따라 봄옷을 가을 옷으로 전용하였는데, 저자의 경우는 얽매인 몸이라서 날마다 옷을 전당 잡혀 술을 마실 수도 없다는 뜻으로 한 말이다.

국화시 500언을 읊다 9월이다.

菊詩五百言 九月

나는 국화를 유난히 사랑하기에	我菊偏相愛
봄에 나온 싹도 구경할 만하다오	春苗尙可探
가지는 죽죽 뻗고 줄기만 자줏빛인데	枝延莖獨紫
잎은 보드랍고 내음은 모두 향기롭네	葉嫩臭俱馣
이것이 곧 국화를 계승할 정통이요	卽此傳宗嗣
그 나머지는 자남으로 간주하노라[127]	其餘視子男
묵은 곳 싫어하여 번민에 젖었다가	惡陳成鬱結
건조한 곳 좋아하여 동남쪽을 향했네	喜燥向東南
비옥한 땅 깊이깊이 파서 심었다가	膏潤深深掘
아름다운 옥 같은 꽃잎을 낱낱이 따리라	瓊瑤箇箇擣
뿌리는 나뉘어 딴 항아리를 겸하고	根分兼別盎
종류가 섞이어 감실을 함께하기도 하네[128]	類雜或同龕

127 그 나머지는……간주하노라 : 자남(子男)은 삼대(三代) 시대 제후(諸侯)의 다섯 등급인 공(公), 후(侯), 백(伯), 자(子), 남(男) 가운데 맨 끝의 낮은 두 등급인데, 자남으로 간주한다는 것은 곧 《맹자(孟子)》에 "천자의 원사는 땅을 받을 때 자남에 견주어 한다.〔元士, 受地視子男.〕"라고 한 데서 온 말이다. 《孟子 萬章下》 곧 줄기가 자줏빛이 나는 국화(菊花)를 국화의 정통으로 치고, 그 나머지 다른 국화들은 모두 정통이 아닌 지엽적인 것으로 간주한다는 뜻으로 한 말이다.

128 종류가……하네 : 감실을 함께한다는 것은 바로 당(唐)나라 초기의 명신(名臣)이며 명필(名筆)이기도 했던 저수량(褚遂良)의 서첩(書帖)에 "들으니 오래전부터 속세를 떠나 미륵과 감실을 함께하면서, 하루 한 번 소식(素食)을 먹고 여덟 시간 좌선하고

줄기를 접붙임[129]은 사물 변화의 극치거니와 接幹盡物變
가지를 꺾으면 덕화가 널리 퍼짐을 보겠네[130] 折條觀化覃
북돋울 땐 비옥한 흙을 체로 걸러야 하고 封須篩沃壤
물을 줄 땐 텁텁한 쌀뜨물을 걸러서 줘야지 澆必漉肥泔
오랜 장마엔 검은 반점이 생겨서 걱정이요 久霔愁黶腐
오랜 가뭄엔 벌겋게 타는 게 염려로다 恒暘恐赤燷
거미줄 걷어 내고 갈거미를 잡아 없애고 毁絲捕蟢蟱
갉아먹은 잎 떼 내고 명충과 누에를 저주하고 除蝕呪螟蠶
갈대와 대를 꽂아 곁에서 모시게 하고 揷葦筠旁侍
솔과 잣나무를 심어 아래로 덮어 주게 하였네 栽松柏下弇
일찍 충만해지면 빛은 드러나지 않거니와 早充光不着
쌓인 게 많으면 덕은 더욱 두터워지네 多積德尤含
세월이 흘러흘러 백제가 거둥을 하고[131] 冉冉白帝御

불경을 읽는다고 합니다.〔聞久棄塵滓, 與彌勒同龕, 一食淸齋, 八時禪誦.〕"라고 한 데서 온 말로, 이는 본디 승려(僧侶)와 속인(俗人)이 함께 거처하는 것을 뜻하는데, 여기서는 여러 종류의 국화가 한곳에 섞여 있음을 의미한다.

129 줄기를 접붙임 : 소식(蘇軾)의 〈증주손지(贈朱遜之)〉에 "원우 6년 9월에 주손지와 영 땅에서 서로 만나 모임을 가졌는데, 이때 혹자가 '낙양 사람들은 꽃 접을 잘 붙여서 해마다 새로운 가지가 나오는데, 그중에도 국화의 종류가 가장 많다.'라고 하자, 주손지가 말하기를 '국화는 의당 황국을 정통으로 삼아야 한다. 그 나머지는 다 천한 것들이다.'라고 했다.〔元祐六年九月, 與朱遜之會議于潁. 或言洛人善接花, 歲出新枝, 而菊品尤多. 遜之曰: 菊當以黃爲正, 餘可鄙也.〕"라고 하였다. 《蘇東坡詩集 卷34》

130 가지를……보겠네 : 국화 가지를 꺾어서 많은 사람에게 나누어 주어 감상하고 먹게 할 수 있으므로 한 말이다.

131 백제(白帝)가 거둥을 하고 : 백제는 서방(西方)을 주관하는 신(神) 이름으로, 사계절 중의 가을을 가리키는바, 백제가 거둥을 한다는 것은 가을이 온 것을 의미한다.

뒤이어 재빨리 청녀가 달려오면[132]　　駸駸青女驂
뭇 꽃들이 쓸어버린 듯 없어지거니　　群芳渾似掃
외로운 국화의 자질 또한 어찌 견딜쏜가　　孤質且何堪
기가 한창 성한 시기는 구월이고요　　氣盛行當九
꽃이 나오는 때는 구월 구일인데　　華生數借三
둥근 모양은 하늘을 표준으로 삼았고　　圓模天與准
노란 빛깔은 흙빛의 순색과 똑같도다[133]　　純色土相參
수월 같은 깨끗한 정신은 무리에 뛰어나고　　水月精神迥
빙상 같은 격조는 깊고도 크구려　　氷霜格力譚
꼭지는 가볍고 파란 밀랍을 뭉쳐 놓은 듯　　蔕團輕碧蠟
꽃술은 가늘고 노란 못을 박아 놓은 듯　　蘂椓細黃鐕
담박한 자태는 더욱 존중스럽거니와　　澹泊彌尊重
평화론 모습은 절로 성정을 함양한 듯하네　　沖和自泳涵
희고 붉은 빛깔을 어찌 물리칠쏜가　　素赬那擯屛
깊고 옅은 빛깔도 다 포함하였도다　　深淺亦包函
뒤에 피는 매화와 혜초는 사랑스럽지만　　後發憐梅蕙
먼저 시드는 귤감[134]은 하찮게 여기노라　　先零少橘柑

132 뒤이어……달려오면 : 청녀(青女)는 눈서리를 관장하는 여신(女神)의 이름으로, 곧 겨울에 눈서리가 내리는 것을 의미한다.

133 노란……똑같도다 : 순색(純色)은 정색(正色)과 같은 뜻으로, 청(青), 황(黃), 적(赤), 백(白), 흑(黑)의 원색(原色)을 말한다. 그리고 두 가지 이상의 원색이 섞여 나오는 빛깔을 간색(間色)이라 하는데, 예컨대 자주색(紫朱色) 등이 간색에 속한다. 여기서는 곧 흙의 색깔은 정색인 황색인데, 국화 또한 황색으로 흙빛과 같다는 뜻으로 한 말이다.

가을 벌도 시끄러이 날아올 줄 알거니와　　蜂寒猶解鬧
가을 나비는 잠깐 국화를 탐한 듯도 하네　　蝶冷乍疑貪
호방한 자태는 아침 이슬을 머금었고　　浩態凝朝露
맹렬한 향기는 저녁 남기 속에 흩어지누나[135]　　狂香散晩嵐
멀리서 떠온 금액[136]을 손으로 받쳐 들고　　掌承金液泂
맑은 옥진[137] 위에 술잔을 띄워 마시어라　　觴泛玉津淡
씹어 먹으니 맛은 평담하여 독성이 없고　　嚼破平無毒
씹은 찌꺼기는 정히 단맛이 나는구나　　咀殘正得甘
정히 신선이 복용해야 할 선약인데　　定爲仙子餌
어찌 속인이 즐기도록 허락할 수 있으랴　　寧許俗人妉
성질은 산정 백출[138]과 서로 배합되고　　性配山精朮

134 먼저 시드는 귤감(橘柑) : 삼국(三國) 시대 위(魏)나라 조식(曹植)의 〈식귤부(植橘賦)〉에 "고장이 바뀌고 토양이 달라지면, 이 때문에 거의 생명을 잃기도 하거니와, 저곳에 있을 때는 시들지 않았던 게, 이곳에 와서는 먼저 시들어 떨어지네.〔邦換壤別, 爰幾喪生, 處彼不彫, 在此先零.〕"라고 한 데서 온 말로, 즉 따스한 지방의 귤감을 추운 지방에 옮겨 심을 경우 추위를 견디지 못해 빨리 시들게 됨을 의미한다.《曹子建集 卷4》

135 호방한……흩어지누나 : 한유(韓愈)의 〈작약(芍藥)〉 시에 "호방한 자태 맹렬한 향기를 예전엔 못 만났더니, 꽃은 붉은 등불 반짝인 듯 잎은 푸른 등롱 두른 듯하네.〔浩態狂香昔未逢, 紅燈爍爍綠盤籠.〕"라고 하였다.《東雅堂昌黎集註 卷9》

136 금액(金液) : 본래는 도사(道士)가 복용하는 일종의 단약(丹藥)을 지칭하고, 또는 좋은 술〔美酒〕을 지칭하기도 하나, 여기서는 곧 국화주(菊花酒)를 단약에 빗대서 이른 것이다.

137 옥진(玉津) : 본래는 선약(仙藥)을 지칭한 말이었으나, 여기서는 역시 국화주를 지칭한 것이다.

138 산정 백출(山精白朮) : 산정은 선약(仙藥)인 백출의 별명이다.《포박자(抱朴子)》에 의하면 "백출의 일명은 산계이고, 일명은 산정이다. 그러므로 《신약경》에 이르

문류는 국로 감초와 똑같기에[139] 門同國老苷

부귀한 이들은 모두 귀히 여기거니와 暄炎皆有貴

곤궁한 이들도 다 당당히 복용한다오 辛苦各無慙

꽃을 따는 데 어찌 일정한 법칙이 있으랴 採得何常法

시기의 적절함은 스스로 아는 바이라네 時宜所自諳

흩어 놓은 돈닢이 새벽 그물에 걸려 있는 듯 攤錢縈曉網

잘라 놓은 벽옥들이 마른 바구니에 수북한 듯 截璧凸晴籃

식지가 동하여라 웅장의 맛과 겨루듯 하고[140] 動指爭熊掌

기름이 전도되어 호시탐탐 노린 듯도 하노니[141] 顚頤似虎眈

기를 '반드시 장생하고자 하면 산정을 장복해야 한다.'라고 한 것이다.〔朮, 一名山薊, 一名山精. 故神藥經曰: 必欲長生, 長服山精.〕"라고 하였다. 《抱朴子 內篇 仙藥》

139 문류(門類)는……똑같기에 : 국로(國老)는 역시 약초(藥草)인 감초(甘草)의 별명이다. 유종원(柳宗元)의 〈종최중승과노소부교거(從崔中丞過盧少府郊居)〉 시에 "조용한 뜰엔 약초를 심어 국로를 맞이해 왔고, 텅 빈 거실엔 술 항아리 열어 현인을 만나도다.〔蒔藥閑庭延國老, 開罇虛室値賢人.〕"라고 하였는데, 그 주석에 "《본초》에 의하면, 감초의 이름을 국로라고 했다.〔本草, 甘草名國老.〕"라고 하였다. 《柳河東集註 卷43》 여기서 저자가 국화를 가리켜 감초와 문류(門類)가 서로 같다고 한 것은 곧 국화와 감초가 똑같이 단맛을 내기 때문에 한 말이다.

140 식지(食指)가……하고 : 식지는 둘째 손가락을 말한 것으로, 춘추 시대 초(楚)나라 사람이 일찍이 정 영공(鄭靈公)에게 큰 자라를 바쳤던바, 공자(公子) 송(宋)이 공자 가(家)와 함께 궁전(宮殿)으로 임금을 뵈러 들어갈 때에 송의 식지가 저절로 움직이자, 가에게 손가락을 보이면서 말하기를 "전일에 내 식지가 이렇게 움직이면 반드시 별미를 먹었다.〔他日我如此, 必嘗異味.〕"라고 한 데서 온 말이다. 《春秋左傳 宣公4年》 여기서는 곧 국화 같은 별미를 먹을 조짐을 만나서 맛 좋은 웅장(熊掌)처럼 즐겨 먹기를 바라는 뜻으로 한 말이다.

141 기름이……하노니 : 기름이 전도된다는 것은 곧 윗사람이 아랫사람을 길러 주지 못하고 도리어 아랫사람에게 길러 주기를 요구한다는 뜻으로, 《주역(周易)》 〈이괘(頤

국화로 밀전병을 부치면 제법 맛남을 느끼고	麪熬才覺嗜
잎으로 고깃국을 끓이면 식탐을 더 부추기지	羹臛轉傷婪
부황 든 데에는 참으로 위로가 되지만[142]	顑頷眞能慰
악성 종양은 다스리지 못한다오	疔瘡不足戡
햇볕을 피해 높이 달아매서 음건하여	懸乾避日曝
곱게 찧어 그 분말을 물에 넣어 끓여서	搗粉點湯燂
마시면 어질어질한 두풍을 주로 치유하고	主療風頭眩
가슴 결리는 습담도 겸하여 치유한다오	兼治水膈痰
장을 편안케 하여 혈맥을 잘 유통시키고	安腸利血脈
열을 제거하여 애타는 걱정도 해소해 주네	祛熱解憂惔
달인 꿀로 환을 지어서 복용하기도 하고	鍊蜜丸當噍
맑은 진국술에 담가서 즐겨 마시기도 하지	澄醇浸更酖
더구나 도령의 밭에서 차조를 수확하고[143]	況收陶令畝

卦) 육이(六二)〉의 효상(爻象)으로 보아서는 흉(凶)하지만, 〈육사(六四)〉의 괘사(卦辭)에 "기름이 전도되었으나 길하니, 호시탐탐 노려보며 하고자 함이 계속되면 허물이 없으리라.〔顚頤, 吉. 虎視耽耽, 其欲逐逐, 无咎.〕"라고 한 데서 온 말이다. 여기서는 몹시 먹고 싶어 호시탐탐 노리는 뜻으로 한 말이다. 그러나 고형(高亨)의 《주역고경금주(周易古經今註)》에 의하면, 전이(顚頤)의 '전'은 전(塡)과 통용하여 음식물을 입에 넣는 뜻으로 해석하였는데 여기서는 오히려 그렇게 보는 것이 본뜻에 더 가까울 듯하다.

142 부황……되지만 : 부황이 든다는 것은 곧 굶주려서 얼굴이 누렇게 뜬 모양을 말한 것으로, 《초사(楚辭)》 〈이소(離騷)〉에 "아침엔 목란의 떨어진 이슬을 마시고, 저녁엔 가을 국화의 떨어진 꽃잎을 먹는도다. 진실로 내 마음 성실하고 정결히 하여 도를 지킨다면, 길이 굶주려 부황이 든들 또한 무엇이 해로우랴.〔朝飮木蘭之墜露兮, 夕餐秋菊之落英. 苟余情其信姱以練要兮, 長顑頷亦何傷?〕"라고 한 데서 온 말이다.

143 더구나……수확하고 : 도령(陶令)은 동진(東晉)의 처사(處士)로 일찍이 팽택 영

인하여 역인의 국화수까지 떠 마심에랴[144] 仍挹酈人潭
나는 늘 빚는 술 마시는 것만도 좋거니 只好依常醞
반쯤 거나히 즐기기야 어찌 어려우리오 何妨倚半酣
아 시절은 하 빠르게 흘러가고 吁嗟時易逝
게다가 전염병도 한창 더해 가더니 又復癘方餤
이젠 하늘이 억조창생을 슬피 여겨 돌보사 天意回哀眷
마을마다 맑은 쪽빛 하늘이 둘리었으니[145] 村籬遍蔚藍
오만 백성이 담복 숲으로 들어가고[146] 蒸黎入薝蔔

(彭澤令)을 지낸 도잠(陶潛)을 가리킨다. 차조는 본디 술을 빚기에 아주 좋은 곡식이므로, 도잠이 팽택 영으로 있을 때, 현(縣)의 공전(公田)에 몽땅 차조만 심게 하면서 말하기를 "나를 항상 술에 취하게만 하면 만족하겠다.〔令吾常醉於酒足矣〕"라고 했는데, 그의 처자(妻子)가 메벼〔秔〕 심기를 굳이 청하자, 그제야 1경(頃) 50묘(畝)에는 술 빚을 차조를 심고, 또 50묘에는 메벼를 심게 한 데서 온 말이다.《晉書 卷94 隱逸列傳 陶潛》 여기서는 곧 도잠처럼 좋은 재료로 술 빚기를 희망하는 뜻으로 한 말이다.

144 인하여……마심에랴 : 역인(酈人)은 남양(南陽) 역현(酈縣) 사람이라는 뜻으로, 역도원(酈道元)의 《수경주석(水經註釋)》에 "역현의 단수 남쪽에서는 국화의 물이 쏟아져 내린다. 그 물은 서북쪽 석간산 방국계에서 나오는데, 이를 석곡에서 나온다고도 하니, 대개 계곡의 다른 이름이다. 국화수의 근원 곁으로는 모두 국화가 자라는데, 못과 계곡의 수분을 흠뻑 흡수하여 아주 감미로운 맛을 이룬다. 이 골짜기의 물을 마시면 장수한다고 한다.〔湍水又南, 菊水注之. 水出西北石澗山芳菊谿, 亦言出析谷, 蓋谿澗之異名也. 源傍悉生菊草, 潭澗滋液, 極成甘美. 云此谷之水土, 餐挹長年.〕"라고 한 데서 온 말이다.《水經註釋 卷29 湍水》

145 마을마다……둘리었으니 : 전염병이 만연하던 무더운 여름철이 다 지나고 이제는 맑고 서늘한 가을이 되었다는 뜻으로 한 말이다.

146 오만……들어가고 : 담복(薝蔔)은 곧 치자(梔子)의 다른 이름인데, 치자꽃은 특히 육판(六瓣)으로 형성되었기 때문에 육화(六花), 또는 육출화(六出花)라고도 하며, 향기가 천하에 뛰어나서, 인도(印度)에서는 이 향기를 숭상하여 불사(佛舍)에 많이

인간 세계에 우담발화가 나타나거든[147] 世界現優曇
상서로운 채색 놀이 바다처럼 넓게 뜨고 瑞彩浮如海
신령스런 자태를 베어 등에 멜 만하리니 靈姿刈可擔
이것을 패물로 삼아 성하게 꾸미고[148] 繽紛其繼佩
여러 가지 꽃을 섞어서 머리에도 꽂으리 雜糅以爲簪
빛나는 꽃 갓끈 삼아 테두리에 붙여 드리우고 燦燦緌承武
화려한 꽃 귀막이 옥으로 삼아 귀를 가리우고 煌煌瑱屬耽
이것을 머리로 베면 흐린 눈이 환해질 게고 枕之披翳瞙
이것을 복용하면 능히 청담을 토로할 게고 呑乃發淸談
썩은 뼈에서 붉은 살도 돋아날 게고 朽骨生丹肉
노쇠한 백발이 검은 머리로 변화하여 衰顱變黑毿
요절하는 이 없이 만년 장수를 누리어 萬年無夭扎

심었던 데서, 전하여 담복 숲이란 바로 불사를 지칭하기도 한다. 여기서 백성들이 담복 숲으로 들어간다는 것은 곧 사람마다 수도(修道)의 정신을 갖게 되어 풍속이 순후해진다는 뜻으로 한 말인 듯하다. 불서(佛書)인 《정명경(淨名經)》에 "담복 숲 가운데서는 다른 향기를 맡지 못하나니, 이 집에 들어온 자는 오직 모든 부처의 공덕의 향기만을 맡을 뿐이다.〔薝蔔林中, 不嗅餘香. 入此室者, 唯聞諸佛功德之香.〕"라고 하였다.

147 인간……나타나거든 : 우담발화(優曇鉢花)는 인도에서 나는 무화과수(無花果樹)로 3000년 만에 꽃이 한 번 나타난다 하여 아주 희귀한 일에 비유된다. 이 꽃이 나타난다는 것은 곧 태평성대를 의미한다.

148 이것을……꾸미고 : 굴원(屈原)의 〈이소(離騷)〉에서 흔히 난초(蘭草)나 혜초(蕙草) 등 향초(香草)를 패물로 삼은 데서 온 말로, 이 향초들은 모두 현덕(賢德)을 상징한 것이다. 여기서는 저자 또한 굴원을 본받아 이상에서 열거한 여러 가지 신령스러운 꽃들을 패물로 삼는다는 뜻으로 한 말이다. 이 시편(詩篇)에서는 국화를 위주로 말한 것이다.

온 나라가 모두 팽담[149]처럼 장수를 누리리니	一國盡彭聃
부모님은 몸과 마음이 편안하여 안정되시고	父母安而順
형제들은 화락하고도 즐거우리라[150]	弟兄樂且湛
이 쫓겨난 신하야 죽어도 만족하거니	孤臣死亦足
오두막집 사립 닫고 단정히 앉았노라	端坐閉茅庵

149 팽담(彭聃) : 옛날의 선인(仙人)들로, 장수(長壽)를 누렸다고 전해 오는 팽조(彭祖)와 노담(老聃)을 병칭한 말이다.

150 형제(兄弟)들은 화락하고도 즐거우리라 : 《시경》 〈소아(小雅) 상체(常棣)〉에 "처자들이 좋아하고 화합함이, 흡사 금슬을 타는 것 같도다. 형제간이 서로 화합하여야만, 화락하고도 즐거우리라.〔妻子好合, 如鼓瑟琴. 兄弟既翕, 和樂且湛.〕"라고 한 데서 온 말이다.

수적[151]의 시에 차운하다

次韻水積

그 몇 해나 허물 반성하며 문 닫고 생각했던가	幾載懲愆閉閤思
이때 도인이 찾아와 늙은이를 위로해 주네	道人相問慰衰遲
구면의 얼굴 하도 반가워 석 잔 술을 나눌 제	靑靑舊眼三杯酒
새로운 감회 줄줄 나와 두 수의 시를 읊노라	袞袞新懷二首詩
한만 지경에서 약사와 언뜻 이별을 했었는데[152]	汗漫乍成違若士
하해에서 다시 안기를 만날 줄 어찌 알았으랴[153]	遐陔那復遇安期
나는 근래 홀로 앉아서 별다른 흥취가 없어	爾來獨坐無多興
단지 내 맘을 스승처럼 근엄하게 기를 뿐이라네	只箇吾心儼若師

하해(遐陔)가 다른 본에는 아양(峨洋)으로 되어 있고, 안(安)이 다른 본에

151 수적(水積) : 어느 승려(僧侶)의 호칭인 듯하나 자세하지 않다.

152 한만(汗漫)……했었는데 : 한만은 도무지 헤아릴 수 없는 세계, 즉 인간 세상의 밖을 가리킨다. 옛날에 도인(道人) 노오(盧敖)가 일찍이 북해(北海)에서 노닐다가 몽곡(蒙穀) 위에 이르러 약사(若士)라는 선인(仙人)을 만나서 그에게 말하기를 "당신이 나와 서로 친구가 되어 줄 수 있겠는가.〔子殆可與敖爲友乎〕"라고 하자, 약사가 치아를 드러내서 웃으며 이르기를 "나는 저 한만과 더불어 구해의 밖에서 노닐기로 기약했으니, 내 여기에 오래 머무를 수가 없다.〔吾與汗漫期于九垓之外, 吾不可以久駐.〕"라고 하고 바로 떠나 버렸다는 고사에서 온 말이다.《淮南子 道應訓》이는 곧 저자가 일찍이 수적(水積)이라는 승려와 한 번 만났다가 언뜻 작별했던 일을 가리키는바, 즉 여기서 노오라는 도인을 저자에 비유하고, 약사라는 선인을 수적 승려에 비유한 것이다.

153 하해(遐陔)에서……알았으랴 : 하해는 극히 멀고 궁벽한 지역을 말하고, 안기(安期)는 옛날 선인(仙人)의 이름이다. 여기서는 곧 저자가 궁벽한 진도(珍島)에서 다시 만나게 된 수적 승려를 옛날 선인 안기에 빗대서 한 말이다.

는 종(鍾)으로 되어 있다.

아래로는 저승 끝까지 위로는 북극성 끝까지	下達窮泉上極星
사람의 마음을 알아서 미루어 다스리나니	會人腔子起綸經
구족[154]하게 하려 안 해도 원래 실한 것이라	無爲具足元來實
유통하길 안 헤아려도 이렇게 신령하다오	不測流通便恁靈
몽교관을 지나고 나면 어둠은 이미 밝아지고[155]	過夢覺關昏旣曉
생사안을 벗어나야 순히 섬기고 죽어 편하리[156]	離生死岸順而寧

154 구족(具足) : 원래는 구비(具備)의 뜻과 같은데, 불교에서는 승려가 계율(戒律)을 받는 것을 이르는바, 즉 계율 조항을 원만 충족(圓滿充足)하게 수행한다는 의미에서 구족계(具足戒)라 일컫는다.

155 몽교관(夢覺關)을……밝아지고 : 몽교관은 '꿈을 깨는 관문'이라는 뜻으로, 즉 사물의 이치를 궁구하여 갑자기 깨닫는 것을 비유한 것이다. 《대학집설계몽(大學集說啓蒙)》에 의하면, 《대학(大學)》 경(經) 1장의 팔조목(八條目)에 관한 해설 가운데 "선유가 이르기를 '앎을 이루는 것은 바로 몽교관이요, 뜻을 성실히 하는 것은 바로 선악관이니, 이 두 관문을 통과한 이후의 공부는 점점 한 대목이 한 대목보다 더 쉬워진다. 유독 사물을 궁구하는 공부가 더욱 어렵다.'라고 했다.〔先儒謂: 致知是夢覺關, 誠意是善惡關. 過得此二關已後工夫, 一節易一節. 獨格物工夫尤難.〕"라고 한 데서 온 말이다.

156 생사안(生死岸)을……편하리 : 생사안은 불교의 용어로, 죽음과 삶이 끝없이 거듭되는 이 세계를 의미하는바, 즉 모든 중생(衆生)은 생사해의 이 언덕〔生死海之此岸〕을 끝없이 윤회(輪廻)하다가, 열반(涅槃)을 하고 나면 생사해의 저 언덕에 당도한다는 데서 온 말이다. 《증일아함경(增一阿含經)》에 "부처의 뜻을 밝게 깨닫지 못하여, 아직껏 생사해를 건너고 있다오.〔梵志不明曉, 猶涉生死海.〕"라고 하였다. 순히 섬기고 죽어 편하리라는 것은 곧 장재(張載)의 〈서명(西銘)〉에 "살아서는 내가 하늘을 순히 섬기고, 죽어서는 내가 편안하리라.〔存吾順事, 沒吾寧也.〕"라고 한 데서 온 말이다. 《張子全書 卷1》

또한 말없이 당당하게 활보할 수 있는 곳에	也能闊步無言處
변화하는 이게 바로 객형임을 끝내 알겠네[157]	變化終知是客形

157 변화하는……알겠네 : 객형(客形)은 곧 겉으로 드러난 형태를 말한 것으로, 장재(張載)의 《정몽(正蒙)》〈태화(太和)〉에 "하늘은 형체가 없으니, 기의 본체인 것이요, 모이고 흩어지고 하는 것들은 변화하는 객형일 뿐이다.〔太虛無形, 氣之本體. 其聚其散, 變化之客形爾.〕"라고 한 데서 온 말이다. 《張子全書 卷2》 여기서는 인간의 살아 움직이는 동안의 모든 변화 또한 겉으로 드러난 형태일 뿐이라는 뜻으로 한 말이다.

취해 졸다가 차운하여 명산으로 가는 박빈학[158]을 보내고 겸하여 민성에게 부치다

醉睡次韻送朴贇鶴命山兼寄閔誠

삼 년 배우고 녹 받은 게 나는 부끄럽다만[159] 自媿三年穀

그 누가 한 개의 등불을 전할런고[160] 誰傳一介燈

나는 본래 숙자를 속였건만[161] 本來欺叔子

158 명산(命山)으로 가는 박빈학(朴贇鶴) : 명산은 진도군(珍島郡) 관내에 있는 지명이다. 박빈학의 본관은 무안(務安), 자는 익선(翼仙), 호는 경신재(敬愼齋)이다. 진도 입도조(入島祖)인 박희정(朴希貞)의 6세손이며, 아버지는 박윤(朴潤), 어머니는 장흥 임씨(長興任氏)라고 한다. 저자가 진도에서 유배 생활을 할 때 저자의 제자가 되어 학문을 닦았고, 관직으로는 태릉 참봉(泰陵參奉)을 지냈다.

159 삼 년……부끄럽다만 : 3년 배우고 녹봉(祿俸)을 받았다는 것은 곧 공자가 이르기를 "3년 동안 배우고 녹봉에 뜻을 두지 않는 자를 쉽게 얻지 못하겠다.〔三年學, 不志於穀, 不易得也.〕"라고 한 데서 온 말이다.《論語 泰伯》 이는 곧 누구나 조금만 배운 것이 있으면 벼슬을 하려고 애쓰는 것을 의미하는데, 여기서는 저자 자신 또한 일찍 벼슬길에 나갔던 것을 부끄럽게 여겨 한 말이다.

160 그……전할런고 : 등불을 전한다는 것은 곧 불가(佛家)에서 불법(佛法)을 전하는 것을 가리키는바, 불법은 마치 밝은 등불과 같아 어두움을 깨뜨려 열어 준다는 뜻에서 이렇게 일컫는다.

161 나는……속였건만 : 숙자(叔子)는 진(晉)나라 때 명장(名將) 양호(羊祜)의 자이다. 그는 당시 오(吳)나라의 장수(將帥)인 육항(陸抗)과 본래 절친한 사이였으나, 그가 도독형주제군사(都督荊州諸軍事)로서 오나라 육항의 군대와 서로 대치하던 중, 육항이 병이 났을 때 그에게 약(藥)을 주었는데, 육항은 양호를 조금도 의심하지 않고 그 약을 복용했던 데서 온 말이다. 양호와 육항은 각기 국사(國事)로 인하여 서로 적대 관계에 있었지만, 육항은 양호의 인품을 믿고 약을 복용했던 미담(美談)이 전해 온다.《晉書

그대는 끝내 손등을 본받지 않았네[162] 終不效孫登
생각나면 천리 멀리 수레 타고 찾아오고[163] 命駕思千里
서로 좋아하는 교의는 백붕을 준 듯하네[164] 懽交錫百朋

卷34 羊祜列傳》 여기서 숙자를 속였다는 것은 곧 박빈학을 양호에, 저자 자신을 육항에 각각 빗대어, 자신은 일찍이 박빈학에게 믿음을 주지 못했다는 겸사로 한 말인 듯하다. 한편 박빈학은 저자를 항상 성심으로 대해 주었고 일찍이 저자에게 약을 지어 보내 준 적이 있었다.

162 그대는……않았네 : 진(晉)나라 때 죽림칠현(竹林七賢)의 한 사람인 완적(阮籍)은 술을 매우 즐겨 마셨으며, 휘파람을 대단히 잘 불어서 금조(琴操)와 조화를 잘 이루었다고 전한다. 진류(陳留)에 그의 소대(嘯臺)가 있다고 한다. 그가 일찍이 소문산(蘇門山)에 올라가 은사(隱士)인 손등(孫登)을 만나서 여러 가지 이야기를 해 보았으나 손등이 전혀 대꾸를 하지 않으므로 마침내 휘파람을 길게 불면서 내려가는데, 산 중턱쯤 내려갔을 때 마치 난봉(鸞鳳) 같은 아름다운 소리가 암곡(巖谷)에 울려 퍼졌다고 한다. 그게 바로 손등의 휘파람 소리였다는 고사(故事)가 전하기도 한다. 《晉書 卷49 阮籍列傳》 여기서는 저자를 완적에, 박빈학(朴贇鶴)을 손등에 각각 빗대어 말하면서, 손등은 완적을 상대해 주지 않았지만, 박빈학은 손등과 달리 저자를 끝까지 상대해 주었다는 뜻으로 한 말이다.

163 생각나면……찾아오고 : 진(晉)나라 때 동평(東平)의 여안(呂安)이 혜강(嵇康)의 고상한 풍도(風度)에 흠복(欽服)하여 매양 그가 생각이 날 때마다 천리 밖에서 수레를 명하여 타고 혜강을 찾아가곤 한 데서 온 말이다. 《晉書 卷49 嵇康列傳》 여기서는 박빈학이 저자를 몹시 사모하여 늘 찾아오곤 한 것을 여안과 혜강과의 관계에 빗대서 한 말이다.

164 서로……듯하네 : 백붕(百朋)은 고대에 패각(貝殼)을 화폐로 사용할 때 오패(五貝)를 일관(一串), 양관(兩串)을 일붕(一朋)이라고 한 것에서 매우 많은 보화(寶貨)를 비유하는 말로 쓰인다. 《시경》〈소아(小雅) 청청자아(菁菁者莪)〉에 "무성하고 무성한 쑥이, 저 구릉 가운데 있도다. 군자를 만나고 보니, 나에게 백붕을 준 것 같도다.〔菁菁者莪, 在彼中陵. 既見君子, 錫我百朋.〕"라고 한 데서 온 말로, 친구 간에 서로 아주 좋아하는 뜻으로 쓰인다.

온화하여라 민씨의 아들은[165]	誾誾閔氏子
북향하여 절하고 일어나누나	北向拜而興

165 온화하여라 민씨(閔氏)의 아들은 : 《논어》〈선진(先進)〉에 "민자건은 공자를 곁에서 모실 때 온화하였다.〔閔子侍側, 誾誾如也.〕"라고 한 데서 온 말이다. 여기서는 곧 이 시의 제목에 나오는 민성(閔誠)의 성씨가 공자의 제자 민자건(閔子騫)과 같으므로 민성을 민자건에 빗대서 한 말이다.

사퇴암[166]에서 두부를 먹다 10월이다.

蛇退庵食豆腐 十月

회남왕의 술법을 시험하기 위해[167]	爲試淮王術
이곳에 와서 맑은 해안[168]을 찾았네	來尋海眼淸
빙설처럼 시원함은 날 다슨 게 걱정되고	雪氷愁見晛
비린내 안 나는 우유인가 의아도 하여라	酥酪訝無腥
가을 뭇국에 버섯을 넣어 조리하고	露菖兼枯菌
노란 기장밥에 하얀 멥쌀도 섞이었네	黃粱間玉粳
참으로 많이 먹어서는 안 될 것이라	眞宜不多食
구름 덮인 물가로 천천히 내려가노라	徐步下雲汀

166 사퇴암(蛇退庵) : 확인할 길이 없다.

167 회남왕(淮南王)의……위해 : 회남왕은 한대(漢代)의 황족(皇族)으로 회남왕에 봉해진 유안(劉安)을 가리킨다. 《본초강목(本草綱目)》 〈두부(豆腐)〉에 "두부 만드는 법은 한나라 회남왕 유안에게서 비롯되었는데, 흑두, 황두 및 백두, 이두, 완두, 녹두 등 모든 콩으로 다 만들 수 있다.〔豆腐之法始於漢淮南王劉安. 凡黑豆、黃豆、及白豆、泥豆、豌豆、綠豆之類, 皆可爲之.〕"라고 하였다. 여기서 시험한다는 것은 곧 두부를 먹는다는 뜻으로 한 말이다.

168 해안(海眼) : 샘물이 흘러나오는 구멍을 말한다. 샘물은 땅속으로 흘러서 강해(江海)로 통한다 하여 옛사람들이 이렇게 일컬었다.

빙군 선생의 양갖옷을 입고 울면서 예전 운[169]에 차하다

11월이다.

服聘君先生羔裘泣次舊韻 十一月

양갖옷 입고 동만에 계시던 걸 항상 보았거니[170] 被來常見臥桐灣
웃옷 덧입은들 어찌 송 환 사마 만날 일 있었으랴[171] 褐得何嘗過宋桓
남기신 의복 내가 입으니 편안코도 다스워라 遺澤在身安且燠

169 예전 운 : 《소재집》 제2권의 〈꿈에 탄금대에서 노닐고 장인의 운을 기억하여 사용해서 회포를 부치다〔夢遊彈琴臺記用聘君韻寓懷〕〉라는 제목의 시이다. "생각하니 탄금대에 올라 푸른 물굽이 굽어볼 제, 문득 낚싯줄 드리워 빙빙 도는 고래를 낚고팠네. 앞 강물은 북쪽을 향해 마포로 조회하듯 흐르고, 먼 갈래 물줄기들은 남쪽 달탄으로 모여드는데. 다슨 봄 서늘한 가을엔 거룻배만 있을 뿐이라, 산과 백사장이 탁 트이어 전혀 가려진 게 없었네. 지금은 바다 안에 들어와 매달린 박 신세라, 다른 물은 물이 되기 어렵단 말을 못 믿겠구려.〔憶上琴臺俯碧灣, 垂綸便欲釣鯢桓. 前江向北朝麻浦, 遠派從南會獺灘. 春暖秋凉唯有艇, 山開沙闊更無欄. 如今入海還匏繫, 不信觀來爲水難.〕"

170 양갖옷……보았거니 : 동만(桐灣)은 동강(桐江)의 물굽이라는 뜻으로, 후한 광무제(後漢光武帝)의 어릴 적 학우(學友)이기도 한 은사(隱士) 엄광(嚴光)이 광무제가 등극한 이후로는 광무제의 간곡한 부름을 끝내 거절하고 부춘산(富春山)에 은거하면서 양갖옷을 입고 동강에서 낚시질을 하며 일생을 보낸 고사에서 온 말이다. 《後漢書 卷83 逸民列傳 嚴光》 여기서는 저자의 장인이며 스승이기도 한 이연경(李延慶)이 일찍이 고향인 충주의 용탄(龍灘)으로 내려가 은거하던 일을 엄광의 고사에 빗대서 한 말이다.

171 웃옷……있었으랴 : 공자가 일찍이 노(魯)나라와 위(衛)나라에 머물기를 싫어하여 떠나는 길에 송(宋)나라 환 사마(桓司馬)가 공자를 살해하려고 하자, 미복(微服) 차림으로 송나라를 지나갔던 데서 온 말이다. 미복에 대한 자세한 내용은 37쪽 주44 참조. 여기서는 저자의 스승인 이연경은 평소에 미복 차림을 하지 않고 양갖옷 위에 웃옷을 덧입어 화려한 차림으로 편히 지냈다는 뜻으로 한 말이다.

손꼽아 세어 보니 세월은 여울물보다 빠르구려	流光屈指急於灘
숫양을 먹이긴 사막의 움에 사는 게 마땅커니와[172]	牧羝更合居沙窖
분양 점치러 애써 우물 난간 둘러설 것 없어라[173]	占羵無勞遶井欄
곧장 해질 때를 기다리고 고쳐 짓진 않으리니	直待蒙茸不改作
깃과 허리도 끌어올리기 어려울 걸 응당 알겠네	只應知挈領要難

172 숫양을……마땅커니와 : 한 무제(漢武帝) 때 소무(蘇武)가 중랑장(中郞將)으로 흉노(匈奴)에 사신(使臣)으로 갔을 때 흉노가 그를 억류하여 사람이 전혀 살지 않는 북해(北海) 가에 보내어 숫양을 기르게 하고 "숫양이 새끼를 낳아야만 돌아갈 수 있으리라.〔羝乳乃得歸〕"라고 한 데서 온 말이다.《漢書 卷54 蘇武傳》여기서는 저자 또한 유배 생활을 하고 있기 때문에 자신의 처지를 소무에 빗대서 한 말이다.

173 분양(羵羊)……없어라 : 분양은 땅속의 괴물을 가리킨다.《국어(國語)》권5〈노어 하(魯語下)〉에 "계환자가 우물을 파다가 질장군 같은 것을 얻었는데, 그 속에 양이 있었다. 그러자 이것을 공자에게 물어보게 하면서 '내가 우물을 파다가 개를 얻었으니, 이게 무엇입니까?'라고 하였으므로, 공자가 대답하기를 '내가 들어본 바로는 양입니다. 내가 들으니,……땅속의 괴물을 분양이라고 하더이다.'라고 했다.〔季桓子穿井, 獲如土缶, 其中有羊焉. 使問之仲尼曰: 吾穿井而獲狗, 何也? 對曰: 以丘之所聞, 羊也. 丘聞之,……土之怪曰羵羊.〕"라고 한 데서 온 말이다. 이것은 아마도 국가나 개인에 대한 재앙(災殃)의 조짐으로 쓰인 듯하나 자세하지 않다.

빙군 선생께서 부쳐 주신 서찰 몇 건을 모아 두루마리로 만들고 예전 운을 사용하여 울면서 쓰다

集聘君先生寄書若干件作軸泣書用舊韻

강유선(康惟善)의 서신을 그다음으로 넣었다.

깊고도 크나큰 은혜 깊은 물에 목욕한 듯해라	曠蕩深恩浴澤灣
정녕스레 남긴 서찰 궁규 환규 잡듯 하노라[174]	丁寧遺札執躬桓
피봉에는 순천과 진도가 차례로 쓰여 있고	封皮次第看珍順
서찰 끝엔 분명히 탄수 선생을 우러르게 되었네[175]	紙尾分明仰叟灘
성정은 만고불변의 도리를 넘지 않거니와	情性不踰常道理
무너진 가문에도 법도는 아직 남아 있다오	典刑猶在敗門欄
오늘 아침에 강생의 편지 말들을 점검해 보니	今朝檢及康生語
어찌 남에게 보이기 어려운 말들이 있겠는가	詎有逢人出示難

선생께서 탄수(灘叟)라 자호하셨다. 진(珍)은 진도(珍島)이고 순(順)은 순천(順天)이다.

174 정녕스레……하노라 : 궁규(躬圭)는 주(周)나라 때 백작(伯爵)이 손에 잡던 옥기(玉器)이고, 환규(桓圭)는 상공(上公)이 손에 잡던 옥기이다.《周禮 春官宗伯》여기서 그것을 잡듯 한다는 것은 곧 매우 공경스럽게 손으로 만진다는 의미이다.

175 서찰……되었네 : 탄수(灘叟)는 바로 이연경(李延慶)의 호로, 이 내용은 곧 이연경이 저자에게 보낸 편지 끝에 반드시 자신의 호를 적었기 때문에 그것을 본 저자가 절로 머리를 조아리게 되었다는 뜻으로 한 말이다.

선생의 소상을 지낸 뒤, 슬퍼하고 가련해하는 지극한 정을 시에 드러냈는바, 인하여 아내와 친구까지 언급하였다. 다시 예전의 운을 따라 짓다 3수

先生祥後哀閔之至情發乎詞仍及妻若友復因舊韻 三首

모였다간 왜 흩어졌고 주거지는 왜 물굽이였나[176]	聚何風又界何灣
신도비는 그 어느 때 묘문에 세울 수 있을런고	神道何時可勒桓
상주인 조카는 오늘 아침 악실을 수리했을 게고[177]	孤姪今朝治堊室
장모님께서는 어제 얼음 여울을 건너셨겠네	夫人昨日涉氷灘
인간에서 잠시 황모동에 거주하다 떠나시니[178]	人間暫住黃茅峒
천상의 백옥란[179]이야 어찌 바라볼 수 있으리오	天上寧瞻白玉欄

176 모였다간……물굽이였나 : 이연경(李延慶)이 일찍이 도성(都城)에 거주하다가 뒤에 벼슬을 버리고 고향인 충주의 용탄동(龍灘洞)으로 내려가 은거하였다. 물굽이라고 한 것은 곧 용탄동이 강가에 있었기 때문에 한 말이다.

177 상주(喪主)인……게고 : 상주인 조카라고 한 것은 곧 이연경이 형의 아들을 양자(養子)로 세웠기 때문에 한 말이고, 악실(堊室)은 사벽(四壁)에 백토(白土)를 바른 상막(喪幕)을 말한 것으로, 상주가 소상(小祥)을 지낸 뒤에 거처하는 상막이다. 《예기(禮記)》 〈상대기(喪大記)〉에 "연제(練祭)를 지내고 나서는 악실에서 거처하고 남들과 교제하지 않는다.〔旣練, 居堊室, 不與人居.〕"라고 하였다.

178 인간에서……떠나시니 : 황모동(黃茅峒)의 황모는 늦가을의 장기(瘴氣)로 인하여 누렇게 단풍 들어 떨어지는 띠풀을 말한 것으로, 황모동은 곧 유배지와 같은 산골을 의미한다. 여기서는 이연경이 인간 세상에 와 있는 동안은 마치 천상(天上)으로부터 귀양 온 것과 같다는 의미로 한 말이다. 황모에 대해서는 58쪽 주97 참조.

179 천상(天上)의 백옥란(白玉欄) : 백옥란은 천상에 있다는 백옥루(白玉樓)의 난간이라는 뜻으로, 당대(唐代)의 시인 이하(李賀)가 죽을 무렵에 어느 날 갑자기 한 비의

통곡하며 이주년 동안 세상일을 보노라니　慟泣再期看世事
유업을 지켜 전하는 것도 응당 어려우리라　護持遺業亦應難

우리 부부 맘은 찬 강에 비친 추월처럼 깨끗한데　兩心秋月照寒灣
사 년을 생이별이라니 포환[180]이 원망스러워라　四載生離怨鮑桓
정몽이 항상 진도의 밤 꿈으로 모여드니[181]　正夢常應湊珍島

(緋衣) 입은 사람이 대낮에 나타나서 붉은 용을 타고 마치 태고전(太古篆) 같은 서체(書體)의 한 판서(版書)를 가지고 이하를 부르므로, 이하가 그에게 머리를 조아리며 말하기를 "모친이 늙고 또 병들어서 하는 가기를 원치 않습니다.〔阿彌老且病, 賀不願去.〕"라고 하자, 그 비의 입은 사람이 웃으면서 말하기를 "상제께서 백옥루를 낙성하고 당장 그대를 불러 기문을 짓게 하려는 것이다. 천상이 더 즐거우니, 고통스럽지 않을 것이다.〔帝成白玉樓, 立召君爲記. 天上差樂, 不苦也.〕"라고 했는데, 그 후 이하가 곧 죽었던 데서 온 말이다. 《古今事文類聚 前集 卷51》 전하여 백옥루는 흔히 문인(文人)의 죽음을 의미하는바, 여기서도 이연경의 죽음을 천상의 백옥루로 올라갔다는 뜻에서 한 말이다.

180 포환(鮑桓) : 후한(後漢) 때의 학자였던 포선(鮑宣)과 그의 아내인 환소군(桓少君)을 병칭한 말이다. 특히 포선의 아내 환소군은 부덕(婦德)이 아주 뛰어나서 향방(鄕邦)에 명성이 높았던 데서 곧 저자를 포선에, 저자의 아내를 환소군에 각각 빗대서 한 말이다. 《後漢書 卷84 列女列傳 鮑宣妻》

181 정몽(正夢)이……모여드니 : 정몽은 아무것도 사려(思慮)한 바 없이 저절로 편안하게 꾸어지는 꿈을 말한 것으로, 즉 저자가 진도에 이배(移配)된 이후로는 불길한 꿈을 꾸지 않고 정몽만을 꾼다는 뜻으로 한 말이다. 《주례(周禮)》 〈춘관종백(春官宗伯) 점몽(占夢)〉에 "세시에 천지 일월이 서로 만나는 것을 관찰하여 음양의 기운을 변별해서 일월성신으로 여섯 가지 꿈의 길흉을 점치는 일을 관장하는데, 첫째는 정몽이요, 둘째는 악몽이요, 셋째는 사몽이요, 넷째는 오몽이요, 다섯째는 희몽이요, 여섯째는 구몽이다.〔掌其歲時觀天地之會, 辨陰陽之氣, 以日月星辰占六夢之吉凶: 一曰正夢, 二曰噩夢, 三曰思夢, 四曰寤夢, 五曰喜夢, 六曰懼夢.〕"라고 하였다.

나그네 넋이 호탄을 두려워한 게 아니로다[182] 羈魂不是怕胡灘
앙화 입은 집은 오두막만 겨우 지키고 있겠지만 禍家僅保編蓬戶
빌린 남새밭은 또한 버들로 막을 것이 걱정일세[183] 僦圃還憂折柳欄
삼년상 마친 지금은 다시 누구에게 의탁할꼬 喪畢于今更誰托
오기도 용이치 않고 머물긴 더욱 어려울 텐데 來非容易住尤難

이상은 아내를 생각하여 읊은 것이다.

고악 같은 광양군에 또다시 맑은 물굽이라[184] 廣陽高嶽復淸灣
그 두 따님은 영락없이 두 환씨의 따님 같네[185] 兩女依稀如姓桓

182 나그네……아니로다 : 호탄(胡灘)은 기주부(夔州府) 만현(萬縣)의 서쪽으로 60리쯤에 있다고 하는데, 아주 위험한 곳으로 알려졌는바, 여기서는 곧 진도 앞바다의 거센 파도를 호탄에 빗대서 한 말이다. 진도 앞바다의 거센 파도를 두렵게 여기지 않기 때문에 악몽을 꾸지 않고 정몽만을 꾸게 된다는 뜻으로 한 말이다. 두보(杜甫)의 〈연충주사군질택(宴忠州使君姪宅)〉 시에 "지방관으로 나간 우리 집 조카여, 타향에서 오늘날 술자리를 즐기도다. 나는 조카의 집에 와서 놀기 위함이지, 저 호탄을 두려워해서가 아니란다.〔出守吾家姪, 殊方此日歡. 自須遊阮舍, 不是怕胡灘.〕"라고 한 데서 온 말이다. 《杜少陵詩集 卷14》

183 빌린……걱정일세 : 버들가지로 막는다는 것은 《시경》 〈제풍(齊風) 동방미명(東方未明)〉에 "버들가지를 꺾어 남새밭에 울타리를 치면, 미치광이도 놀라서 돌아본다.〔折柳樊圃, 狂夫瞿瞿.〕"라고 한 데서 온 말이다. 곧 저자가 조그마한 남새밭을 빌려서 채소를 심었던바, 여기에도 울타리를 쳐야 할 걱정이 생겼다는 뜻으로 한 말이다.

184 고악(高嶽)……물굽이라 : 고악은 고산(高山)과 같은 뜻으로, 높은 학덕(學德)에 비유한 말이다. 광양군(廣陽君)은 바로 저자의 스승이며 장인인 이연경(李延慶)의 조부(祖父)로 벼슬이 예조 판서에 이른 이세좌(李世佐)의 봉호이고, 맑은 물굽이란 곧 충주의 용탄동(龍灘洞)에 살면서 탄수(灘叟)라 자호한 이연경을 가리킨다.

185 그……같네 : 두 따님이란 바로 이연경의 두 딸을 가리키는데, 장녀는 저자의 아내가 되었고, 차녀는 강유선(康惟善)의 아내가 되었다. 그리고 두 환씨(桓氏)의 딸이

내 덕은 늪에 있는 용 같지 못함이 부끄럽지만[186] 愧我德非龍在澤
배가 여울을 탄 듯한 그대 재주는 훌륭도 해라[187] 多君才是舸乘灘
묻고 배우던 당시엔 한 스승을 뫼시었는데 當時問學同趨席
만년의 출처는 모두 누각 난간을 기댔었지[188] 晩歲行藏共倚欄
산 이나 죽은 이가 끝내 은의를 저버렸는데[189] 生死終知負恩義
하늘은 재앙을 안 그쳐 어려움이 거듭되누나 天無悔禍荐艱難

이상은 친구에 대하여 읊은 것이다.

란 바로 후한(後漢) 때 학자였던 포선(鮑宣)의 아내가 된 환소군(桓少君)과 역시 후한 때 유장경(劉長卿)의 아내가 된 환리(桓嫠)를 가리킨다. 환소군은 부덕(婦德)이 뛰어나서 명성이 높았던바, 이는 저자의 아내에 빗대서 말한 것이고, 환리는 남편이 일찍 죽은 뒤에 심지어 신체를 훼손해서까지 정절(貞節)을 굳게 지킨 열녀였던바, 이는 이미 죽은 강유선의 아내에 빗대서 한 말이다. 《後漢書 卷84 列女列傳 鮑宣妻》

186 내 덕은……부끄럽지만 : 늪에 있는 용이란 곧 학덕(學德)이 높은 이가 은거(隱居)하는 데에 비유한 것으로, 《춘추좌전》 양공(襄公) 21년 조에 "깊은 산이나 큰 늪에서 실로 용이 나온다.〔深山大澤, 實生龍蛇.〕"라고 한 데서 온 말로, 여기서는 곧 저자 자신은 그런 인물이 못 된다는 겸사로 한 말이다.

187 배가……해라 : 이는 곧 강유선의 재주가 아주 민첩(敏捷)했음을 의미한다.

188 만년의……기댔었지 : 두보(杜甫)의 〈강상(江上)〉 시에 "훈업을 염려해 자주 거울을 보고, 출처에 어두워 홀로 누각 기대노라.〔勳業頻看鏡, 行藏獨倚樓.〕"라고 한 데서 온 말이다. 《杜少陵詩集 卷15》 이는 곧 저자와 강유선이 예전에 서로 출처(出處)를 가지고 고민했던 일을 두고 한 말이다.

189 산 이나……저버렸는데 : 여기서 산 이란 바로 저자 자신을 가리키고, 죽은 이란 곧 강유선을 가리키는바, 두 사람 모두가 스승이며 장인인 이연경에게 은의(恩義)를 저버리게 되었다는 뜻으로 한 말이다.

입춘일의 축시 신해년(1551, 명종6)[190] 정월이다.

立春祝詩 辛亥正月

날이 따뜻하니 상체꽃이 환하게 피고	日暄棠棣鄂
다스운 바람에 대와 원추리가 번득이네[191]	風暖竹萱翻
만물은 하늘의 아름다운 은택을 입었고	萬物仍嘉澤
쫓겨난 신하도 분수 밖의 은혜를 입었네	孤臣亦誤恩
무양은 흩어진 넋을 돌아오게 해 주고[192]	巫敎散魂復
하늘은 놓쳐 버린 내 맘을 보존케 하누나[193]	天誘放心存

190 신해년 : 이때 저자의 나이는 37세였다.

191 날이……번득이네 : 상체꽃은 본디 《시경》 〈소아(小雅) 상체(常棣)〉에서 온 말로, 형제간의 우애를 뜻한다. 51쪽 주77 참조. 그리고 대나무는 또한 형제들을 상징하고, 원추리는 모친(母親)을 상징한 것으로, 두보(杜甫)의 〈시종손제(示從孫濟)〉 시에 "당 앞에는 절로 대나무가 나고, 당 뒤에는 절로 원추리가 나도다.〔堂前自生竹, 堂後自生萱.〕"라고 한 데서 온 말이다. 《杜少陵詩集 卷3》 여기서는 곧 입춘일(立春日)을 맞아서 온 가족에 대한 축복의 의미를 부여하여 읊은 것이다.

192 무양(巫陽)은……주고 : 무양은 양(陽)이라는 신무(神巫)를 가리킨 것으로, 《초사(楚辭)》 〈초혼(招魂)〉에 "천제가 무녀 양에게 고하기를 '현인이 아래 있어 내가 그 사람을 도와주려고 하는데, 그의 혼백이 이미 이산되었으니, 네가 점을 쳐서 그의 혼백을 찾아 되돌려 주거라.' 하였다.〔帝告巫陽曰: 有人在下, 我欲輔之. 魂魄離散, 汝筮予之.〕"라고 한 데서 온 말로, 현인은 곧 굴원(屈原)을 지칭한 것이다. 여기서는 저자 자신을 굴원에 빗대서 한 말이다.

193 하늘은……하누나 : 마음이 외물에 흔들리지 않고 평온해짐을 의미한 말이다. 35쪽 주37 참조.

아침에 도 듣는 게 다행임을 자각했거니	自覺朝聞幸
누가 저녁에 죽는 걸 원통하다 하리오[194]	誰云夕死冤

194 아침에……하리오 : 공자가 이르기를 "아침에 도를 깨달았으면 저녁에 죽어도 괜찮다.〔朝聞道, 夕死可矣.〕"라고 한 데서 온 말이다. 《論語 里仁》

취해서 쓰다 2월이다.

醉草 二月

머나먼 포구에 봄은 절반 이상 지났고	極浦春强半
쫓겨난 신하는 병치레를 한 번 더했네	孤臣病一番
투호 놀이로 그나마 자유자적할 뿐	投壺聊自適
나무 심는 건 번거로움이 꺼렵구나	培樹尙嫌煩
조용히 눈 감고 낮닭 우는 소리를 듣고	沈瞑聞鷄晝
맑게 읊조리며 한낮 따스한 볕도 쬐노라	淸謠負午暄
텁텁한 막걸리엔 오묘한 도리가 있어[195]	醇醪有妙理
한 잔 마시니 나그네 넋을 흩어 버리누나	一酌散羈魂

195 텁텁한……있어 : 두보(杜甫)의 〈회일심최집이봉(晦日尋崔戢李封)〉 시에 "막걸리엔 오묘한 도리의 작용 있으니, 이로써 어려운 처지를 위로할 만하네.〔濁醪有妙理, 庶用慰沈浮.〕"라고 한 데서 온 말로, 즉 술을 마시면 잠시나마 시름을 잊고 마음에 위로가 됨을 의미한다. 《杜少陵詩集 卷4》

사계화에 대한 시[196]를 어떤 이에게 장난삼아 보이다
四季詩戲示人

나는 오직 국화만 치우치게 좋아하고	我惟菊於癖
기타의 꽃들은 좋아한 게 없었는데	其餘靡所愛
늦게야 네 이름이 귀함을 좋아했으니	晩愛爾名貴
사계절 내내 왕성한 기운이 있음이란다	寄旺四時內
이 때문에 멀리 가흥 마을에서 취해다가	遠取嘉興村
한 자쯤 땅을 파헤쳐 심고 북돋아 주었네	培之破尺塊
이윽고 나는 몸이 중독된 걸 깨달았으니	俄予覺中蠱
해묵은 신경통이 머리 등까지 침범하여	宿疼乘頭背
반걸음도 자력으론 걸을 수 없는지라	跬步不自致
생각만 할 뿐 제때에 물을 주지 못했네	念念乖時漑
그런데 후자[197]가 말하기를 나는 알겠다	候者曰我知

196 사계화(四季花)에 대한 시 : 사계화는 일명 월계화(月季花)라고도 하는데, 장미과(薔薇科)의 낙엽 관목(落葉灌木)으로, 줄기에 가시가 있고, 잎은 깃 모양의 겹잎으로 되어 있다. 이 꽃은 달마다 꽃을 피우므로, 장춘화(長春花), 월월홍(月月紅) 등의 명칭이 있기도 하다. 《촉중광기(蜀中廣記)》 〈방물기(方物記) 목(木)〉에 "월계화는 바로 동방에서 이른바 사계화라는 것인데, 푸른 넝쿨에 빨간 꽃이 핀다. 촉 지방에는 눈과 서리가 잘 안 내리므로, 이 꽃은 일 년 열두 달, 달마다 한 번씩 피울 수 있다.〔月季花卽東方所謂四季花, 翠蔓紅蘤者. 蜀少霜雪, 此花得終歲十二月輒一開.〕"라고 하였다. 이 시는 저자가 사계화를 의인화하여 그와 서로 대화하는 형태로 이루어졌는데, 그 내용은 결국 저자의 자책과 겸사의 의미를 담고 있다.

197 후자(候者) : 옛날 천문(天文)의 기상(氣象)을 보고 점치는 사람을 가리킨다.

그 병의 원인이 있는 곳을	病根之所在
태세는 왕과 같은 지존의 존재이기에	太歲王至尊
범했다 하면 죽음을 대신할 자 없다 하네[198]	犯輒死莫代
나는 그 말을 듣고 깜짝 놀라 일어나서	予聞焉驚起
눈이 휘둥그레지고 마음이 심란해졌네	目動而心憒
차라리 신에게 빌고자 하여도	欲寧媚于神
푸닥거리를 할 만한 돈이 없고	無錢可以賽
이것을 남에게 주어 기르게 하려 해도	欲移與人養
남은 불길한 것이라 하여 그만두었지	人以不祥廢
사계화에게 고하길 사계화는 놀라지 말라	告季季勿駭
잡목처럼 베내 버림을 면치 못하겠구나	不免爲薪刈
이는 실로 너를 괴로이 해치자는 게 아니라	實非苦相厄
내 몸 아픈 걸 애석히 여겨서란다 했더니	予惜予所痗
사계화가 바람 앞에 서서 공경히 절하고	季乃臨風拜
내게 청하여 자기 소견으로 대답하기를	請以臆自對
천지조화의 오묘한 공효를	鬼神之德盛
인간의 지혜로는 미칠 수 없나니	人智有不逮
다만 의아한 건 저 사람[199]이 밝다 한들	但訝彼人明
당신의 어두움과 뭐가 그리 다르리까	孰與吾子昧

198 태세(太歲)는……하네 : 태세는 세성(歲星)인 목성(木星)을 가리킨다. 목성은 12년 만에 하늘을 일주(一周)하는데, 신해년인 이해, 즉 목성이 해방(亥方)을 가리키고 있는 이때에, 해방에 토목(土木) 일 등을 하는 경우를 말한 것이다.

199 저 사람 : 앞에 나왔던 후자(候者), 즉 점치는 사람을 지칭한 것이다.

그런데도 이에 그의 말을 듣고 나서야	而乃得其言
비로소 스스로 자신을 다스린단 말입니까	然後方自艾
그의 말은 거짓에 가까운 것으로서	得無近乎詐
자신을 속이고 당신까지 속인 게 아니리까	自欺欺我輩
그렇지 않다면 그가 미친 풍병에 걸려서	不然病風狂
아녀자의 약한 모습을 답습함이리다 하네	遂襲兒女態
아 나는 죄 짓고 유배된 처지인지라	嗟我禦魑魅
귀신과 사람이 모두 큰 악인으로 간주하니	神人認大憝
나는 장차 돌아가길 희망하는 데다	方將望歸來
더구나 귀신과 사람의 버림을 당했고 보면	況此臨棄偝
인정치고 그 누군들 이런 처지에서는	人情孰於此
한번 잠시 인내하길 원하지 않으리오 하네	不願一暫耐
그렇다면 사계화의 말도 공평치 못하도다	季論亦不公
왜 그리 까다롭고 번쇄하게 곤욕을 주는가 하니	見困何苛碎
다시 말하길 그렇다면 미혹됨이 더 심합니다	然則惑之甚
처음엔 거짓됨이요 종당엔 미혹됨이로다[200]	始詐而終誖
당신이 진실로 선을 할 수 있다면	子苟能爲善
귀신의 질시를 들추어선 안 되거니와	神嫉不可劾
당신이 진실로 악을 할 수 있다면	子苟能爲惡
귀신의 보호도 빌려서는 안 되고말고요	神護不可貸

200 처음엔……미혹됨이로다 : 처음엔 거짓됨이라고 한 것은 앞서 나온 후자(候者)의 말을 가리키고, 종당엔 미혹됨이라고 한 것은 바로 저자가 말한 것을 가리켜 한 말이다.

지금 당신은 죄보다 가벼운 처벌을 받았으니	今從末減科
이것만도 이미 귀신과 사람의 잘못이 아니거늘	已非瑕與纇
하루아침에 정성들인 것을 가지고	欲將誠一朝
십 년 동안 지은 죄악을 다 씻고자 한다면	試與洗十載
마치 한 치나 되는 작은 아교를 가지고	何異一寸膠
천 길 무너진 곳을 때우려는 것과 뭐가 다르랴	救玆千丈潰
또는 모기가 제 힘을 헤아리지 못하고	又如蚊不量
저 숭산 태산을 지려는 것과 같기도 하지요	負彼嵩與岱
공자는 기도하지 않은 바이거니와[201]	孔子所不禱
더구나 괴이한 건 꾸짖어 물리침도 가함에랴	況怪或可誶
오직 왕은 농사가 잘되도록 주관하여	惟王主歲功
결코 땅을 나무라지 않는 것이거니와	定不詬厚載
혹 곁에서 잘못 훼방하는 자가 있더라도	或誤毁其傍
귀신은 그를 불쌍히 여겨 은덕으로 포용한다오	神悶惻勞倈
그런데 당신은 스스로 자기만을 믿고자 하니	吾子且自信
이런 말은 삼가서 두 번 다시 하지 마시오 하네	此言愼不再
나는 머리 조아려 사계화의 훌륭한 말에 절하노니	稽首拜季嘉
이 또한 신명의 가르침을 받음이로다	亦神之所誨
나는 귀양살이한 지가 지금 사 년인데	居僦今四春

201 공자(孔子)는……바이거니와 : 공자가 병이 위중해지자, 자로(子路)가 신명께 기도하기를 청하므로 그런 이치가 있느냐고 묻자, 자로가 대답하기를 "옛 제문에 '그대를 천지의 신명께 기도하였다.'라고 했습니다.〔誄曰: 禱爾于上下神祇.〕"라고 하므로, 공자가 이르기를 "나는 기도한 지 오래이다.〔丘之禱久矣〕"라고 하여 기도하지 못하게 한 데서 온 말이다. 《論語 述而》

마음속이 갈수록 어두워져서 心下轉昏晦
그대가 책망한 건 다 내가 저지른 것이라 所訶盡吾有
이미 경각하고 더욱 개탄하는 바이로세 旣警增嘆嘅
꽃을 재배하는 건 본디 귀신의 뜻이거니 栽培固神意
감히 더욱 보전하여 잘 기르지 않을 수 있으랴 敢不益保乂
다시 꽃떨기들을 더 찾아와서 更擬覓芳叢
사계화 곁에 가까이 심어 서로 짝하게 하련다 近植與季配
한가로이 지내며 죽지 않음은 요행이거니와 優游幸毋死
설령 죽는다 해도 후회해서는 안 되리라 雖死不可悔
말을 다 마치자 기운이 문득 소생하니 言盡氣便蘇
정히 귀신의 큰 보우를 입은 때문이로다 正荷神大賚

상사일[202]에 향교의 동쪽 계곡 유배대[203]에 모여서 차운하여 취해서 쓰다 3월이다.

上巳會鄕校東澗流杯臺次韻醉書 三月

바다 가운데 황량한 성 북쪽이요	海上荒城北
향교의 옆 옛 계곡의 사이로다	黌傍古峽間
술잔 띄워서 둥둥 떠가는 걸 보고	浮觴看汎汎
갠 폭포 아래 잔잔한 물소리도 듣네	晴瀑聽潺潺
법령은 주나라 도읍에서 비롯되었고[204]	典則周都邑
풍류는 진나라 산수와 똑같구려[205]	風流晉水山

202 상사일(上巳日) : 절일(節日)의 명칭으로, 한대(漢代) 이전까지는 음력 3월 상순(上旬)의 사일(巳日)을 지칭했는데, 위진(魏晉) 시대 이후로는 굳이 3월 상순의 사일을 취하지 않고 3월 3일로 정했다고 한다. 세속에서는 '삼짇날'이라고도 한다.

203 유배대(流杯臺) : 진도(珍島) 향교(鄕校)의 동쪽 계곡에 당시 이런 대(臺)가 있었던 듯하나 자세하지 않다.

204 법령은……비롯되었고 : 흐르는 물에 술잔을 띄워 마시고 노닐던 일이 주(周)나라 때부터 시작되었음을 말한 것이다. 《진서(晉書)》 권51 〈속석열전(束晳列傳)〉에, 무제(武帝)가 삼월(三月)에 흐르는 물에 술잔을 띄워 마시고 노니는〔流觴曲水〕 의의를 묻자, 속석이 말하기를 "옛날에 주공이 낙읍에 도읍을 정하고 나서 흐르는 물에 술잔을 띄워 마셨으므로, 일시에 이르기를 '새 모양의 술잔이 물결을 따라 흐른다.'라고 한 데서 비롯되었습니다.〔昔周公成洛邑, 因流水以汎酒. 故逸詩云羽觴隨波.〕"라고 한 데서 온 말이다.

205 풍류(風流)는……똑같구려 : 진 목제(晉穆帝) 영화(永和) 9년 3월 삼짇날, 즉 상사일에 왕희지(王羲之), 사안(謝安), 손작(孫綽) 등 당대의 명사(名士) 40여 인이 회계(會稽) 산음(山陰)의 난정(蘭亭)에 모여서 계사(禊事)를 행하고, 이어 흐르는 물

취중에 계사 치른 걸 기록하노니	醉中修禊錄
속인을 보내서 깎아 버리지 말게나	莫遣俗人删

에 술잔을 띄우고〔流觴曲水〕 시를 읊으면서 성대한 풍류놀이를 했던 데서 온 말이다. 계사란 곧 세속에서 3월 삼짇날에 불길(不吉)한 것들을 떨쳐 버리기 위해 맑은 물에 들어가서 몸을 깨끗이 씻고 행하는 제의(祭儀)를 말한다.《晉書 卷80 王羲之列傳》 여기서는 진도의 산수를 진나라 산음의 산수에 빗대서 한 말이다.

취하여 암석에 제하다

醉題巖石

이때 계곡 물에 술잔을 띄우고 놀면서 크게 취하였다.

옛 계곡에 봄물이 졸졸 흐르는데	古澗春泠泠
돌아 흐르는 곳에 한 잔 술을 띄우네	環流一盞醑
사람이 더디 찾아온다 한하지 말고	不恨到人遲
꽃 핀 섬을 향하여 떠나지나 말지어다	莫向花嶼去

자신에 대한 만사 6월이다.

自挽 六月

오 년 동안 바다 가운데 객으로 있다가	五年客海上
어느 날 죽으면 못 가는 데가 없으리	一夕無不之
노복은 감히 검루의 머리를 염습할 게고[206]	奴敢幠黔首
관에선 의당 석로의 시신을 검증하겠지[207]	官須檢石屍

206 노복은……게고 : 검루(黔婁)는 춘추 시대 노(魯)나라의 은사(隱士)로 벼슬을 하지 않아서 집이 몹시 가난했다. 그가 죽었을 때는 시신을 가릴 만한 이불도 없었다고 한다. 마침 증자(曾子)가 조문을 가서 보니, 베 이불〔布被〕로 검루의 시신을 덮는데, 머리를 덮으면 발이 나오고, 발을 덮으면 머리가 나오곤 하므로, 증자가 "그 이불을 귀퉁이 쪽으로 삐딱하게 당겨서 덮으면 가릴 수 있겠다.〔斜引其被則斂矣〕"라고 하자, 검루의 아내가 "이불을 삐딱하게 당겨 덮어서 여유 있게 하는 것이 반듯하게 덮어서 모자람만 못하다.〔斜而有餘, 不如正而不足也.〕"라고 한 데서 온 말이다.《古列女傳 卷2 魯黔婁妻》《高士傳》 여기서는 저자 또한 죽으면 염습할 이불도 없는 처지라는 뜻으로 한 말이다. 또 두보(杜甫)의 〈모옥위추풍소파가(茅屋爲秋風所破歌)〉에 의하면 "베 이불은 여러 해 되어 무쇠처럼 차가운데, 잠버릇 나쁜 아이의 발길질에 다 찢겨 버렸네.〔布衾多年冷似鐵, 嬌兒惡臥踏裏裂.〕"라고 하였다.《杜少陵詩集 卷10》

207 관(官)에선……검증하겠지 : 당(唐)나라 때 유주(幽州)의 석로(石老)라는 사람이 매약업(賣藥業)을 하고 살다가 80세에 병이 들어 죽었다. 그 아들이 나무를 큰 돌에 꿰어 아비의 시신을 거기에 묶어서 상건하(桑乾河)에 빠뜨리고, 거짓말로 자기 아버지는 학(鶴)이 되어 승천했다고 떠들어 댔다. 처음에는 모든 사람이 그것을 사실로 여기고 놀라워했으나, 뒤에 관청에서 사람을 파견하여 자세히 검증한 결과 그가 시신을 물에 빠뜨린 사실을 알아내고 다시 시신을 건져 냈던 고사에서 온 말인 듯하나 자세하지 않다.《說郛 卷23 石老化鶴》 여기서는 저자 자신은 유배된 몸이라, 이곳에서 죽으면 관에서 그 사실을 확인할 것이라는 뜻으로 한 말이다.

사십이 다 됐으니 요절은 아니거니와 非殤當不惑
형륙을 면한 건 양심을 지킨 때문일세 免戮爲毋欺
가장 비통한 건 늙으신 두 어버이와 所慟雙親老
세상에 있는 날 서로 떨어져 있음이로다 相離在世時

검(黔)이 다른 본에는 누(婁)로 되어 있다.

십익정[208]에 제하다 8월이다.

題十益亭 八月

난초 국화 연꽃 창포 대나무요　　蘭菊荷蒲竹
매화 동백 치자 귤 소나무로다　　梅茶梔橘松
한 발쯤 되는 땅에 이들이 함께 있어　　羣居一丈內
내 바싹 여윈 형용을 비추어 주누나　　照我枯槁容

208 십익정(十益亭) : 이 시의 내용으로 보아, 십익은 곧 열 종류의 화초(花草)와 수목(樹木)임을 알겠으나, 당시에 이것을 상징한 정자(亭子)가 있었는지는 자세하지 않다.

십익을 읊으면서 모두 고어를 주워 모아 기록하다
詠十益盡掇古語以記

나는 난초를 미덥다고 여기노니	予以爲可恃
의당 왕자의 향이 될 만하고말고[209]	當爲王者香
짙붉은 꽃은 아침 이슬 듬뿍 맞고	渥丹承露重
검푸른 잎은 거센 바람에 나부끼네	紺綠汎風長
적막한 건 거문고 속의 곡조요[210]	寂寞琴中操
처량한 건 허리 위의 빛남이었도다[211]	凄涼佩上光

209 나는……만하고말고 : 이 시는 난초를 두고 읊은 것이다. 《초사(楚辭)》 〈이소(離騷)〉에 "나는 난초를 믿을 만하다고 여겼는데, 아 실상은 없고 모양만 아름답구나.〔余以蘭爲可恃兮, 羌無實而容長.〕"라고 하였고, 또 《악부시집(樂府詩集)》 〈금곡가사(琴曲歌辭) 의란조(猗蘭操)〉에 "〈의란조〉는 공자가 지은 것이다. 공자가 천하 제후들을 다 만나 보았으나 공자를 써 줄 사람이 없었으므로, 위나라로부터 노나라로 돌아오다가 깊은 골짜기에서 향기로운 난초가 홀로 무성한 것을 보고 탄식하여 이르기를 '난초는 의당 왕자의 향이 되어야 하는데, 지금 홀로 무성하여 잡초들과 섞여 있구나.' 하고 이에 수레를 멈추고 거문고를 가져다 타면서 스스로 때를 만나지 못한 것을 상심하여 자신을 향란에 의탁한 것이다.〔猗蘭操, 孔子所作. 孔子歷聘諸侯, 諸侯莫能任. 自衛反魯, 隱谷之中, 見香蘭獨茂. 喟然歎曰: 蘭當爲王者香, 今乃獨茂, 與衆草爲伍. 乃止車, 援琴鼓之, 自傷不逢時, 託辭於香蘭云.〕"라고 한 데서 온 말이다.

210 적막(寂寞)한……곡조(曲調)요 : 거문고 속의 곡조란 바로 위의 주209에 나온 공자의 〈의란조〉를 말한다. 적막하다는 것은 곧 지금은 공자의 〈의란조〉 같은 곡조를 들을 수 없다는 뜻으로 한 말이다.

211 처량한……빛남이었도다 : 굴원(屈原)이 일찍이 조정(朝廷)에서 쫓겨나 상강(湘江) 가를 방황하면서 난초를 패옥(佩玉)처럼 허리에 차고서 고결(高潔)한 지취(志

오래오래 이 고독한 나와 짝한들 窮年伴幽獨
그대에게 또한 무슨 해될 것 있으랴 於子亦何傷

홀로 빼어나 다른 풀들은 간 데 없고 特秀無餘草
낙락장송이 한 치 뿌리를 그늘지우네[212] 長松蔭寸根
일찍 터 나온 잎엔 향기가 이미 쌓이고 早抽香已積
느지막이 핀 꽃엔 덕이 더욱 두텁구려 晩發德彌敦
오색 가운데 유독 귀한 노란빛이요 五色中偏貴
온갖 꽃 시든 뒤에 홀로 존엄히 피우네 千花後獨尊
가을 모습은 단지 맑고 깨끗할 뿐이라 秋容只淡泊
의기양양히 도원을 향하여 가려는구나[213] 得意向陶園

어찌하여 꽃 가운데 군자라 했던가[214] 何謂花君子

趣)를 드러냈는데, 《초사》 〈이소〉에 "강리와 벽지를 몸에 걸쳐 입고, 가을 난초를 꿰어서 허리에 찬다.〔扈江離與辟芷, 紉秋蘭以爲佩.〕"라고 한 데서 온 말이다.

212 홀로……그늘지우네 : 이 시는 국화를 두고 읊은 것이다. 소식(蘇軾)의 〈감국(甘菊)〉 시에 "외로운 뿌리는 낙락장송에 그늘지지만, 홀로 빼어나 다른 풀들은 없다오.〔孤根蔭長松, 獨秀無衆草.〕"라고 한 데서 온 말이다. 《蘇東坡詩集 卷39》 《춘추좌전》 양공(襄公) 29년 조에 의하면 "소나무 잣나무 밑에서는 잡초가 번식하지 못한다.〔松柏之下其草不殖〕"라고 하였다.

213 의기양양히……가려는구나 : 도원(陶園)은 동진(東晉)의 처사(處士)였던 도잠(陶潛)의 정원(庭園)을 가리킨 것으로, 도원을 향해 간다는 것은 곧 도잠이 국화를 가장 좋아하여 정원에 국화를 많이 심었기 때문에 한 말이다. 도잠의 〈음주(飮酒)〉 시에 "동쪽 울 밑에서 국화를 따고, 하염없이 남산을 바라보네.〔採菊東籬下, 悠然見南山.〕"라고 하였다. 《陶淵明集 卷3》

진흙에서 났지만 더럽힘 안 받은 때문일세	生泥不受渾
속이 텅 비었으니 겉은 의당 곧거니와	通中須外直
덩굴이 없거니 어찌 가지가 번잡할쏜가	無蔓豈枝煩
멀리 바라보면 위의는 깨끗하고	望也威儀淨
가까이 가 보면 정취는 다사로이 느껴지네	親之氣味溫
갠 뒤의 온화한 바람 깨끗한 달이 있거니[215]	光風霽月在
똑같은 연꽃 사랑을 누구에게 의탁하랴[216]	同愛屬誰門

아홉 마디의 서린 용은 파리하고	九節盤虬瘦
사철 내내 떨기진 칼은 푸르러라[217]	四時簇劍靑

214 어찌하여……했던가 : 이 시는 연(蓮)을 두고 읊은 것이다. 북송(北宋) 시대 학자인 주돈이(周敦頤)는 특히 연을 매우 사랑하여 〈애련설(愛蓮說)〉을 지어서 연을 극구 예찬했다. 그 대략에 의하면 "나는 유독 연꽃이 진흙 속에서 나왔지만 진흙에 물들지 않고, 맑은 잔물결에 씻기어도 요염하지 않으며, 줄기 속은 텅 비어 통하고 겉은 곧으며, 덩굴도 가지도 뻗지 않고, 향기는 멀수록 더욱 맑고, 우뚝이 깨끗하게 서 있어, 멀리서 바라볼 수만 있고 가까이 가서 가지고 놀 수 없음을 사랑하노라. 나는……연은 꽃 가운데 군자라 이르노라.〔予獨愛蓮之出於淤泥而不染, 濯淸漣而不妖, 中通外直, 不蔓不枝, 香遠益淸, 亭亭淨植, 可遠觀而不可褻翫焉. 予謂……蓮, 花之君子也.〕"라고 한 데서 온 말이다. 《周子抄釋 卷2》

215 갠……있거니 : 황정견(黃庭堅)의 〈염계시(濂溪詩)〉의 병서(幷序)에서 주돈이(周敦頤)의 인품을 가리켜 "용릉의 주무숙은 인품이 매우 고상하여 가슴속이 깨끗하기가 마치 비 갠 뒤의 온화한 바람과 깨끗한 달빛 같다.〔春陵周茂叔人品甚高, 胸中灑落, 如光風霽月.〕"라고 한 데서 온 말로, 전하여 주돈이를 가리킨다. 무숙(茂叔)은 주돈이의 자이다. 《山谷集 卷1》

216 똑같은……의탁하랴 : 저자 자신 또한 연꽃 사랑하는 마음을 주돈이에게 의탁한다는 뜻으로 한 말이다.

혼탁한 세속 기운은 띠지 않았고　　塵埃不帶氣
천석 곁에 자랄 맹세를 지킨다네[218]　　泉石自修盟
전횡도의 오백 의사와 같기도 하고　　五百田橫島
공자 문정의 삼천 제자와도 같구려[219]　　三千孔子庭
그 절조 업신여길 수 없음을 알고말고　　相知不相慢
사공의 만년 심정이 바로 이러했었지[220]　　晩歲謝公情

217 아홉……푸르러라 : 이 시는 창포(菖蒲)를 두고 읊은 것이다. 아홉 마디란 창포 줄기의 한 치〔一寸〕 사이에 아홉 마디가 있는 상급 품종을 가리킨다. 떨기진 칼이란 역시 창포의 무성한 잎이 마치 칼날처럼 날카롭게 수북이 자라는 모습을 형용한 말이다.

218 혼탁한……지킨다네 : 송대(宋代)의 충신(忠臣) 사방득(謝枋得)의 〈창포가(菖蒲歌)〉에 "사람들이 창포는 한 종류가 아닌데, 상품은 아홉 마디가 있어 신령을 통한다 말하네. 특이한 뿌리는 혼탁한 세속 기운을 띠지 않고, 고고한 지조는 천석과의 맹세를 맺기 좋아한다네.〔人言菖蒲非一種, 上品九節通仙靈. 異根不帶塵埃氣, 孤操愛結泉石盟.〕"라고 한 데서 온 말이다. 《疊山集 卷1》

219 전횡도(田橫島)의……같구려 : 한 고조(漢高祖)가 제위에 올랐을 때, 제왕(齊王) 전횡이 한 고조를 섬길 수 없다 하여 의사 500인만을 데리고 해도(海島)로 들어갔다. 한 고조가 그를 불러오게 하자 자결하였고, 그를 따르던 500의사도 모두 자결하였다. 전횡도의 오백 의사(五百義士)란, 이 고사에서 온 말로, 여기서는 곧 창포의 기세가 늠름함을 비유한 것이다. 공자 문정의 삼천 제자(三千弟子)란 곧 창포의 맑고 깨끗한 기상을 비유한 것으로, 사방득의 〈창포가〉에 "굳세기는 마치 전횡을 따르던 오백 의사와 같아, 늠름한 영기가 푸른 하늘에 닿을 듯하고, 맑기는 마치 삼천 제자가 공자 문정에 섰을 제, 안회의 거문고 증점의 비파가 자연의 소리를 울리는 듯하네.〔勁如五百義士從田橫, 英氣凜凜摩青冥. 淸如三千弟子立孔庭, 回琴點瑟天機鳴.〕"라고 한 데서 온 말이다. 《疊山集 卷1》

220 사공(謝公)의……이러했었지 : 사공은 바로 위의 주218에 나온 사방득(謝枋得)을 가리킨다. 그는 송 이종(宋理宗) 연간에 진사(進士)에 급제한 이후 여러 관직을 역임하였고, 송나라가 망한 뒤에는 원병(元兵)에게 포로가 되어 원나라 수도(首都)로 압송되자, 마침내 절식(絶食)하여 스스로 목숨을 끊었다. 《宋史 卷425 謝枋得列傳》

우선 하루라도 없음은 면하였거니[221] 且免一日無
어찌 천 묘의 대밭을 가질 것 있으랴[222] 何須千畝寬
달빛 별빛은 가벼이 부서져 새 나오고[223] 月星輕瑣碎
바람 이슬에 단란한 자태는 섬세하여라[224] 風露細團欒

여기서는 창포의 꿋꿋하고 깨끗한 자태를 사방득의 절조(節操)에 빗대서 한 말이다.

221 우선……면하였거니 : 이 시는 대나무를 두고 읊은 것이다. 하루라도 없다는 것은 곧 진(晉)나라 때 왕휘지(王徽之)가 일찍이 빈집에 우거(寓居)하면서 대나무를 심게 하므로, 혹자가 그 까닭을 묻자, 왕휘지가 대를 가리키며 말하기를 "어찌 하루라도 차군이 없어서야 되겠는가.〔何可一日無此君邪〕"라고 한 데서 온 말이다. 《晉書 卷80 王徽之列傳》 그리고 소식(蘇軾)의 〈어잠승녹균헌(於潛僧綠筠軒)〉 시에 의하면 "밥에 고기가 없는 건 괜찮지만, 사는 곳에 대가 없게 해서는 안 되고말고. 고기가 없으면 사람을 파리하게 할 뿐이요, 대가 없으면 사람을 속되게 하나니, 사람의 파리함은 살찌울 수 있지만, 선비의 속됨은 고칠 수가 없다네.〔可使食無肉, 不可使居無竹. 無肉令人瘦, 無竹令人俗. 人瘦尙可肥, 士俗不可醫.〕"라고 하였다. 《蘇東坡詩集 卷9》

222 어찌……있으랴 : 《사기(史記)》 권129 〈화식열전(貨殖列傳)〉에 "제나라, 노나라 지역에는 1000묘나 되는 뽕밭, 삼밭이 있고, 위천에는 1000묘나 되는 대나무밭이 있으니……이것을 소유한 사람들은 모두 부함이 천호후와 맞먹는다.〔齊魯千畝桑麻, 渭川千畝竹.……此其人皆與千戶侯等.〕"라고 한 데서 온 말이다. 또 소식(蘇軾)의 〈화문여가양천원지삼십수 운당곡(和文與可洋川園池三十首篔簹谷)〉 시에 "한천현의 긴 대나무는 쑥대처럼 지천이거니, 자귀 도끼가 어찌 죽순을 내버려 둘쏜가. 헤아리건대 청빈하면서 죽순 탐하는 태수는, 위천 천 묘의 대가 응당 가슴속에 가득하리.〔漢川脩竹賤如蓬, 斤斧何曾赦籜龍? 料得淸貧饞太守, 渭川千畝在胸中.〕"라고 하였다. 《蘇東坡詩集 卷14》

223 달빛……나오고 : 대숲에 비친 달빛을 형용한 것으로, 한유(韓愈)의 〈성남연구(城南聯句)〉에 "대 그림자 사이의 달빛은 황금이 부서져 나온 듯, 샘물 소리는 하얀 옥이 쟁글쟁글 울린 듯하네.〔竹影金瑣碎, 泉音玉淙琤.〕"라고 한 데서 온 말이다. 《韓昌黎集 卷8》

224 바람……섬세하여라 : 단란(團欒)은 곧 빼어나게 아름다운 대나무를 형용한 말

절조는 위태론 나라의 화살에 굳세고[225] 節苦危邦矢
마음은 누추한 시골 대그릇에 재계되었네[226] 心齋陋巷簞
한가로이 직내의 구절을 가져다가[227] 閑將直內句
손 씻고 삼가 푸른 대나무에 새기노라 盥手刻琅玕

그 무엇이 온갖 꽃의 우두머리던가[228] 誰是百花魁
능히 눈보라 속에 꽃을 피우는구려 能開風雪中
얕은 못 위에 성긴 그림자는 움직이고 淺池疎影動
황혼 달 아래 은은한 향기 풍기어라[229] 昏月暗香通

이다. 한(漢)나라 매승(枚乘)의 〈양왕토원부(梁王菟園賦)〉에 "기나긴 대나무들이 빼어나게 아름다워 못 물을 끼고 토원을 돌아서 치도와 나란히 늘어섰다.〔脩竹檀欒, 夾池水, 旋菟園, 竝馳道.〕"라고 하였다.

225 절조는……굳세고 : 이는 곧 대나무로 화살을 만들어 전쟁에 사용하는 것을 두고 한 말이다.

226 마음은……재계되었네 : 공자가 일찍이 이르기를 "어질도다, 안회여. 한 도시락 밥과 한 표주박 음료로 누추한 시골에서 사는 것을, 다른 사람은 그 고통스러움을 견디지 못하거늘, 안회는 도를 즐기는 마음을 고치지 않으니, 어질도다, 안회여.〔賢哉回也! 一簞食, 一瓢飮, 在陋巷, 人不堪其憂, 回也不改其樂, 賢哉回也!〕"라고 한 데서 온 말로, 도시락밥은 바로 대그릇에 담긴 밥을 말한다. 《論語 雍也》 여기서는 안회처럼 대그릇 밥의 곤궁한 생활 속에서 도(道)를 즐길 수 있다는 뜻으로 한 말이다.

227 한가로이……가져다가 : 직내(直內)의 구절이란 곧 《주역(周易)》 〈곤괘(坤卦) 문언(文言)〉에 "군자는 경으로써 안을 곧게 하고, 의로써 밖을 바르게 한다.〔君子敬以直內, 義以方外.〕"라고 한 데서 온 말이다.

228 그 무엇이……우두머리던가 : 온갖 꽃의 우두머리란 바로 매화(梅花)를 지칭한 말이다. 송(宋)나라 왕십붕(王十朋)의 〈설중기매화여청지대로(雪中寄梅花與淸之大老)〉라는 시에 "녹암과 용혈의 친구를 나누어 주노니, 이게 다 예전에 온갖 꽃의 우두머리였다오.〔分贈鹿巖龍穴友, 異時俱是百花魁.〕"라고 하였다. 《梅溪集 後集 卷7》

옥색은 정명도이고요[230] 玉色程明道
심의는 사마공이었지[231] 深衣司馬公
앞으로는 정론이 있게 되었으니 從今定論在
천고에 부정한 말들이 사라지리라[232] 千古褻言空

차가운 매화 송이 막 터지려는 무렵이요 欲破寒梅蘂
이슬 젖은 국화 떨기 막 시들어 가는 때에 方殘露菊叢

229 은은한 향기 풍기어라 : 북송(北宋) 시대 처사(處士)로 일찍이 서호(西湖)의 고산(孤山)에 은거(隱居)하면서 매화와 학(鶴)을 유독 사랑하여 당시 사람들로부터 매처학자(梅妻鶴子)라고까지 불렸던 임포(林逋)의 〈산원소매(山園小梅)〉 시에 "성긴 그림자는 맑고 얕은 물 위에 비껴 있고, 은은한 향기는 황혼 달빛 아래 부동하누나.〔疎影橫斜水淸淺, 暗香浮動月黃昏.〕"라고 한 데서 온 말인데, 임포의 이 시구가 세상에 많이 회자(膾炙)되었다.

230 옥색(玉色)은 정명도(程明道)이고요 : 옥색은 곧 주희(朱熹)의 〈육선생화상찬(六先生畫像贊) 명도선생(明道先生)〉에 "양기로 만물을 다습게 하듯 하고 산처럼 우뚝 섰으며, 옥빛처럼 아름답고 종소리처럼 쟁쟁했다.〔揚休山立, 玉色金聲.〕"라고 한 데서 온 말이다. 이는 본디 인품의 견정(堅貞)함을 비유한 말인데, 여기서는 곧 옥색의 매화를 명도 정호(程顥)의 인품에 빗댄 것이다.

231 심의(深衣)는 사마공(司馬公)이었지 : 심의는 옛날 제후(諸侯), 대부(大夫) 등 귀인(貴人)의 평상복의 한 가지로, 윗도리와 아랫도리가 서로 연결되었다고 한다. 사마공은 온국공(溫國公)에 봉해진 사마광(司馬光)을 가리키는데 명(明)나라 구준(丘濬)의 〈가례의절도(家禮儀節圖)〉에 "심의의 제도는 바로 사마 온공이 《예기》 심의편에 의거해서 새로 제작한 것이요, 예전부터 전해 온 제도가 아니다.〔深衣制度, 乃溫公據禮深衣篇所新製, 非古相傳者也.〕"라고 하였다. 《樂律全書 卷23》 여기서는 역시 심의의 색깔 또한 옥색이므로, 그것을 매화의 색깔에 빗대서 한 말인 듯하다.

232 앞으로는……사라지리라 : 여기서 말한 정론(定論)은 바로 매화를 '온갖 꽃의 우두머리〔百花魁〕'라고 한 말을 지칭한 것이다.

하늘이 사철 내내 꽃을 피우고자 하여　天敎綿一統
너는 겨울철에 왕성한 기를 얻게 했구나[233]　爾得旺三冬
잎은 단단하여 서리를 맞아도 푸르고　葉硬經霜綠
소담스런 꽃은 눈 속에 붉게 빛나네　花腴映雪紅
해마다 함께 피는 꽃이 드물기에[234]　年年少朋援
도리꽃 같은 요염함을 짓지 않누나　不作桃李容

진귀하기도 하여라 육출화[235]여　可貴六出花
정은 음에 속하나 기는 온화한데[236]　精陰還氣和
번질번질한 광택은 오직 귤과 흡사하고　光腴惟佯橘

233 너는……했구나 : 이는 우리나라의 서남 해안(西南海岸)에만 생장하는 산다(山茶), 즉 동백(冬柏)을 지칭한 말이다.

234 해마다……드물기에 : 송(宋)나라 도필(陶弼)의 〈산다(山茶)〉 시에 “천홍색은 옥명이요 심홍색은 도승이라 하고, 큰 것은 산다요 작은 것은 해홍이라 하는데, 명성만 많이 났을 뿐 함께 피는 꽃이 드물기에, 해마다 그 몸이 눈서리 속에 있구나.〔淺爲玉茗深都勝, 大曰山茶小海紅. 名譽漫多朋援少, 年年身在雪霜中.〕”라고 한 데서 온 말이다. 《邕州小集》

235 육출화(六出花) : 꽃잎이 여섯 가닥으로 나온 꽃, 즉 치자(梔子)꽃을 가리킨다. 《유양잡조(酉陽雜俎)》에 “모든 꽃잎이 여섯 가닥으로 나온 게 드문데, 유독 치자꽃만은 여섯 가닥으로 나온다.〔諸花少六出者, 唯梔子花六出.〕”라고 하였다. 《酉陽雜俎 卷18 廣動植之3 木篇》

236 정(精)은……온화한데 : 정이 음(陰)에 속한다는 것은 곧 치자 꽃잎이 짝수인 여섯 가닥으로 나오는 것을 가지고 한 말이다. 《잠확류서(潛確類書)》에 “동지에 음이 극에 달하고 양이 처음 생기고 나면 매화, 복사꽃, 오얏꽃, 살구꽃 등의 꽃잎이 모두 다섯 가닥으로 나오고, 하지에 양이 극에 달하고 음이 처음 생기고 나면 위령선,……치자꽃 등의 꽃잎이 모두 여섯 가닥으로 나온다.〔冬至陰極陽生, 梅、桃、李、杏皆五出; 夏至陽極陰生, 威靈仙、……梔子花皆六出.〕”라고 하였다. 《淵鑑類函 卷397 梔子》

향기는 강렬해 다른 향을 맡을 수 없네[237]　　香潤不聞他
붉은 열매는 서릿바람 치는 가을에 취하고　　紅取風霜實
푸른 가지는 비이슬 내린 봄철에 보노라　　青看雨露柯
초당에도 고운 치자꽃이 있었으니　　草堂好顏色
참으로 여러 나무처럼 많기 어려웠으리[238]　　衆木信難多

후황의 명을 받고 남국에 태어났기에　　受命生南國
깊이 박힌 뿌리를 옮겨 심기 어렵다네　　深根未易移
하얀 꽃은 푸른 잎에 의지하였고　　素榮依綠葉
날카로운 가시는 층층 가지를 보호하네　　剡棘護層枝
향기는 하 성하여 참으로 좋거니와　　馥郁紛其喜
무늬는 찬란하여 기이하기도 하여라[239]　　文章爛以奇

237 향기는……없네 : 치자꽃 향기는 워낙 강렬하므로, 그 곁에서는 다른 꽃 향기를 맡을 수 없다는 뜻이다. 소식(蘇軾)의 〈경순부이이편……(景純復以二篇……)〉 시에 "소문산 위에서는 길이 휘파람 불 것 없거니와, 치자나무 숲 안에서는 다른 향을 맡을 수 없다오.〔蘇門山上莫長嘯, 薝蔔林下無別香.〕"라고 하였다. 《蘇東坡詩集 卷11》

238 붉은……어려웠으리 : 초당(草堂)은 바로 두보(杜甫)가 일찍이 촉(蜀)의 성도(成都) 금관성(錦官城)에 들어가 그곳 완화계(浣花溪) 가에 짓고 우거(寓居)했던 초당을 가리킨 것으로, 두보의 〈치자(梔子)〉 시에 "치자는 여러 가지 나무에 비유하면, 인간에 참으로 흔하지 않거니와, 몸에 있는 색깔은 유용하게 쓰이고, 오장을 다스림엔 기와 조화를 이룬다오. 붉은 열매는 서릿바람 치는 가을에 취하고, 푸른 가지는 비이슬 내린 봄철에 보노라. 무심한 너를 여기에 옮겨 심은 까닭은, 강 물결에 비친 네 모습을 귀애해서란다.〔梔子比衆木, 人間誠未多. 於身色有用, 與道氣相和. 紅取風霜實, 青看雨露柯. 無情移得汝, 貴在映江波.〕"라고 한 데서 온 말이다. 《杜少陵詩集 卷10》

239 후황(后皇)의……하여라 : 이 시는 귤(橘)을 읊은 시로, 전국 초 회왕(楚懷王)의 충신 굴원(屈原)이 일찍이 소인들의 참소를 입어 조정에서 쫓겨나 상강(湘江) 가를

어찌 육적처럼 품속에 넣고 가리오[240] 何從陸懷去
고결함이 굴평 백이와 같은 줄만 알 뿐이네[241] 只解比平夷

해가 추워진 뒤를 그 얼마나 겪었던가[242] 幾歲寒然後

방황하다가 끝내 상강에 몸을 던져 자결하였는데, 그가 지은 〈귤송(橘頌)〉에 "후황이 아름다운 나무 좋아하매 귤이 와서 자라니, 강남에 명을 받고 생장하여 다른 데로 옮겨 가지 않네. 깊고 단단한 뿌리 옮겨 가지 않고 뜻을 한결같이 지킴이여, 푸른 잎과 하얀 꽃은 하 성하여 참으로 좋구려. 층층 가지에 가시는 뾰족뾰족 둥근 과실은 동실동실하고, 청황색 뒤섞이어 무늬는 찬란도 하구나. 고운 빛에 속은 희어 도를 감당할 만하여라, 성대히 좋은 모습 수식하여 추하지 않도다.〔后皇嘉樹橘徠服兮, 受命不遷生南國兮. 深固難徙更壹志兮, 綠葉素榮紛其可喜兮. 曾枝剡棘圓果槫兮, 青黃雜糅文章爛兮. 精色內白類任道兮, 紛緼宜脩姱而不醜兮.〕"라고 한 데서 온 말이다. 본디 강남 사람으로 정명하고 결백한 뜻을 지닌 굴원 자신을 귤에 빗대서 한탄한 노래이다. 《楚辭 九章》

240 어찌……가리오 : 삼국(三國) 시대 오(吳)나라의 효자(孝子) 육적(陸績)이 나이 6세 되던 해에 한 번 원술(袁術)을 찾아가 알현했는데, 이때 원술이 귤을 대접하자, 육적이 귤 세 개를 몰래 품속에 넣어두었다가, 떠나려고 절을 할 때에 그 귤이 땅에 떨어지므로, 원술이 말하기를 "육랑은 남의 집에 손님이 되어 몰래 귤을 품속에 감추었단 말인가.〔陸郎作賓客而懷橘乎〕"라고 하자, 육적이 무릎을 꿇고 대답하기를 "돌아가서 어머니께 드리려고 하였습니다.〔欲歸遺母〕"라고 하니, 원술이 그를 대단히 기특하게 여겼던 고사에서 온 말이다. 《三國志 卷57 吳書 陸績傳》 여기서는 저자 자신은 귤을 품에 안고 부모님께 가져다 드리고 싶어도 할 수 없음을 한탄하여 한 말이다.

241 고결함이……뿐이네 : 역시 굴원(屈原)의 〈귤송(橘頌)〉에 "귤의 나이는 나보다 젊으나 스승과 어른으로 삼을 만함이여, 고결한 행실이 백이와 같아서 법상으로 만들어 모시고파라.〔年歲雖少可師長兮, 行比伯夷置以爲像兮.〕"라고 한 데서 온 말이다. 여기서는 귤을 백이 외에 굴평(屈平), 즉 굴원의 고결함에까지 빗대서 한 말이다.

242 해가……겪었던가 : 이 시는 소나무를 읊은 것으로, 공자가 이르기를 "해가 추워진 뒤에야 소나무와 잣나무가 뒤에 시드는 것을 알게 된다.〔歲寒然後, 知松柏之後凋也.〕"라고 한 데서 온 말이다. 《論語 子罕》

고고한 자태가 이제는 늙었구려	孤姿老矣哉
껍질이 줄줄이 파인 건 눈서리 흐른 자국이요	皮皴注霜雪
가지가 구부러진 건 바람 천둥에 눌려서라네	枝屈壓風雷
내리덮은 그림자는 용사의 모습으로 변화하고	落影龍蛇化
흘러내린 진액은 조수의 모양을 이루누나[243]	流肪鳥獸胎
자연의 힘으로 자라기만 하면 그만이지	栽培得天力
어찌 꼭 동량의 재목이 되길 바라랴	豈必棟樑材

243 흘러내린……이루누나 : 흘러내린 진액이란 바로 소나무의 진액, 즉 송진(松津)을 말한다. 송진이 흘러내려 천 년이 지나면 복령(茯苓)이 된다고 하는데 한방(漢方)에서 아주 좋은 약재(藥材)로 쓰인다. 조수(鳥獸)의 모양을 이룬다는 것은 곧 옛 의서(醫書)에 "복령은……껍질은 검고 쭈글쭈글하며, 속은 하얗고 단단하여 모양이 마치 새, 짐승, 거북, 자라처럼 생긴 것이 좋다.〔茯苓,……外皮皺黑, 內質堅白, 形如鳥獸龜鼈者良.〕"라고 한 데서 온 말이다. 《本草乘雅半偈 卷1》

군수[244]에 대한 만사 11월이다.

郡守挽詞 十一月

풍을 맞은 지 5일 만에 죽었다.

전조의 문벌 좋은 부귀한 가문 후손으로	閥閱前朝貴
너그러이 포용하는 장자의 풍도가 있었네	寬容長者風
몸은 무과 급제로 출신하였고	身從虎榜出
허리엔 죽부를 매는 걸로 마쳤구려[245]	腰繫竹符終
사위가 있어 남긴 업은 전하겠거니와	有壻傳遺業
종가를 계승할 아들은 없네그려	無兒繼大宗
바다 위에서 상여가 출발하니	靈輇發海上
해로가[246] 소리가 겨울 하늘을 진동하네	薤露動寒空

임기는 끝내 우등 성적으로 마쳤는데	瓜秩終優考

244 군수(郡守) : 여기서는 당시 진도 군수(珍島郡守)였던 이자양(李自陽)을 가리킨다. 《진도군지(珍島郡誌)》에 의하면, 1549년(명종4) 7월 2일에 이자양이 진도 군수로 부임하여 1551년 10월 22일에 임기를 마친 것으로 되어 있는데, 여기 저자의 시 내용으로 보아서는 그 후 더 유임되어 1553년 11월에 갑자기 사망한 것을 알 수 있다.

245 허리엔……마쳤구려 : 죽부(竹符)는 대로 만든 부절(符節)을 말하는데, 옛날에 지방 장관, 즉 군수에게 수여했다. 여기서 죽부로 마쳤다는 것은 당시 이자양이 군수직으로 생을 마쳤음을 의미한다.

246 해로가(薤露歌) : 상여(喪輿)가 나갈 때에 부르는 만가(輓歌)를 말하는데, 사람의 생명은 마치 부추 잎에 내린 이슬처럼 허무하다는 뜻에서 이렇게 일컫는다.

풍병을 얻어 갑자기 말을 못하게 되었네	風邪遽失音
처량한 것은 이미 지나간 인간사요	凄涼人事舊
삭막한 것은 지금 세상 인정이로다	索寞世情今
넋은 머나먼 남쪽 바다에서 부르고	復魄南溟遠
영혼은 북두성 깊은 곳으로 돌아가누나[247]	歸魂北斗深
슬픔을 어찌 견디랴 해 저물어 가는 이때	那堪歲云暮
함박눈 속에 가는 명정 펄펄 나부끼어라	飛旐雪沈沈

우주 안에 나그네 아닌 자가 그 누구랴	宇宙誰非客
몸뚱이 부친 곳이 바로 집이고말고	形軀着處家
지방관으로 한 지방의 안정을 누렸는데	專城享鎭靜
어느 날 갑자기 풍병에 감염되었네	一日感風邪
혼백은 호리[248]로 돌아가고	魂魄歸蒿里
군졸과 백성은 상여를 옹위하누나	軍民擁柳車
사생존망이 다 이러한 것이거늘	存亡儘如此
인간 세상에서 부질없이 탄식들을 하누나	人世謾相嗟

만리 밖의 큰 바다 위에서	萬里洪濤上
하루하루를 지나 삼 년을 마쳤는데	三年落日低

247 넋은……돌아가누나 : 북두성(北斗星) 깊은 곳이란 바로 도성(都城) 쪽을 가리킨 것으로, 아마 그가 남쪽 바닷가 고을인 진도에서 죽어 진도에서 초혼(招魂)을 하고 고향인 도성 쪽으로 반장(返葬)을 했던 듯하다.

248 호리(蒿里) : 태산(泰山) 남쪽에 있는 산명(山名)으로, 옛날에 사람이 죽으면 모두 여기에 장사를 지냈던 데서, 전하여 장지(葬地)를 가리킨다.

더 유임된 채 귀인을 풀기 전이요[249]	且留龜未解
장차 떠나려고 복조가 먼저 울었네[250]	將去鵩先啼
먼 길에 상여 줄 끌고 떠나갈 제	迢遞輀車紼
눈 녹은 진창은 아득하기만 하네	蒼茫雨雪泥
상여를 따라간 이는 한 사위뿐인데	扶歸有一壻
야위고 병들어 더욱 처량하구나	羸病轉凄迷

249 더……전이요 : 귀인(龜印)은 거북 모양의 형상을 새긴 관인(官印)의 꼭지를 말한 것으로, 귀인을 풀기 전이란 곧 아직 관직을 떠나기 전이라는 뜻이다. 여기서는 곧 진도 군수로 재직 중에 죽었음을 의미한다.

250 장차……울었네 : 한 문제(漢文帝) 때 태중대부(太中大夫) 가의(賈誼)가 일찍이 참소(讒訴)를 입어 장사왕 태부(長沙王太傅)로 폄척되어 나간 지 3년이 지난 어느 날 올빼미가 그의 집에 날아들어 자리 한구석에 앉았다. 장사 지방은 본래 땅이 낮고 습기가 많아서 스스로 오래 살지 못하리라 생각했던 데다 그의 집에 올빼미가 날아들자, 올빼미는 본디 상서롭지 못한 새라서 불길(不吉)한 생각에 〈복조부(鵩鳥賦)〉를 지어 스스로 위로했는데, 〈복조부〉에 의하면, 점을 쳐 본 결과 "들새가 방에 들어가면 주인이 곧 떠나게 된다.〔野鳥入室, 主人將去.〕"라는 점사(占辭)가 나오므로, 그가 다시 이를 복조에게 묻기를 "내가 가면 어디로 가야 하나? 길하다면 그 사실을 나에게 고해 주고, 흉하다면 그 재앙을 나에게 말해다오.〔余去何之, 吉乎告我, 凶言其災.〕"라고 했고, 그는 그 후 다시 양회왕 태부(梁懷王太傅)로 전임되었다가 얼마 안 되어 33세의 나이로 죽었다. 《漢書 卷49 賈誼傳》 여기서는 저자 자신 또한 가의처럼 곧 죽게 될까 염려하는 뜻에서 가의의 고사를 인용한 것이다.

20일 밤에 친구를 생각하며 울면서 쓰다

二十夜懷友泣書

주천(舟川)[251]이다.

소양[252] 창월[253]의 이십 일 밤에	昭陽暢月中旬夜
사람이 보고 들은 걸 귀신이 보고 듣도록 맡기노라	人視聽從鬼視聽
마음을 말아 둘 수 있으랴 두 눈물 줄줄 흐르고	心可卷乎雙淚下
하늘은 하도 높아라 구중궁궐 꽁꽁 닫히었네[254]	天之高矣九關扃
어찌 그의 죄가 아니었는데도 옥에 가두었으며	豈非其罪而加縲
말에 무슨 잘못이 있어 형을 못 면했단 말인가	何有於言不免刑

251 주천(舟川) : 강유선(康惟善)의 호이다. 자세한 내용은 28쪽 주13 참조.

252 소양(昭陽) : 십간(十干) 중 신(辛), 또는 계(癸)의 별칭으로 쓰인다. 《상서통고(尙書通考)》에는 '소양'을 '신'이라 하였고, 《이아(爾雅)》에는 "태세가 계에 있을 때를 소양이라 한다.〔太歲在癸曰昭陽〕"라고 하였다. 다만 저자가 이 시를 지은 때는 바로 신해년(1551, 명종6)이므로, 여기서는 '신'으로 보아야겠다.

253 창월(暢月) : 음력 11월의 별칭이다. 창월의 창(暢)은 곧 만물을 깊이 닫아 갈무리하여 속으로 꽉 채운다는 뜻으로, 《예기(禮記)》 〈월령(月令)〉에 "11월에는……닫아 갈무리한 것이 느슨해져서 땅기운이 새 나오면 이것을 천지의 기운이 가득한 밀실이 열렸다고 하는데, 이렇게 되면 땅속의 벌레들이 죽고, 백성은 반드시 역질에 걸려 죽는 자가 있게 된다. 그러므로 11월을 창월이라 한다.〔仲冬之月,……以固而閉, 地氣沮泄, 是謂發天地之房. 諸蟄則死, 民必疾疫, 又隨以喪. 命之曰暢月.〕"라고 한 데서 온 말이다.

254 마음을……닫히었네 : 이는 곧 이홍윤(李洪胤)의 옥사(獄事)에 연루되어 장살(杖殺)당한 강유선의 원통함을 호소할 길이 없음을 탄식한 말이다.

당시에 소인배들이 창화한 건[255] 논하지 않더라도 遮莫當時群唱和
선생께선 어찌하여 두 영형아를 취하셨던가[256] 先生奚取兩寧馨

255 소인배들이 창화(唱和)한 건 : 여기서 말한 창화는 곧 조선 명종(明宗) 초기에 소인들이 서로 편당을 지어 선인(善人)들을 모함한 일을 가리킨 것으로, 이 선인 가운데는 의당 저자와 강유선이 있었던 것이다.

256 선생께선……취하셨던가 : 영형아(寧馨兒)는 진송(晉宋) 시대의 속어(俗語)로 '이러한 아이'라는 감탄사로 쓰이던 말로서 매우 기특함을 뜻한다. 진(晉)나라 때 왕연(王衍)이 어려서 매우 총명하고 풍채가 뛰어났는데, 그가 총각 시절에 일찍이 산도(山濤)를 방문했을 때 산도가 그를 보고 한참 동안 감탄을 하더니, 그가 떠날 때는 또 그를 눈여겨보면서 말하기를 "그 어떤 아낙네가 이러한 아이를 낳았단 말인가.〔何物老嫗, 生寧馨兒?〕"라고 한 데서 온 말이다.《晉書 卷43 王衍列傳》 여기서 말한 선생은 곧 저자와 강유선의 스승이며 장인이기도 한 이연경(李延慶)을 가리킨 것으로, 즉 어찌하여 선생께서는 저자와 강유선을 사위로, 제자(弟子)로 취하셨을까라는 뜻으로 한 말이다.

경신일 밤에 아파서 졸다 12월이다.

庚申夜病睡 十二月

아 너 삼시충은 과연 아는 게 있단 말이냐[257]	吁爾三蟲果有知
내 맘속엔 되레 얼마나 많은 기미[258]가 있던가	我心還有幾般幾
연래엔 병석에 누워 혼수상태로 지내노라니	年來臥病長昏睡
아침에 상제께 고해바치는 건 상관치 않노라[259]	不管朝昕訴紫微

환(還)이 다른 본에는 지(知)로 되어 있다.

257 삼시충(三尸蟲)은……말이냐 : 삼시충은 도가(道家)에서 이른바, 형체도 없이 사람의 몸에 기생(寄生)하고 있다는 벌레를 말하는데, 60일 만에 한 번씩 돌아오는 경신일(庚申日)이 되면, 이 삼시충이 사람이 잠든 틈을 타서 몸 밖으로 빠져나가 상제(上帝)에게 사람이 저지른 그동안의 죄과(罪過)를 낱낱이 고해바쳐서 수명(壽命)을 단축시킨다 한다. 이 때문에 도가에서는 이를 막아서 천수(天壽)를 다하기 위한 장생법(長生法)으로서, 즉 경신일이 되면 밤을 꼬박 새워서 이 삼시충이 몸 밖으로 빠져나가지 못하게 한다는 데서 이른 말이다.

258 기미(幾微) : 여기서는 사심(邪心)이 생길 수 있는 은미한 조짐의 뜻으로 쓰인 말이다.

259 아침에……않노라 : 위의 주257 참조.

빙군 선생의 휘일에 병석에 누워 울면서 쓰다. 예전 운을 사용하여 짓다 2수

聘君先生諱日病臥泣書用舊韻 二首

풍은 경락[260]에 엉겨 수많은 혈맥을 꽁꽁 얼리고	風凝經絡凍千灣
독은 머리에 뭉쳐서 사방 주변을 툭툭 쳐 대네	毒聚頭顱椓四桓
눈 밑에는 꽃이 있다가 다시 안개가 보이고[261]	眼下有花還見霧
목구멍엔 침이 말라서 캑캑 소리만 들리누나	喉中無液更聞灘
늙은 여종이 약탕기를 엎거나 말거나	從敎老婢翻湯鼎
송아지가 약초밭을 짓밟거나 말거나	任却童牛損藥欄
만사가 예로부터 너와는 상관이 없거니	萬事由來不關汝
네가 생사를 안다면 그 누가 어렵게 여기랴[262]	汝知生死孰爲難

구곡간장 시름이 수많은 물굽이 같아라	腸九廻愁似曲灣
편작이 제 환공에게서 달아난 걸 알겠도다[263]	從知扁鵲走齊桓

260 경락(經絡) : 한의학(漢醫學)에서, 인체 내외의 기혈(氣血) 통로(通路)를 총칭한 말이다.

261 눈……보이고 : 시력(視力)이 나빠져서 희미하고 어른어른한 상태를 말한 것이다.

262 늙은……여기랴 : 여기서 '너'라는 대상은 곧 '약탕기'와 '약초밭'을 가리킨다. 즉 '약'이라는 것이 꼭 인간의 생명을 좌우할 수 있겠느냐는 뜻으로 한 말인 듯하다.

263 편작(扁鵲)이……알겠도다 : 편작은 춘추 시대의 명의(名醫)이다. 편작이 일찍이 제(齊)나라에 머무를 적에 제 환공(齊桓公)에게 "군주의 병이 지금 살결에 있는데, 다스리지 않으면 병이 깊어질 것이오.〔君有疾在腠理, 不治將深.〕"라고 했으나, 환공은

분명 죽을 터이니 구렁에 뒹굶은 감수하련만[264] 宛其死矣甘溝壑
가지 못할 곳은 없으나 모두가 현해탄일세[265] 無不之焉儘海灘
눈 딱 뜨고 아래로는 속세를 내려다보고 放眼俯看塵世網

그 말을 믿지 않았고, 그로부터 5일 후에 다시 환공을 보고 "군주의 병이 혈맥에 있소.〔君有疾在血脈〕"라고 했으나, 환공은 역시 믿지 않았으며, 그로부터 5일 후에 다시 환공을 보고 "군주의 병이 지금은 장위 사이에 있소.〔疾君有在腸胃間〕"라고 했으나, 환공은 역시 응하지 않았다. 그로부터 다시 5일 후에는 편작이 환공을 바라보고는 아무 말 없이 물러가므로, 환공이 사람을 시켜 그 까닭을 물었더니, 편작이 대답하기를 "병이 살결에 있을 때는 더운 물로 찜질만 하면 치유할 수 있고, 병이 혈맥에 있을 때는 침석으로 치유할 수 있고, 병이 장위에 있을 때는 탁주로 치유할 수가 있지만, 병이 골수에 들어가면 사명이라도 어찌할 수가 없는데, 지금 병이 골수에 있는 상태라, 신이 이 때문에 청을 드리지 않은 것입니다.〔疾之居腠理也, 湯熨可及也; 在血脈, 鍼石之所及也; 其在腸胃, 酒醪之所及也; 其在骨髓, 雖司命無奈之何. 今在骨髓, 臣是以無請也.〕"라고 하였다. 그로부터 다시 5일 후에 환공이 병이 나서 사람을 시켜 편작을 불렀으나 편작은 이미 도망가 버렸고, 환공은 마침내 죽고 말았다는 고사에서 온 말이다.《史記 卷105 扁鵲列傳》 여기서는 저자 자신의 병이 이미 어찌할 수 없는 지경에 이르렀다고 여겨 제 환공의 병에 빗대서 한 말인 듯하다.

264 분명……감수하련만 : 구렁에 뒹군다는 것은 곧 공자가 이르기를 "의지가 굳은 선비는 곤궁하여 자기 시체가 구렁에 버려질 것을 잊지 않고, 용맹한 사람은 언제라도 자기 머리를 잃을 것을 잊지 않는다.〔志士不忘在溝壑, 勇士不忘喪其元.〕"라고 한 데서 온 말인데, 이는 곧 굳은 지조를 의미한다.《孟子 滕文公下》

265 가지……현해탄일세 : 가지 못할 곳이 없다는 것은 곧 사람의 죽은 넋을 말한 것으로, 연릉 계자(延陵季子)가 일찍이 제(齊)나라에 갔다 돌아오는 길에 맏아들이 죽자, 제나라의 영읍(嬴邑)과 박읍(博邑)의 중간 지점에 장사를 지내고 나서 세 번 부르짖어 곡(哭)하고 말하기를 "뼈와 살은 흙으로 돌아갔으니 운명이로다. 그러나 넋은 가지 못할 곳이 없다. 가지 못할 곳이 없다.〔骨肉歸復于土, 命也. 若魂氣則無不之也, 無不之也.〕" 하고 떠났던 데서 온 말이다.《禮記 檀弓下》 그리고 여기서 현해탄이란 곧 우리나라 남쪽 바다를 지칭한 것이다.

부여잡고 울며 위로는 천궐 난간 부러뜨리리[266] 攀呼仰折玉皇欄
아직 내 목숨은 오늘까지 보존하고 있지만 姑將一息存今日
통곡하노니 세 과부[267]는 제사 돕기도 어려우리 慟哭三孀助祭難

266 부여잡고……부러뜨리리 : 한 성제(漢成帝) 때 직신(直臣) 주운(朱雲)이 일찍이 천자(天子)를 알현하기를 청하여 천자 앞에서 아뢰기를 "신은 바라건대, 상방참마검을 내려 주시면 아첨하는 신하 한 사람을 베어 죽여서 다른 신하들을 면려하겠습니다.〔臣願賜尙方斬馬劍, 斷佞臣一人以厲其餘.〕"라고 하므로, 임금이 그가 누구냐고 묻자, 그가 안창후(安昌侯) 장우(張禹)라고 하였다. 임금이 크게 진노하여 이르기를 "신하가 아래 지위에서 윗사람을 헐뜯고 조정에서 사부를 공공연히 모욕했으니, 죽을죄로 용서할 수 없다.〔小臣居下訕上, 廷辱師傅, 罪死不赦.〕"라고 하였는데, 어사(御史)가 주운을 처벌하기 위해 궁전(宮殿) 아래로 끌어내릴 적에 주운이 궁전의 난간을 굳게 부여잡고 버티다가 마침내 난간이 부러졌다. 주운이 끝내 끌려가면서 외쳐 말하기를 "신은 죽어서 용방, 비간을 따라 지하에서 노닐 수만 있게 된다면 만족하겠습니다.〔臣得下從龍逢、比干遊於地下足矣.〕"라고 한 데서 온 말이다.《漢書 卷67 朱雲傳》 여기서는 저자 자신 또한 죽은 뒤에 상제(上帝)를 섬기게 되더라도 주운 같은 강직한 신하가 되겠다는 뜻으로 한 말이다.

267 세 과부 : 여기서는 곧 이연경(李延慶)의 세 딸을 가리킨다. 심건(沈鍵)에게 시집간 둘째 딸과 강유선(康惟善)에게 시집간 셋째 딸은 이미 홀로되었고, 저자에게 시집온 큰딸은 홀로되지는 않았지만, 저자 자신이 유배 중이기 때문에 죽은 사람으로 자처하여 부인을 과부라고 말한 것이다.

이날 밤 꿈에 빙군 선생을 뫼시고 있었는데, 선생께서 남의 만사를 쓰시다가 절반도 쓰기 전에 가로와 세로의 종이 폭을 깨달으시고 문득 중지하며 이르시기를 "네가 다시 마련해 오거라." 하시었다. 이윽고 꿈에서 깨어나 눈물을 흘리며 기록하다

是夜夢侍聘君先生先生爲人寫挽詞未半覺從橫幅便止曰汝可更圖以來已而寤焉和淚書記

봄바람은 옥좌에 불어오고	春風吹玉座
가을 달은 빙호를 비추일 제[268]	秋月照氷壺
만사 쓰실 먹을 갈며 뫼시고 있노라니	挽詠陪研墨
종이를 다시 더 가져오라 명하시었네	斜行命改圖
정은 부자간 같았던 공자 안회 사이 같고[269]	情猶回父孔
의리는 주자 황간의 옹서간보다 중한지라[270]	義重榦甥朱

268 봄바람은……제 : 옥좌(玉座)는 본디 제왕(帝王)의 좌석, 또는 신령(神靈)의 자리를 말하는데, 여기서는 저자가 꿈속에서 뵌 스승이며 장인인 이연경(李延慶)의 좌석을 이렇게 일컬은 것이고, 빙호(氷壺)는 본디 고결(高潔)한 덕행(德行)을 지칭한 말로, 이 또한 이연경을 가리킨 것이다.

269 정은……같고 : 공자의 제자 안회(顔回)가 죽었을 때 다른 문인들이 그를 후히 장사 지내려고 하자, 공자가 옳지 않다고 하였다. 문인들이 후히 장사를 지내자, 공자가 이르기를 "안회는 나를 아버지처럼 여겼는데, 나는 안회를 자식처럼 보지 못한 결과가 되었으니, 이는 내 탓이 아니라 너희들의 잘못이다.〔回也, 視予猶父也, 予不得視猶子也. 非我也, 夫二三子也.〕"라고 한 데서 온 말이다.《論語 先進》 여기서는 저자와 스승과의 정 또한 공자와 안회 사이처럼 두터웠음을 의미한다.

꿈을 깨자마자 놀라 눈물을 흘리노니	乍覺驚垂淚
나그네 몸 베개맡에 외롭기만 하여라	羈身枕上孤

270 의리는……중한지라 : 송(宋)의 유학자 황간(黃榦)은 어려서부터 주희(朱熹)를 사사(師事)하여 끝까지 스승으로 섬기었고, 뒤에 주희의 사위가 되었으며, 마침내 주희의 학통(學統)을 계승하기까지 하였다. 《宋史 卷430 道學列傳 朱氏門人 黃榦》 여기서 저자는 자신 또한 이연경에게서 일찍이 수학하였고, 이연경의 사위가 되기까지 하였으므로, 옹서간(翁婿間)의 관계를 주희와 황간의 사이에 빗대서 한 말이다.

동갑회[271]를 만들고 '벌목정'[272] 세 글자를 운으로 삼았는데, 내가 '목' 자를 얻었다

作同甲會以伐木丁爲韻予得木字

이때 이거(李琚)와 조기백(趙奇白)이 자리에 있었다.

신해년 한 해는 다 되어 가고	淵獻歲律窮
갑술일 하루해도 다 져 가는데	甲戌日光縮
검은 구름은 짙게 드리웠고	陰雲垂崢嶸
함박눈은 펄펄 날려 떨어지누나	密雪墜翻覆
강직한 익선이며	侃侃如翼仙
당당한 문욱이랑	堂堂乎文郁
나와 함께 동갑회를 만들고	及予爲庚會

271 동갑회(同甲會) : 아래 시의 내용으로 보건대, 저자가 동갑인 익선(翼仙), 문욱(文郁)이라는 자를 가진 이와 함께 만든 모임을 말한다. 익선은 박빈학(朴贇鶴)의 자로, 박빈학에 대해서는 84쪽 주158 참조. 또 문욱은 《소재집》 제3권에 나오는 〈수일 뒤에 최씨가 화답하여 보여 주므로, 내가 다시 재차 화답하여 희롱하다〔後數日崔和示予復再和爲戲〕〉라는 시제(詩題)와 〈최 광문에게 주어 작별하다〔贈別崔廣文〕〉라는 시를 상고하건대, 당시 훈도(訓導)로 있었던 최응주(崔應周)인 듯하다.

272 벌목정(伐木丁) : 《시경》 〈소아(小雅) 벌목(伐木)〉에 "나무를 쩡쩡 베거늘, 새는 꾀꼴꾀꼴 우는도다. 깊은 골짜기로부터 나와서, 높은 나무로 옮겨 가도다. 꾀꼬리가 꾀꼴꾀꼴 욺이여, 제 벗을 부르는 소리로다. 저 새를 보아도, 서로 벗을 부르는데, 더구나 우리 사람으로서, 벗을 찾지 않을쏜가.〔伐木丁丁, 鳥鳴嚶嚶. 出自幽谷, 遷于喬木. 嚶其鳴矣, 求其友聲. 相彼鳥矣, 猶求友聲. 矧伊人矣, 不求友生.〕"라고 한 데서 온 말이다. 이 시에는 특히 친구를 서로 그리워하는 뜻이 담겨 있으므로, 여기서 저자 또한 친구를 그리워하는 뜻에서 동갑회를 결성하고 이 대목으로 운(韻)을 삼았던 것이다.

나의 셋집에서 곗돈을 거두었네 醵於予僦屋
시험 삼아 세 사람 나이를 합산해 보니 試數三人年
모두 일백팔 년이 되는구려[273] 摠一百二六
이렇게 찾아 준 뜻 참으로 고마워라[274] 此意良已勤
긴 대숲 굽어보고 주연을 베푸니 開筵俯脩竹
두 항아리엔 맑은 술이 철철 넘치고 朋尊凸淸醥
큰 소반엔 살진 고기가 수북하구려 大槃堆肥肉
쾌활한 담소 속에 모두 반가운 기색이요 劇談盡靑眼
서로 바싹 다가앉으니 다 야인 복장일세 促膝俱野服
술잔을 텅 비우라는 규정[275]은 있으되 有令掉鑿落
마른고기 끊어 먹는 건[276] 따지지 않네 無問決腒鱐

273 모두……되는구려 : 이때 저자의 나이가 실제로 37세였으니, 동갑 3인의 나이를 합하면 의당 111년이 되어야 하는데, 원문(原文)의 '이륙(二六)'을 더하면 8년밖에 되지 않으니, 3인의 나이가 각각 36세일 경우에는 이 숫자가 맞지만, 37세이고 보면 3년이 부족하다. 그렇다면 원문의 '이륙'의 '이(二)'를 '오(五)'의 착오로 볼 수도 있겠으나 이는 확실하지 않다.

274 이렇게……고마워라 : 주희(朱熹)의 〈운곡잡시(雲谷雜詩) 사객(謝客)〉에 "농사꾼이 술을 가지고 와서, 농사 얘기하다 보니 해가 서산에 기울었네. 이렇게 찾아 준 뜻 참으로 고마워라, 감탄하는 마음 어찌 한량 있으랴. 돌아가거든 자주 오지 말게나, 숲이 깊어 산길이 어두우니 말일세.〔野人載酒來, 農談日西夕. 此意良已勤, 感歎情何極. 歸去莫頻來, 林深山路黑.〕"라고 하였다. 《晦庵集 卷6》

275 술잔을……규정 : 규정이란 주령(酒令)을 말한 것으로, 술을 마시는 방식을 정한 규칙이나 약속을 말하며, 또는 술자리에서 주흥(酒興)을 돋우기 위하여 행하는 벌주(罰酒) 놀이를 말하기도 한다.

276 마른고기……건 : 《예기(禮記)》 〈곡례 상(曲禮上)〉에 "밥숟가락을 크게 뜨지 말며, 국을 흘리면서 마시지 말며……마른고기는 이빨로 끊지 마라.〔毋放飯, 毋流歠

한 여종은 꽤 창가를 부를 줄 알고	一婢頗解謳
두 손님은 의당 불청객이 아니거니	二客非不速
긴 밤을 촛불 밝히고 즐겁게 놀아야지	聊爲秉燭遊
어찌 닭소리 듣고 발로 차서 깨울쏜가[277]	肯作聞鷄蹴
나는 단지 함께 취하는 것만 알 뿐이요	但知醉時同
홀로 깨어 있는 건 아랑곳 않는다오	不見醒者獨
나는 바로 술 미치광이라서	伊我乃酒狂
큰 술잔 들어 그대들을 향해 물어보고	擧白向子鞫
비로소 이 동갑회 하잔 약속을 했는데	始相爲此約
남들이 술 빚을 차조와 누룩을 내주니	人出秫與麴
회를 주관한 나야 무슨 할 일이 있는가	主會者何事
산과 바다의 생선 푸성귀만 준비했다네	第備山海蔌

,……乾肉不齒決.〕"라고 하였는데, 이는 모두 실례가 되기 때문에 하지 말라는 것이다. 그중에도 밥숟가락을 크게 뜨는 것과 국을 죽 흘려 마시는 행위는 큰 실례에 해당하고, 마른고기를 이빨로 끊어 먹는 것은 조금 작은 실례에 해당한다. 맹자가 이르기를 "삼년상은 잘해 내지 못하면서 시마복이나 소공복을 자상히 살피며, 밥숟가락을 크게 뜨고, 국을 죽 흘려 마시면서 유독 마른고기를 이빨로 끊지 말라고 따지는 것을 바로 급선무를 모른다고 하는 것이다.〔不能三年之喪, 而緦小功之察, 放飯流歠, 而問無齒決, 是之謂不知務.〕"라고 한 데서 온 말이다. 《孟子 盡心上》 여기서는 술자리에서의 작은 실례 정도는 따지지 않는다는 뜻으로 한 말이다.

277 어찌……깨울쏜가 : 진(晉)나라 때 강개(慷慨)한 지절(志節)로 명성이 높았던 조적(祖逖)이 일찍이 자기 친구 유곤(劉琨)과 함께 사주 주부(司州主簿)가 되었을 때, 유곤과 한 이불을 덮고 자다가 한밤중에 때 아닌 닭 우는 소리를 듣고는 유곤을 발로 차서 깨우며 말하기를 "이것은 나쁜 소리가 아니다.〔此非惡聲也〕" 하고, 일어나서 춤을 덩실덩실 춘 데서 온 말이다. 《晉書 卷62 祖逖列傳》 여기서는 아예 잠을 잘 것 없이 긴 밤 내내 술이나 마시자는 뜻으로 한 말이다.

규정을 어겼으면 꼭 벌주를 마셔야 하는데	旣違必以浮
문욱은 규정대로 능히 승복하였네	郁也便能伏
앞에서 한 말은 농담이었으니	前言戲之耳
술잔 잡고서 다시 축하하노라	執醆復相祝
가장 귀중한 건 간략하게 자주 만남이니	所貴簡而數
삼일에 한 번씩 함께 모여 노세나	三日一追逐
익선은 속히 이어서 자리를 만들게나	仙乎繼之疾
청주건 탁주건 어찌 꼭 익기를 기다리겠는가	賢聖何必熟
규채 한 종류[278]만도 무방하거니	未妨鮭一種
술 열 섬 못 빚은 건 탓하지 않노라	不咎酒十斛
아 이 술은 백약의 우두머리요[279]	嗟此百藥長
바로 천하에 아름다운 녹으로서	乃天之美祿
노쇠하여 병든 몸을 붙들어 길러 주고	養老扶衰疾
근심을 잊고 반드시 복을 누리게 한다네[280]	忘憂會履福

278 규채(鮭菜) 한 종류 : 규채는 어류 채효(魚類菜肴)를 범칭한 말이다. 남제(南齊) 때의 문신(文臣) 유고지(庾杲之)는 본디 청빈(淸貧)하여 먹는 것이라고는 오직 부추 김치〔韮菹〕, 삶은 부추〔瀹韮〕, 생부추〔生韮〕 등 잡채(雜菜)뿐이었으므로, 임방(任昉)이 일찍이 그를 희롱하여 말하기를 "누가 유랑을 가난하다 이르는고, 항상 27종의 규채를 먹는걸.〔誰謂庾郎貧? 食鮭嘗有二十七種.〕"이라고 했다. 27종이란 곧 구(韮)의 음은 구(九)와 같으므로, 세 종류의 부추 나물에 9를 곱하여 말한 것이다. 유고지는 실상 세 종류의 부추만을 먹었을 뿐 규채는 없었지만, 임방이 짐짓 장난삼아 그에게 많은 종류의 규채를 먹는다고 말한 데서 온 말이다. 《南史 卷49 庾杲之列傳》

279 술은 백약의 우두머리요 : 왕망(王莽)의 조서(詔書)에 "술은 백약 가운데 우두머리요, 즐거운 연회의 좋은 음식이다.〔酒, 百藥之長, 嘉會之好.〕"라고 한 데서 온 말이다. 《漢書 卷24下 食貨志》

편안하게 실컷 마시지 않으면	不作厭厭飮
똥똥한 배를 그 어디에 쓰리오[281]	何用便便腹
환락이 극에 이르면 슬픈 정도 많거니와[282]	歡極悲情多

280 천하(天下)에……한다네 : 《한서(漢書)》 권24 하 〈식화지(食貨志)〉에 "술은 천하에 아름다운 녹이다. 제왕이 이것으로 천하 인민을 기르고, 제사를 지내서 복을 기원하고, 노쇠하고 병든 이를 붙들어 기르는 바이다.〔酒者, 天之美祿. 帝王所以頤養天下, 享祀祈福, 扶衰養疾.〕"라고 한 데서 온 말이다. 근심을 잊는다는 것은 술을 가리킨 것으로, 도잠(陶潛)의 〈음주飮酒)〉 시에 "가을 국화는 빛깔도 하 좋아라, 이슬 머금은 그 꽃잎을 따다가, 이 근심 잊게 하는 물건에 띄워서, 나의 세상 버린 정을 더 멀리하노라.〔秋菊有佳色, 裛露掇其英. 泛此忘憂物, 遠我遺世情.〕"라고 한 데서 온 말이다. 《陶淵明集 卷3》

281 똥똥한……쓰리오 : 후한(後漢) 때의 문인(文人) 변소(邊韶)가 일찍이 수백 인의 문도(門徒)를 교수(敎授)할 적에 한번은 낮잠을 자는데 한 제자가 선생을 조롱하기를 "변효선은 배가 똥똥하여 글 읽기는 싫어하고 잠만 자려고 한다.〔邊孝先, 便便腹. 懶讀書, 但欲眠.〕"라고 하자, 변소가 그 말을 듣고 즉시 대꾸하기를 "똥똥한 내 배는 오경의 상자이고, 잠만 자려고 하는 것은 경을 생각하기 위함이다.〔腹便便, 五經笥. 但欲眠, 思經事.〕"라고 한 데서 온 말이다. 효선(孝先)은 변소의 자이다. 《後漢書 卷80上 文苑列傳 邊韶》 여기서는 곧 학문이 깊어서 배가 이미 커졌으니, 술을 마시지 않고 그 큰 배를 어디에 쓰겠느냐고 농담 삼아 한 말이다.

282 환락(歡樂)이……많거니와 : 한 무제(漢武帝)가 일찍이 하동(河東)에 행차하여 후토(后土)에 제사하고 나서 제경(帝京)을 돌아보고는 기쁘게 여겨 배를 타고 중류(中流)에서 신하들과 연음(宴飮)하면서 지어 부른 〈추풍사(秋風辭)〉에 "가을바람이 일고 흰 구름이 나니, 초목은 시들어 떨어지고 기러기는 남으로 돌아가도다. 난초는 빼어나고 국화는 향기로우니, 아름다운 임이 그리워 잊을 수가 없도다. 누선을 띄워서 분하를 건너가니, 중류를 가로질러 흰 물결을 날리도다. 퉁소와 북 소리 울려 퍼지고 뱃노래 부르니, 환락이 극에 이르매 슬픈 정이 많아지도다. 소장 시절이 얼마나 되랴 늙어감을 어이할꼬.〔秋風起兮白雲飛, 草木黃落兮雁南歸. 蘭有秀兮菊有芳, 懷佳人兮不能忘. 泛樓船兮濟汾河, 橫中流兮揚素波. 簫鼓鳴兮發棹歌, 歡樂極兮哀情多. 少壯幾時兮奈老何!〕"라고 하였다. 《文選 卷45》

술잔 멎으면 이미 눈살이 찌푸려지네	停杯已顰蹙
덧없는 인생은 천지간에 부쳐 삶과 같고	浮生如寄爾
빠른 세월은 번개처럼 번쩍 지나간다오	急景電閃目
광문은 임기가 거의 다했으니[283]	廣文秩且滿
이미 목숙이 싫증 남을 깨달았으리[284]	已覺厭苜蓿
더구나 나는 번열증이 날로 심해져 가니	矧予疢日革
복조가 오기 전에 장차 죽고 말 걸세[285]	將亡不待鵩
인간사는 모두 이러하거니와	人事儘如此

283 광문(廣文)은……다했으니 : 광문은 본디 당 현종(唐玄宗) 때의 문인으로 광문관 박사(廣文館博士)를 지낸 정건(鄭虔)을 가리킨다. 그는 일찍이 현종의 특별한 배려로 한직(閒職)인 광문관 박사에 임명되었으나, 몹시 빈한(貧寒)한 데다 술을 매우 즐겼으므로, 두보(杜甫)가 장난삼아 그에게 〈희간정광문……(戲簡鄭廣文……)〉이라는 시를 지어 주기도 했다. 《杜少陵詩集 卷3》 여기서는 자가 문욱(文郁)인 최응주(崔應周) 또한 이때 진도 향교의 훈도(訓導)로 있었으므로, 문교(文敎)를 넓힌다는 의미에서 그를 '광문'이라 칭한 것으로 보인다. 《소재집》 제2권 〈방문해 준 서 훈도에게 사례하다〔謝徐訓導見訪〕〉 뒤에 나오는 〈차운하여 답하다〔次韻爲答〕〉 시를 상고해 보면, 그 당시 진도 향교의 서 훈도(徐訓導)를 역시 '광문'이라 칭했던 것을 볼 수 있다.

284 이미……깨달았으리 : 목숙(苜蓿)은 채소의 일종이다. 당 현종(唐玄宗) 때 설영지(薛令之)가 동궁 시독관(東宮侍讀官)으로 있으면서 식생활이 하도 빈약하므로, 시를 지어 읊어 스스로 슬퍼하기를 "아침 해가 둥그렇게 돋아 올라, 선생의 식탁을 비추어 주네. 쟁반에는 무엇이 있는고 하니, 난간에서 자란 목숙 나물이로다.〔朝日上團團, 照見先生盤. 盤中何所有? 苜蓿長闌干.〕"라고 한 데서 온 말이다. 《說郛 卷74 苜蓿盤》

285 복조(鵩鳥)가……걸세 : 복조는 올빼미의 별칭인데, 한(漢)나라 가의(賈誼)가 일찍이 장사왕 태부(長沙王太傅)로 폄척되어 나가 있을 때 복조가 집에 날아든 것을 보고는 불길한 생각이 들어 〈복조부(鵩鳥賦)〉를 지어서 스스로 위로했으나, 그 후 얼마 안 되어 죽은 데서 온 말이다. 122쪽 주250 참조. 여기서는 저자 자신은 복조가 오기도 전에 죽을 것 같다는 뜻으로 한 말이다.

아 내생은 기약할 수가 없고말고 他生吁未卜
서로 돌아보고 주아[286]를 노래하면서 相顧歌周雅
운 자를 나눌 제 내가 목 자를 얻었네 分韻我得木
시를 지어서 그 시말을 기록하여 作詩記顚末
다 쓰고 나니 읽을 만하지 못하구려 書罷不堪讀

286 주아(周雅) : 본디 《시경》의 〈대아(大雅)〉, 〈소아(小雅)〉를 가리키는 말인데, 《시경》의 시가 모두 주(周)나라 때의 시이기 때문에 《시경》의 시를 범칭하여 말하기도 한다. 여기서는 이 시의 제목에 나온 《시경》 〈소아 벌목(伐木)〉을 가리킨다. 131쪽 주272 참조.

박빈학이 돌림차례에 따라 동갑회를 베풀었다 임자년(1552, 명종7)[287] 정월이다.

朴贇鶴輪設庚會 壬子正月

'시언지(詩言志)'[288] 세 글자를 운으로 삼아 나누었는데, 내가 '언(言)' 자를 얻었다.

세월은 흘러 신해년이 임자년으로 바뀌고	陳迹流年換困敦
거듭 연회하는 기축일은 맑고도 다습구려	重遊牛日屬晴暄
한평생 강해에 사는 사람은 세 늙은이요	一生江海人三老
일삼는 건 천지간에 술 두 항아리뿐이로다	萬事乾坤酒兩罇
쇠한 몰골로 형체를 잊어라 누가 쉬 취하는고[289]	潦倒忘形誰易醉
실의에 빠진 나그네 맘은 절로 말하기 어렵네	龍鍾羈思自難言
예로부터 백골은 모두 청초 속에 묻혔나니	古來白骨皆青草
슬픈 〈이소〉를 읊고 〈초혼〉을 부를 것도 없다오[290]	不用悲騷復楚魂

287 임자년 : 이때 저자는 38세였다.

288 시언지(詩言志) : 순(舜) 임금이 이르기를 "시는 뜻을 말한 것이요, 노래는 말을 길게 한 것이다.〔詩言志, 歌永言.〕"라고 한 데서 온 말이다. 《書經 舜典》

289 쇠한……취하는고 : 곧 서로가 형체를 잊고 조금도 어려움 없이 친밀하게 지내는 친구 사이를 의미한다.

290 슬픈……없다오 : 슬픈 〈이소(離騷)〉는 곧 전국 시대 초 회왕(楚懷王)의 충신(忠臣) 굴원(屈原)이 일찍이 소인(小人)의 참소에 의해 조정에서 쫓겨나서 늪가를 방황하면서 우수사려(憂愁思慮)에 젖어 읊조렸던 문장 이름이고, 〈초혼(楚魂)〉 역시 굴원의 넋을 말한 것으로, 자세한 내용은 30쪽 주18 참조. 여기서는 곧 저자 자신은 비록 굴원과 같은 처지에 있지만 그리 슬퍼할 것이 없다는 뜻으로 한 말이다.

그로부터 5일 후인 갑오일에 내 집에서 주연을 베풀었다

越五日甲午予次設酌

주령(酒令)에 "운을 부른 즉시 시를 이루라.〔唱韻立成〕"라고 장난을 하였다.

빽빽이 앉은 사람은 다 옥처럼 깨끗하고 密坐人如玉
깊은 잔의 술은 강물처럼 많기도 해라 深罍酒似江
푸른 바다 굽어보며 미친 노래 부르고 狂歌臨碧海
갠 창을 활짝 열고 취하여 춤도 추누나 醉舞拓晴窓
필전에선 내가 먼저 퇴각하겠거니와[291] 筆戰吾先退
수성은 누가 쳐서 항복을 받아 낼는고[292] 愁城孰受降
서로 바라보아 초승달이 뜨길 기다리며 相看待新月
술잔 돌려 남은 항아리 다 기울이세나 傾醋盡餘缸

291 필전(筆戰)에선……퇴각하겠거니와 : 필전은 곧 시문(詩文) 같은 것을 서로 먼저 지으려고 겨루는 것을 전쟁에 빗대서 한 말이고, 퇴각하겠다는 것은 곧 저자가 겸사로 한 말이다.

292 수성(愁城)은……낼는고 : 수성은 아주 풀기 어려운 고통스러운 시름을 성벽(城壁)에 비유한 것으로, 유신(庾信)의 〈수부(愁賦)〉에 "허다한 수성은 공략해도 끝내 부서지지 않고, 허다한 수문은 흔들어도 끝내 열리지를 않네.〔攻許愁城終不破, 蕩許愁門終不開.〕"라고 한 데서 온 말이다. 《庾開府集箋註 卷1》 항복을 받아 낸다는 것은 곧 술을 마셔서 고통스러운 시름을 해소하는 것을 의미한다.

수일 뒤에 최씨가 화답하여 보여 주므로, 내가 다시 재차 화답하여 희롱하다

後數日崔和示予復再和爲戲

최씨가 시 짓는 것을 전쟁에 비유하였으므로, 내가 그것을 인하여 화답하였다.

백파[293]를 굳게 지키니 능히 공격할 자 없거늘	白波堅守莫能攻
높은 성에 물을 대려고 작은 강물을 튼 격일세[294]	欲灌高墉決小江
우선 큰 술잔 다 마시고자 할관은 던졌지만[295]	且覆觥船投轄輨
부엌까진 잠기게 못하고 물결이 창문만 쳐 댔지[296]	難沈竈竢拍櫺窓

293 백파(白波) : 여기서는 벌주 잔의 주파(酒波)를 말한다. 당(唐)나라 이광의(李匡義)의 《자가집(資暇集)》 권하(卷下)에 "술을 마시는 법칙에 '권백파'라는 말이 있으니, 그 의미가 어디서 시작되었는가? 상고하건대, 후한 때에 백파의 적을 사로잡아서 죽이기를 마치 자리를 말아 가듯이 했으므로, 술자리에서 그것을 모방하여 사람들의 기분을 유쾌하게 한 것이다.〔飮酒之卷白波, 義當何起? 按東漢旣擒白波賊, 戮之如卷席. 故酒席倣之, 以快人情氣也.〕"라고 하였다. 여기서는 곧 상대방이 '백파'라는 땅을 굳게 지키고 있다는 뜻으로 전용한 것이다.

294 높은……격일세 : 전쟁에서의 수공전(水攻戰)에 빗대서 한 말로, 이는 곧 저자 자신이 상대방을 이길 수 없다는 겸사로 한 말이다.

295 우선……던졌지만 : 할관(轄輨)은 수레 굴대의 비녀장과 바퀴통 끝 휘갑쇠를 말한다. 한(漢)나라 때 진준(陳遵)이 술 마시고 빈객 접대하기를 매우 좋아하여, 늘 빈객들을 당(堂)에 가득히 초청해서 대문을 걸어 잠그고 빈객들의 수레 빗장을 뽑아 우물에 던져 버리곤 했으므로, 빈객들이 아무리 급한 일이 있어도 떠나지 못하고 끝까지 함께 술을 마신 데서 온 말이다. 《漢書 卷92 游俠傳 陳遵》 여기서는 저자 역시 손님들을 굳이 만류하여 끝까지 술을 마시게 한 것을 진준의 고사에 빗대서 한 말이다.

296 부엌까진……댔지 : 부엌까지 잠긴다는 것은 곧 전국 시대 조 양자(趙襄子)가 지백(智伯)의 군대에 쫓겨 진양성(晉陽城)으로 들어가 있을 때, 지백의 군대가 성을

낭사 밑에서 용저처럼 도망치지는 않겠지만[297]	囊沙未作龍且走
갑옷을 벗고 먼저 기신처럼 항복이나 하려네[298]	釋甲先拚紀信降
어느 날에나 아름다운 선비를 거듭 만날는지	幾日重逢美措諜
장검을 갖고 술 항아리나 보호할까 하노라	試將長劍護缾缸

포위하고 수공전(水攻戰)을 펼침으로써 진양성이 온통 물에 잠기고 심지어는 부엌까지 몽땅 물에 잠겨 개구리가 알을 낳기까지 한 데서 온 말이다.《國語 晉語9》 여기서는 저자 자신이 시를 짓는 데 있어 상대방에게 그런 핍박을 주지 못했다는 뜻으로 한 말이다.

297 낭사(囊沙)……않겠지만 : 낭사는 모래주머니이고, 용저(龍且)는 초한(楚漢) 시대 초나라 장수의 이름이다. 한나라 장수 한신(韓信)이 초나라 장수 용저와 싸울 적에 유수(濰水)를 사이에 두고 각각 진(陣)을 쳤는데, 한신이 밤중에 사람을 시켜 모래주머니 1만여 개를 만들어서 유수의 상류(上流)를 막아 놓게 하고는, 다음 날 군대를 이끌고 유수를 반쯤 건너서 용저의 군대를 공격하다가 거짓 패배한 척하고 후퇴하여 달아나자, 용저가 한신을 추격하여 물을 건너왔다. 이때 한신이 사람을 시켜 그 모래주머니로 막은 둑을 트게 하니 큰물이 일시에 쏟아져 내려 용저의 군대 태반이 물을 건너오지 못함으로써 마침내 한신이 용저를 쳐 죽이고 초군(楚軍)을 크게 격파한 데서 온 말이다.《史記 卷92 淮陰侯列傳》 여기서는 저자 자신은 용저처럼 도망치지는 않겠다는 뜻으로 한 말이다.

298 갑옷을……하려네 : 기신(紀信)은 초한(楚漢) 시대 한나라 장수의 이름이다. 한 고조(漢高祖)의 군대가 일찍이 형양(滎陽)에서 항우(項羽)의 군대에 포위되어 매우 위태롭게 되었을 때, 기신이 고조에게 청하여 자신이 거짓 항복을 해서 초군(楚軍)을 속이겠다고 하였다. 고조가 그 계책을 따랐던바, 기신이 고조가 타던 왕거(王車)를 타고 거짓 한왕(漢王)이라 자칭하고 형양성(滎陽城)의 동문(東門)으로 나가서 거짓 항복을 하자, 초군들이 모두 만세를 부르며 형양성의 동문 쪽에 모여 구경을 하고 있었으므로, 이 틈을 타서 고조가 마침내 수십 인의 기병(騎兵)만을 인솔하고 형양성의 서문(西門)을 통하여 도망쳐서 위기를 모면한 고사에서 온 말이다.《史記 卷8 高祖本紀》

조모님의 휘일을 당하여 슬픈 마음으로 쓰다

祖妣諱日愴然書之

항상 아들이 독자라고 말씀하셨고	謂子是獨子
손자는 적손이라 유독 사랑하셨네	愛孫爲嫡孫
출입하실 땐 애써 나를 품어 주셨고[299]	辛勤出入腹[300]
장래 커서 돈목한 가정 갖기 바라셨지	成立室家敦
이십 년 동안 종신토록 사모하노니[301]	廿載終身慕
그 은혜 갚자면 하늘처럼 끝없고말고	昊天罔極恩
얼마나 여러 번 휘일을 만났던가만	幾回臨諱日
빈번을 올리는 것도 도울 길이 없구려[302]	莫助薦蘋蘩[303]

299 출입하실……주셨고 : 《시경》 〈소아(小雅) 육아(蓼莪)〉에 "나를 돌아보고 나를 다시 돌아보시고, 출입할 때엔 나를 가슴속에 품으시니, 그 은혜를 갚고자 할진댄, 저 하늘처럼 끝이 없도다.〔顧我復我, 出入腹我. 欲報之德, 昊天罔極.〕"라고 한 데서 온 말이다.

300 腹 : 대본에는 '復'으로 되어 있는데, 《시경》 〈소아 육아〉에 의거하여 바로잡았다.

301 이십 년……사모하노니 : 여기서 이십 년은 곧 저자의 조모(祖母)가 작고한 지 20년이 되었음을 의미하는바, 종신토록 사모했다는 것은 또한 저자 자신이 곧 죽을 수도 있음을 의중에 두고 한 말인 듯하다.

302 빈번(蘋蘩)을……없구려 : 빈과 번은 모두 식용(食用)의 수초(水草)인데, 옛날에는 항상 이것들을 제사에 썼으므로, 제수(祭羞)를 범칭하는 뜻으로 쓰인다. 《춘추좌전》 은공(隱公) 3년 조에 "진실로 공명함과 신의가 있다면……물 위에 뜬 물풀과 흰쑥과 마름 같은 나물이라도……조상의 제사상에 올릴 수 있고, 왕공에게도 드릴 수 있는 것이다.〔苟有明信,……蘋蘩薀藻之菜,……可薦於鬼神, 可羞於王公.〕"라고 하였다.

303 蘩 : 대본에는 '蘋'으로 되어 있는데, 문맥을 살펴 바로잡았다.

밤에 앉아서 읊다

夜坐

한밤중에야 바람 파도 잠잠해지자	中夜風濤靜
외론 신하의 폐기가 소생하는 듯하네	孤臣肺氣蘇
하늘은 한창 광대하여 환해지는데	較天方浩浩
내 기운은 다시 위축됨을 깨닫겠네	覺氣更拘拘
수족 마비로 지팡이는 짚어야 하지만	濕痺應扶策
애도의 정성으로 수[304]는 벗지 못한다오	哀誠未脫帑
아이의 마음[305]을 절로 억제 못하는 건	兒衷自難禁
곤경에 처한 걸 원망해서가 아니로다	不是怨窮途

304 수(帑) : 망인(亡人)을 위하여 애도(哀悼)를 표시하는 뜻으로 머리를 묶는 헝겊 끈을 말한다.

305 아이의 마음 : 어린애가 조부모나 부모를 애타게 사모하는 심정을 말한 것이다.

박빈학에게 붓과 먹을 부쳐 주면서 그의 운을 사용하다
寄筆墨朴贇鶴用其韻

황모필(黃毛筆)과 역수진정(易水眞精)[306]이다.

나그네로 삼신도[307]에서 지내면서	旅泊三神島
굽이굽이 구곡간장[308]을 다 태우느라	腸廻九曲江
바른길 버리고 개구멍만 뚫고 다녔고[309]	抛方空狗竇
학문의 기회는 계창에서부터 놓쳤네[310]	失學自鷄窓
역수의 정신이 새로 응집한 먹이요[311]	易水精新合
중산의 오래전에 항복한 모영이로다[312]	中山穎久降

306 역수진정(易水眞精) : 오대(五代) 시대 당(唐)의 역수(易水) 사람인 묵공(墨工) 장우(張遇)가 제조한 먹〔墨〕이 유명했던 데서, 전하여 먹을 말한 것이다.

307 삼신도(三神島) : 본디 동해(東海) 가운데 있다는 삼신산(三神山)을 말하는데, 여기서는 곧 저자의 배소(配所)인 진도(珍島)를 지칭한 것이다.

308 굽이굽이 구곡간장 : 중국에는 구곡강(九曲江)이 실제로 있기는 하지만, 여기서는 중국의 구곡강을 말한 게 아니고, 강물처럼 굽이굽이 겹친 애간장을 말한 것이다.

309 바른길……다녔고 : 올바른 학문의 길을 버리고 바르지 못한 학문에 빠져 버렸다는 뜻으로 한 말이다.

310 학문의……놓쳤네 : 유의경(劉義慶)의 《유명록(幽明錄)》에 "진(晉)나라 때 연주 자사(兗州刺史) 송처종(宋處宗)이 일찍이 장명계(長鳴雞) 한 마리를 사다가 매우 사랑하여 기르면서 닭 우리를 항상 창(窓) 사이에 두었는데, 닭이 마침내 사람의 말을 할 줄 알아서 처종과 담론(談論)을 하노라면 말 속에 매우 오묘한 뜻이 있었다."라고 한 데서 온 말로, 전하여 계창(雞窓)은 곧 서재(書齋)의 별칭으로도 쓰인다. 《藝文類聚 卷91 鳥部中 雞》

311 역수(易水)의……먹이요 : 위의 주306 참조.

오늘 아침엔 두 친구와 작별하고	今朝別二友
홀로 묵은 술 항아리만 마주하노라	獨對舊醅缸

312 중산(中山)의……모영(毛穎)이로다 : 모영은 '붓털'의 아칭(雅稱)이다. 한유(韓愈)의 〈모영전(毛穎傳)〉에서 붓털을 의인화(擬人化)하여 "모영이라는 자는 중산 사람이다.〔毛穎者, 中山人也.〕"라고 한 데서 온 말인데, 중산은 본디 국명(國名)으로, 옛날부터 품질 좋은 토끼털이 생산되어 붓의 명산지로 일컬어졌다. 《東雅堂昌黎集註 卷36》

정우에게 아울러 부치다

幷寄鄭遇

먹물이 맑으니 힘줄엔 살이 안 붙고[313]	硏淨筋毋着
갈고리가 굳세니 손아귀는 텅 비우리[314]	鉤堅掌欲空
맑은 창 앞에 봄날 해는 길거니	晴窓春晝永
날로 성현이 남긴 글을 쓰겠지	日寫聖賢功

청(晴)이 다른 본에는 명(明)으로 되어 있다.

313 먹물이……붙고 : 옛날 서법(書法)에서, 획(畫)이 깡마르고 굳세어 힘차게 보이는 자체(字體)를 '근서(筋書)'라 칭한 데서 온 말로, 여기서는 곧 먹물이 맑아서 자획(字畫)에 퉁퉁한 살이 붙지 않게 쓴 것을 의미한다. 진대(晉代)의 명필(名筆)이었던 위부인(衛夫人)의 〈필진도(筆陣圖)〉의 해설에 "필력이 좋은 글씨에는 뼈가 많고, 필력이 좋지 못한 글씨에는 살이 많으며, 뼈가 많고 살이 적은 글씨를 '근서'라 하고, 살이 많고 뼈가 적은 글씨를 '묵저'라 한다.〔善筆力者多骨, 不善筆力者多肉. 多骨微肉者, 謂之筋書, 多肉微骨者, 謂之墨猪.〕"라고 하였다. 《法書要錄 卷1 晉衛夫人筆陣圖》

314 갈고리가……비우리 : 여기서 갈고리라고 한 것은 역시 자획이 아름다우면서도 굳세고 힘찬 서법을 '은구(銀鉤)'라 칭한 데서 온 말이고, 손아귀가 텅 빈다는 것은 곧 붓대를 잡는 법칙에서, 다섯 손가락으로만 붓대를 곧게 단단히 잡아서 붓대가 손아귀에 들어오지 않게 하는 것을 말한다. 《서원정화(書苑菁華)》에 "정신을 맑게 하고 생각을 조용히 하며, 몸을 단정히 하고 얼굴을 바르게 한다. 붓대를 잡으면 생각이 나오고, 못가에 임하면 뜻이 방일해진다. 손바닥을 비우고 팔뚝을 곧게 하며, 손가락을 가지런히 하고 손아귀를 텅 비운다.〔澄神靜慮, 端己正容. 秉筆思生, 臨池志逸. 虛掌直腕, 指齊掌空.〕"라고 하였다. 《書苑菁華 卷2 書法下 唐歐陽詢八法》

취하여 두 절구를 써서 박빈학에게 주어, 한 구로는 그의 요구에 답하고, 또 한 구로는 그에게 술 빚기를 독촉하였다

醉書二絶與朴贇鶴一以答其求一以督其釀

세 묶음 계등이 눈서리 빛깔처럼 하얀데[315] 三束溪藤起雪霜
표지 써서 봉함하여 익선랑[316]에게 주노라 題封爲贈翼仙郎
듣건대 동방에 봄바람이 불어온다 하니[317] 洞房聞道春風至
의당 새 시를 지어서 자주 부쳐 보내야 하네 合有新詞數寄將

수재의 풍미는 쌍원이 참으로 예스럽고[318] 秀才風味雙圓古

315 세 묶음……하얀데 : 계등(溪藤)은 섬계(剡溪)에서 생산된 등(藤)으로 만든 종이를 말하는데, 이 종이가 가장 빛깔이 희고 질이 좋기로 유명했던 데서, 전하여 좋은 종이의 뜻으로 쓰인다.

316 익선랑(翼仙郎) : 익선은 박빈학(朴贇鶴)의 자이고, 낭(郎)은 남자(男子)의 미칭(美稱)으로 쓰인 말이다.

317 듣건대……하니 : 동방(洞房)은 신혼부부(新婚夫婦)의 침실을 말한 것으로, 이때 반빈학(朴贇鶴)이 재혼(再婚)을 했거나 아니면 소실(小室)을 새로 만났던 게 아닌가 싶으나 자세하지 않다. 당대(唐代)의 시인 잠삼(岑參)의 〈춘몽(春夢)〉 시에 "어젯밤 꿈에 동방에 봄바람이 일어나서, 멀리 미인이 잠든 상강수가 생각난지라, 베개맡에 잠시 봄꿈을 꾸는 가운데, 강남 수천 리를 다 돌아다녔네.〔洞房昨夜春風起, 遙憶美人湘江水. 枕上片時春夢中, 行盡江南數千里.〕"라고 하였다. 《唐文粹 卷15》

318 수재(秀才)의……예스럽고 : 여기서 수재는 국수재(麴秀才)의 약칭으로, 술을 빚는 재료인 누룩, 또는 술의 별칭으로 쓰이며, 또는 이를 국생(麴生)이라고도 하는데, 그 연유는 아래와 같다. 당(唐)나라 때 도사(道士) 섭법선(葉法善)이 거처하던 현진관(玄眞觀)으로 한번은 여러 조사(朝士)가 찾아가서 좌중이 모두 술 생각을 하던 차에

운자와 홍선[319]은 백 움큼이 향기롭구려　　雲子紅鮮百掬馡
급히 알리노니 옹두춘의 물이 벌창해지면[320]　　急報甕頭春水張
산에 올라서 내가 떠나는 이를 전송하려네　　登臨我欲送將歸

박빈학과 함께 술을 빚어 광문(廣文)[321]을 전별하기로 기약하였다.

마침 말쑥한 한 미남자가 들어와서는 '국수재'라 자칭하였는데, 얼굴이 하얗고 언변이 매우 유창하였다. 그러자 섭법선이 그를 요매(妖魅)라 여기고 칼로 내리치자, 즉시 뜰 아래로 떨어져서는 금방 병으로 변하는지라, 온 좌중이 깜짝 놀라서 내려다보니, 한 술병에 좋은 술이 담겨 있어, 모두 웃으면서 그 술을 마셔 본 결과 술맛이 매우 좋으므로, 온 좌중이 "국생의 풍미를 잊을 수가 없다.〔麴生風味, 不可忘也.〕"라고 한 데서 온 말이다.《古今事文類聚 續集 卷13 麴生風味》 여기서 쌍원(雙圓)은 혹 둥그런 모양의 누룩 두 짝을 말한 것이 아닌가 싶으나 자세하지 않다.

319 운자(雲子)와 홍선(紅鮮) : 운자는 백미(白米)의 별칭이고, 홍선은 홍미(紅米), 또는 홍도(紅稻)라 칭하는 붉은 쌀을 가리키는데, 여기서는 어떤 쌀을 말한 것인지 자세하지 않으나, 어쨌든 술을 담글 쌀을 말한 것임에는 틀림없다. 두보(杜甫)의 〈행관장망보도휴수귀(行官張望補稻畦水歸)〉 시에 "하얀 쌀은 새벽밥 짓기에 넉넉하리니, 붉은 쌀은 붉은 놀처럼 흩어지거나 말거나.〔玉粒足晨炊, 紅鮮任霞散.〕"라고 하였다.《杜少陵詩集 卷19》

320 옹두춘(甕頭春)의 물이 벌창해지면 : 옹두춘은 '막 익은 술'을 말하기도 하고, 또는 주명(酒名)이라고도 하는바, 여기서 벌창해진다는 것은 곧 술을 많이 빚어 놓은 것을 의미한다.

321 광문(廣文) : 여기서는 곧 문교(文敎)를 넓힌다는 뜻에서, 향교(鄕校)의 훈도(訓導)를 지칭하는데 당시 훈도의 임기를 마치고 떠나는 최응주(崔應周)를 가리킨다. 136쪽 주283 참조.

2월 1일 밤 꿈에 내가 아무개의 집에 거주하고 있는데, 갑자기 어떤 사람이 "선생이 밖에서 들어오신다."라고 말하므로, 내가 총총걸음으로 문에 나가 맞으면서 선생을 바라보고 통곡하자, 선생께서도 통곡을 하셨으니, 이는 대체로 한 사람의 죽음[322] 때문이었다. 곡을 다 마치기도 전에 곁에 있는 사람이 나를 깨웠으므로, 울면서 예전의 운[323]을 사용하여 짓다

二月一日夜夢予居某家忽有人言先生自外至予趨而迎諸門望而哭之慟先生亦哭蓋爲一人之死也哭未盡而人覺之泣用舊韻

임자년 이월 초하루 묘일 삼경 밤 꿈에　子年卯朔夜三更
내가 어느 집에 거주하면서 삼가 들으니　夢在何家竊有聽
상서론 태양 구름[324]이 골목길에 임하셨다기에　瑞日祥雲臨巷路

322 한 사람의 죽음 : 여기서 한 사람이란 곧 조선 중종(中宗) 때의 성균관 유생(成均館儒生) 강유선(康惟善)을 가리키며, 이홍윤(李洪胤)의 옥사(獄事)에 연루되어 억울하게 장살(杖殺)당한 것을 가지고 한 말이다. 28쪽 주13 참조.

323 예전의 운 : 《소재집》 제3권에 나오는 〈20일 밤에 친구를 생각하며 울면서 쓰다〔二十夜懷友泣書〕〉이다. 시는 다음과 같다. "소양 창월의 이십 일 밤에, 사람이 보고 들은 걸 귀신이 보고 듣도록 맡기노라. 마음을 말아 둘 수 있으랴 두 눈물 줄줄 흐르고, 하늘은 하도 높아라 구중궁궐 꽁꽁 닫히었네. 어찌 그의 죄가 아니었는데도 옥에 가두었으며, 말에 무슨 잘못이 있어 형을 못 면했단 말인가. 당시에 소인배들이 창화한 건 논하지 않더라도, 선생께선 어찌하여 두 영형아를 취하셨던가.〔昭陽暢月中旬夜, 人視聽從鬼視聽. 心可卷乎雙淚下, 天之高矣九關扃. 豈非其罪而加縲, 何有於言不免刑! 遮莫當時群唱和, 先生奚取兩寧馨?〕"

324 상서론 태양 구름 : 여기서는 스승을 지칭한 말로, 자세한 내용은 46쪽 주72 참조.

허둥지둥 옷과 신 거꾸로 걸치고 문에서 맞았네[325]	顚衣倒屣迓門扃
서로 바라보고 이미 실성통곡을 하였는데	相望已作失聲哭
한 생각은 오로지 억울한 죽음[326]이란 거였네	一念都關非罪刑
한스러운 건 옆 사람이 갑자기 나를 불러 깨워	恨被旁人遽呼覺
선생의 말씀은 못 듣고 위의만 알현한 거로다	未承其語只承謦

승(承)이 다른 본에는 유(留)로 되어 있다.

325 허둥지둥……맞았네 : 아주 반갑고 존귀한 손님을 맞이하느라 마음이 바빠서 옷과 신도 제대로 정제하지 못하고 허둥지둥 바삐 나가 맞이하는 것을 말한다.

326 억울한 죽음 : 149쪽 주322 참조.

광양 현감이 술과 안주를 가지고 방문하였으므로, 그 자리에서 바로 그의 운에 차하다

光陽倅用酒饌相訪席上次其韻

나는 나서 늙고 병들어 죽을 뿐이지만[327]	我病死生老
그대는 동서남북 분주한 몸이로다	君西南北東
하늘땅은 근심 걱정 밖이요	乾坤愁緖外
친구는 취해 읊는 중이로다	親舊醉吟中
죽엽주는 항아리에 가득 파랗고	竹葉侵罇綠
등잔불은 눈에 붉게 비추는구나	燈花照眼紅
어찌 힘들지 않았으랴 귀문관[328] 안에	那堪鬼門裏
다시 만천 봉우리 속까지 찾아오기가	更有萬千峯

327 나는……뿐이지만 : 생로병사(生老病死)는 본디 불교(佛敎)의 용어로, 인생의 면할 수 없는 '네 가지 고통〔四大苦痛〕'의 뜻으로 쓰이는데, 여기 저자는 자신이 이 세상에 전혀 할 일이 없어 아무 쓸모없는 인생으로 살다가 죽고 말 것이라는 뜻으로 한 말이다.

328 귀문관(鬼門關) : 옛 관명(關名)인데, 《구당서(舊唐書)》 권41 〈지리지(地理志) 4〉에 "귀문관 남쪽으로는 장려가 더욱 심해서 그곳에 간 사람은 살아 돌아온 이가 드물다. 속담에 '귀문관을 나간 사람은 열에 아홉은 돌아오지 못한다.'라고 한다.〔其南尤多瘴癘, 去者罕得生還. 諺曰: 鬼門關, 十人九不還.〕"라고 하였는데, 여기서는 저자의 배소(配所)인 진도(珍島)를 귀문관에 빗대서 한 말이다.

차운하여 김원복에게 답하다

次韻答金元福

덧없는 세상에 친구 늦게 만남을 한하지 않노라 浮世青眸不恨遲
해중의 산 봄비 속에 멀리 서로 따르고 있으니 海山春雨遠追隨
칠 년의 초패 생활[329]을 내 어찌 말할 수 있으랴만 七年楚佩吾何語
한결같은 안표 생활[330]은 그대가 스스로 알겠지 一味顔瓢子自知

김원복의 시에 "안자의 표주박 음료를 누가 알겠는가.〔顔瓢孰知〕"라는 말이 있으므로, 그 말에 화답한 것이다.

329 칠 년의 초패(楚佩) 생활 : 초패는 전국 시대 초 회왕(楚懷王)의 충신 굴원(屈原)이 소인들의 참소를 입어 조정에서 쫓겨나 강가의 늪지대를 방황하면서 읊은 〈이소(離騷)〉에 "강리와 벽지를 몸에 걸쳐 입고, 가을 난초를 꿰어서 허리에 찬다.〔扈江離與辟芷, 紉秋蘭以爲佩.〕"라고 한 데서 온 말로, 전하여 유배(流配) 생활을 뜻한다. 여기서는 저자 자신의 처지를 굴원에 빗대서 한 말이다. 그리고 7년은 곧 저자의 유배 기간을 말한 것인데, 실제 유배 기간은 1547년(명종2)부터 당시 1552년까지 모두 6년이고, 파직(罷職)된 해인 1546년까지 세면 7년이 된다.

330 안표(顔瓢) 생활 : 안표는 공자의 제자 안회(顔回)가 '한 표주박의 음료〔一瓢飮〕'를 마시고 살았던 곤궁한 생활을 말한다. 114쪽 주226 참조.

민성에게 주다 5월이다.

贈閔誠 五月

사 년 동안 까막까치를 미워했더니[331]	四載嗔烏鵲
오늘 아침엔 흰 망아지를 읊노라[332]	今朝詠白駒
바다 구름은 망적산에 드리워 있고	海雲垂望敵
성에 떠오른 해는 관노봉으로 옮겨 가네	城日轉官奴
오묘한 도리는 현인의 술에 있거니와[333]	妙理賢人酒
친한 정은 길손에게 음식 대접함일세	親情旅客餔
헤어진 뒤엔 좋이 서로 생각만 하고	分携好相憶
함부로 노수신을 들먹이지 말게나	取次莫談盧

331 사 년……미워했더니 : 까막까치를 미워했다는 것은, 고어(古語)에 까막까치가 울면 반가운 소식이 온다는 말이 있으나, 저자에게는 오랫동안 까막까치가 울어도 반가운 소식이 없었다는 뜻으로 한 말이다. 두보(杜甫)의 〈희관즉도부제단편(喜觀卽到復題短篇)〉 시에 "아우 너를 기다리느라 까막까치를 미워하노니, 글을 던져 할미새에게나 보일까 했노라.〔待爾嗔烏鵲, 抛書示鶺鴒.〕"라고 한 데서 온 말이다. 《杜少陵詩集 卷18》

332 오늘……읊노라 : 《시경》 〈소아(小雅) 백구(白駒)〉에 "깨끗한 저 흰 망아지가, 밭곡식 먹었다고 핑계 대고, 발과 가슴을 얽어매어 놓고, 오늘 아침을 길게 늘여서, 귀한 우리 이 손님을, 더 놀다 가시게 하리라.〔皎皎白駒, 食我場苗, 縶之維之, 以永今朝, 所謂伊人, 於焉逍遙.〕"라고 한 데서 온 말인데, 이 시는 어진 은사(隱士)가 왔다가 돌아가려고 하자, 헤어지기가 못내 아쉬워서 조금이라도 더 놀다 가게 하려는 정(情)을 노래한 것이다. 여기서는 저자에게 찾아온 민성(閔誠)을 전별하면서 《시경》의 고사를 인용한 것이다.

333 오묘한……있거니와 : 현인(賢人)의 술이란 곧 탁주(濁酒)를 지칭한다. 97쪽 주 195 참조.

무회[334]와 작별하면서 울면서 쓰다

別無悔泣書

아침에 도 깨달은 귀신은 되지 못하고[335] 不作朝聞鬼
영원히 저녁에 나간 자식만 되어 버렸네[336] 長爲暮出兒
풍진 속에 아우를 만난 날이었고[337] 風塵逢弟日
바다 가운데서 형과 작별하는 때로다 江海別兄時

334 무회(無悔) : 저자의 아우인 노극신(盧克愼)의 자이다.

335 아침에……못하고 : 아침에 도를 깨닫는다는 것은 공자의 말이다. 96쪽 주194 참조. 여기서는 곧 저자 자신이 아직까지는 생명을 보전하고 있음을 의미한다.

336 영원히……버렸네 : 저녁에 나간 자식이란 곧 전국 시대 제(齊)나라 왕손가(王孫賈)를 가리킨다. 그가 일찍이 민왕(閔王)을 섬기다가 어느 날 민왕이 달아나 버렸는데도 왕의 소재(所在)를 알지 못한 채 집으로 돌아오니 그의 어머니가 왕손가에게 이르기를 "네가 아침에 나가서 저녁에 돌아올 때는 내가 문에 기대서서 너 오기를 기다렸고, 네가 저녁에 나가서 돌아오지 않을 때는 내가 마을 문에 기대서서 너 오기를 기다렸다. 그런데 지금 네가 임금을 섬기다가 네 임금이 달아났는데도 너는 그의 소재도 알지 못하고 어떻게 집엘 돌아온단 말이냐.〔女朝出而晚來, 則吾倚門而望; 女暮出而不還, 則吾倚閭而望. 女今事王, 王出走, 女不知其處, 女尙何歸.〕"라고 한 데서 온 말이다. 《戰國策 齊策》 여기서는 곧 저자의 경우는 영원히 집에 돌아가지 못할 것이므로, 어머니가 항상 마을 문에 기대서서 자식이 돌아오기를 간절히 기다릴 것이라는 뜻으로 한 말이다.

337 풍진(風塵)……날이었고 : 풍진은 전쟁(戰爭), 또는 어지러운 세상을 말한다. 두보(杜甫)의 〈야망(野望)〉 시에 "온 천하 풍진 속에 여러 아우와 헤어져서, 하늘 한쪽에서 우노라니 이 한 몸 요원하여라.〔海內風塵諸弟隔, 天涯涕淚一身遙.〕"라고 하였다. 《杜少陵詩集 卷10》 여기서 저자의 경우는 이처럼 어지러운 세상에 두보와는 달리 아우와 만났다는 뜻으로 한 말이다.

얼굴 돌린 두 뺨에 눈물 줄줄 흘리며	反臉懸雙涕
머리 푹 숙인 채 말 한마디 없어라	低頭沒一辭
유명 간에 영원히 서로 헤어질 것이라	幽明永相隔
늘 염려하는 걸 맘으로만 알 뿐이로다	耿耿祗心知

손수 도시[338] 두어 편을 베끼고 인하여 그 후면에 쓰다
手寫陶詩數篇仍書其後

선생은 그 어디 사람인지 알 수 없어라	先生不知何許人
무회씨의 백성인가 갈천씨의 백성인가[339]	無懷民與葛天民
만고천하에 전해 온 건 회옹의 붓으로	萬古四海晦翁筆
진의 처사 도잠이 졸했다고 쓴 거로다[340]	書晉處士陶潛卒

338 도시(陶詩) : 동진(東晉)의 처사(處士) 도잠(陶潛)의 시를 말한다. 《도연명집(陶淵明集)》 8권이 전한다.

339 선생(先生)은……백성인가 : 도잠(陶潛)의 자서전(自敍傳)인 〈오류선생전(五柳先生傳)〉에 "선생은 어디 사람인지 알 수 없고, 또한 그 성 자도 알 수 없다. 집가에 버드나무 다섯 그루가 있어 그것으로 호를 삼았다.……스스로 찬하노라. 검루가 말하되 '빈천함에 근심하지 않고, 부귀함에 급급하지 않는다.' 하였으니, 오류선생의 말을 따져 보면 그가 바로 이 검루 같은 사람이 아니겠는가. 술 마시고 시를 읊조려 자기의 뜻을 즐기나니, 무회씨의 백성인가, 갈천씨의 백성인가.〔先生不知何許人, 亦不詳其姓字. 宅邊有五柳樹, 因以爲號焉.……贊曰: 黔婁有言: 不戚戚於貧賤, 不汲汲於富貴. 極其言, 玆若人之儔乎? 酣觴賦詩, 以樂其志, 無懷氏之民歟? 葛天氏之民歟?〕"라고 한 데서 온 말이다. 무회씨, 갈천씨는 모두 상고(上古) 시대에 태평성대를 이루었던 제왕(帝王)으로 전한다. 《陶淵明集 卷6》 검루(黔婁)는 춘추 시대 노(魯)나라의 은사(隱士)이다. 106쪽 주206 참조.

340 만고천하에……거로다 : 회옹(晦翁)은 주희(朱熹)의 호이다. 도잠은 본디 동진 사람으로, 동진이 망한 뒤, 송 문제(宋文帝) 원가(元嘉) 4년, 북위 태무제(北魏太武帝) 시광(始光) 4년 11월에 죽었는데, 주희의 《자치통감강목(資治通鑑綱目)》에서는 특히 그에 대하여 송이나 북위를 말하지 않고 "진나라의 징사 도잠이 졸하다.〔晉徵士陶潛卒〕" 라고 써서, 도잠의 개결한 지조를 높이 천명(闡明)하였던 것을 이른 말이다. 징사란 곧 학행(學行)이 있는 선비로서 조정의 부름을 받고도 끝내 나가지 않고 은거(隱居)한 사람을 일컫는데, 처사와 같은 뜻이다.

이사 11월이다.
移居 十一月

임자년 동짓달 초하룻날에 壬子至月朔
서쪽 마을 서쪽으로 이사를 했는데 遷居西里西
지게문 사이엔 흩벽이 쳐져 있지만 戶間無複壁
방 아랫목엔 다스운 온돌이 놓여 있네 齋左有溫棲
기둥은 모두 여덟 주가 세워졌는데 摠計八楹植
겨우 서 발쯤의 땅을 차지했을 뿐이네 才占三丈畦
상석을 가릴 만해[341] 그런대로 완비됐거니 苟完床席蔽
곡척이랑 먹줄을 사용할 겨를이 있으랴 奚暇矩繩攜
규모는 도잠의 집 절반쯤 되고[342] 陶屋規模半
분위기는 장한의 배와 비슷하구려[343] 張船氣像齊

341 상석(床席)을 가릴 만해 : 상석은 앉고 눕고 하는 데 사용하는 와상과 돗자리 등을 가리키고, 가릴 만하다는 것은 곧 상석에 비바람을 가릴 수 있음을 의미한다.

342 규모는……되고 : 가옥(家屋)이 아주 작고 초라함을 의미한다. 동진(東晉)의 처사(處士) 도잠(陶潛)의 집 규모에 대해서는 전해진 설(說)이 없으나, 백거이(白居易)의 〈소택(小宅)〉 시에 "유신의 정원은 자못 작거니와, 도잠의 집 또한 넉넉지 못하다오.〔庾信園殊小, 陶潛屋不豐.〕"라고 하였다. 《白樂天詩後集 卷13》

343 분위기는……비슷하구려 : 장한(張翰)은 진대(晉代)의 문인인데, 그가 일찍이 낙양(洛陽)에 들어가 동조연(東曹掾)으로 있다가, 어느 날 갑자기 가을바람이 일어나는 것을 보고는 자기 고향인 강동(江東) 오중(吳中)의 순챗국〔蓴羹〕과 농어회〔鱸魚膾〕를 생각하면서 "인생은 자기 뜻에 맞게 사는 것이 귀중하거늘, 어찌 수천 리 밖 타관에서 벼슬하여 명작을 구할 수 있겠는가.〔人生貴得適志, 何能羈宦數千里, 以要名爵乎?〕"

노란 갈대로 엮은 거적문은 짤막하고 門編黃荻短
흰 띠로 이은 처마 그늘은 나직하네 簷蔭白茅低
땅이란 땅은 모두 큰 회오리바람 길이요 匝地飀風隧
죽 둘러친 담장은 바다의 둑이 되었으니 沿籬滄海堤
뜰아래서 통곡하는 걸 금할 수 없거니[344] 詎禁階下哭
자리 곁에서 우는 거야 괴이할 게 없고말고[345] 不怪坐隅啼
바다 안개는 짙어 활짝 갠 날도 습하고 氛祲晴猶濕
푸르스름한 연기는 석양에 다시 자욱해지네 煙嵐晩更迷
병든 몸이야 잠시나마 머무를 수 있으랴만 病軀那可暫
나그네 종적은 가장 머무를 만도 하구려 羈跡最堪稽
누추한 집 지키며 쇠한 백발 감수하려니와 守陋從衰白

하고, 마침내 수레를 명하여 고향으로 돌아가서 유유자적하게 지냈다는 고사가 있을 뿐, 장한이 배를 타고 다녔다는 말은 딱히 없으나, 역대 문인들은 '장한의 배〔張翰船〕'라는 말을 흔히 사용해 왔다. 《晉書 卷92 張翰列傳》 여기서 저자는 자신의 가옥을 어떤 의미로 장한의 배에 비유했는지 자세하지 않다.

344 뜰아래서……없거니 : 여기서는 혹 바다의 큰 풍파(風波)로 인하여 익사(溺死)한 사람이 많았기 때문에 한 말이 아닌가 싶으나 자세하지 않다.

345 자리……없고말고 : 자리 한구석에서 울었다는 것은 곧 한 문제(漢文帝) 때 태중대부(太中大夫) 가의(賈誼)가 일찍이 장사왕 태부(長沙王太傅)로 폄척되어 나갔는데 3년이 지난 어느 날 올빼미가 그의 집에 날아들어 자리 한구석에 앉았다. 장사 지방은 본래 땅이 낮고 습기(濕氣)가 많아서 스스로 오래 살지 못하리라 생각했던 데다 겸하여 그의 집에 상서롭지 못한 올빼미가 날아들자, 불길(不吉)한 생각에 〈복조부(鵩鳥賦)〉를 지어 스스로 위로했던 데서 온 말이다. 122쪽 주250 참조. 《漢書 卷49 賈誼傳》 본디 〈가의전〉에는 올빼미가 울었다는 말은 없으니, 울었다는 것은 곧 저자가 전용한 것이다. 여기서 저자는 다른 사람들도 이런저런 일로 죽는 이가 많으니, 죄인인 자신이 죽음을 당하는 것이야 예사로 생각한다는 뜻으로 한 말이다.

한가함 즐기며 살갗은 마르고 검거나 말거나 耽閑任瘦黳
성안의 떠들썩한 건 새벽 알리는 북소리요 城喧惟曉鼓
논밭의 말소리는 봄 쟁기질하는 소리로다 田語只春犁
물 얕은 항포엔 고기 그물 친 게 드물고 淺港稀漁網
여러 물 합쳐진 도랑엔 말의 통행이 끊어졌네 交溝絶馬蹄
귀신은 항상 집 안을 엿보고[346] 鬼神常闞室
도리 밑엔 길을 이루지 못하누나[347] 桃李不成蹊
말없이 누웠으면 잠을 자는 것 같지만[348] 默臥如當瞑
곰곰이 생각하니 실은 감옥에 있는 거로다 緬思實在狴

346 귀신(鬼神)은……엿보고 : 정이(程頤)의 말에 "오직 이 마음에 주재가 있어야 하니, 어떻게 해야 주재가 되는가. 공경일 뿐이다. 주재가 있으면 마음이 텅 비게 되니, 텅 빈다는 것은 곧 간사한 생각이 들어오지 못함을 이른 말이고, 주재가 없으면 사욕이 꽉 차서 실해지니, 실해진다는 것은 곧 어떤 사물이 와서 내 마음을 빼앗는 것을 이른 말이다.〔惟是心有主, 如何爲主? 敬而已矣. 有主則虛, 虛謂邪不能入; 無主則實, 實謂物來奪之.〕"라고 하였다. 《近思錄 卷4 存養》 주희(朱熹)의 제자인 임용중(林用中)이 일찍이 정이의 이 말을 인용하여 지은 〈주일명(主一銘)〉에 "마음에 주재가 있으면 텅 비게 되니, 신이 그 성곽을 지키고, 주재가 없으면 실하게 되니, 귀신이 그 집을 엿본다.〔有主則虛, 神守其都; 無主則實, 鬼闞其室.〕"라고 한 데서 온 말로, 귀신이 집을 엿본다는 것은 곧 마음에 사욕(邪慾)이 들어옴을 의미한다. 《性理大全 卷32 性理4 心》

347 도리(桃李)……못하누나 : 《사기(史記)》 권109 〈이장군열전(李將軍列傳)〉 논(論)에서 속담을 인용하여 "복숭아나무와 오얏나무는 말이 없으나 그 밑에 저절로 길이 생긴다.〔桃李不言, 下自成蹊.〕"라고 한 데서 온 말로, 도리는 곧 덕행(德行)이 있는 사람을 비유한다. 여기서 저자가 길이 이루어지지 않는다고 한 것은 겸사로 한 말이다.

348 말없이……같지만 : 한유(韓愈)의 〈동도우춘(東都遇春)〉 시에 "깊숙한 곳에 사니 원수를 피해 왔는가 싶고, 말없이 누워 있으니 잠을 자는 것 같기도 하네.〔深居疑避仇, 默臥如當瞑.〕"라고 하였다. 《창려집(昌黎集)》에는 명(瞑)이 명(瞑)으로 되어 있다. 《東雅堂昌黎集註 卷4》

단지 허공에 돌돌만 쓰고 있을 뿐이니[349] 但書爲咄咄
무슨 일로 마음이 이렇게 편치 못한고 何事不折折
평생에 남아도는 물건은 없었거니와 長物平生欠
텅 빈 도시락[350]은 오랜 객중에 가지고 다녔지 空簞久客齎
모직물은 호부와 함께 뜯어 먹고[351] 飡氈共胡婦
양처와는 떨어져 있어 금자서만 읽을 뿐이네[352] 讀錦隔良妻
세 분재의 국화엔 샘물을 떠다 주는데 泉灌三盆菊

349 단지……뿐이니 : 돌돌(咄咄)은 돌돌괴사(咄咄怪事)의 약칭으로, 즉 뜻밖의 놀랄 만한 괴이쩍은 일이라는 뜻이다. 이는 곧 진(晉)나라 때 은호(殷浩)가 일찍이 조정(朝廷)에서 쫓겨난 뒤로는 집에서 종일토록 허공에다 '돌돌괴사' 네 글자만 쓰고 있었다는 고사에서 온 말이다. 《晉書 卷77 殷浩列傳》

350 텅 빈 도시락 : 공자가 이르기를 "어질도다, 안회여. 한 도시락밥과 한 표주박 음료로 누추한 시골에서 사는 것을, 다른 사람은 그 고통스러움을 견디지 못하거늘, 안회는 도를 즐기는 마음을 고치지 않으니, 어질도다, 안회여.〔賢哉回也! 一簞食, 一瓢飮, 在陋巷, 人不堪其憂, 回也不改其樂, 賢哉回也!〕" 하고, 또 이르기를 "안회는 도에 가깝구나, 늘상 굶어도 변함이 없구려.〔回也其庶幾乎, 屢空.〕"라고 한 데서 온 말이다. 《論語 雍也, 先進》 여기서는 곧 생활이 몹시 곤궁함을 안회에 빗대서 한 말이다.

351 모직물은……먹고 : 한 무제(漢武帝) 때 소무(蘇武)가 흉노(匈奴)에 사신으로 갔다가 억류되어 큰 움〔大窖〕 가운데 갇혀 있으면서 먹을 것이 없어 눈〔雪〕과 깃발의 모직물〔旃毛〕을 뜯어 먹었던 데서 온 말이고, 호부(胡婦)는 바로 소무가 흉노에 있을 때 데리고 살았던 흉노의 여자로, 그와의 사이에서 아들 통국(通國)을 낳기도 하였다. 《漢書 卷54 蘇武傳》 여기서는 저자 또한 유배 중에 소실(小室)을 얻어 함께 살고 있는 것을 소무의 고사에 빗대서 한 말이다.

352 양처(良妻)와는……뿐이네 : 금자서(錦字書)란, 진(晉)나라 때 두도(竇滔)의 처(妻)로 여류 문인(女流文人)이었던 소혜(蘇蕙)가 출정(出征)한 남편을 몹시 사모한 나머지, 오색(五色)실로 비단을 짜서 〈회문선도시(廻文旋圖詩)〉를 만들어 두도에게 부쳤던 데서 온 말이다. 《晉書 卷96 列女列傳 竇滔妻蘇氏》 여기서는 곧 저자의 아내가 저자에게 보낸 서신(書信)을 소혜의 금자서에 빗대서 한 말이다.

한 명아주 지팡이엔 먼지가 그득 쌓였네	塵埋一杖藜
옥천의 하인[353]은 부르자니 가련하고	呼憐玉川隷
송창의 닭 울음소리[354]는 듣기도 좋아라	聞喜宋窓鷄
시렁엔 가득히 서책을 정리해 놓았고	滿架圖書整
상자를 열면 붓과 벼루가 갖춰져 있네	披箱筆硯提
공연히 방서 점검하던 육지만 생각할 뿐[355]	空懷檢方陸
양생론 저술한 혜강이야 무슨 도움이 되랴[356]	何益養生嵇

353 옥천(玉川)의 하인 : 옥천은 당대(唐代)의 시인(詩人) 노동(盧仝)의 자호(自號)이다. 한유(韓愈)의 〈기노동(寄盧仝)〉 시에 "옥천 선생은 낙성 안에서 사는데, 허름한 집 두어 칸이 있을 뿐이네. 하나뿐인 노복은 긴 수염에 머리도 싸매지 않았고, 하나뿐인 여종은 맨발에 늙어서 이도 다 빠졌네.〔玉川先生洛城裏, 破屋數間而已矣. 一奴長鬚不裹頭, 一婢赤脚老無齒.〕"라고 한 데서 온 말이다. 《韓昌黎集 卷5》 여기서는 저자의 늙은 노복을 노동의 노복에 빗대서 한 말이다.

354 송창(宋窓)의 닭 울음소리 : 송창은 송처종(宋處宗)의 창(窓)이란 뜻으로, 서재(書齋)를 의미한다. 144쪽 주310 참조.

355 공연히……뿐 : 육지(陸贄)는 당 덕종(唐德宗) 때의 명신(名臣)인데, 그가 조정에서 폄척된 뒤에는 방서(方書), 즉 의방(醫方)의 서적을 연구했던 데서 온 말이다. 송대(宋代)의 학자인 양시(楊時)가 말하기를 "육 선공이 조정에 있을 때는 자기 몸을 돌아보지 않아서, 아는 것은 간하지 않은 것이 없었고, 간했다 하면 극간하지 않은 것이 없었다. 그가 폄척된 뒤에는 가만히 들어앉아서 옛 방서만 모았을 뿐이니, 진퇴할 줄을 안다고 이를 만한 사람이다.〔陸宣公在朝, 自以不恤其身, 知無不言, 言無不盡. 至於遷貶, 惟杜門集古方書而已. 可謂知進退者.〕"라고 하였다. 《性理大全 卷63 歷代5 晉陸贄》 여기서는 저자 또한 약방문이나 연구할 뿐이라는 뜻으로 한 말이다.

356 양생론(養生論)……되랴 : 혜강(嵇康)은 진(晉)나라 때 죽림칠현(竹林七賢)의 한 사람으로, 일찍이 양생을 잘하면 안기(安期), 팽조(彭祖) 등의 수(壽)에는 미칠 수 있다고 여기고 양생론을 지었다. 《晉書 卷49 嵇康列傳》 여기서는 저자 자신에게는 양생론이 필요하지 않고 약이나 복용하는 것이 최선이라는 뜻으로 한 말이다.

단지에 남은 쌀은 술로 다 빚어 마셨고	釀罄瓶餘粟
항아리 밑바닥 냉채는 살살 불어 다 먹었네[357]	吹傾甕底虀
술잔 들어 마시니 두 귀는 후끈후끈해지고	持杯熱兩耳
들창문 활짝 여니 두 눈은 아찔아찔하누나	拓牖眩雙睇
몸은 바로 솥 안에 노니는 물고기요[358]	身卽魚游鼎
마음은 온통 진흙에 떨어진 개지 같다오[359]	心都絮落泥
인생은 다만 운명대로 살 뿐이지만	人生唯命分
천속[360]은 다시 연결의 단서가 되는 거라	天屬復端倪
늙은 부모님은 흐느껴 우실 터이고	掩抑爺孃老

357 항아리……먹었네 : 《초사(楚辭)》 〈구장(九章) 석송(惜誦)〉에 "뜨거운 국에 데인 뒤엔 냉채도 불어 먹거늘, 어찌하여 이 뜻을 변하지 않는고.〔懲熱羹而吹虀兮, 何不變此志也?〕"라고 한 데서 온 말로, 한번 실패한 뒤로는 매사에 지나칠 정도로 경계심을 갖게 되는 것을 의미한다.

358 몸은……물고기요 : 몸이 몹시 위험한 지경에 처해 있음을 비유한 말로, 《후한서(後漢書)》 권56 〈장강열전(張綱列傳)〉에 "서로 모여서 구차히 생명을 지탱하고 있는 것이 마치 물고기가 솥 안에서 노닐며 잠시 동안만 숨을 쉬고 있는 것과 같을 뿐이다.〔相聚偸生, 若魚遊釜中, 喘息須臾間耳.〕"라고 한 데서 온 말이다.

359 마음은……같다오 : 소식(蘇軾)이 일찍이 서주(徐州)에 있을 때, 전당(錢塘)에서 승(僧) 참요(參寥)가 찾아왔으므로, 소식이 한 기녀(妓女)로 하여금 장난삼아 참요에게 시(詩)를 요구하도록 하자, 참요가 절구(絶句) 한 수를 불렀는데, 그 시에 "술동이 앞의 얌전한 낭자가 많이 고맙지만, 그윽한 꿈 좋이 가져다 양왕이나 꾀지어다. 선심은 이미 진흙에 붙은 버들개지가 되어, 동풍을 좇아 위아래로 미쳐 날지 않는다오.〔多謝尊前窈窕娘, 好將幽夢惱襄王. 禪心已作沾泥絮, 不逐東風上下狂.〕"라고 한 데서 온 말로, 즉 여자의 유혹에 흔들리지 않는 것을 의미한다. 《參寥子詩集 卷3》 선심(禪心)은 불교의 용어로, 마음이 아주 고요하게 갈앉아서 전혀 동요되지 않는 상태를 말한다.

360 천속(天屬) : 부자(父子), 형제(兄弟), 자매(姊妹) 등 혈연관계(血緣關係)의 친속(親屬)을 말한다.

단란했던 아우랑 누이와는 서로 떨어져 있어　團圓弟妹睽
하늘땅만 아스라이 둘러 있을 뿐이니[361]　乾坤莽回互
고금에 참으로 비통한 일이고말고　今古足悲悽
이치로 헤아려 보면 당연한 바이거늘　在所當然者
그 누가 이런 일이 없게 할 수 있으랴　其誰得已兮
이게 바로 노과회가　是爲盧寡悔
뜻을 말하여 취중에 쓰게 된 까닭이라오[362]　言志醉時題

361 하늘땅만……뿐이니 : 비통(悲痛)한 사정을 호소할 곳이 없음을 의미한 말로, 두보(杜甫)의 〈유회태주정십팔사호(有懷台州鄭十八司戶)〉 시에 "서로 바라보고 아무것도 성취한 게 없으니, 하늘땅만 아스라이 둘러 있을 뿐이로다.〔相望無所成, 乾坤莽回互.〕"라고 한 데서 온 말이다. 《杜少陵詩集 卷7》

362 노과회(盧寡悔)가……까닭이라오 : 과회(寡悔)는 저자의 자이고, 뜻을 말했다는 것은 곧 시(詩)를 가리킨다. 138쪽 주288 참조.

대설

大雪

북방의 찬 눈이 남방의 섬을 덮치자	北雪南洲犯
찬 공기가 동시에 새벽 창으로 스며드니	寒光曙牖交
사랑스런 아이는 놀라서 문득 떠들고	兒嬌驚却鬧
병든 나그네는 기뻐서 인하여 읊조리네	客病喜仍嘲
눈이 오고 감은 그 누가 주관하는고	來去伊誰管
오르내림도 다만 그대로 맡겨둘 뿐이로다	低仰祇儘敎
얼마 동안이나 눈의 정기가 응결됐던고	幾時精結滯
쏟아지는 곳엔 그 형세 대단도 하여라	發地勢炰烋
도끼나 끌의 자국은 조금도 없거니와[363]	斧鑿痕無些
가벼이 날릴 때엔 너무나 혼잡스럽네	輕浮用太殽
서로 밀어붙여서는 깊은 골짝에 쌓이고	相推會深谷
외로이 날아서는 높은 나무 끝에도 달라붙네	孤擧着危梢
가지런히 내리다간 다시 삐딱하게 멋대로 날고	旣整還斜弄
천천히 내리다간 문득 어지러이 퍼붓기도 하는데	纔徐忽亂抛
옷소매에 들어오면 이내 절로 녹아 버리고	入袪尋自滅
손에 닿으면 끝내 무어 닦을 거나 있으랴	過手竟何捎

363 도끼나……없거니와 : 도끼나 끌의 자국이란 본디 시문(詩文)이나 서화(書畫) 따위에 너무 기교를 부려서 부자연스러운 것을 이르는 말인데, 여기서는 곧 눈송이의 결정체가 어떤 조작(造作)의 흔적이 전혀 없이 아주 자연스러운 모양을 가리켜 한 말이다.

깨끗하긴 해도 의복처럼 입기는 어렵고　　皎潔難爲服
진기하긴 하나 술안주로 먹을 수도 없네　　珍奇莫可餚
형체는 미세한 구멍도 뚫고 들어가고　　形穿微隙穴
기운은 마소의 꼴 더미도 관통하누나　　氣透積蒭茭
반짝반짝 날릴 땐 평온한 기분을 느끼지만　　炫耀遭平易
내려서 진창이 되면 더러운 걸 보게 되네　　摧沮值汚淆
앞뒤로 내린 걸 어떻게 분변할 수 있으랴　　後先那足辨
크고 작은 걸 응당 가려낼 수도 없어라　　粗細不容抄
날아 굴러떨어져서는 뜨락을 묻어 버리고　　顚倒無庭砌
하얗게 덮이면 기와집 띳집도 분간 못하네　　漫汗混瓦茅
향기로운 것들도 온통 다 가려 버리고　　芬芳渾掩蔽
흠집과 때 낀 것들도 몽땅 싸서 감춰 버리네　　疵垢盡含包
잠시 큰 바다를 다 메우는가 싶더니　　乍見塡滄渤
끝내는 높은 산들을 다 묻어 버리누나　　終知沒峭嶢
서북쪽의 도로는 응당 끊어졌으려니와　　維應絶西北
천주[364]도 눈덩이의 무게를 이기지 못하겠네　　柱莫勝砐磽
바라보고 또 보매 뭐가 숨어 있는가 의심스럽고　　望望疑藏伏
가고 또 가다가는 허방에 빠질까도 두렵구려　　行行怕墊坳
때로는 싸락눈보다 먼저 내리기도 하고[365]　　有時先急霰

364 천주(天柱) : 하늘을 괴고 있다는 전설의 기둥을 말한다.

365 때로는……하고 : 본디 함박눈이 내리려면 먼저 싸락눈이 내린다고 하는데, 여기서는 그 반대로 싸락눈이 내리기 전에 벌써 함박눈이 내린 때도 있다는 뜻으로 한 말이다. 《시경》 〈소아(小雅) 기변(頍弁)〉에 "저 함박눈이 내리려거든, 먼저 싸락눈이 내리는 것과 같으니라.〔如彼雨雪, 先集維霰.〕"라고 하였다.

곳곳에서 거센 바람을 좇아가기도 하누나　在處逐狂飈
하늘이 어찌 쌀 곳간을 쏟아 내린 게 아니랴　天豈傾囷廩
사람들은 반드시 두소를 쪼개 버려야겠네[366]　人須剖斗筲
온갖 기교를 몽땅 다 누설하느라　陰機都漏洩
귀신이 시끄러이 떠들어 대었네[367]　幽鬼定讙譊
장차 다스운 봄기운이 녹이기만 기다릴 뿐　且待暄和爍
끝내 끓는 물과 불로 녹일 게 아니로다　終非湯火炮
해와 달은 겸손하여 시름겨운 듯 못 나오고　烏蟾謙悒悒
참새와 쥐들은 원망스러운 듯 짹짹거리네　雀鼠怨咬咬
솔과 대의 굳센 절조는 얼마나 꺾어 버렸는고[368]　幾破松筠節

366 사람들은……버려야겠네 : 두소(斗筲)는 열 되들이 말과 한 말 두 되들이 대그릇을 병칭한 말이다. 자공(子貢)이 일찍이 공자에게 "지금 정사에 종사하는 자들은 어떻습니까?〔今之從政者何如〕"라고 물은 데 대하여 공자가 이르기를 "아, 한 말이나 한 말 두 되쯤 들어갈 만한 좁은 소견을 지닌 사람들을 어찌 따질 것이나 있겠는가.〔噫! 斗筲之人, 何足算也.〕"라고 한 데서 온 말로, 이는 본디 비루하고 자질구레한 속 좁은 사람을 지칭한 말이다. 《論語 子路》 여기서는 곧 한유(韓愈)의 〈원도(原道)〉에서 노장(老莊) 등 이단자(異端者)가 주장하는 "성인이 죽지 않으면 큰 도적이 그치지 않고, 말을 쪼개고 저울을 부숴 버려야만 백성들이 다투지 않게 된다.〔聖人不死, 大盜不止, 剖斗折衡, 而民不爭.〕"라는 말을 인용하였다. 《東雅堂昌黎集註 卷11》 하늘에서 쌀이 하도 많이 쏟아져 내려오므로, 사람들이 굳이 도량형(度量衡)을 사용하여 서로 무역(貿易) 행위를 할 필요가 없게 되었다는 뜻으로 한 말이다.

367 온갖……대었네 : 한유(韓愈)의 〈신묘년설(辛卯年雪)〉 시에 "온 대지 위에 눈을 우뚝이 쌓아 올려라, 귀신이 시끄러이 기교를 부리누나.〔翕翕陵厚載, 譁譁弄陰機.〕"라고 한 데서 온 말로, 눈이 많이 쌓였음을 의미한다. 《韓昌黎集 卷4》

368 솔과……버렸는고 : 여기서는 단지 큰 눈이 와서 소나무와 대나무가 꺾이고 부러진 것을 말한 것이다.

난초와 혜초의 떨기는 완전히 말려 버렸네 全凋蘭蕙苞
산중에는 숨은 표범을 굶주리게 하고[369] 山中飢隱豹
깊은 못에는 숨은 교룡을 꼼짝 못하게 하리 淵下困潛蛟
약한 나뭇가지는 기울어 절하는 모습이요 弱條欹而拜
묶여 있는 삽살개는 머뭇거리며 으르렁대네 纍尨躅且咆
개밋둑 위엔 높이 쌓여 개미를 깊이 묻었고 壓封深螻蟻
거미줄엔 달라붙어 거미를 핍박도 하누나 粘網逼蠨蛸
우주 삼라만상의 모양을 바꿔 버리고 宇宙移羣象
조석으론 뭇사람을 원망토록 변화도 시키네 朝曛變衆嗃
어부는 푸른 대삿갓 모습을 잃어버렸고 漁人失青蒻
기졸들은 흰 깃발을 말아 버린 듯 안 보이네 騎卒捲皜旓
사냥하는 길엔 얼어 떨어진 손가락이 많고[370] 獵徑多墜指
방수하는 군영에선 활고자만 드러내 놓은 채 防營只露弰
기이한 계책으로 서로 다퉈 채주를 공격하고[371] 出奇爭擣蔡

369 산중에는……하고 : 《열녀전(列女傳)》 〈도답자처(陶答子妻)〉 조에 "첩은 들으니, 남산에는 검은 표범이 있는데, 안개비가 내리는 이레 동안 먹이를 먹으러 나오지 않는 것은 무슨 까닭인고 하면, 제 터럭을 윤택하게 하여 고운 문채를 이루고자 해서랍니다.〔妾聞南山有玄豹, 霧雨七日而不下食者, 何也? 欲以澤其毛而成文章也.〕"라고 한 데서 온 말이다. 여기서는 곧 눈이 많이 내렸기 때문에 표범이 응당 먹이를 먹으러 나오지 않을 것이라는 뜻으로 한 말이다.

370 사냥하는……많고 : 일기가 몹시 추운 것을 고사에 빗대서 한 말이다. 《한서(漢書)》 권1 하 〈고제기 하(高帝紀下)〉에 "상이 진양으로부터 계속 싸워 승기를 타서 패배한 적군을 계속 추격하여 누번에 이르렀을 때 마침 큰 추위를 만나서 손가락이 얼어 떨어져 나간 사졸이 열에 두셋이었다.〔上從晉陽連戰, 乘勝逐北, 至樓煩, 會大寒, 士卒墮指者什二三.〕"라고 한 데서 온 말이다.

험고함을 믿고 다시 효산에 의지하였네[372] 恃險轉憑崤
오리를 두드리매 서로 놀라 떠들어 대고[373] 打鴨相驚噪
미련한 닭들은 갈음하여 시끄러이 울어 대누나[374] 愚雞迭和嘐
아침의 다슨 휘장에 살살 날리기도 하고 細飄朝煖帳
밤중의 차가운 징[375]에 촘촘히 뿌리기도 하네 密灑夜寒鐃
호강한 자들은 양고주도 싫증 나게 먹는데[376] 豪厭羔羊酒

371 기이한……공격하고 : 당 헌종(唐憲宗) 원화(元和) 연간에 회서 절도사(淮西節度使) 오원제(吳元濟)가 반란(叛亂)을 일으켰을 때, 그를 토벌하기 위해 조정에서 승상(丞相) 배도(裴度)가 회서 선위처치사(淮西宣慰處置使)로 출정(出征)하여 친히 토벌군을 독려(督勵)했다. 이때 장군(將軍) 이소(李愬)가 마침 큰 눈이 내리던 밤에 채주(蔡州)를 쳐들어가서는 행군(行軍) 소리를 혼동시키기 위해 성(城) 근처의 아압지(鵝鴨池)에 군졸을 보내서 오리들을 두드려 놀래서 울어 대게 하여, 오원제가 행군 소리를 듣지 못하고 방심하게 한 다음, 이튿날 아침에 닭이 울고 눈이 그치자, 마침내 성안으로 쳐들어가서 오원제를 사로잡고 회서를 평정했던 데서 온 말이다. 《新唐書 卷154 李愬列傳》 큰 눈이 내린 때이기 때문에 군영(軍營)의 일을 위의 고사에 빗대서 한 말이다.

372 험고함을……의지하였네 : 효산(崤山)은 하남성(河南省) 낙녕현(洛寧縣)의 북쪽에 있는 산인데, 매우 험고(險固)하여 옛날 군사(軍事)의 요지(要地)로 유명하였다. 그러나 효산과 대설(大雪)과의 관계에 대해서는 자세하지 않다. 여기서는 진도의 험고한 산들을 효산에 빗대서 한 말이다.

373 오리를……대고 : 위의 주371 참조.

374 미련한……대누나 : 미련한 닭이라고 한 것은 아마 밤중인데도 눈 때문에 사방이 훤하게 보여서 닭들이 아침인 줄 잘못 알고 서로 울어 댄다는 뜻으로 한 말인 듯하다.

375 징 : 옛날 군악기(軍樂器)의 한 가지인데, 전장(戰場)에서 진군(進軍)할 때는 북을 치고, 퇴군(退軍)할 때는 징을 울렸다고 한다.

376 호강한……먹는데 : 북송(北宋) 초기에 한림학사 도곡(陶穀)이 일찍이 태위(太尉) 당진(党進)의 가희(家姬)를 첩으로 삼았던바, 하루는 그녀에게 설수(雪水)를 취하여 차를 끓이게 하면서 말하기를 "당 태위의 집에서는 응당 이런 풍류를 모를 것이다."라고 하자, 그녀가 대답하기를 "저 당 태위는 추솔한 사람인데, 어찌 이런 풍류가 있겠습니

백성들은 콩 두부도 먹기가 어려워라 民艱豆菽泡
아 천지간에 인간으로 똑같이 태어나서 吁嗟同覆載
기쁨과 시름이 서로 열배 백배로 다르단 말가 什佰異懽愀
사막의 움에선 모절을 침범하고[377] 沙窖侵旄節
남관의 말채찍도 가로막았었지[378] 藍關擁馬鞘
처량한 이 몸은 이매를 방어하고[379] 凄涼身禦魅

까마는, 그는 다스운 소금장 아래서 술을 조금씩 마시고 미인의 고운 노랫소리를 들으면서 양고주나 마실 뿐이랍니다.〔彼麤人, 安得有此? 但能銷金帳下淺酌低唱, 飮羊羔美酒耳.〕"라고 한 데서 온 말이다. 양고주란 곧 산서(山西) 지방에서 생산되는 미주(美酒)의 이름이다. 《宋稗類鈔 卷15 豪曠》 여기서는 눈에 대한 고사만을 취한 것이다.

377 사막의……침범하고 : 한 무제(漢武帝) 때 소무(蘇武)가 흉노(匈奴)에 사신으로 갔다가 억류되어 큰 움〔大窖〕 가운데 갇혀 있으면서 먹을 것이 없어 깃발의 모직물〔旃毛〕을 뜯어 먹고, 눈〔雪〕이 오면 눈을 먹곤 했던 데서 온 말이다. 《漢書 卷54 蘇武傳》 여기서는 눈에 관한 고사와 저자 자신의 유배 생활의 고통을 소무에 빗대서 한 말이다.

378 남관(藍關)의 말채찍도 가로막았었지 : 남관은 곧 섬서성(陝西省) 남전현(藍田縣)의 동남쪽에 있던 남전관(藍田關)을 가리킨다. 한유(韓愈)가 일찍이 〈불골표(佛骨表)〉를 올렸다가 헌종(憲宗)의 진노를 사서 조주 자사(潮州刺史)로 폄척되어 가던 도중, 눈을 맞으며 따라오는 질손(姪孫) 한상(韓湘)을 만나서 그에게 준 〈좌천지남관시질손상(左遷至藍關示姪孫湘)〉 시에 "아침에 표문 한 장 구중궁궐에 올렸다가, 저녁에 조주로 폄척되니 길은 팔천 리로다. 성명을 위해 나쁜 일을 제거하려 하거니, 어찌 노쇠한 몸 남은 생을 아끼려 할쏜가. 구름은 진령에 비꼈어라 집이 어디 있느뇨, 눈은 남관에 가득 쌓여 말이 가지를 못하네. 알괘라 네 멀리 온 게 응당 뜻이 있을 터이니, 장기 어린 강변에서 내 뼈를 잘 거두어다오.〔一封朝奏九重天, 夕貶潮州路八千. 欲爲聖明除弊事, 肯將衰朽惜殘年? 雲橫秦嶺家何在? 雪擁藍關馬不前. 知汝遠來應有意, 好收吾骨瘴江邊.〕"라고 한 데서 온 말이다. 《韓昌黎集 卷10》 여기서는 눈에 관한 고사와 저자 자신의 유배 생활의 고통을 한유의 고사에 빗대서 한 말이다.

379 처량한……방어하고 : 이매(魑魅)는 도깨비 같은 요괴(妖怪)를 가리키는바, 《춘추좌전》 문공(文公) 18년 조에 "순이 요 임금의 신하가 되어서는 사문을 활짝 열어

쓸쓸한 내 집은 교실과 이웃하였네[380] 蕭瑟室隣鮫
행여 할미새 깃을 못 날게 할까 두렵고[381] 恐澁鴒毛羽
두 어버이 백발을 적실까도 걱정이로다 愁沾鶴髮髻
흥취가 상실하여 배는 띄우지 않거니와[382] 興迷舟不棹
가만히 누웠지만 그 누가 문을 두드려 줄꼬[383] 僵臥戶誰敲

손님을 맞아들이고, 사흉의 무리인 혼돈, 궁기, 도올, 도철을 유배하여 사방 변두리로 내쳐서 도깨비들의 재해를 막게 하였다.〔舜臣堯, 賓于四門, 流四凶族渾敦、窮奇、檮杌、饕餮, 投諸四裔, 以禦魑魅.〕"라고 한 데서 온 말이다. 여기서는 곧 저자 자신 또한 죄인의 몸으로 변방에 유배되어 요괴의 재해를 막게 되었다는 뜻으로 한 말이다.

380 쓸쓸한……이웃하였네 : 교실(鮫室)은 전설상의 인어(人魚)인 교인(鮫人)이 거주하는 집을 말한 것으로, 전하여 깊은 바다를 가리킨다. 두보(杜甫)의 〈추일기부영회……(秋日夔府詠懷……)〉 시에 "풍토는 달라서 교인의 집과 이웃했고, 친구가 오면 말 언치에 앉히곤 하네.〔俗異鄰鮫室, 朋來坐馬韉.〕"라고 하였다. 《杜少陵詩集 卷19》

381 행여……두렵고 : 할미새는 형제간을 상징하는 말로, 즉 눈이 많이 와서 길이 막혀 형제간이 내왕하지 못하게 될까 염려하는 뜻으로 한 말이다.

382 흥취가……않거니와 : 배를 띄운다는 것은, 진(晉)나라 때 왕휘지(王徽之)가 어느 날 밤에 큰 눈이 막 개고 달빛이 휘영청 밝은 것을 보고는 홀로 술을 마시면서 좌사(左思)의 〈초은시(招隱詩)〉를 읊조리다가 갑자기 섬계(剡溪)에 사는 친구인 은사(隱士) 대규(戴逵)가 생각나자, 즉시 자기가 사는 산음(山陰)에서 거룻배를 명하여 타고 밤새도록 가서 다음 날 아침에야 섬계에 당도했는데, 대규의 집 문 앞까지 가서는 흥(興)이 다했다 하여 그의 집에는 들어가지 않고 그대로 되돌아왔던 고사에서 온 말이다. 《晉書 卷80 王徽之列傳》 여기서는 저자 자신은 큰 눈이 오고 달이 밝아도 왕휘지처럼 배 타고 친구나 찾아가는 그런 흥취를 부릴 처지가 아니라는 뜻으로 한 말이다.

383 가만히……줄꼬 : 후한(後漢)의 명상(名相) 원안(袁安)이 미천(微賤)했을 때, 한번은 낙양(洛陽)에 큰 눈이 와서 낙양 영(洛陽令)이 민가(民家)를 순행하다 보니, 다른 사람들은 모두 나가서 눈을 치우고 걸식(乞食)을 하는데, 원안의 집만 유독 눈도 치우지 않고 있으므로, 사람을 시켜 왜 나오지 않느냐고 묻자, 원안이 말하기를 "큰 눈이 와서 사람들이 모두 굶주리는 때에 남에게 요구를 해서는 안 된다.〔大雪人皆餓,

여러 해 묵은 베 이불은 얼어서 툭툭 끊기고[384] 冷折多年布
얼음은 한 바가지에 꽁꽁 얼었네 氷堅一箇匏
똑바로 볼 땐 눈에 어른어른함이 더하지만 盯矖添眩暈
수분은 받아들여 소변으로 배설한다오[385] 蘸襲決胱脬
물 긷는 걸 질투해 옆 우물을 묻어 버리고 妬汲埋傍井
연기를 시기해 부엌 땔나무를 적셔 버렸네 欺煙濕近庖
동복은 언 벼루를 입으로 불어 녹이고 僮呵消硯凍
여종은 언 술잔을 닦아서 녹이누나[386] 婢拂解杯膠
번쩍이는 자기는 우두에 뻗치는데[387] 閃紫衝牛斗

不宜干人.〕"라고 하므로, 낙양 영이 그를 어질게 여겨 효렴(孝廉)으로 천거했던 고사에서 온 말이다. 《後漢書 卷45 袁安列傳》 여기서는 큰 눈이 왔는데도 저자를 찾아 주는 사람이 없다는 뜻으로 한 말이다.

384 여러……끊기고 : 송(宋)나라 증기(曾幾)의 〈설작(雪作)〉 시에 "하룻밤 창밖의 눈빛은 달빛처럼 밝은데, 여러 해 묵은 베 이불은 얼음처럼 차갑구나.〔一夜紙窓明似月, 多年布被冷如氷.〕"라고 하였다. 《瀛奎律髓 卷21 雪類》

385 수분은……배설한다오 : 원문에 혹 오자(誤字)가 있는 듯하나 자세하지 않다.

386 동복(僮僕)은……녹이누나 : 소식(蘇軾)의 〈화유경문설(和劉景文雪)〉 시에 "동자는 언 벼루 녹이기를 걱정하고, 미인은 언 술잔 녹이는 게 고통일세.〔童子愁氷硯, 佳人苦膠杯.〕"라고 하였다. 《蘇東坡詩集 卷34》

387 번쩍이는……뻗치는데 : 자기(紫氣)는 자줏빛의 서기(瑞氣)를 말하고, 우두(牛斗)는 견우성(牽牛星)과 북두성(北斗星)을 병칭한 말로, 진(晉)나라 때 문인 장화(張華)가 일찍이 천문(天文), 방기(方技) 등에 정통(精通)했던 친구 뇌환(雷煥)으로부터 두(斗), 우(牛) 두 별 사이에 항상 자기가 뻗쳐 있는 것이 바로 예장(豫章)의 풍성(豐城)에 묻힌 보검(寶劍)에서 나온 것임을 전해 듣고 뇌환을 풍성현에 보임시켜 그로 하여금 풍성현의 옛 옥사(獄舍)의 터를 발굴하게 하여 마침내 춘추 시대 간장(干將), 막야(莫邪) 부부(夫婦)가 제작했다는 용천(龍泉), 태아(太阿) 두 보검을 찾아내서 이것을 장화와 뇌환이 각각 한 자루씩 소지했다는 고사에서 온 말이다. 《晉書 卷36 張華列

주묵 갈아 붓에 찍어 괘효에 점 찍노라[388] 濡朱點卦爻
시립한 유작을 훈련시키던 때와도 같고[389] 如調侍立酢
다시 홀로 읊던 맹교를 괴롭게도 하누나[390] 更苦獨吟郊
단지 책장을 비춰 주는 것만 알 뿐이요 第解殘編照
낡은 신 신고 다니는 건 견딜 수가 없구려 無堪弊履跑
안 좋은 때를 만나 항상 재환 속에 있노니[391] 逢辰恒疢疾
계절에 순응해야지 감히 원망을 할쏜가 順序敢訾謷

傳》 여기서는 큰 눈이 와서 온 대지의 하얀 눈빛이 하늘에 뻗친 것을 옛날 보검의 자기에 빗대서 한 말인 듯하나 자세하지 않다.

388 주묵(朱墨)……찍노라 : 주묵은 주사(朱砂)를 먹처럼 갈아 쓰는 것을 말하는데, 여기서는 곧 설수(雪水)로 주사를 갈아서 그것을 붓에 적셔 《주역(周易)》의 괘효(卦爻)에 점을 찍는다는 뜻이다. 당(唐)나라 고변(高騈)의 〈보허사(步虛詞)〉에 "청계의 도사를 아무도 아는 이 없어라, 하늘을 오르내리는 학 한 마리뿐이라오. 골짝 문 깊이 잠기고 푸른 창문 차가운데, 이슬방울로 주사를 갈아 《주역》에 점 찍노라.〔靑溪道士人不識, 上天下天鶴一隻. 洞門深鎖碧窓寒, 滴露研朱點周易.〕"라고 한 데서 온 말이다. 《唐文粹 卷13》

389 시립(侍立)한……같고 : 유작(游酢)은 북송(北宋)의 유학자인 정이(程頤)의 제자이다. 그가 하루는 양시(楊時)와 함께 스승을 뵈러 갔는데, 그때 마침 스승 정이가 눈을 감고 앉아 조용히 명상에 잠겨 있는지라, 유작과 양시는 문밖에서 그대로 시립하여 떠나지 않고 있었다. 정이가 마침내 명상을 깨고 보니, 문밖에는 눈이 벌써 한 자나 내렸더라는 고사에서 온 말이다. 《宋史 卷428 道學列傳 楊時》 여기서는 단지 눈이 많이 내린 것만을 위의 고사에 빗대서 한 말이다.

390 홀로……하누나 : 맹교(孟郊)는 당대(唐代)의 시인인데, 그가 눈을 두고 읊은 시가 몇 수 있기는 하나, 여기서 저자는 어떤 시를 가지고 한 말인지 자세하지 않다.

391 안 좋은……있노니 : 맹자가 이르기를 "사람 중에 덕의 지혜와 도술의 재지를 지니고 있는 자는 항상 재환 속에 있다.〔人之有德慧術知者, 恒存乎疢疾.〕"라고 한 데서 온 말이다. 《孟子 盡心上》

남들은 풍년들 상서라고 하거니와　人說豐登瑞
나는 참으로 그지없이 송축 기도하노라　吾誠頌禱呶
곡식의 해충들은 천 자나 깊이 숨을 테고　蝗螟千尺竄
보리는 한 줄기에 두 이삭이 달려 나오거든[392]　牟麥兩歧胞
외롭고 곤궁한 이도 굶어 죽지 않으려니와　煢獨違溝壑
박토에서 거둔 곡식도 수레와 농에 가득하리[393]　車篝盡埆墝
진실로 시절만 잘못되지 않는다면　時乎苟不爽
구차히 사는 이 몸은 외론 서식처에 맡기련다　乾沒任孤巢

창발(滄渤)이 다른 본에는 명행(溟涬)으로 되어 있고, 겸(謙)이 다른 본에는 행(行)으로 되어 있다.

392 보리는……나오거든 : 보리가 한 줄기에 두 이삭이 달리는 것은 곧 풍년이 들 길조(吉兆)라 한다. 후한(後漢) 때 장감(張堪)이 어양 태수(漁陽太守)로 있을 적에 수많은 전토(田土)를 개간하게 하고 백성들에게 부지런히 농사를 짓도록 권면하여 백성들이 부(富)를 이루게 되자, 백성들이 노래하기를 "뽕나무는 서로 붙은 가지가 없고, 보리는 한 줄기에 두 이삭이 달려 나오네. 장군이 정사를 하매, 즐거움을 감당할 수 없도다.〔桑無附枝, 麥穗兩岐. 張君爲政, 樂不可支.〕"라고 한 데서 온 말이다. 《後漢書 卷31 張堪列傳》

393 박토(薄土)에서……가득하리 : 농(篝)은 곡식을 담는 대그릇이다. 옛날에 풍년이 들기를 기원하면서 돼지 족 하나, 술 한 사발을 차려 놓고 축원하기를 "아주 협소한 땅에서 수확한 곡식은 농에 가득하고, 척박한 땅에서 수확한 곡식은 수레에 가득하며, 오곡이 무성하여 잘 익어서, 많은 곡식이 온 집안에 가득하게 해 주소서.〔甌窶滿篝, 汙邪滿車, 五穀蕃熟, 穰穰滿家.〕"라고 한 고사에서 온 말이다. 《史記 卷126 滑稽列傳》

밤에 〈단궁〉[394]을 읽다
夜讀檀弓

새벽을 맡은 닭이 울지를 않은지라	司晨失其職
나는 일어나는 걸 늦추거나 서둘지 않네	我興不遲急
화롯불을 헤쳐 놓고 등잔불 가까이 앉아	撥灰燈火親
책상 닦고 책을 펴니 성현들이 한데 모였네	拭案聖賢集
대씨는 첫머리에 '경' 자를 기록하였고[395]	戴氏首記敬
공자는 예 지키는 걸 평소에 늘 말씀하셨지[396]	夫子雅言執
내가 제이편[397]을 읽어 보니	我讀第二篇
처변을 평소 익숙한 일처럼 하고자 했으되[398]	處變欲素習

394 단궁(檀弓) : 《예기(禮記)》의 편명이다. 단궁은 본디 춘추 시대 노(魯)나라 사람으로 예(禮)를 잘 아는 이로 알려졌는데, 이 사람의 일을 이 편의 맨 첫머리에 기록했기 때문에 편명으로 불리게 된 것이다.

395 대씨(戴氏)는……기록하였고 : 대씨는 한(漢)나라 때의 예학자(禮學者)로 지금의 《예기》를 편찬한 대성(戴聖)을 가리키고, 첫머리에 경(敬) 자를 기록했다는 것은 바로 《예기》의 첫 편인 〈곡례 상(曲禮上)〉 첫머리에 "〈곡례〉에 이르기를 '공경하지 않음이 없어서, 엄숙하기를 마치 무엇을 생각하는 것처럼 하며, 말을 안정되게 한다면 백성을 편안하게 할 수 있을 것이다.'라고 했다.〔曲禮曰: 毋不敬, 儼若思, 安定辭, 安民哉.〕"라고 한 데서 온 말이다.

396 공자(孔子)는……말씀하셨지 : 《논어》 〈술이(述而)〉에 "공자가 평소에 늘 말하던 것은 시와 서와 예를 지키는 것이었으니, 이것은 모두 평소에 늘 하던 말이었다.〔子所雅言, 詩書執禮, 皆雅言也.〕"라고 한 데서 온 말이다.

397 제이편(第二篇) : 여기서는 바로 《예기》의 제일편인 〈곡례(曲禮)〉 다음에 기록된 〈단궁(檀弓)〉을 가리킨 것이다.

그 말들은 참으로 호악과 같고[399]	其辭信灝噩
그 의리는 참으로 깊고도 높구려	其義自深岌
아무리 급할 때도 예의 범위를 삼가 지키고	倉卒謹堤坊
털끝만큼의 미세한 등급도 세밀히 살피었네	分毫審梯級
예에 얽맨 이는 흉사를 미리 준비함을 꺼리고[400]	拘嫌預凶事
달관한 이는 도에 부합되지 않다고 하는데[401]	達謂非道入

398 처변(處變)을……했으되 : 처변은 변례(變禮)로 처리한다는 뜻으로, 정상적인 예를 행할 수 없을 때, 임시변통으로 상황에 적합하게 설시(設施)한 의례를 말한다.

399 그 말들은……같고 : 호악(灝噩)은 당우삼대(唐虞三代)의 문장을 평론한 말로서, 양웅(揚雄)의 《법언(法言)》에 "우하 시대의 글은 혼혼하고, 상서는 호호하고, 주서는 악악하다.〔虞夏之書渾渾爾, 商書灝灝爾, 周書噩噩爾.〕"라고 한 데서 온 말이다. 즉 혼혼은 밝고 엄숙한 모양이고, 호호는 끝없이 멀고 아득한 모양이고, 악악은 엄숙한 모양, 또는 밝고 곧은 모양이라고도 한다. 여기서는 공자를 비롯한 여러 성현(聖賢)의 말이 당우삼대의 고문(古文)과 같다는 뜻으로 한 말이다.

400 예(禮)에……꺼리고 : 흉사(凶事)를 미리 준비한다는 것은 사람이 죽기 전에 상구(喪具)를 준비하는 것을 말한다. 《예기》 〈단궁 상(檀弓上)〉에 "상사의 도구를 미리 갖추는 것을 군자는 부끄럽게 여긴다. 군자는 하루 이틀 사이에 준비할 수 있는 것은 미리 준비하지 않는다.〔喪具, 君子恥具. 一日二日而可爲也者, 君子弗爲也.〕"라고 한 데서 온 말이다. 상구를 미리 준비하지 않는 까닭은 마치 부모가 오래 살기를 바라지 않는 것처럼 보일까 혐의해서이다. 또 《춘추(春秋)》 은공(隱公) 원년 조에도 "가을 7월에 천왕이 재신 훤을 노나라에 보내어 죽은 지 오래인 혜공과 살아 있는 그의 부인 중자에게 부의물을 보내왔다.〔秋七月, 天王使宰咺來歸惠公、仲子之賵.〕"라고 한 데 대하여, 《춘추좌전》에서는 "죽은 이를 위한 부의물은 장사 지내는 시일에 맞추지 못했고, 상주에게 조문하는 것은 슬퍼할 때를 넘겼으며, 아직 죽지 않은 사람에게 부의물을 미리 드렸으니, 예가 아니다.〔贈死不及尸, 弔生不及哀, 預凶事, 非禮也.〕"라고 하였다.

401 달관한……하는데 : 이는 곧 상구(喪具)를 미리 준비하는 것이 오히려 도리에 타당하다는 뜻으로 한 말인 듯하나, 그 전거에 대해서는 자세하지 않다.

나는 불초한 사람인지라 伊我則不肖

발돋움하여 좇아가지 않을 수 없다오 不敢不企及

사리를 몰라 무턱 대고 행함을 면하는 것이 寧自免行冥

어찌 남들에게 약삭빠르단 말을 듣게 되리오 受人稱口給

예절 갖추는 건 언언과 현자가 익숙했고[402] 節文熟言縣

본실을 숭상함은 증삼과 공급이 극진하였네[403] 本實盡參伋

눈에 익히긴 진정 멍에에 기대 있듯 해야 하고[404] 目擊諒倚衡

손으로는 써서 항상 상자 속에 담아 두어야만 手書常在笈

나태한 자도 점차 경각심을 갖게 되어 疎懶稍警惕

마침내 정신을 수습하게 되리로다 精神遂收拾

단지 한 묶음 종이만 뚫어 가지고야 顧鑽一束紙

능히 호흡에 응할 수가 있겠는가마는[405] 其能應呼吸

402 예절……익숙했고 : 언언(言偃)은 공자의 제자인 자유(子游)의 성명(姓名)이고, 현자(縣子)는 춘추 시대 노(魯)나라의 대부(大夫)로 이름은 쇄(瑣)인데, 자유와 현자 두 사람 모두가 예(禮)를 잘 아는 것으로 명성이 높았다. 특히 이 두 사람의 예에 관한 설은《예기》〈단궁〉에 많이 기록되어 있다.

403 본실(本實)을……극진하였네 : 증삼(曾參)은 증자(曾子)의 성명이고, 공급(孔伋)은 자사(子思)의 성명이다. 이 두 사람의 예에 관한 설이《예기》〈단궁〉에 많이 기록되어 있다.

404 눈에……하고 : 멍에에 기대 있듯 해야 한다는 것은 곧 공자의 말에 "수레에 있을 때는 충신 독경(忠信篤敬)이 멍에에 기대 있음을 볼 수 있어야 한다.〔在輿則見其倚於衡也〕"라고 한 데서 온 말로, 즉 어떤 사물을 항상 눈에 떠올리는 것을 의미한다. 34쪽 주32 참조.

405 단지……있겠는가마는 : 여기서 한 묶음 종이만 뚫는다는 것은 곧 죽도록 고서(古書)만 읽는 것을 비유한 말이고, 호흡은 곧 이치를 통하는 것을 의미한다.《전등록(傳燈錄)》고령신찬선사(古靈神瓚禪師) 조에 "고령 선사가 하루는 창문 아래서 불경을

삼백이요 삼천 가지 예의[406]를 반복하여 읽고 反覆經百千
아홉이요 열 가지 위의[407]를 익히려면 酬酢儀九十
장차 사방에서 예서를 사들여야 하는데 庶將四方購
이 외로운 섬에 갇혀 있음에 어찌하랴 奈玆孤嶼縶
아 나는 성질이 예를 좋아하노니 吁予性嗜禮
알지 못하면 설 수가 없기 때문이라오[408] 不知無以立

제(梯)가 다른 본에는 계(堦)로 되어 있다.

보는데, 마침 벌 한 마리가 창문 종이에 붙어서 밖으로 나가려고 하자, 선사가 그것을 보고 이르기를 '세계가 이렇게 광활한데 나가려 하지 않고 묵은 창 종이만 뚫고 있구나.' 라고 했다.〔古靈禪師一日在窓下看經, 蜂子投窓紙求出, 師覩之曰: 世界如許廣闊, 不肯出, 鑽他故紙.〕"라고 한 데서 온 말로, 이는 곧 죽도록 고서만 읽을 뿐 이치를 깨닫지 못하는 것을 비유한 말이다.

406 삼백(三百)이요……예의 : 《예기》 〈예기(禮器)〉에 "큰 예절 삼백 가지와 소소한 예절 삼천 가지가 그 근본은 하나인 것이다.〔經禮三百, 曲禮三千, 其致一也.〕"라고 한 데서 온 말로, 여기서는 수많은 예절에 관한 글을 의미한다.

407 아홉이요……위의(威儀) : 《시경》 〈빈풍(豳風) 동산(東山)〉에 "시집가는 딸에게 친히 향주머니를 매 주니, 아홉이요 열 가지 위의로다.〔親結其縭, 九十其儀.〕"라고 한 데서 온 말로, 이 또한 수많은 위의를 의미한다.

408 알지……때문이라오 : 공자가 아들 리(鯉)에게 시(詩)와 예(禮)의 중요성을 강조한 말이다. 36쪽 주39 참조. 여기서 선다〔立〕는 것은 예를 배워야만 덕성(德性)이 굳게 안정됨을 이른 말이다.

앞 포구에 돌아오는 돛배. 옛 사람의 운을 사용하다 12월이다.

前浦歸帆用古人韻 十二月

이때 아우가 시험에 합격하였다는 소식을 들었는데,[409] 아우와 함께 글을 논해 볼 수 없는 것이 한스럽다.

우주는 공연히 넓기만 하고	宇宙空牢落
소식은 참으로 적막하구나	音書信寂寥
쇠잔한 목숨 갇힌 지는 칠 년이 돼 가는데	殘生向七載
옛 나루는 하루아침 거리도 못 되건만[410]	古渡不崇朝

409 아우가……들었는데 : 저자의 아우는 노극신(盧克愼)인데, 허목(許穆)의 〈증좌승지노공묘표(贈左承旨盧公墓表)〉에 의하면, 저자의 아우는 43세에 처음 벼슬길에 나가서 전후로 은진(恩津), 금천(衿川), 양성(陽城), 김포(金浦) 등 네 고을의 수령(守令)을 지내고 벼슬이 돈녕부 첨정(敦寧府僉正)에 그쳤다는 내용만을 확인할 수 있고, '시험에 합격했다'는 등의 내용은 없다. 다만 김응조(金應祖)의 〈증좌승지행돈녕첨정노공묘갈명(贈左承旨行敦寧僉正盧公墓碣銘)〉에 의하면, 시대적으로는 걸맞지 않으나, '문학에 종사하여 일찍 향해에 합격했다.〔業文早中解〕'는 말이 있으니, 혹 이 일이 아닌가 싶으나 자세하지 않다. 《記言 別集 卷17》《鶴沙集 外集 卷1》

410 옛 나루는……되건만 : 본디 《시경》 〈위풍(衛風) 하광(河廣)〉에 "누가 하수가 넓다 이르는고, 거룻배도 용납하지 못하거늘. 누가 송나라가 멀다 이르는고, 하루아침 거리도 못 되는걸.〔誰謂河廣? 曾不容刀. 誰謂宋遠? 曾不崇朝.〕"이라고 한 데서 온 말인데, 이 시의 본뜻은 이러하다. 위(衛)나라 선강(宣姜)의 딸이 송 환공(宋桓公)의 부인(夫人)이 되어 아들 양공(襄公)을 낳고는 쫓겨나서 위나라로 돌아가 있었다. 뒤에 양공이 즉위하자, 부인은 아들이 그리워 다시 송나라로 가고 싶었으나 의가 아님을 알고 의리상 갈 수가 없다는 뜻에서 이렇게 노래한 것이다. 여기서 저자 또한 나루터가 멀어서 고향에 가지 못하는 것이 아니라, 역시 유찬(流竄)된 신분으로 갈 수가 없기 때문에 자신의 처지를 위나라 선강의 처지에 빗대서 한 말이다.

봉화의 경계 속에 왜놈과는 근접해 있는데　　煙火倭奴近
문장 담론할 아우와는 멀리 떨어져 있네　　文章少弟遙
늘 뱃사공을 바라보건만　　尋常望舟子
남들은 건너는데 나는 불러 주지 않는구려　　人涉莫吾招

빙군 선생의 휘일에 서재에서 울면서 쓰다
聘君先生諱日齋居泣書

자식 같고 사위 되어 은혜와 의리를 겸했으니	猶子爲甥恩義俱
공자 주자에게 안회 황간 같은 처지고말고[411]	卽回於孔榦於朱
젊어서는 참된 유자가 되라고 기대해 주셨는데	早年期待眞儒者
만년에는 방탕하고 훼절한 소장부가 돼 버렸네[412]	末路淫移小丈夫
묘목들은 응당 아름드리가 되었으련만	宰樹自應成拱把
묘도비엔 그 누가 오호를 새겨 드릴런고[413]	道碑誰復刻嗚呼

411 자식……처지고말고 : 자식 같다는 것은 곧 공자가 안회(顔回)를 자식처럼 여겼던 데서 온 말로, 여기서는 곧 저자의 스승인 이연경(李延慶)이 저자를 사랑하기를 마치 공자가 안회를 사랑하듯 했다는 뜻으로 한 말이다. 129쪽 주269 참조. 그리고 황간(黃榦)은 주희(朱熹)의 제자로 뒤에 사위까지 되었는데, 저자 또한 이연경의 제자로 사위까지 된 것을 황간에 빗대서 한 말이다. 130쪽 주270 참조.

412 만년에는……버렸네 : 맹자가 이르기를 "부귀가 마음을 방탕하게 하지 못하며, 빈천이 절개를 바꾸게 하지 못하며, 위무가 지조를 굽히게 하지 못하는 이런 사람을 대장부라 하는 것이다.〔富貴不能淫, 貧賤不能移, 威武不能屈, 此之謂大丈夫.〕"라고 한 데서 온 말이다.《孟子 滕文公下》 여기서 저자는 자신이 맹자가 말한 대장부가 되지 못했다는 겸사로 한 말이다.

413 묘도비엔……드릴런고 : 춘추 시대 오왕(吳王) 수몽(壽夢)의 넷째 아들인 계찰(季札)이 여러 왕자(王子) 중에 가장 인덕(仁德)이 높아서 그에게 왕위를 전하려고 했으나 굳이 사양하고 받지 않았다.《史記 卷31 吳太伯世家》 공자가 일찍이 계찰의 묘비(墓碑)에 "아, 오나라 연릉 군자의 묘이다.〔嗚呼! 有吳延陵君子之墓.〕"라는 10자를 썼다고 전해 오는데, 주희(朱熹) 또한 일찍이 공자가 연릉 계자의 묘에 쓴 것을 본받아, 채원정(蔡元定)의 묘갈(墓碣)에 "아, 송나라 채계통보의 묘이다.〔嗚呼! 有宋蔡季通父

거듭 휘일 만나니 내 아직 살아 있음이 놀라워라	重逢諱日驚身在
오만 생각은 끝없는데 아무 일도 없네그려	萬念悠悠一事無

之墓.〕"라는 10자를 썼던 데서 온 말이다.《宋詩紀事 卷59 哭蔡西山》《詩人玉屑 卷19 趙章泉》 여기서는 저자의 스승인 이연경의 묘비에도 위와 같은 추모(追慕)의 문자를 누군가가 새겨 주기를 기원하는 뜻에서 한 말이다.

눈 위의 달빛을 보고 느낌이 있어 읊다
雪月有感

띠 처마의 눈 위의 달빛이 하 맑기도 하여라	茆簷雪月有餘澄
술도 없고 배도 없지만 흥이 절로 이는구나	無酒無船興自乘
생각을 안 했으면 몰라도 했으면 만났어야지	自是不思思可見
모르겠어라 왕대는 그 어떤 친구 사이였던고[414]	未知王戴是何朋

가(可)가 다른 본에는 필(必)로 되어 있다.

414 띠 처마의……사이였던고 : 왕대(王戴)는 진(晉)나라의 왕휘지(王徽之)와 그의 친구인 은사(隱士) 대규(戴逵)를 병칭한 말이다. 왕휘지가 눈 오는 달밤에 대규를 찾아간 고사에 대해서는 170쪽 주382 참조. 여기서 저자는 왕휘지가 눈이 개고 달이 밝은 밤에 친구 생각을 안 했으면 그만이거니와 이왕 생각이 나서 달밤에 배를 타고 밤새도록 갔다가 들어가지는 않고 그냥 되돌아간 것은 이해할 수 없다는 뜻으로 한 말이다.

서재의 창과 벽에 종이를 바르다

紙糊齋窓壁

만맥에 거주한대서 무슨 누추함이 있으랴[415]	蠻貊居何陋
먼지를 쓸어내니 그 또한 기쁘구려	塵埃掃更欣
수리하는 데에 질박함을 숭상하는 건	修治尙夫質
꾸민 문채가 드러남을 싫어해서라네	表著惡其文
단지 내 마음만 쾌활해지기 위해서이지	祗爲己快活
남이 보고 들어주는 건 바라지 않는다오	不求人見聞
응당 안과 밖을 똑같이 치장하더라도	應須內外一
끝내 경중의 구분은 있을 수밖에[416]	畢竟重輕分

415 만맥(蠻貊)에……있으랴 : 만맥은 본디 오랑캐를 지칭한 말로, 여기서는 곧 민풍(民風)이 무무(貿貿)한 진도(珍島)를 오랑캐 땅에 빗대서 한 말이다. 공자가 일찍이 구이(九夷) 지역에 가서 살고 싶어 하므로, 혹자가 말하기를 "누추한 곳인데, 어떻게 살겠습니까?" 하니, 공자가 이르기를 "군자가 거주한다면 무슨 누추함이 있겠는가.〔君子居之, 何陋之有!〕"라고 한 데서 온 말이다. 《論語 子罕》

416 응당……수밖에 : 서재(書齋)를 치장함에 있어 아무래도 외부보다는 내부에 마음을 더 쓰게 된다는 뜻으로 한 말인 듯하다.

땔나무를 보내 준 최 광문[417]에게 사례하다

謝崔廣文送薪

유독 한산한 관원[418]의 친절함에 하 고마워라	多謝慇懃獨冷官
나무 등걸 나눠 주어 외론 신하를 구제하네	分張榾柮濟孤臣
응당 알리라 하룻밤 잠자리가 다스워지면	應知一夜煖牀席
바싹 움츠려 굽은 몸이 곧은 몸으로 변하겠지	變得曲身成直身

417 최 광문(崔廣文) : 《소재집》 제2권 〈방문해 준 서 훈도에게 사례하다〔謝徐訓導見訪〕〉 뒤에 나오는 〈차운하여 답하다〔次韻爲答〕〉 시에 의하면, 서 훈도를 가리켜 광문(廣文)이라 칭한 것으로 보아 이는 곧 문교(文敎)를 넓힌다는 뜻에서 훈도를 지칭한 것이다. 최 광문은 바로 최응주(崔應周)이다. 광문은 본디 당 현종(唐玄宗) 때의 문인(文人)으로 광문관 박사(廣文館博士)를 지낸 정건(鄭虔)을 가리키는데, 그는 일찍이 현종의 특별한 배려로 인해 한직(閒職)인 광문관 박사에 임명되었으나 몹시 빈한(貧寒)하게 살았으므로, 여기서는 또한 훈도의 빈한한 생활을 정건에 빗대서 한 말이기도 하다. 두보(杜甫)가 일찍이 정건에게 준 〈취시가(醉時歌)〉에 의하면 "제공은 서로 줄을 이어 대성을 오르는데, 광문 선생만 유독 벼슬이 한산하여라. 수다한 갑제들은 고량진미도 싫다 하는데, 광문 선생은 찬 없는 밥도 부족하구려.〔諸公袞袞登臺省, 廣文先生官獨冷. 甲第紛紛厭粱肉, 廣文先生飯不足.〕"라고 하였다. 《杜少陵詩集 卷3》

418 한산한 관원(官員) : 훈도(訓導) 최응주를 지칭한다. 위의 주417 두보의 시 참조.

세 칸 띳집을 짓고 그 한 칸을 서재로 삼아 '소'라고 편액을 붙였으니, 그것은 곧 주 부자께서 이른바 "내가 내 글을 읽으니 병든 몸이 소생하는 것 같다."[419]라고 한 말씀에 근본한 것이다

營茅三間取一爲齋輒扁曰穌蓋本朱夫子所謂我讀我書如病得穌云爾

주자는 성인의 버금가는 분이었건만 朱子生知亞
열심히 스스로 글 읽기를 좋아했는데 區區自嗜書
노생은 타고난 자질이 몹시 낮아서 盧生天稟下
애써 읽어도 구슬은 다 돌려보내네[420] 兀兀儘還珠
망녕되이 우뚝한 경지를 엿보고 싶지만 妄欲窺孤駕
누가 오거서[421]를 다 독파할 수 있으랴 誰能盡五車

419 내가……같다 : 이 말은 《회암집(晦庵集)》 권85 〈지락재명(至樂齋銘)〉에 나온다. 다만 《회암집》에는 소(穌)가 소(甦)로 되어 있으나, 뜻은 같다.

420 애써……돌려보내네 : 《한비자(韓非子)》 〈외저설 좌상(外儲說左上)〉에 "초나라 사람으로 정나라에 구슬을 파는 자가 있어, 목란의 궤를 만든 다음, 계수와 산초의 향을 입히고, 주옥을 엮어 장식하고, 붉은 옥으로 꾸미고, 비취의 깃을 엮어 장식하여 주었더니, 정나라 사람은 그 궤만 사 가고 그 구슬은 돌려주었다.〔楚人有賣其珠於鄭者, 爲木蘭之櫃, 薰以桂椒, 綴以珠玉, 飾以玫瑰, 輯以羽翠, 鄭人買其櫝而還其珠.〕"라고 한 데서 온 말로, 세인(世人)들이 흔히 근본을 버리고 말단만을 좇아 취하는 것을 비유한 말이다. 여기서는 저자 자신의 학문이 참되지 못하다는 겸사로 한 말이다.

421 오거서(五車書) : 다섯 수레에 쌓을 정도로 많은 서책을 말한다. 《장자(莊子)》 〈천하(天下)〉에 "혜시의 학문은 다방면이어서 그 서책이 다섯 수레에 쌓을 정도이다.〔惠施多方, 其書五車.〕"라고 한 데서 온 말로, 수많은 서책이나 박식함을 뜻한다.

즐겨 노닐 때도 맘속에 놓지 않으니[422]	游焉志不舍
다행히도 병든 몸이 소생된 것 같구려	幸耳病如穌

422 즐겨……않으니 : 《예기》 〈학기(學記)〉에 "군자가 학문을 하는 데 있어서는, 마음속에 항상 간직하고, 행동으로 실천하며, 휴식할 때도 잊지를 않고, 즐겨 놀 때도 잊지를 않는다.〔君子之於學也, 藏焉, 修焉, 息焉, 遊焉.〕"라고 한 데서 온 말이다.

차가운 새벽에 스스로 율무죽을 끓여 먹고 글을 읽다
寒曉自湯薏苡喫讀書

어두운 새벽 물결에 어안[423]이 번득여라	暗浪飜魚眼
곱게 대낀 마주[424]로 죽을 쑤어 먹으니	精糜瀉馬珠
얼어서 움츠렸던 몸이 살살 풀리고	微微解凍蹙
마르고 텅 빈 속으로 술술 내려가누나	汩汩走枯虛
머나먼 변방에 삼동은 다 저물었고	絶徼三冬暮
덧없는 인생은 한 병든 이 몸이로다	浮生一病軀
차가운 새벽에 즐거운 낯으로 앉았는 건	愉顔坐寒曙
다만 서책을 읽을 줄 알기 때문일세	都只解觀書

423 어안(魚眼) : 물이 끓어오를 때 생기는 물고기 눈알만 한 기포(氣泡)를 지칭한 말이다. 소식(蘇軾)의 〈시원전다(試院煎茶)〉 시에 "게의 눈을 이미 지나서 물고기의 눈이 나오니, 설설 소리가 솔바람 소리와 흡사하구나.〔蟹眼已過魚眼生, 颼颼欲作松風鳴.〕"라고 하였다. 《蘇東坡詩集 卷8》

424 마주(馬珠) : 여기서는 곧 '마원(馬援)의 명주(明珠)'라는 뜻에서 곡류(穀類)의 한 가지인 의이(薏苡), 즉 율무를 지칭한 것이다. 후한(後漢)의 명장(名將) 마원이 일찍이 교지(交趾)에 주둔하고 있을 때 항상 율무를 복용하여 장기(瘴氣)를 이겨 낸 경험이 있어, 돌아올 적에 그곳의 율무를 종자(種子)로 삼기 위해 한 수레 싣고 왔는데, 그가 죽은 뒤에 혹자가 이것을 남방의 명주(明珠)와 문서(文犀) 등 진괴(珍怪)한 보물이라고 천자(天子)에게 참소함으로써 천자의 노염을 사서 끝내 신식후(新息侯)의 봉작이 추탈(追奪)되기까지 한 데서 온 말이다. 《後漢書 卷24 馬援列傳》

술을 사 오다
沽酒

늙은 여종이 눈 속에 나갔다 오더니 老婢雪中歸
안 거른 술을 질병에 담아 가지고 왔네 瓦甁汁滓持
우선 먼저 어린 불씨를 불어 살려 놓고 預先噓稚火
연거푸 석 잔을 기울이고 나니 取次倒三巵
이미 텅 비었지만 누굴 위해 부끄러하랴[425] 已罄爲誰恥
약간 거나해지니 또한 절로 기쁘구려 微醺亦自怡
이윽고 다시 밤의 흥취가 다하니 還當夜興盡
언 입으로 시 읊는 게 줄어드누나 凍口減吟詩

425 이미……부끄러하랴 : 《시경》 〈소아(小雅) 육아(蓼莪)〉에 "작은 병이 텅 빔은, 큰 병의 수치로다.〔缾之罄矣, 維罍之恥.〕"라고 한 데서 온 말인데, 그 집전(集傳)에 "작은 병이 큰 병에 의뢰하고 큰 병이 작은 병에 의뢰하는 것은 마치 부모와 자식이 서로 의지하여 목숨을 부지하는 것과 같은 것이다. 그러므로 작은 병이 텅 빔이 큰 병의 수치가 되는 것은 마치 부모가 살 곳을 얻지 못한 것이 바로 자식의 책임인 것과 같은 것이다.〔缾資於罍而罍資缾, 猶父母與子相依爲命也. 故缾罄矣, 乃罍之恥, 猶父母不得其所, 乃子之責.〕"라고 하였다. 그러나 여기서는 곧 술이 떨어지고 없은들 누구를 위해 부끄러워하겠느냐는 뜻으로 전용한 듯하다.

차가운 물오리를 두고 읊다
寒鳧

가까운 포구에 차가운 오리 떼가 모인 건	近浦寒鳧集
다름 아니라 저들도 먹을 걸 찾아온 거지	無他亦自謀
벼와 조는 그 어디도 흔하지 않거니와	稻粱何處足
주살로 사냥하는 건 어느 때나 그칠런고	矰弋幾時休
한밤중은 바람에 날리는 모래 속이요	半夜風沙裡
아침은 내내 눈 쌓인 언덕 머리로다	終朝雪岸頭
외론 나는 문에 기대 포구를 주목하노니[426]	羈孤倚注目
우주 간이 온통 뜨고 잠김의 연속이로다[427]	宇宙盡沈浮

426 외론……주목(注目)하노니 : 두보(杜甫)의 〈박계행(縛雞行)〉에 "닭과 벌레의 득실은 다하는 때가 없겠지, 찬 강물을 주목하며 산각에 기대 있노라.〔雞蟲得失無了時, 注目寒江倚山閣.〕"라고 하였다. 《杜少陵詩集 卷18》

427 우주(宇宙)……연속이로다 : 오리만 바다에 떴다 잠겼다 할 뿐 아니라, 우주 간의 모든 사물도 마치 물에 뜨고 잠기고 하듯이 성쇠(盛衰)와 득실(得失)이 연속되고 있음을 말하는 듯하다.

입으로 부르다
口號

세월은 자꾸 흘러 한 해가 저물었는데	歲律崢嶸盡
용솟음치는 밀물 소리는 하 놀라워라	潮聲洶湧驚
해마다 예전 같은 흥미로운 일이 없음은	年年無舊事
이내 몸이 바닷속에 있기 때문이로다	此物在滄溟
쇠하고 병든 건 남쪽 타관살이하는 날이요	衰病南羈日
북쪽을 바라보는 건 군친에 대한 정이로다	君親北望情
진국 탁주를 마시니 흥은 절로 나거니와	醇醪任自暢
읊조리는 시가는 뉘더러 듣게 한단 말인가	歌嘯要誰聽

두보의 "사람을 두려워해 작은 집을 지었으니, 편협한 성정은 숨어 삶이 합당코말고."[428]라는 한 연구를 외다가 마치 오늘날의 내 처지를 두고 한 말인 듯함을 깨닫고 마침내 이 10자를 운으로 사용하여 절구 열 수를 이루노라

誦杜陵畏人成小築褊性合幽棲一聯覺似爲今日道遂用爲韻成十絶

형상을 두려워함은 이상한 내 형상을 두려워함이요　　畏形畏我異
말을 두려워함은 내 말 많음을 두려워함이니　　畏言畏我費
이는 바로 남들이 보고 들을까 두려워함이요　　是畏人見聞
내가 다른 사람을 두렵게 여기는 게 아니로다　　非其人可畏

비(費)가 다른 본에는 휘(諱)로 되어 있고, 시(是)가 다른 본에는 고(故)로 되어 있다.

조수와는 무리 지어 살 수 없거니와　　鳥獸不可羣
이 사람들은 바로 삼대 사람이라오[429]　　斯人三代人

428 사람을……합당코말고 : 이 시구는 《두소릉시집(杜少陵詩集)》 권10 〈외인(畏人)〉에 나온다.

429 조수(鳥獸)와는……사람이라오 : 조수와는 무리 지어 살 수 없다는 것은 곧 춘추시대 초(楚)나라의 은자(隱者)인 장저(長沮)와 걸닉(桀溺)이 일찍이, 공자가 난세(亂世)에 은거하지 않고 도(道)를 행하려고 애쓰는 것을 몹시 못마땅하게 여긴 데 대하여, 공자가 이르기를 "새나 짐승과는 함께 무리 지어 살 수 없는 것이니, 내가 이 사람의 무리와 함께하지 않고 누구와 함께하겠는가.〔鳥獸不可與同群, 吾非斯人之徒與而誰與?〕"라고 한 데서 온 말이다. 《論語 微子》 그리고 이 사람들은 바로 삼대(三代) 사람이라고 한 것은 바로 고인(古人)이나 금인(今人)이 다 같은 사람이라는 뜻으로 한 말이다.

밝은 하늘은 나의 그름을 다 알 터이니　明明盡吾非
물러가서 귀신에게 물어보아야겠네　退而謀鬼神

사십이 되도록 이름은 못 일컬어졌지만[430]　四十名不稱
한곳에 오래 머무른들 어찌 이룸이 없으랴[431]　淹留豈無成
타관에서 외로이 세속 일들을 물리치고　羈獨屛塵事
분수에 따라 내 남은 생을 기르리로다[432]　隨分養殘生

골짝을 들어간대도 감히 깊이는 못 가지만　入谷不敢遠
읍성 가까운 곳은 시끄러움 감당할 수 없어　薄城不堪擾
우선 읍성과 약간 떨어진 곳에 나아가　且就少偏絶
자그맣고 쓸쓸한 오두막에 거주하노라　蕭蕭白屋小

430 사십(四十)이……일컬어졌지만 : 공자가 이르기를 "후생이 두려울 만하니, 앞으로 나오는 후생들이 지금의 나보다 못하리라는 것을 어찌 알겠는가. 그러나 사십, 오십 세가 되도록 알려진 것이 없으면 그 또한 두려울 것이 없는 것이다.〔後生可畏, 焉知來者之不如今也? 四十五十而無聞焉, 斯亦不足畏也已.〕"라고 한 데서 온 말이다. 공자가 또 이르기를 "군자는 죽은 뒤에까지 이름이 일컬어지지 못함을 싫어한다.〔君子疾沒世而名不稱焉〕"라고도 하였다. 《論語 子罕, 衛靈公》

431 한곳에……없으랴 : 도잠(陶潛)의 〈구일한거(九日閒居)〉 시에 "숨어 삶이 진실로 즐거움이 많거니, 한곳에 오래 머무른들 어찌 이룸이 없으랴.〔棲遲固多娛, 淹留豈無成?〕"라고 한 데서 온 말이다. 《陶淵明集 卷2》

432 분수에……기르리로다 : 두보(杜甫)의 〈봉제역중송엄공사운(奉濟驛重送嚴公四韻)〉 시에 "강촌에 홀로 돌아가 그곳에서, 적막하게 남은 생을 기르리로다.〔江村獨歸處, 寂寞養殘生.〕"라고 하였다. 《杜少陵詩集 卷11》

초초하나마 마음과 힘을 덜었는지라 草草省心力
늙은 하인이 장난삼아 담장을 쌓는구나[433] 長鬚戲操築
오 자를 쓸 만한 문은 없지만[434] 無門可題午
올빼미가 날아들 방은 있구려[435] 有室容集鵩

바다의 밀물은 사립짝을 쳐 대고 海潮拍籬扉
빗물 진흙탕은 밭도랑 물과 뒤섞였네 雨泥混澮甽
남들이 나를 돌아보려 하지 않으니 人所莫肯顧
이젠 나의 편협함을 감추고 지내련다 庶幾潛予褊

내가 품부받은 기질은 편협하지만 褊我稟受氣
천지가 내게 부여한 성은 화평한지라 和我天地性

433 초초하나마……쌓는구나 : 마음과 힘을 덜었다는 것은 곧 두보의 〈인수(引水)〉 시에 "운안에선 물 사 먹을새 노복이 슬퍼하더니, 어복포로 이사하니 마음과 힘을 덜었구나.〔雲安沽水奴僕悲, 魚復移居心力省.〕"라고 한 데서 온 말이다. 《杜少陵詩集 卷15》 여기서는 곧 저자 또한 이사를 하고 나니, 샘물을 긷는 일 등 생활 수단이 전보다 간편해진 것을 두보의 일에 빗대서 한 말이다.

434 오(午)……없지만 : 어느 시대인지는 확실치 않으나, 이안의(李安義)라는 사람이 일찍이 부인(富人) 정생(鄭生)을 알현하러 갔는데, 정생이 하인을 시켜 출타하고 없다고 핑계를 대자, 이안의가 정생의 집 문 위에다 '오' 자를 크게 써 놓고 가므로, 혹자가 그 까닭을 묻자, 이안의가 대답하기를 "소가 머리를 내놓지 못했다는 뜻이다.〔牛不出頭耳〕"라고 한 데서 온 말이다. 이는 곧 정생이 집에 있으면서도 나오지 않았기 때문에 우(牛) 자의 수직획(垂直畫)이 위로 나가지 못했다는 뜻으로 오(午)를 써서 풍자한 것이다. 《古今事文類聚 別集 卷27 門題午字》

435 올빼미가……있구려 : 이는 곧 저자 자신의 유배 생활의 어려운 처지를 한(漢)나라 가의(賈誼)의 고사에 빗대서 한 말이다. 122쪽 주250 참조.

스스로 편협하고 스스로 화평하거니 自褊還自和
남이 어찌 내 가는 길을 참견한단 말인가 人何預我行

세 칸 띳집에 한 칸을 서재로 삼으니 三分廬有一
그 안에 조그만 걸상 놓기엔 넉넉하구려 內足安小榻
사방 벽 쪽으로는 서책을 가득 쌓으니 圖書滿四壁
천지의 이치 분석 종합을 다할 수 있으리 聊可盡析合

반드시 호정 밖까지 나가야만 不必戶庭出
천지자연 속에 노닐 수 있는 건 아니로다 方能天地遊
서책을 펴 놓고 조용히 앉았노라니 披書且靜坐
밝은 눈이 천지 음양 이치를 엿볼 듯하네 具眼覰明幽

구(具)가 다른 본에는 활(活)로 되어 있다.

구차한 목숨은 귀양살이가 마땅하거니 偸生宜犴䋄
무릎이나 펼 만한 닭장만 한 집도 감지덕지 安膝幸雞棲
늙은 두 어버이 계신 곳 아득도 하여라 渺渺兩親老
내 마음속에만 항상 맺혀 있을 뿐이로다 斯心如結兮

술이 깬 뒤에 읊다

醒後

한 해의 일이 다하고 새봄이 가까워 오니　　歲事靑陽逼
집집마다 술 향기가 풍겨 나오누나　　家家酒氣馨
술을 사다가 갈증을 해소하였고　　沽來潤喉吻
취기가 다하자 의용을 정돈하였네　　醺去整儀刑
나그네 신세로 잠은 넉넉히 잘 수 없거니와　　作客無饒睡
그 누구와 더불어 해장을 한단 말인가　　從誰與解酲
내일 아침에 어부에게 알리기를　　明朝謝漁父
나를 홀로 깨었다고 꺼리지 말라 하리라[436]　　無我忌偏醒

주기형(酒氣馨)이 다른 본에는 옹면청(甕面淸)으로 되어 있고, 명조(明朝)가 다른 본에는 은근(慇懃)으로 되어 있다.

436 어부(漁父)에게……하리라 : 전국 초 회왕(楚懷王)의 충신 굴원(屈原)이 소인들의 참소를 입어 조정에서 쫓겨나 늪가에 살며 〈어부사(漁父辭)〉를 지었다. 그 〈어부사〉에 어부가 굴원의 초췌한 몰골을 보고 묻기를 "그대는 삼려대부가 아닌가, 어찌하여 이 지경에 이르렀는가?〔子非三閭大夫與? 何故至於斯?〕" 하자, 답하기를 "온 세상이 다 탁하거늘 나 홀로 맑고, 뭇사람이 다 취했거늘 나 홀로 깨었는지라, 이 때문에 내가 추방되었노라.〔擧世皆濁, 我獨淸; 衆人皆醉, 我獨醒. 是以見放.〕"라고 하므로, 어부가 "세상 사람이 다 탁하거든, 어찌하여 진흙탕을 휘저어 흙탕물을 일으키지 않고, 뭇사람이 다 취했거든 어찌하여 술지게미를 먹고 묽은 술까지 마시지 않았는가. 무슨 까닭으로 깊이 생각하고 고상하게 처신하여 스스로 추방을 당했단 말인가.〔世人皆濁, 何不淈其泥而揚其波; 衆人皆醉, 何不餔其糟而歠其釃? 何故深思高擧, 自令放爲?〕"라고 하여, 굴원을 꺼리는 듯한 말을 남기고 떠난 데서 온 말이다. 여기서는 저자 자신은 홀로 깨어 있지 않고 술을 마시며 지내고 있으니, 굴원처럼 꺼리지 말아 달라고 어부에게 말하겠다는 뜻으로 한 말이다.

군수가 갑자기 멧돼지 다리를 보내 주다

郡守遽惠山猪脚

지주[437]가 지금 이런 선물을 보내오니	地主今相問
쫓겨난 신하가 갑자기 어쩔 줄을 모르겠네	羈臣忽自迷
굳이 채소 단도 받을 필요가 없는데[438]	未須蒙菜把
도리어 이 돼지 다리를 보내 주다니	却是饋豚蹄
납일[439]에 깊은 산에서 잡은 멧돼지를	臘日窮山殪
추운 아침에 늙은 여종이 칼로 자르는구나	霜朝老婢刲
신선한 살코기는 게의 집게발보다 맛나다만	鮮腴勝螯蟹
오른손으로 들고 기울일 술이 없구려[440]	右手儘無提

437 지주(地主) : 토지의 주인이라는 뜻으로, 진도 군수(珍島郡守)를 가리킨다.

438 굳이……없는데 : 두보(杜甫)의 〈원관송채(園官送菜)〉 시에 "맑은 새벽에 채소 단을 보내오니, 항상 지주의 은혜를 흠뻑 입노라.〔淸晨送菜把, 常荷地主恩.〕"라고 한 데서 온 말이다.《杜少陵詩集 卷19》 여기서는 옛날 두보는 지주가 보내 준 채소 단을 받은 적이 있었지만, 저자 자신은 지주에게서 굳이 채소 단도 받을 필요가 없다는 뜻으로 한 말이다.

439 납일(臘日) : 납제(臘祭) 지내는 날을 말하는데, 납제는 동지(冬至) 후 세 번째 술일(戌日)에 지내는 제사를 가리킨다. 또는 일반적으로 섣달을 가리키기도 한다.

440 신선한……없구려 : 진대(晉代)의 문신(文臣)으로 이부랑(吏部郞)을 지낸 필탁(畢卓)은 술을 몹시 즐겨 마시어 주호(酒豪)로 이름이 높았다. 그가 일찍이 사람들에게 말하기를 "술을 수백 곡의 배에 가득 싣고, 사철의 맛좋은 음식들을 배의 양쪽 머리에 쌓아 두고, 오른손으로는 술잔을 들고, 왼손에는 게의 집게발을 들고서 술 실은 배에 둥둥 떠서 노닌다면 일생을 마치기에 넉넉할 것이다.〔得酒滿數百斛船, 四時甘味置兩頭, 右手持酒杯, 左手持蟹螯, 拍浮酒船中, 便足了一生矣.〕"라고 한 데서 온 말이다.《晉

선달 그믐날 밤에 홀로 술을 마시노라니 슬픈 생각이 들었다

除夕獨酌有懷愴然

두 어버이는 서울에 계시고 할아버지 묘소는 상주에 있기 때문이다.

불우한 신세는 굳게 속박되었지만　落度羈鞿固
적막한 곳에서 목숨은 보전하였네　蕭條性命全
해마다 폭죽놀이 하는 날[441]을 만나면　連年逢竹爆
명절 차례는 천천일[442]이 다가오누나　敍序逼天穿
저녁 비는 사곡을 지나갈 터이고　暮雨過沙谷
다슨 동풍은 한천에 흩어지련만[443]　東風散漢川

書 卷49 畢卓列傳》 여기서는 곧 저자 자신은 이 멧돼지의 신선한 살코기는 게의 집게발보다 맛이 좋지만, 필탁처럼 오른손에 잡고 기울일 술은 없다는 뜻으로 한 말이다.

441 폭죽(爆竹)놀이 하는 날 : 음력 섣달 그믐날을 말한다. 옛날에 섣달 그믐날 밤이면 잡귀(雜鬼)를 쫓는다는 의미에서 청죽(靑竹)을 불에 태워 큰 폭음을 내는 풍속이 있었는데, 일명 대불놓기라고도 한다. 이렇게 하면 묵은해에 집 안에 있던 잡귀들이 놀라서 달아나고, 신성하고 깨끗하게 새해를 맞이할 수 있다고 한다. 또한 이 폭죽놀이는 그믐날에 시작하여 정월 초까지 이어졌다고 한다.

442 천천일(天穿日) : 음력 정월 스무날을 말한다. 《세시광기(歲時廣記)》에서 《습유기(拾遺記)》를 인용하여 "강동의 풍속은 정월 20일을 천천일이라 호칭하고, 붉은 실에 전병을 매달아 지붕 위에 올려놓고 '하늘 뚫어진 곳을 때운다.'라고 한다.〔江東俗號正月二十日爲天穿日, 以紅縷繫煎餠, 餌置屋上, 謂之補天穿.〕"라고 하였다. 《歲時廣記 卷1 繫煎餠》

443 저녁……흩어지련만 : 사곡(沙谷)은 상주(尙州) 화령현(化寧縣)에 있는 지명으로 저자의 선영(先塋)이 있는 곳이고, 한천(漢川)은 바로 도성(都城)의 한강(漢江)을

도소주[444]를 함께 마실 곳이 없으니 屠蘇[445]無所與
수세[446]도 말고 주먹 베고 잠이나 자련다 不守取拳眠

낙탁(落度)은 뜻을 얻지 못하는 모양이다.

말한 것으로, 이때 저자의 부모가 도성에 거주하고 있었으므로 부모 생각에 한천을 말한 것이다.

444 도소주(屠蘇酒) : 길경(桔梗), 방풍(防風), 육계(肉桂) 등의 약재(藥材)로 빚은 술을 가리키는데, 옛날 풍속에 이 술을 마시면 사기(邪氣)를 물리친다 하여 정월 초하룻날 이 술을 마셨는데, 이 술은 반드시 온 가족 중에서 나이가 가장 어린 사람부터 차례로 마시어 새해를 축복했다고 한다. 소식(蘇軾)의 〈제야야숙상주성외(除夜野宿常州城外)〉 시에 "궁한 시름으로 늙은이 건강과 바꿀 뿐이니, 최후에 도소주 마시는 건 사양하지 않노라.〔但把窮愁博長健, 不辭最後飮屠蘇.〕"라고 하였다. 《蘇東坡詩集 卷11》

445 蘇 : 대본에는 '蘇'로 되어 있는데, 오류로 보아 바로잡았다.

446 수세(守歲) : 음력 섣달 그믐날 저녁에 밤새도록 잠을 자지 않고 돌아오는 새해를 맞이하는 것을 말한다. 〈풍토기(風土記)〉에 "서촉 지방 풍속에 세말이면 이웃 간에 서로 음식을 보내서 문안하는 것을 궤세라 하고, 주식을 장만해서 서로 초청하여 노는 것을 별세라 하고, 섣달 그믐날 저녁에 이르러 밤새도록 잠을 자지 않는 것을 수세라 한다.〔蜀之風俗, 晩歲相與餽問, 謂之餽歲. 酒食相邀, 爲別歲. 至除夕, 達旦不眠, 謂之守歲.〕"라고 하였다. 《說郛 卷60上》

정월 초하루 아침에 스스로 두어 바가지 술을 따라 마시고 큰 소리로 율시 두 수를 읊다 계축년(1553, 명종8)[447] 정월이다.

元朝自酌數瓢放吟二律 癸丑正月

내년이면 내 나이 사십이 되는지라[448] 四十明年過
오랜 병치레 속에 오늘이 새롭구려 沈綿此日新
어찌 견디랴 멀리 귀양 온 나그네가 那堪遠謫客
다시 정월의 봄을 대하게 된 감회를 復對建寅春
즐거운 오리는 연기 낀 포구에 떠 있고 喜鴨浮煙浦
주린 까마귀는 비오는 성문에서 우누나 飢烏噪雨闉
한가로이 새해의 술잔 들어 마시니 閑拈新歲酒
타향살이 이 몸이 약간 거나해지네 少醉異鄉身

내 아우는 문장이 더욱 진취할 게고 寡弟文章進
두 어버이는 기력이 더욱 나아지시리 雙親氣力新
정성 들인 다례는 아침에 철상할 게고 精禋撤初旭
축수 잔을 올려 설날을 즐거워하겠지 獻壽樂元春
어쩔 수 없는 건 태평성대에 병든 몸이 遮莫明時病

447 계축년 : 이때 저자의 나이는 39세였다.

448 내년이면……되는지라 : 두보(杜甫)의 〈두위댁수세(杜位宅守歲)〉 시에 "내일 아침이면 내 나이 사십이 되는데, 나는 듯한 저녁 해는 기울어 가누나. 누가 능히 나를 얽맬 수 있으랴, 실컷 취하는 게 바로 나의 생애라오.〔四十明朝過, 飛騰暮景斜. 誰能更拘束, 爛醉是生涯.〕"라고 하였다. 《杜少陵詩集 卷2》

바다 위의 성안에 오래 머무름이거니	淹留海上闉
잠시나마 목숨이 붙어 있는 그때까지는	須臾幸無死
실컷 취하여 문득 자신을 잊어버려야지	酩酊忽忘身

인일[449]

人日

흐리지 않을 때가 없었던 것은 　未有不陰時
오직 두자만이 알고 있었으리[450] 　其唯杜子知
해마다 눈은 어두워지지 않는데 　年年非眼暗
간 곳마다 이 몸은 얽매인 신세로다[451] 　處處是身羈
백발은 인간 세상 늙은이가 되었으니 　白首人間老
일편단심은 저승까지 옮겨 가리라 　丹心地下移
그 누가 친구를 가련히 여겨 줬던고[452] 　誰憐故人惠
나는 종이 찾아 스스로 시를 쓰노라 　覓紙自題詩

449 인일(人日) : 음력 정월(正月) 초이레의 아칭(雅稱)이다.

450 흐리지……있었으리 : 두자(杜子)는 두보(杜甫)를 가리킨 것으로, 두보의 〈인일(人日)〉 시에 "정월 초하루부터 인일에 이르기까지, 흐리지 않은 때가 없구나.〔元日到人日, 未有不陰時.〕"라고 한 데서 온 말이다. 《杜少陵詩集 卷21》

451 해마다……신세로다 : 두보의 〈석민(釋悶)〉 시에 "강가의 늙은이 나는 일을 잘못 헤아리노니, 눈이 어두워 풍진의 맑아짐을 보지 못하리로다.〔江邊老翁錯料事, 眼暗不見風塵淸.〕"라고 한 데서 온 말이다. 《杜少陵詩集 卷12》 여기서는 두보와 달리 저자 자신은 눈이 마냥 갇혀 있는 신세가 되어 태평한 세상을 보지 못한다는 뜻으로 한 말이다.

452 그 누가……줬던고 : 당(唐)나라 시인 고적(高適)이 인일에 그의 친구인 두보에게 보낸 〈인일기두이습유(人日寄杜二拾遺)〉 시에 "인일에 시를 써서 초당에 부치어, 고향 그리워하는 친구를 멀리 가련해하노라.〔人日題詩寄草堂, 遙憐故人思故鄕.〕"라고 한 데서 온 말인데, 두보는 고적이 죽은 뒤 어느 해 정월 21일에야 뒤늦게 고적의 이 시에 수답을 했다. 초당은 성도(成都)에 있는 두보의 완화계 초당(浣花溪草堂)을 가리킨다. 《杜少陵詩集 卷23》 여기서는 저자 자신에게는 인일에 시를 지어 부쳐 줄 친구가 없다는 뜻으로 한 말이다.

내가 처음 사문(師門)에 들어갔을 때 어린 종 '수천'을 보니 아주 사랑스러웠다. 그가 점차 자라며 제법 선생의 명을 받들 수 있었다. 그때로부터 어느덧 20여 년이 지난 오늘날, 나는 바다의 외딴섬에 갇혀 있고, 선생은 이미 돌아가시었다. 그런데 지금 '수천'이 장모님의 명을 받들고 와서 나에게 서신을 전하였다. 그가 이렇게 먼 길을 올 수 있는 것을 괴이하게 여겨 나이를 물어보니 벌써 스물네 살이 되었다고 한다. 한참 동안 비탄에 잠기었다가 울면서 근체시를 쓰다

始予登門見孩奚壽千可愛漸能將先生命倏忽二十餘年予囚海島而先生易簀矣今奉夫人命報書于予予怪其能遠行問之年已廿四云悲歎久之泣書近體

문턱 넘어 다니던 세 살 어린애였다가	越閾三朞弱
문 앞에서 손님 맞는 오척 동자로 자랐었지	應門五尺僮
평안하시다는 건 오늘의 서신 내용이요	平安今日報
놀랍게 변한 건 예전에 보았던 그 얼굴일세	驚訝舊時容
제자의 몸은 아직 살아 있는데	弟子身猶在
선생의 도는 오래도록 궁하기만 하구려	先生道久窮
그를 만나서 집안일을 물어보고 나니	逢渠訊家事
만리 밖에서 눈물이 줄줄 흐르누나	萬里涕淙淙

입춘일에 문미에 제하다

立春題楣

아침마다 기러기는 남쪽으로 날아가고	朝朝南去雁
밤마다 물고기는 북쪽에서 내려오네[453]	夜夜北來魚
외로운 바다 섬 위의 띳집에서	白屋孤洲上
약간 거나한 채로 고서를 읽노라	微醺讀古書

453 밤마다……내려오네 : 여기서 물고기는 바로 서신(書信)을 지칭하는 말이다. 43쪽 주65 참조.

이날 새벽에 먼 곳을 바라보다
是日曉望

병을 무릅쓰고 차가운 새벽에 일어나 보니　力疾興寒曉
봄이 온 것은 고작 잠시 전이었구려　當春乃立時
여기저기 짚을 묶어 볏가릿대를 만드니　紛紛草藁縛
벼와 기장은 낱낱이 드리워져 있네[454]　个个稻粱垂
고양이와 범은 일찍이 나라에서 맞이했고[455]　猫虎曾迎國
농과 수레는 농부들이 사적으로 기도했지[456]　篝車各禱私
앞으로는 대유년이란 글자를　從今大有字
사신이 한두 번만 쓰지 않으리라[457]　不一史臣詞

454 여기저기……있네 : 볏가릿대란, 음력 정월 대보름이 되면 짚둥치를 묶어 그 안에 벼, 기장, 조, 수수 등 각종 곡식들을 싼 다음 이것을 장대에 매달아 놓는 것을 가리키는데, 이는 곧 그해의 풍년을 기원하는 풍습이었다. 이 풍습은 특히 전라도의 진도, 충청도의 서산·당진 지역에서 널리 행해졌다고 한다.

455 고양이와……맞이했고 : 옛날에 천자(天子)가 매년 12월에 여덟 종류의 신(神)에게 대사제(大蜡祭)를 지내는데, 그중에 고양이와 범의 신도 맞이하여 제사를 지냈던 데서 온 말이다. 《예기》 〈교특생(郊特牲)〉에 "고양이의 신을 맞이하는 것은 고양이가 밭의 쥐를 잡기 때문이요, 범의 신을 맞이하는 것은 밭을 망치는 멧돼지를 잡기 때문이니, 곧 그들의 신을 맞이하여 제사 지내는 것이다.〔迎猫, 爲其食田鼠也; 迎虎, 爲其食田豕也. 迎而祭之也.〕"라고 하였다.

456 농과……기도했지 : 옛날에 어떤 농부가 아주 협소하고 척박한 땅에서도 곡식이 농에 가득, 수레에 가득히 많은 수확을 얻게 해 달라고 풍년을 기원한 데서 온 말이다. 173쪽 주393 참조.

457 앞으로는……않으리라 : 대유년(大有年)은 곧 풍년을 말한다. 《춘추(春秋)》 선공(宣公) 16년 조에 "겨울에 크게 풍년이 들었다.〔冬, 大有年.〕"라고 한 데서 유래되었다.

몹시 추운 날 밤에 등불도 없이 앉아서 창려의 시[458]를 암송하다가 그 운에 차하여 이상기후를 기록해서 번민을 풀다

苦寒夜坐無燈暗誦昌黎詩次其韻記異撥悶

남해의 더운 섬에 오래 머물다 보니	久客南炎洲
갖옷이며 짧은 옷도 다 단벌이어서	裘裋無重兼
삼동의 추위를 막기에 부족하거니와	三冬不足禦
사방 바람벽은 모서리가 다 헐리었네	四壁毁隅廉
추위 더위가 어찌 치우치지 않으리오	風氣豈不偏
대략 더하고 덜할 때가 있을 뿐이라오	略有分盈謙
지난해 겨울에는 서재에 앉았다가	前年坐齋中
붓끝이 얼어붙은 걸 보고 문득 놀랐네	遽訝筆凍尖
봄 절기에 들어서도 자리가 다습지 않아	入春席不煖
점차 낮잠도 편히 잘 수가 없는 데다	漸不安黑甛
뼈마디는 갈수록 시리고 아픈지라	骨節轉酸疼
오직 침이나 맞아 보고 싶은 생각뿐이네	惟思受箴砭
책상 곁에는 화로를 놓기는 했지만	當案蓄火爐
연적이 얼어 깨지는 걸 막지 못했지	不救拆玉蟾
창문은 뚫어졌지만 애들이 방을 엿보려 하랴	窓破肯兒闖

458 창려(昌黎)의 시(詩) : 창려는 창려백(昌黎伯)에 봉해진 한유(韓愈)를 가리킨 것으로, 이 시는 곧 한유의 〈고한(苦寒)〉 시를 말한다. 《東雅堂昌黎集註 卷4》

울타리는 쓰러졌어도 도둑이 훔쳐 갈 건 없네　籬仆無偸覘
나는 북쪽에서 온 선비로서　我是北來士
수년 동안 무더운 장기에 익숙해졌는데　數載習瘴炎
문득 이 극심한 추위는 이기지 못하여　忽此已不堪
술을 마셔도 땀이 나지를 않는구려　飮酒不汗沾
더구나 이 지방 사람도 못 겪어 본 추위인데　矧土人未嘗
어떻게 낫으로 땔나무나 베 올 수가 있으랴　抑何施樵鎌
가장 두려운 건 밥을 익힐 수 없는 것인데　最恐食不熟
그 누가 불을 뿜어 가져올 수 있을까[459]　誰能噀火拈
시험 삼아 늙은 하인을 불러 물어보니　試叫長鬚問
천천히 꿇어앉아 한참 만에 다문 입을 열었네　慢跪久解箝
다시 옛 글에서 찾아보고자 하여　復欲驗古書
팔짱 끼고 서가의 첨대를 죽 살펴도 보았네　袖手觀牙籤
바다의 큰 바람은 본디 거세게 불어오지만　海颶固盛怒
오히려 후더운 기운이 더해짐을 느끼는데　尙覺熏蒸添
금년 봄에는 찬바람 기세가 달라져서　今春聲勢異

459 그 누가……있을까 : 후한(後漢) 때 성도(成都) 사람 난파(欒巴)가 도술(道術)에 정통하였다. 한번은 조정의 큰 연회(宴會) 석상에서 황제가 하사한 술을 입에 머금고 서남쪽을 향해 내뿜으므로, 조정에서 그의 불경죄(不敬罪)를 다스리려고 하자, 그가 말하기를 "신이 마침 성도의 시장에 화재가 난 것을 보았기 때문에 신이 술을 마셨다가 비로 삼아 뿌려서 그 불을 끈 것이요, 감히 불경을 저지른 것이 아닙니다.〔臣適見成都市上火, 臣漱酒爲雨救之, 非敢不敬.〕"라고 한 고사에서 온 말이다.《神仙傳 欒巴》여기서는 저자에게는 땔나무가 없어 밥을 지을 수가 없는 형편이므로, 난파 같은 도사(道士)가 있어 불이라도 뿜어 주었으면 하는 뜻으로 한 말이다.

쇠뇌의 끝이 얇은 비단을 뚫듯 하고[460]	弩末穿縞縑
남방에도 눈이 혹 땅에 내리기도 하여[461]	南雪或到地
자잘한 계곡들만 깊숙이 잠겨 버리더니	溪流只深潛
올봄에는 평지에도 한 자나 깊이 쌓이고	今春平地深
산봉우리엔 소나무 푸른빛을 다 잃어버렸네	嶺上失蒼髥
그 매화나무랑 대나무와	其如梅與竹
귤 잎새까지 모조리 얼어 죽음을 어찌하리오	橘葉經鏖殲
난초 창포를 위해 눈물 흘리며 가련해하노니	涕泣悶蘭蓀
그들 뿌리는 어찌 그리 너무나도 섬약한고	其根何太纖
가사 얼었던 땅이 당장 풀린다 하더라도	土氣借立解
이미 전 김치처럼 돼 버렸음에 어찌하리오	奈已如菹[462]淹
동물들은 우선 배고픔을 걱정하려니와	動物患口腹
인간은 따끈한 고깃국 못 먹음을 걱정하지만	最秀虞湯燖
말 못하는 닭이나 개는 무슨 죄가 있으랴	雞狗啞何罪

460 쇠뇌의……하고 : 《회남자(淮南子)》 〈설산훈(說山訓)〉에 "화살을 10보 밖에서 쏘면 무소 가죽도 뚫을 수 있지만, 300보 밖에서 쏘면 노나라의 얇은 비단도 뚫지 못한다.〔矢之於十步貫兕甲, 於三百步不能入魯縞.〕"라고 하였고, 《한서(漢書)》 권52 〈한안국전(韓安國傳)〉에 "강한 쇠뇌의 끝도 사정거리를 다 가서는 그 힘이 노나라의 얇은 비단도 뚫지 못한다.〔彊弩之末, 力不能入魯縞.〕"라고 한 데서 온 말이다. 여기서는 곧 위의 고사와는 달리 쇠뇌의 끝이 사정거리를 다 가서도 비단을 뚫듯이, 바다의 거센 바람의 끝자락도 매서운 추위를 느끼게 한다는 뜻으로 한 말이다.

461 남방에도……하여 : 두보의 〈우설(又雪)〉 시에 "남방엔 눈이 땅에 내리지 않더니, 지금은 눈이 푸른 비탈에 쌓여 녹지를 않네.〔南雪不到地, 青崖霑未消.〕"라고 하였다. 《杜少陵詩集 卷14》

462 菹 : 대본에는 '葅'로 되어 있는데, 오류로 보아 바로잡았다.

이 나그네는 병들어도 점도 치지 않노라[463] 羈旅病不占
언뜻 보니 버려진 아이가 슬피 울면서 乍見遺孩啼
마치 피혐이라도 하듯 눈을 감고 있는지라 閉目如避嫌
죽을 끓여 줘 봤지만 죽은 마시지도 못하고 和糜不能啜
목안엣소리로 두꺼운 거적만을 찾는구나 細聲索厚苫
구중궁궐이 비록 깊기는 하지만 九重雖已深
이런 광경을 생각하면 어찌 편할 수 있겠는가 念此烏能恬
요순은 예전의 성왕이었지만 堯舜古聖神
은혜를 널리 베풂은 오히려 부족하게 여겼네[464] 猶病博施漸
한 여인이 속으로 원통한 맘을 품어도 陰冤一女蘊
유월에 내린 서리를 모든 사람이 다 본다지[465] 暑霜衆人瞻
슬프고 슬퍼라 아버지와 자식이 哀哀父與子
부추와 소금 반찬도 함께 나눠 먹지 못하네[466] 不得共虀鹽

463 말……않노라 : 이는 곧 저자 자신이 건강을 염려하여 말 못하는 개나 닭을 잡아 먹어서 몸보신할 생각은 없거니와 질병에 관한 길흉(吉凶)을 알려고 병점(病占)도 치지 않는다는 뜻으로 한 말이다.

464 요순(堯舜)은……여겼네 : 공자의 제자 자공(子貢)이 공자에게 묻기를 "만일 백성에게 은혜를 널리 베풀어 많은 사람을 구제한 이가 있다면 어떻다고 하겠습니까? 인하다고 할 만합니까?〔如有博施於民而能濟衆, 何如? 可謂仁乎?〕" 하자, 공자가 이르기를 "어찌 인을 하는 데에 그치겠는가. 반드시 성인일 것이다. 요순도 그러한 일에 대해서는 오히려 부족하게 여겼을 것이다.〔何事於仁? 必也聖乎! 堯舜其猶病諸.〕"라고 한 데서 온 말이다. 《論語 雍也》

465 한 여인이……본다지 : 고어(古語)에 "한 지아비가 모진 고통을 받으면 3년 동안 큰 가뭄이 들고, 한 지어미가 원통한 맘을 품으면 6월에 서리가 내린다.〔一夫茹苦, 三年大旱; 一婦含冤, 六月隕霜.〕"라고 한 데서 온 말이다. 《月令解 註》

하지만 임금 은혜는 우직한 자를 보호해 주고 君恩保戇愚
성상의 총명은 간험한 자를 환히 살피시어 天鑑照奸憸
효도로 천하를 다스려 정려를 자주 내리고 孝理累旌閭
인자하신 대비께선 곧 주렴을 걷어 버렸네[467] 慈衷行撤簾
그러고는 마침내 온정배[468]들로 하여금 遂使溫凊輩
한 지붕 아래서 부모를 기쁘게 모시도록 하고 愉婉於一簷
굶어 죽은 시신들은 모두 거두어 묻어 주고 溝壑盡收埋
춥고 배고픈 자들은 다 모아 구제하게 하였네 凍餒相聚黏
반쪽 몸이나마 변방에 남겨진 이 생명도[469] 塞外有孑遺

466 아버지와……못하네 : 부추와 소금 반찬이란 곧 한유(韓愈)의 〈송궁문(送窮文)〉에 "4년 동안 태학에 있을 때에 아침 반찬은 부추요 저녁 반찬은 소금이었다.〔太學四年, 朝虀暮鹽.〕"라고 한 데서 온 말로, 이는 몹시 곤궁한 생활을 의미한다.《東雅堂昌黎集註 卷36》 여기서는 저자 자신이 귀양살이를 함으로써 곤궁한 생활이나마 부모와 함께하지 못하고 멀리 떨어져 있음을 탄식한 말이다.

467 인자하신……버렸네 : 주렴을 걷는다는 것은 곧 옛날에 임금이 나이가 어릴 경우, 그의 조모나 혹은 모친이 정사(政事)를 주관하는 것을 수렴(垂簾)이라 하고, 그 정사를 임금에게 돌려주는 것을 철렴(撤簾)이라 한 데서 온 말로, 여기서는 명종(明宗)의 모친인 문정왕후(文定王后)가 명종 즉위 이후 계속 수렴청정(垂簾聽政)을 해 오다가 이해, 즉 1553년(명종8)에 수렴청정을 끝내고 정사를 명종에게 돌려주었던 일을 말한 것이다.

468 온정배(溫凊輩) : 《예기》 〈곡례 상(曲禮上)〉에 "모든 자식이 된 사람의 예는 겨울이면 어버이를 다습게 해 드리고 여름이면 서늘하게 해 드리며, 저녁에는 잠자리를 편안하게 보아 드리고 새벽에는 안부를 살피는 것이다.〔凡爲人子之禮, 冬溫而夏凊, 昏定而晨省.〕"라고 한 데서 온 말로, 곧 어버이를 봉양해야 할 자식들을 의미한다.

469 반쪽……생명도 : 《시경》 〈대아(大雅) 운한(雲漢)〉에 "주나라에 남은 백성들이, 반쪽 몸도 남은 이가 없거늘, 저 하늘이 나를 남겨 두지 않으시도다.〔周餘黎民, 靡有孑遺, 昊天上帝, 則不我遺.〕"라고 한 데서 온 말로, 이는 주나라가 대란(大亂)을 겪은 이후로 반쪽 몸도 남은 자가 없었다는 뜻인데, 여기서는 저자 자신은 반쪽 몸이나마

죽어 갈대밭에 버려짐은 면하게 하였네　且免委茅蒹
곳곳마다 다슨 봄기운은 들에 가득거니와　處處暄滿野
미나리도 날마다 앞치마 가득 캐고 캐련다　采采日盈襜
신의 정성을 감히 바치지 않으리오　臣誠不敢獻
미나리와 다슨 햇볕은 그런대로 넉넉하다오[470]　芹曝聊自厭

생명을 유지하고 있다는 뜻으로 한 말이다. 특히 저자가 자신을 반쪽 몸이라고 한 것은 바로 거의 죽은 목숨이라는 것을 의미한다.

470 곳곳마다……넉넉하다오 : 옛날 송(宋)나라의 한 농부가 항상 누더기만을 입고 겨울을 지내고는 다스운 봄날을 맞아 따뜻한 햇볕을 쬐면서, 천하에 너른 집, 다스운 방과 솜옷이나 여우 갖옷이 있는 줄은 모르고 자기 아내에게 말하기를 "이 등 쬐는 따뜻함〔負背之暄〕을 아무도 알 사람이 없으리니, 이것을 우리 임금님께 바치면 큰 상(賞)을 받게 될 것이다."라고 하자, 그 마을의 부자(富者)가 그에게 말하기를 "옛사람 중에 미나리〔芹〕를 아주 좋아한 이가 있어 그 마을의 부자에게 미나리가 맛이 좋다고 말하자, 그 부자가 미나리를 먹어본 결과, 맛이 독하고 배가 아팠다더라."라고 한 고사에서 온 말로, 전하여 미나리와 다슨 햇볕을 바친다는 것은 곧 미력(微力)이나마 임금을 위하고자 하는 야인(野人)의 충성심을 뜻한다. 《列子 楊朱》

정월 대보름날 밤에 원근에서 떠들썩하게 외쳐 대는 소리를 듣고 그 까닭을 물어보니 "달을 보고 점을 친 결과 길조가 나타나서 그런다."라고 하므로, 느낌이 있어 짓다

上元聞遠近呼鬧問之曰占月而吉云感而有作

원근에서 목을 빼고 달 뜨기를 기다렸다가	遠近爭延竚
달이 비로소 떠오른다고 서로 전하는구나	相傳月始昇
나그네인 나는 길흉의 점에 어둡거니와	吉凶羈士昧
농사 경험은 늙은 농부에게 의뢰해야 하리	經歷老農憑
요컨대 이전의 흉년보다는 나을 터이니	較勝前時歉
의당 무자년[471]만큼 풍년이 들어야 하리라	宜追戊子登
점이 꼭 맞지만은 않다는 걸 맘속으론 알지만	心知未必爾
취하여 기뻐하니 오만 일이 홍겹기만 하네	醉喜萬端興

471 무자년(戊子年) : 1528년(중종23)에 해당한다. 이때 저자의 나이는 14세였는데, 그해의 풍흉(豐凶)에 대해서는 자세하지 않다.

하루저녁에 어머니의 편지 두 장을 거듭 받고 술을 마시면서 읊조리다 3수

一夕疊受北堂書二道飲酒口占 三首

차가운 조수는 방파제를 거세게 쳐 대고　薄堰寒潮勢
썰렁한 등불 빛은 창을 흔들어 대는데　搖窓冷火光
숨은 물새들은 서릿발 아래 놀라고　藏睢霜外警
돌아가는 기러기는 밤이 깊도록 나는구나　歸雁夜深翔
탁주를 마시니 정신은 흩어졌다 모였다　濁酒神離合
슬픈 읊조림 속에 병은 있는 듯 없는 듯　悲吟病有亡
부질없이 칠 년의 눈물을 가져다가　空將七載淚
문득 두 장 서신의 줄에 뿌리노라　却灑兩書行

나그네 잠은 시름 때문에 이루기 어려운데　客睡愁難着
바람의 위세는 밤에 더욱 거세지는구나　風威夜轉嚴
성긴 연기는 북쪽 부엌 창에 서리었고　疎煙凝北堗
차가운 달빛은 남쪽 처마를 반쯤 비추이네　苦月半南簷
어지러이 널린 글장은 내가 책을 맬 수 있지만　書亂吾能帙
마른 술잔엔 누가 술을 더 부어 줄 수 있으랴[472]　杯乾孰可添

472 어지러이……있으랴 : 두보(杜甫)의 〈만청(晩晴)〉 시에 "어지러이 널린 글장은 누가 책을 맬 수 있으랴만, 마른 술잔은 스스로 더 부어 마실 수 있다오.〔書亂誰能帙? 杯乾自可添.〕"라고 하였다. 《杜少陵詩集 卷10》

늙은 닭은 벙어리처럼 울지 못하거나 말거나 從敎老雞啞
묶어 팔려 가지도 않으면서 미워할 것 있으랴[473] 不縛肯相嫌

속물이 흥취를 깨뜨리는 일은 없거니와[474] 俗物無相敗
모자간의 천륜의 정은 절로 금할 수가 없구려 天倫不自禁
그 몇 해나 여러 가지 사변을 보아 왔던가 幾年看事變
만리 밖에서 모친의 서신을 손에 쥐었네 萬里執書音
졸렬한 나는 이대로 세상 마치는 걸 감수하고 薄劣甘終世
깊숙하고 궁벽한 땅을 이제부터 즐기련다[475] 幽偏喜自今
다행히 성주의 은택을 흠뻑 입어서 涵泓聖主澤
늙은 어버이 마음을 위안드릴 수 있게 되었네[476] 開慰老親心

473 늙은……있으랴 : 두보의 〈박계행(縛雞行)〉 시에 나온 말로, 자세한 내용은 65쪽 주114 참조.

474 속물(俗物)이……없거니와 : 속물은 곧 세속을 초탈하지 못한 용렬한 위인을 지칭하는 말로, 진(晉)나라 때 왕융(王戎)이 완적(阮籍) 등과 죽림(竹林)에서 서로 종유(從遊)할 적에 한번은 왕융이 맨 나중에 이르자, 완적이 말하기를 "속물이 다시 와서 남의 흥취를 깨뜨린다.〔俗物已復來敗人意〕"라고 한 데서 온 말이다. 이는 곧 왕융이 세속을 초탈하지 못했다는 평판이 있었기 때문이다.《晉書 卷43 王戎列傳》 여기서는 저자 자신에게는 찾아오는 친구들이 없다는 뜻으로 한 말이다.

475 졸렬한……즐기련다 : 두보의 〈독작(獨酌)〉 시에 "졸렬한 나는 참다운 은자에게 부끄러우니, 깊숙하고 궁벽한 땅을 스스로 즐기게 되었네.〔薄劣慙眞隱, 幽偏得自怡.〕"라고 하였다.《杜少陵詩集 卷10》

476 다행히……되었네 : 이 말은 저자가 임금의 은택으로 아직껏 목숨을 보전하고 있으므로 어버이에게 위안이 되었다는 뜻으로 한 말인 듯하다.

어떤 이가 투호[477]의 기구를 부치고자 한다는 말을 듣고 시로써 재촉하다

聞人欲寄投壺以詩促之

배부르지도 못한 채 하루하루를 보내면서	不飽居終日
마음 쓰는 데 없이 그 몇 해를 지냈던고[478]	無營過幾秋
화살 쏘는 게 세쇄한 일임은 알지만	猶知射之細
이게 바로 예에 노니는 것이고말고[479]	却是藝於游
비뚠 병 입과 굽은 화살은 경하할 만하지만[480]	哨枉堪相慶

477 투호(投壺) : 병〔壺〕을 놓고 일정한 거리에서 병 속에 화살을 던져 넣는 유희(遊戲)인데, 이는 주로 사대부들이 빈객(賓客)과 함께 연음(燕飮)할 때에 여흥으로 즐겼던 놀이이다. 이 놀이를 하는 데에 관한 예법이 《예기》 〈투호〉에 자세하다.

478 배부르지도……지냈던고 : 공자가 이르기를 "배부르게 먹고 하루해가 다 가도록 마음을 쓰는 데가 없다면 바르게 살기가 어려우니라. 장기바둑이라도 있지 않은가. 그것이라도 하는 것이 그만두는 것보다는 나으니라.〔飽食終日, 無所用心, 難矣哉! 不有博奕者乎? 爲之猶賢乎已.〕"라고 한 데서 온 말이다. 《論語 陽貨》

479 화살……것이고말고 : 공자가 이르기를 "도에 뜻을 두며, 덕을 굳게 지키며, 인에 의지하며, 예에 노닐어야 한다.〔志於道, 據於德, 依於仁, 游於藝.〕"라고 한 데서 온 말이다. 《論語 述而》 여기서 말한 예(藝)는 바로 《주례(周禮)》 〈지관사도(地官司徒) 대사도(大司徒)〉에 "셋째는 여섯 가지 예이니, 예절과 음악과 활쏘기와 말타기와 글씨와 산학이다.〔三曰六藝, 禮、樂、射、御、書、數.〕"라고 한 예를 가리킨다. 여기서 저자는 투호 병에 화살 던져 넣는 것 또한 하나의 '예'라는 뜻으로 한 말이다.

480 비뚠……만하지만 : 《예기》 〈투호〉에 "주인이 손님에게 청하기를 '저에게 굽은 화살과 입 비뚤어진 병이 있어, 이것으로 손님을 즐겁게 해 드릴까 합니다.' 하였다.〔主人請曰: 某有枉矢、哨壺, 請以樂賓.〕"라고 한 데서 온 말로, 비뚠 병 입과 굽은 화살이란

나는야 다만 스스로 던질 뿐이라오　從容祇自投
뉘 집에 잘 만든 투호 기구가 있어 준다지만　誰家有妙製
모여서 산가지를 논하려 하진 않는구려[481]　莫肯會論籌

곧 주인이 손님에게 겸사로 한 말이다. 여기서 경하할 만하다고 한 것은 곧 주인과 손님이 함께 투호를 하여 병에 던져 넣은 산가지의 많고 적음에 따라 승부(勝負)를 정하되, 이기지 못한 자에게는 벌주(罰酒)를 마시게 하고, 이긴 자에게도 술잔을 권하여 서로 경하하는 것을 말한다.

481 뉘……않는구려 : 이는 곧 저자가 어떤 사람에게서 투호 기구를 부쳐 주겠다는 말만 들었을 뿐, 함께 투호할 사람이 없기 때문에 한 말이다.

봄눈

春雪

남녘에 눈 펄펄 날리는 저녁이요	南雪飄飖暮
동풍이 쌀쌀하게 부는 봄이로다	東風料峭春
눈송이는 각각 제멋대로 날거니와	飛花一任態
기울어진 나무는 한쪽만 하얗구려	攲樹半邊新
계곡은 근원 없는 물을 쏟아 내리지만[482]	澗注無源水
조수는 한계 있는 나루를 넘지 않누나[483]	潮依有限津
다시 그 몇 무리 오리 떼가 더해져서	還添幾羣鴨
제멋대로 짐짓 사람을 속이는고[484]	恣意故欺人

482 계곡은……내리지만 : 근원 없는 물이란 곧 눈 녹은 물을 가리킨다.

483 조수(潮水)는……않누나 : 눈이 녹아 흘러도 바닷물은 불거나 줄지 않는다는 뜻으로 한 말이다.

484 다시……속이는고 : 하얀 오리 떼가 눈빛에 섞이어 사람의 눈에 띄지 않는 것을 말한 듯하나 자세하지 않다.

취하여 읊다

醉吟

생계 구차한 은거지는 궁벽하고	薄略幽棲側
아득한 외딴섬 한가운데로다	蒼茫絶島中
형용은 늘 굶주려 누렇게 떴지만[485]	形容長頷顲
의기는 절로 온몸에 충만하다오	意氣自沖融
한 말 술은 석양을 임하여 마시고	斗酒臨斜日
읊는 소리는 저녁 바람에 흩날리네	沈吟落晚風
쇠퇴한 몸 억지로 눈 쳐들어 바라보니	衰頹强擧目
처마의 눈물이 영롱하게 떨어지누나	簷雪滴玲瓏

낙(落)이 다른 본에는 삽(颯)으로 되어 있다.

485 형용은……떴지만 : 《초사(楚辭)》 〈이소(離騷)〉에 "아침엔 목란의 떨어진 이슬을 마시고, 저녁엔 가을 국화의 떨어진 꽃잎을 먹는도다. 진실로 내 마음 성실하고 정결히 하여 도를 지킨다면, 늘 굶주려 얼굴이 누렇게 뜬들 또한 무엇이 해로우랴.〔朝飮木蘭之墜露兮, 夕餐秋菊之落英. 苟余情其信姱以練要兮, 長顑頷亦何傷?〕"라고 한 데서 온 말이다.

이월 추위를 읊다 2월이다.

二月寒 二月

3일에는 바람의 기세가 더욱 맹렬하였다.

이월 기후가 이와 같이 추운 건	二月寒如此
예전에 일찍이 만나 본 적 없었지	他年遇未曾
조수 소리 들으니 해풍이 거센 걸 알겠고	潮聲知怒颶
높은 산을 바라보니 층층이 얼음이로다	嶽色望層氷
항구 가득한 오리는 바람에 밀려 뒤로 날고	滿港退飛鴨
텅 빈 방 안의 등잔불은 늘 깜빡거리누나	空房明滅燈
평생에 꽁꽁 얼어붙는 추위가 고통스러우니	平生苦凝沍
다시는 푹푹 찌는 무더위를 한하지 않으리	不復恨炎蒸

석전제를 지내기 하루 전에 느낌이 있어 최 광문[486]에게 써서 부치고 겸하여 함께 재계에 들어간 두어 사람에게도 보이게 하다

釋奠前一日有感書寄崔廣文兼示同齋數子

중춘이라 음화의 날에는	陰火中春日
문명 세상 만방이 문묘 향사를 올리는데[487]	文明萬國禋
재계하는 주인은 어진 훈도 어른이요	齋居得賢長
함께 재계한 이들은 다 훌륭한 손이로다	戒宿盡嘉賓
제기들을 깨끗이 씻어 제수를 진설하고	盥濯陳蘋藻
의관을 성대히 차리고 성인께 제사하네	衣冠詣聖神
이 외론 신하는 소상[488]이 되고자 하여도	孤臣願小相
다시는 명륜당에 들어갈 수가 없구려	無復會明倫

486 최 광문(崔廣文) : 여기서 광문은 곧 문교(文敎)를 넓힌다는 의미에서 향교(鄕校)의 훈도(訓導)를 가리킨 것으로, 즉 최씨 성을 가진 훈도를 지칭한 것이다. 136쪽 주283 참조.

487 중춘(中春)이라……올리는데 : 음화(陰火)는 천간(天干)의 정(丁)에 해당하므로, 즉 정일(丁日)을 뜻하는데, 여기서는 문묘(文廟)를 비롯하여 전국의 각 향교에서 2월 첫 정일〔上丁日〕에 석전제(釋奠祭)를 지내는 것을 이른 말이다.

488 소상(小相) : 소상의 상은 제후(諸侯)의 종묘(宗廟) 제사 때나 회동(會同) 때의 집례자(執禮者)를 말하는데, 소(小) 자는 곧 겸사로 쓴 말이다. 공자가 일찍이 제자인 공서화(公西華)에게 자신의 뜻을 말해 보라고 했을 때, 공서화가 대답하기를 "제가 능하다는 것이 아니라, 배우기를 원합니다. 종묘의 일과 회동할 때에 현단복을 입고 장보관을 쓰고 소상이 되기를 원합니다.〔非曰能之, 願學焉. 宗廟之事 如會同, 端章甫, 願爲小相焉.〕"라고 하였다.《論語 先進》

교생이 석전제 지낸 나머지의 술과 고기를 가져왔으므로, 함께 마시고 크게 취해서 차운하여 최 광문에게 부치다

校生將奠餕酒肉來與飮大醉次韻寄崔廣文

마을 안에 세속 일은 할 게 별로 없는데 俗事村中少
자리 위에 조수 소리는 많이도 들려오네 潮聲席上多
탁주 마시며 유유자적할 수는 있지만 濁醪聊自適
아름다운 시구는 누구와 읊는단 말인가 秀句與誰哦
저녁 빗속에 보내온 정은 자못 깊은데 暮雨情殊遠
봄바람 속에 병은 아직 낫지를 않네 春風病未瘥
생각만 할 뿐 만나 볼 수가 없으니 相思不可見
슬픔과 기쁨이 어찌 다른 데 달렸겠는가[489] 悲喜豈由他

489 생각만……달렸겠는가 : 이는 곧 못 만나면 슬프고 만나면 기쁘다는 뜻으로 한 말이다.

크게 취했다가 깨고 나서 장난삼아 제하다

大醉醒後戲題

약한 다리는 내딛는 게 허둥지둥하고	弱脚蒼黃落
강한 창자엔 담긴 게 아무것도 없어	剛腸索寞藏
허둥지둥 약주머니를 가지고	遑遑將藥橐
여유로이 뽕나무 평상에 앉았노라	綽綽著桑床
웃고 희학질함이 늘 지나친 데에 빠지니[490]	噱謔常傷虐
술을 함부로 지나치게 마시지 말아야지	觴漿莫錯行
바라건대 만일 즐겨 승낙만 해 준다면	相望若樂諾
문득 거짓 미치광이가 돼 볼 생각이네만[491]	却度作佯狂

나에게 6자쯤 되는 뽕나무 평상이 있다.

490 웃고……빠지니 : 《시경》 〈위풍(衛風) 기욱(淇奧)〉에서 위 무공(衛武公)의 훌륭한 인품을 칭찬하여 "희학을 잘하니, 지나침이 되지 않도다.〔善戲謔兮, 不爲虐兮.〕"라고 한 데서 온 말인데, 여기서는 저자 자신은 희학을 하다가 항상 지나친 데에 빠지게 된다고 한 말이다.

491 바라건대……생각이네만 : 거짓 미치광이가 된다는 것은 곧 방탕하게 술을 통음하는 것을 이른 말인데, 누구에게 한 말인지는 알 수 없다.

우연히 제하다
偶題

외딴섬의 둔영엔 누런 구름 둘러 있고[492]	絶嶼黃雲戍
외론 성엔 푸른 바다가 해자로 둘리었네	孤城碧海壕
바람 연기는 대마도와 연하였고	風煙連對馬
땅의 형세는 남도[493]와 연접하였네	地理控南桃
피폐한 군졸은 삼면에 나눠 배치했는데	疲卒分三面
왜놈은 배 한 척으로 용감히 쳐들어왔네	倭奴逞一艘
변방 안위는 노련한 장수에 달려 있거니	安危老將在
나그네는 막걸리에 취할 수밖에	羈泊醉醇醪

492 외딴섬의……있고 : 누런 구름이란 곧 변새(邊塞)의 사막(沙漠)에 항상 자욱하게 떠 있는 누런 먼지를 가리키는데, 여기서는 진도(珍島)를 변새에 빗대서 한 말이다.

493 남도(南桃) : 진도에는 남도포(南桃浦), 남도포성(南桃浦城), 남도포영(南桃浦營), 남도포진(南桃浦鎭) 등이 있는데, 여기서는 어느 곳을 가리키는지 자세하지 않다.

쥐가 있다
有鼠

쥐가 있어 지붕을 뚫고 들어오지만	有鼠能穿屋
곡식이 없거니 장리를 조사할 수 있으랴[494]	無儲可按贓
등잔 앞에서 떨어진 불똥이나 핥고	燈前舐墮餤
남은 양식 단지 밖이나 빙빙 도누나	甁外遶餘糧
고양이를 키워서 잡게 하지도 않거니와	不畜猫相戹
어찌 게를 불태워 재앙을 만들 게 있으랴[495]	那焚蟹作殃
나는야 쥐 잡을 꾀를 쓰지 않고	機關息吾巧
제 놈들 바삐 배 채우러 다니도록 두노라	口腹任渠忙

494 곡식이……있으랴 : 장리(贓吏)는 부정한 수단으로 재물을 취득한 관리(官吏)를 말한 것으로, 곧 곡식을 훔쳐 먹는 쥐를 장리에 빗대서 한 말이다. 여기서는 저자의 집에는 쌓아 둔 곡식이 아예 없기 때문에 쥐를 나무랄 것도 없다는 뜻으로 한 말이다.

495 어찌……있으랴 : 《천중기(天中記)》 권57 〈해(蟹)〉에 "게의 성질은 옻칠을 녹여 버리는데, 그 게를 불에 태우면 쥐들이 모여든다. 게를 옻칠 속에 넣어두면 옻칠이 물로 변하는데, 이것을 복용하면 장생불사한다. 이 옻칠을 녹인 게한테 검은 개의 피를 쏟아부었다가 3일 후에 그 게를 불에 태우면 쥐들이 모여든다.〔蟹性敗漆, 燒之致鼠. 以蟹投於漆中, 化爲水, 服之長生. 以黑犬血灌之, 三日燒之, 諸鼠畢至.〕"라고 한 데서 온 말이다. 여기서는 쥐를 굳이 잡을 필요도 없지만, 그렇다고 일부러 쥐가 모여들게 되는 재앙을 만들 것이 있겠느냐는 뜻으로 한 말이다.

거사 채 석산과 함께 당동의 초막에서 두부를 먹다
同居士蔡石山食豆腐唐洞草幕

후미진 골목까지 거사를 더불고 와서	僻巷携居士
승려가 우거하는 재궁을 방문하였네	齋宮問寓僧
찬 샘물은 갓끈을 씻을 만하거니와	寒泉旣可濯
두부는 잘 응고되어야 하고말고	腐豆便須凝
늦게 먹으니 참으로 고기와 맞먹을 만한데[496]	晩飯眞當肉
한가로이 담소 나눌 친구도 얻었네그려	閑談更得朋
시를 써서 잊지 않는 뜻을 보이노니	題詩示不忘
봄추위가 정히 두렵기만 하구려	春日政兢兢

이때 최응주(崔應周), 조극인(曺克仁), 박빈학(朴贇鶴), 정우(鄭遇)가 모두 초대를 받고 왔다.

496 늦게……만한데 : 배가 고픈 뒤에 음식을 먹으면 그 맛이 절로 좋아서 고기 먹는 것과 같다는 뜻으로, 《전국책(戰國策)》 〈제책(齊策)〉에 "늦게 먹어서 고기와 맞먹게 한다.〔晩食以當肉〕"라고 한 데서 온 말이다. 이는 곧 지금의 '시장이 반찬'이라는 속담과 같은 뜻이기도 하다.

외조모의 상일에 울면서 쓰다

外大母祥日泣書

계축년 이월 그믐을 당하여	赤奮中春晦
한 손자는 후덥덥한 외딴섬에 처 박혀	炎蒸一子迷
스스로 끝없는 서러움을 간직할 뿐이요	終天只自慟
천리 먼 길이라 가서 함께 울지 못하네	千里不同啼
아우가 또한 과거 공부를 하고 있으니	有弟還修業
오성이 규성에 모일 때 영친을 하겠지[497]	榮親屬聚奎
세월은 흘러 내일은 또 어제가 아니리니	明朝匪昨日
앞뒤를 돌아보매 더욱 슬프기만 하구나	瞻顧轉悲悽

497 오성(五星)이……하겠지 : 오성이 규성(奎星)에 모인다는 것은 곧 송 태조(宋太祖) 건덕(乾德) 5년에 수(水), 화(火), 금(金), 목(木), 토(土) 다섯 별이 규성의 별자리에 모인〔五星聚奎〕 일이 있었는데, 당시 복자(卜者)가 이것을 인재가 많이 배출(輩出)될 조짐이라고 한 데서 온 말이다. 여기서는 나라에서 과거(科擧)를 보여 인재를 뽑는 때를 가리키고, 영친(榮親)은 자식이 과거에 급제하여 어버이를 영광스럽게 해 드리는 것을 말한다.

아우를 생각하면서 느낌이 있어 읊다 3월이다.

憶弟有感 三月

이때 성상께서 친히 논을 갈고 선비를 선발하게 되는데,[498] 아우가 의당 여기에 응시할 것이므로, 그 일을 생각하여 지은 것이다.

계축년 봄 삼월이라	癸丑春三月
우리 왕께서 몸소 논을 갈겠지	吾王躬籍田
선조를 제사하는 데는 정성이 근본이거니와	奉先誠是本
백성에겐 밥이 하늘이란 걸 보이는 거로세[499]	示下食爲天
수많은 백성들은 기꺼이 우러러보고[500]	萬物欣欣覩
수많은 관원들은 공손히 열을 지으리	千官肅肅聯
타관에 머문 신하는 외딴섬에 홀로 서서	羈臣立孤嶼

498 성상께서……되는데 : 임금이 친히 논을 간다는 것은, 옛날에 권농책(勸農策)으로 임금이 농경(農耕)의 시범을 보이기 위하여 의례용으로 제정한 토지를 적전(籍田)이라 칭하는데, 봄이 되면 임금이 이 적전에 나아가 친히 쟁기를 잡고 논 가는 의례를 행했던 데서 온 말이다. 선비를 선발한다는 것은 곧 임금이 이 적전에서 친경의례를 마치고 나서 과시(科試)를 베풀어 인재를 선발한 데서 온 말이다.

499 백성에겐……거로세 : 밥이 하늘이라는 것은 곧 《사기(史記)》 권79 〈역생열전(酈生列傳)〉에 "왕자는 백성을 하늘로 삼고, 백성은 먹는 것을 하늘로 삼는다.〔王者以民人爲天, 而民人以食爲天.〕"라고 한 데서 온 말이다.

500 수많은……우러러보고 : 《주역》 〈건괘(乾卦) 문언(文言)〉에 "구름은 용을 따르고 바람은 범을 따르는지라, 성인이 나오매 만인이 우러러본다.〔雲從龍, 風從虎, 聖人作而萬物覩.〕"라고 한 데서 온 말로, 여기서는 곧 임금이 친경의례차 거둥을 하면 백성들이 모두 우러러보게 되는 것을 위의 글에 빗대서 한 말이다.

억만년토록 복을 누리길 길이 축복하노라[501] 長祝億斯年

밝은 날에 아우를 생각하노니[502] 白日憶舍弟
청운의 뜻 품고 손이 되어 나라의 광휘를 보리[503] 青雲觀國賓
응당 훌륭한 인재를 얻었다고 일컬으리니 應須稱得士
어버이께 광영 끼쳐 드림도 넉넉히 볼 수 있겠지 亦足見榮親
조보[504]는 천리 먼 곳에 드물게 이르고 朝報稀千里
고향 서신은 수십 일 동안 적막도 하여라 家書靜數旬
길이 노래하며 북쪽 대궐을 바라만 보다니 長歌望北斗
강과 바다에 사통팔달의 나루가 있건만[505] 江海有通津

501 억만년토록……축복하노라 : 이는 곧 임금에게 축복하는 뜻으로, 《시경》 〈대아(大雅) 하무(下武)〉에 "아 만년토록, 하늘의 복을 받으리라.〔於其斯年, 受天之祜.〕"라고 한 데서 온 말이다.

502 밝은……생각하노니 : 두보(杜甫)의 〈한별(恨別)〉 시에 "집을 생각해 달 아래 산보하며 맑은 밤에 서 있고, 아우를 생각해 구름을 보며 밝은 날에 조노라.〔思家步月淸宵立, 憶弟看雲白日眠.〕"라고 하였다. 《杜少陵詩集 卷9》

503 청운(靑雲)의……보리 : 《주역》 〈관괘(觀卦) 육사(六四)〉에 "나라의 광휘를 관찰함이니, 왕께 손이 되는 것이 이롭다.〔觀國之光, 利用賓于王.〕"라고 한 데서 온 말로, 여기서는 과거에 응시하러 가는 것을 의미한다.

504 조보(朝報) : 조선 시대에 승정원(承政院)에서 처리한 일을 날마다 아침에 기록하여 널리 알리던 관보(官報)를 이른 말이다.

505 길이……있건만 : 강과 바다에도 교통수단이 얼마든지 있는데도 저자 자신은 유배지를 떠날 수 없으므로 그냥 도성(都城)을 바라만 볼 뿐이라는 뜻으로 한 말이다.

청명

清明

이때 일기는 아직 썰렁하고 또 비도 오지 않아서, 마른 풀뿌리는 싹을 틔우지 못하고, 우물도 말라서 먹을 물이 없어 백성들에게 아주 다급한 걱정거리라고 한다.

섬 보루의 둘레는 천리도 넘는데	島堡餘千里
또 한 해의 청명을 만났네그려	淸明又一年
인자하신 어버이는 생각이 울적하실 텐데	仁親思蹇産
귀양살이하는 나는 질병이 떠나지 않네	謫客病纏綿
활발히 흐르는 샘 근원은 꽉 막혀 있고	活潑封泉脈
채소의 싹은 겉으로 뚫고 나오지 못하누나	胚胎㤼菜拳
나는 평생을 곤궁하게 지내지만	平生分屢空
성현의 앞에 높이 앉아 있노라[506]	高坐聖賢前

506 성현(聖賢)의……있노라 : 성현은 곧 성현의 언행(言行)이 담긴 서책을 가리킨 것으로, 즉 글을 읽고 앉아 있음을 의미한다.

최 광문에게 주어 작별하다

贈別崔廣文

이때 몇몇 손들과 시냇가에서 술을 마셨다.

우주가 모든 무리의 명을 부여했는데　宇宙分羣命
시서는 나의 반평생을 그르쳐 버렸네[507]　詩書誤半生
나그네 회포는 외지에 떠나와 있으나[508]　客情投異域
사귀는 의리는 동갑 친구를 생각한다오　交義念同庚
반기는 얼굴에 앉을 방석조차 없지만[509]　碧眼無氈坐

507 시서(詩書)는……버렸네 : 두보(杜甫)의 〈봉증위좌승장(奉贈韋左丞丈)〉 시에 "귀족들은 굶어 죽지 않지만, 유관은 몸을 그르친 이 많다네.〔紈袴不餓死, 儒冠多誤身.〕"라고 한 데서 온 말로, 이는 곧 유자(儒者)로서 시서에만 얽매여 처세(處世)하는 방법을 그르쳤다는 뜻이다. 《杜少陵詩集 卷1》

508 나그네……있으나 : 두보(杜甫)의 〈부청성현출성도기도왕이소윤(赴青城縣出成都寄陶王二少尹)〉 시에 "나그네 회포는 다른 고을로 가지만, 시의 정취는 우리 무리를 생각하노라.〔客情投異縣, 詩態憶吾曹.〕"라고 하였다. 《杜少陵詩集 卷10》

509 반기는……없지만 : 당 현종(唐玄宗) 때의 문인(文人)으로 광문관 박사(廣文館博士)를 지낸 정건(鄭虔)이 일찍이 현종의 특별한 배려로 인해 한직(閒職)인 광문관 박사에 임명되었으나, 몹시 빈한(貧寒)한 데다 술을 매우 즐겼으므로, 두보(杜甫)가 일찍이 장난삼아 그에게 준 〈희간정광문……(戲簡鄭廣文……)〉 시에 "광문의 관사에 당도해서는, 당의 계단 밑에 말을 매 놓았다가, 취하면 말을 타고 그냥 돌아가서, 자못 관장의 꾸지람을 들었네. 재주 명성은 삼십 년을 날렸으되, 빈객은 추워도 앉을 방석이 없네. 다행히도 소 사업이 있어, 때때로 술값을 빌리는구려.〔廣文到官舍, 繫馬堂階下. 醉則騎馬歸, 頗遭官長罵. 才名三十年, 坐客寒無氈. 賴有蘇司業, 時時乞酒錢.〕"라고 한 데서 온 말이다. 《杜少陵詩集 卷3》 여기서는 생활이 빈한한 최 광문(崔廣文), 즉 훈도

고상한 담화에 술잔은 있어 기울였네 清談有酒傾
오랜 동안 이별의 슬픔에 촌심이 꺾여 왔는데 流年寸心折
오늘 이 자리서 또 이별의 슬픔에 놀라누나 此日別魂驚
옛 계곡 물은 향교 앞으로 흘러가고 古澗流黌序
봄바람은 외딴섬 성안에 가득한데 春風滿島城
나 홀로 돌아가 사립짝 닫고 있노라면 柴荊獨歸掩
손 보내고 맞는 일 끊어져 적적하겠지 牢落斷將迎

유(有)가 다른 본에는 득(得)으로 되어 있다.

최응주(崔應周)를 광문관 박사 정건에 빗대서 한 말이다. 저자가 훈도를 '광문'이라 칭한 데 대해서는 136쪽 주283 참조.

최 광문을 보내는 자리에서 크게 취하여 장난삼아 제하다

윤3월이다.

送崔廣文席上大醉戲題 閏三月

그대는 과회[510]를 가르쳐 주지 않는데	君罔寡悔誨
나는 문욱[511]을 권면할 수 있겠는가	予其文郁勖
훨훨 나는 봉황의 모습[512]에 취할 뿐이거니	只得醉𠑳䙰
나의 불안함[513]을 걱정할 겨를이나 있으리오	遑卹足踧蹜
이월 삼월이라 봄기운은 온화하건만	二月三月春融融
천리만리나 떨어져 시름이 끊이지 않네	千里萬里愁續續
그대여 지금 돌아가거든	子兮今其歸
어느 때에 다시 즐겁게 만난단 말인가	何時更良覿
동갑내기 친구인 내가	肯念我同甲
칠 년째 바다 안에 갇혀 있는 걸 생각해 줄런가	七年囚海獄

510 과회(寡悔) : 저자의 자이다.

511 문욱(文郁) : 훈도(訓導) 최응주(崔應周)의 자이다.

512 훨훨……모습 : 이는 상대방의 인품을 미화하여 칭찬한 말이다.

513 나의 불안함 : 이는 저자 자신이 모든 게 부족하여 위축된다는 겸사로 한 말이다.

자열[514]의 시에 차운하다

次韻子悅

일 없이 흐리멍덩하게 취하여 잠만 자노라니	無事昏昏只醉眠
봄날의 꽃다운 나무[515]와 그 몇 해나 격조했던가	幾年芳樹隔春天
잠시 훌륭한 시구를 받아서 길이 읊고 나니	乍蒙秀句長吟罷
시름겨워 두어 개 백발이 흑발 속에 더해졌네[516]	數箇霜毛到黑邊

514 자열(子悅) : 어떤 사람의 자인 듯하나, 누구인지는 알 수 없다.

515 봄날의 꽃다운 나무 : 두보(杜甫)의 〈춘일억이백(春日憶李白)〉 시에 "위수 북쪽엔 봄날의 나무요, 강 동쪽엔 해 저문 구름이로다. 어느 때나 한 동이 술을 두고서, 우리 함께 글을 조용히 논해 볼꼬.〔渭北春天樹, 江東日暮雲. 何時一樽酒, 重與細論文?〕"라고 한 데서 온 말로, 이는 곧 서로 헤어져 있는 친구, 또는 친구를 그리워하는 뜻으로 한 말이다. 《杜少陵詩集 卷1》

516 훌륭한……더해졌네 : 한유(韓愈)의 〈답장십일공조(答張十一功曹)〉 시에 "그대의 시를 읊고 나서 두 귀밑을 보니, 흰 머리털이 절반이나 더한 걸 갑자기 깨닫겠네.〔吟君詩罷看雙鬢, 斗覺霜毛一半加.〕"라고 한 데서 온 말이다. 《韓昌黎集 卷9》 이 또한 멀리 떨어져 있는 친구를 그리워하는 뜻으로 한 말이다.

안순언의 시에 차운하여 취해 읊다

次韻安純彦醉吟

오래 머무르는 주남의 나그네요[517]	留滯周南客
슬프고 쓸쓸한 초택의 죄수로다[518]	悲涼楚澤囚
소년 시절의 친구와 서로 만나니	相逢少年友
하루아침 시름이 절로 감해지누나	自減一朝愁
지는 해의 정[519]은 예전 그대로거니와	落日情依舊
춘풍의 뜻은 점차 온화해져 가는데	春風意轉悠
술 마시며 다만 길이 축복하는 것은	銜杯只長祝
우리 성상께서 만만년을 누리시기만	萬萬聖春秋

517 오래……나그네요 : 한 무제(漢武帝) 때 태사공(太史公) 사마담(司馬談)이 일찍이 주남(周南) 땅, 즉 낙양(洛陽)에 오래 머물러 있다가 천자(天子)의 봉선(封禪)의 일에 참의(參議)하지 못하자 분개하여 죽은 데서 온 말이다.《史記 卷130 太史公自序》여기서는 저자 자신이 조정(朝廷)에서 멀리 떨어진 절도(絶島)에 유배되어 있는 처지를 사마담의 일에 빗대서 한 말이다.

518 슬프고……죄수로다 : 초택(楚澤)은 초(楚)나라 충신 굴원(屈原)이 일찍이 소인(小人)의 참소에 의해 조정에서 쫓겨나서 방황했던 늪가를 말한다. 여기서는 외딴섬에 유배된 저자 자신의 처지를 굴원의 처지에 빗대서 한 말이다.

519 지는 해의 정 : 이백(李白)의 〈송우인(送友人)〉 시에 “뜬구름은 정처 없는 나그네의 뜻이요, 지는 해는 친구를 연련한 정이로다.〔浮雲遊子意, 落日故人情.〕”라고 한 데서 온 말인데, 이는 친구와의 이별을 애석해하는 정이 마치 지는 해를 애석히 여기는 생각과 같음을 의미한다.《李太白集 卷17》

크게 취해 차운하여 정생에게 보이다
大醉次韻示鄭生

칠 년 동안 삼산은 아득하기만 하고[520]　七載三山杳
다스운 봄 한낮은 한가롭기만 하네　青春白日閑
늙은 소는 밭두둑을 따라서 가고　老牛緣壟去
예쁜 제비는 처마 밑으로 들어오누나　嬌鷰入簷還
운액[521]은 텁텁한 막걸리로 마시고　濁酒傾雲液
고상한 담화는 시냇물처럼 쏟아 내려라　淸談注澗湲
분잡스러운 세간의 일들이야　紛紛世中事
나와는 전혀 상관이 없고말고　莫我與相關

520 칠 년……하고 : 삼산(三山)은 곧 삼신산(三神山)의 약칭이다. 삼신산에는 본디 선인(仙人)이 거주하는 금궐(金闕), 쌍궐(雙闕) 등이 있다고 하는데, 옛사람들이 흔히 군왕(君王)이 거주하는 곳을 선경(仙境)에 빗대어 또한 금궐, 쌍궐이라 일컬은 데서 온 말로, 여기서는 대궐이 있는 도성(都城)을 가리킨다.

521 운액(雲液) : 범칭하여 술을 가리킨다. 백거이(白居易)의 〈대주한음증동로자(對酒閒吟贈同老者)〉 시에 "운액을 오장육부에 쏟아부으니, 온화한 기운이 사지에서 나오누나.〔雲液灑六腑, 陽和生四肢.〕"라고 하였다. 《白樂天詩後集 卷4》

가뭄을 걱정하다 4월이다.

悶旱 四月

지난해 시월부터 금년 사월까지	十月至四月
비오는 소리를 들어본 적 없었네	未嘗聞雨聲
노복들은 마른 우물을 슬퍼하고	僕奴悲渴井
관리들은 마른갈이[522]를 독촉하누나	官吏督乾耕
조선 팔도에 보리가 다 말라 버렸으니	八路來牟槁
어느 지방인들 도적이 횡행치 않으랴	何方寇盜橫
미천한 신하는 운한을 바라보노니[523]	微臣望雲漢
성상의 심려가 정히 번거로우시리라	聖慮政經營

522 마른갈이 : 옛날에 봄이 가물어서 수경(水耕)을 할 수 없는 경우, 이 마른갈이로 도종(稻種)을 심어 가꾸던 방식을 말하는데, 이 벼를 만도(晩稻)라 일컬었다. 《山林經濟 卷1 治農 晩稻》

523 운한(雲漢)을 바라보노니 : 이는 곧 가뭄을 걱정하는 뜻에서 한 말이다. 운한은 곧 은하수를 가리키는데, 밤이 맑으면 은하수가 선명하게 나타나므로, 이것이 곧 가뭄을 상징한 것이다. 《시경》 〈대아(大雅) 운한(雲漢)〉의 시가 바로 가뭄을 걱정하는 내용이므로, 여기에서 운한을 인용한 것이다.

우연히 써서 흥취를 풀다
偶題遣興

가부는 시국을 상심하여 통곡하였고[524]	賈傅傷時哭
끝내는 다만 스스로 상심하다가	終然祇自傷
점서를 펼쳐 놓고 복조를 점쳤고	發書占鵩鳥
비습하고 황량한 곳에서 병들어 누웠었네[525]	多病臥卑荒

524 가부(賈傅)는……통곡하였고 : 가부는 한 문제(漢文帝) 때의 문신으로 장사왕 태부(長沙王太傅)를 지낸 가의(賈誼)를 가리킨다. 가의가 일찍이 시국 광구책(時局匡救策)인 치안책(治安策)을 문제에게 올려 잘못된 정치를 격렬히 비판했는데, 치안책 첫머리에 "신은 그윽이 생각하건대, 지금의 사세가 통곡할 만한 일이 한 가지요, 눈물을 흘릴 만한 일이 두 가지요, 길이 한숨을 쉴 만한 일이 여섯 가지입니다.〔臣竊惟事勢可爲痛哭者一, 可爲流涕者二, 可爲長太息者六.〕"라고 한 데서 온 말이다.《漢書 卷48 賈誼傳》

525 끝내는……누웠었네 : 복조(鵩鳥)는 올빼미를 가리킨다. 한 문제(漢文帝) 때 태중대부(太中大夫) 가의가 일찍이 참소(讒訴)를 입어 장사왕 태부로 폄척되어 나갔는데 3년이 지난 어느 날 올빼미가 그의 집에 날아들어 자리 한구석에 앉았다. 장사 지방은 본래 땅이 낮고 습기가 많아서 스스로 오래 살지 못하리라 상심했던 데다 겸하여 그의 집에 올빼미가 날아들자, 올빼미는 상서롭지 못한 새라서 불길(不吉)한 생각에 〈복조부(鵩鳥賦)〉를 지어 스스로 위로했다. 〈복조부〉에 "태세로는 묘년이요, 사월이라 초여름 날, 경자일 석양에, 복조가 내 집에 날아들어, 자리 한구석에 앉으니, 그 모습이 매우 한가롭구나. 괴이한 물건이 날아들었기에, 속으로 그 까닭을 괴이하게 여기어, 점서를 펴 놓고 점을 쳐 보니, 내 운명을 예언했는데, 그 점사에 '들새가 방에 들어가면 주인이 곧 떠나게 된다.'라고 한다.〔單閼之歲, 四月孟夏, 庚子日斜, 服集余舍, 止于坐隅, 貌甚閒暇. 異物來崒, 私怪其故, 發書占之, 讖言其度, 曰野鳥入室, 主人將去.〕"라고 한 데서 온 말이다.《漢書 卷48 賈誼傳》

재조는 당시 인들이 감복했거니와[526]	才調當時服
가슴속은 후인들이 헤아린다오	胸襟後代量
나는 그보다 후생으로 태어나서	吾生已後死
다시 육 년 남짓을 더 살았네그려[527]	更享六期强

526 재조(才調)는……감복했거니와 : 재조는 곧 재주와 같은 뜻이다. 한 문제 때 가의(賈誼)가 일찍이 태중대부(太中大夫)에 발탁되었다가 뒤에 참소를 입어 장사왕 태부(長沙王太傅)로 좌천되어 나갔는데, 그로부터 수년 뒤에 문제가 가의를 몹시 그리워한 나머지 그를 조정으로 불러들여서 한밤중에 선실(宣室)로 불러 놓고 귀신(鬼神)의 근본에 대하여 물으므로, 가의가 그 소이연(所以然)을 갖추 아뢰자, 문제가 매우 흥미를 느껴 경청(傾聽)하였다. 이 일을 두고 당대(唐代)의 시인 이상은(李商隱)이 지은 〈가생(賈生)〉 시에 "선실에서 어진이 구해 쫓겨난 신하 찾으니, 가생의 재주는 다시 무리가 없었건만, 가련도 해라 한밤중에 전석을 비워 놓고, 창생은 묻지 않고 귀신만 물었다니 원.〔宣室求賢訪逐臣, 賈生才調更無倫. 可憐夜半虛前席, 不問蒼生問鬼神.〕"이라고 한 데서 온 말이다. 가생(賈生)은 가의를 가리킨다. 《李義山詩集 卷中》

527 나는……살았네그려 : 가의는 33세로 요절했는데, 이때 저자는 39세가 되었으므로 한 말이다.

사면령이 내렸다는 소식을 듣다
聞赦

손이 와서 조보 내용을 말하는데	客有言朝報
아무아무에게 은총이 내려져서	恩加某某人
기꺼이 고향으로 돌아간 이도 있고	欣欣返田里
줄줄이 관직 제수받은 이들도 있었다네	濟濟受冠紳
성상의 뜻은 불쌍히 여겨 돌봐 주시었고	天意回哀眷
민심은 성상의 덕교에 감화되었네	民情囿陶甄
외로운 신하는 더욱더 스스로 축하하노라	孤臣況自賀
밭 갈고 우물 파서 양친을 즐겁게 할 수 있음을[528]	耕鑿樂雙親

528 외로운……있음을 : 밭 갈고 우물 판다는 것은 곧 요(堯) 임금 때에 한 노인(老人)이 배불리 먹고 배를 두드리며 흙덩이를 치면서〔擊壤〕 노래하기를 "해가 뜨면 나가서 일하고 해가 지면 들어가서 쉬도다. 우물 파서 물을 마시고 밭 갈아서 밥을 먹거니, 임금의 힘이 나에게 무슨 상관이 있으랴.〔日出而作, 日入而息. 鑿井而飮, 耕田而食, 帝力何有於我哉?〕"라고 한 데서 온 말이다. 여기서는 곧 농부가 되는 것을 의미하는데, 이때 저자는 아직 사면령을 받지는 못했지만, 다른 사람들에게 사면령이 내린 것을 보고는 저자 자신도 죽음은 면하리라는 뜻에서 언젠가는 부모를 모시고 농사라도 지으면서 살 수 있겠다는 뜻으로 한 말인 듯하다.

술을 보내 준 사람에게 사례하다

謝人送酒

어부는 유독 나를 비웃기만 하건만[529] 漁父偏相笑
마고주[530]는 다행히 나눠 준 이가 있네 麻姑幸見分
한 표주박의 술이 다정도 하여라 多情一瓢飮
무사히 일생을 거나하게 취하는구려 無事百年醺
나는 왼손으로 푸른 게를 쥐고 있고[531] 左手持青蟹
늙은 노복은 자줏빛 미나리를 삶누나 長鬚煮紫芹
산음의 흥취가 다했음을 깨달았거니 山陰覺盡興
무리를 떠나 내 멋대로 떠돌 뿐일세[532] 漂泊任離羣

529 어부(漁父)는……하건만 : 초 회왕(楚懷王)의 충신 굴원(屈原)이 소인들의 참소를 입어 조정에서 쫓겨나 늪가에서 읊조리며 다닐 적에 〈어부사(漁父辭)〉를 지었다. 여기서는 저자 자신을 굴원의 처지에 빗대서 한 말이다. 그 〈어부사〉에 대한 내용은 195쪽 주436 참조.

530 마고주(麻姑酒) : 술 이름이다. 《사물감주(事物紺珠)》에 "마고주는 마고천의 물로 빚은 술인데, 건창에서 나온다.〔麻姑酒, 麻姑泉水釀, 出建昌.〕"라고 하였다. 여기서는 술의 범칭으로 쓰였다.

531 왼손으로는……있고 : 푸른 게란, 껍데기에 청록색(青綠色)을 띤 바닷게를 가리킨다. 왼손으로 게를 쥐고 있다는 것은, 진대(晉代)의 문신으로 술을 매우 즐겨 마셨던 필탁(畢卓)의 고사에서 온 말이다. 196쪽 주440 참조.

532 산음(山陰)의……뿐일세 : 여기서는 곧 저자 자신은 이미 친구들을 떠나 홀로 외로이 지내면서 친구들을 찾을 흥취도 없어졌다는 뜻으로 한 말이다.

조극인과 마주해 마시고 취하여 차운하다
對曺克仁飮醉次韻

잡거나 놓는 마음은 그 어디에 있는고[533]	操舍心何在
영고성쇠의 일은 일정하지 않은 법일세	升沈事不常
미생[534]은 담소만 제멋대로 할 뿐인데	微生縱談笑
부자[535]는 훌륭한 문장을 드러내누나	夫子見文章
주연에서는 때로 성인에게 맞거니와[536]	酒會時中聖
친구들은 날로 당실 가득히 찾아오네	朋來日滿堂
포구 나무에 기대어 멋대로 읊조리노라니	狂歌倚浦樹
산 중턱엔 저녁 구름이 길게 뻗쳐 있구나[537]	半嶺暮雲長

533 잡거나……있는고 : 여기서 마음이란 곧 선심(善心)을 말하고, 놓는다는 것은 곧 외물(外物)에 유혹되어 이 선심을 잃게 되는 것을 말한다. 맹자가 이르기를 "공자가 이르기를 '잡으면 보존되고 놓으면 잃게 되어, 드나듦이 정해진 때가 없으며, 그 정한 방향을 알 수 없는 것은 오직 마음을 두고 이른 말이다.'라고 하였다.〔孔子曰: 操則存, 舍則亡, 出入無時, 莫知其鄕, 惟心之謂與.〕"라고 하였다.《孟子 告子上》 여기서 '그 어디에 있는고.'라고 한 것은 곧 그 마음이 형체가 없기 때문에 한 말이다.

534 미생(微生) : 미미한 인생이라는 뜻으로, 여기서는 저자 자신의 겸칭으로 쓴 말이다.

535 부자(夫子) : 여기서는 학자(學者)의 범칭으로, 상대방을 지칭한 것이다.

536 주연(酒宴)에서는……맞거니와 : 성인(聖人)에게 맞는다는 것은 곧 청주(淸酒)에 취한다는 뜻으로, 삼국(三國) 시대 위(魏)나라 서막(徐邈)의 고사에서 온 말이다. 41쪽 주61 참조.

537 산……있구나 : 두보(杜甫)의 〈박유(薄遊)〉 시에 "먼 허공엔 가을 기러기가 사라져 가고, 산 중턱엔 저녁 구름이 길게 뻗치었네.〔遙空秋雁滅, 半嶺暮雲長.〕"라고 하였다.《杜少陵詩集 卷12》

지씨[538]의 임정 연회에서 즉사를 읊다
池氏林亭燕集卽事

비가 그치고 나니 기후는 청화[539]하고	雨罷淸和候
마을이 텅 비니 노인들은 한가롭네	村虛野老閑
초청을 받고 귤사에 올라가서는	招要登橘榭
배회하며 초가집들을 굽어보노라니	徙倚俯松關
관노포엔 썰물이 빠져나가고	潮退官奴浦
여귀산엔 구름이 드리웠구려	雲垂女貴山
그윽한 꽃은 비껴 있는 대나무에 비치고	幽花暎斜竹
좋은 술은 쇠한 얼굴을 윤택하게 하누나	美酒盎衰顔
실컷 취해서는 해학이나 할 뿐이요	醉飫唯須謔
즐기는 가운데 남 비방은 하지 않노라	歡娛不放訕
경인일에 태어난 원망 어린 초객[540]은	庚寅怨楚客
생이별의 슬픔에 눈물이 줄줄 흐르네	生別獨潸潸

이날 우연히 나의 생일을 만났기 때문에 경인(庚寅)을 언급한 것이다.

538 지씨(池氏) : 이름은 진손(進孫)인데, 그의 집에는 대사(臺榭)가 있고 유자(柚子)나무도 세 그루가 있었다고 한다. 《穌齋集 卷3 池進孫送柚子……》

539 청화(淸和) : 일기(日氣)가 청명하고 화창하다는 뜻으로, 음력 4월의 기후를 말한다. 4월의 속칭(俗稱)으로도 쓰인다.

540 경인일에……초객(楚客) : 이는 경인일에 태어난 굴원(屈原)을 가리키는 말인데, 여기서는 저자가 마침 자신의 생일을 만났으므로, 자신을 굴원에 빗대서 지칭한 것이다. 굴원의 〈이소(離騷)〉에 "인년(寅年)의 정월이요, 정월 경인일에 내가 태어났네.〔攝提貞于孟陬兮, 惟庚寅吾以降.〕"라고 하였다.

이날 박처량도 이 자리에 와서 나에게 술잔을 올리면서 시를 요구하므로, 차운하여 주다

是日朴處良亦至進杯索詩次韻贈之

푸른 대는 바람 앞에 간들거리고	翠篠風前態
푸른 산은 비 온 뒤에 광채가 나네	靑山雨後光
술잔엔 박자[541]의 진한 술이 담기었고	杯濃朴子酒
임정에선 이 병든 사람 불러 먹이누나	亭喚病人嘗
그대 정성스러운 자질을 사랑하다 보니	爲愛醇誠質
나의 철석간장이 다 녹는 것 같네	從摧鐵石腸
서로 만류하여 한번 실컷 마시고 나니	相留一痛飮
정신이 참으로 날아오를 듯하구려	神氣儘飛揚

541 박자(朴子) : 바로 이 시의 제목에 나오는 박처량(朴處良)을 가리킨다.

정우가 자기 집으로 돌아가겠다고 고하므로, 취중에 써서 그의 형에게 부치다

鄭遇告歸其家醉書寄其兄

정홍유에게 말 전하노니	寄語鄭弘綏
우리가 지금은 생이별 중이지만	如今生別離
그대 십 년 동안의 진중한 뜻을	十年珍重意
그대 아우는 다 알고 있다네	都與季方知

취중에 10운을 쓰다

醉題十韻

아득한 포구엔 구름 없어 말끔한데	極浦無雲濕
황량한 마을에도 손님은 찾아오네	荒村有客尋
물고기는 사다가 때때로 지져 먹고	買魚時復煮
술은 사다가 날로 늘 마시노라니	沽酒日常斟
천년의 옛 역사엔 비분강개하거니와	慷慨千年迹
한 조각 마음은 어둡고 혼란스럽네	昏膠一片心
나의 지난 과오는 이미 깨달았지만	吾非覺已昨
인간 만사는 지금 한창 어지럽구려	人事亂如今
장기 어린 남쪽 바다는 멀고도 깊고	瘴癘南溟遠
북두[542]의 풍광은 하 멀기만 하여라	風煙北斗深
계절의 흐름은 밀물 썰물로 증험하고	天時驗潮汐
사물 이치는 성쇠를 보아 판단한다오	物理看升沈
무리 지어 마시며 술잔은 멎은 적 없고	羣飲無停手
홀로 자지만 이불에도 부끄럽지 않네[543]	孤眠不愧衾

542 북두(北斗) : 여기서는 도성(都城) 쪽을 지칭한 말이다.

543 홀로……않네 : 송(宋)의 유학자 채원정(蔡元定)이 일찍이 도주(道州)에 유배되어 있을 적에 여러 자식에게 편지를 보내서 훈계하기를 "홀로 걸을 때에는 그림자에게도 부끄럽지 않게 하고, 홀로 잘 때에는 이불에도 부끄럽지 않게 해야 한다.〔獨行不愧影, 獨寢不愧衾.〕"라고 한 데서 온 말이다. 《宋史 卷434 儒林列傳4 蔡元定》

왜 제나라에 비파를 지닐 것 있으랴[544] 何須抱齊瑟
백아의 거문고나 마음껏 연주하련다[545] 只放奏牙琴
나이 많은 향인들을 널리 사랑하여 泛愛鄕人老
고목나무 그늘에도 오래 머무르노라 淹留古樹陰
한밤중에 오만 활동이 중지될 때면 中宵息萬動
포구의 달빛이 슬픈 노래를 부추기네 浦月惱悲吟

544 왜……있으랴 : 제나라에 비파를 지닌다는 것은 곧 한유(韓愈)의 〈답진상서(答陳商書)〉에 "제왕은 본디 피리를 좋아하는데, 제나라에 벼슬을 구하는 자가 있어 비파를 가지고 가서 제왕의 문에 3년 동안이나 서 있었지만 들어갈 수가 없었다.〔齊王好竽, 有求仕於齊者, 操瑟而往, 立王之門三年, 不得入.〕"라고 한 데서 온 말로, 이는 본디 그 시대에 불필요한 재능만을 지닌 것을 의미한다.《東雅堂昌黎集註 卷18》 여기서 저자는 왜 굳이 벼슬을 하려고 애쓸 필요가 있겠느냐는 뜻으로 한 말이다.

545 백아(伯牙)의……연주하련다 : 옛날 백아는 거문고를 잘 타고, 그의 친구 종자기(鍾子期)는 거문고 소리를 잘 알아들었는데, 백아가 일찍이 높은 산〔高山〕에 뜻을 두고 거문고를 타자, 종자기가 듣고 말하기를 "좋다, 높다란 것이 마치 태산과 같구나.〔善哉! 峨峨兮若泰山.〕"라고 하였고, 또 백아가 흐르는 물〔流水〕에 뜻을 두고 거문고를 타자, 종자기가 또 말하기를 "좋다, 광대한 것이 마치 강하와 같구나.〔善哉! 洋洋兮若江河.〕"라고 하여, 백아가 생각한 것은 종자기가 반드시 다 알아들었으므로, 종자기가 죽은 뒤로는 백아가 자기의 거문고 소리를 알아들을 사람이 없다 하여 마침내 거문고를 부숴 버리고 종신토록 다시는 거문고를 타지 않았다는 고사에서 온 말이다.《列子 湯問》 이는 흔히 지기지우(知己之友)가 없음을 한탄하는 뜻으로 쓰인다. 여기서 저자는 아무리 자신의 재능을 알아줄 사람이 없을지라도 홀로 즐기며 지내겠다는 뜻으로 한 말이다.

아우의 서신을 얻다

得舍弟信

아버지는 경상도에 행차하시고, 어머니는 도성에 계시어 아우와 누이가 모시고 있고, 병든 아내는 그의 모친을 모시고 충청도에 거주하는데, 이 여러 곳의 소식이 모두 나빠서 몹시 우려되어 마침내 쓰다.

어제 집에서 서신이 왔는데	昨者家書至
편안하다고는 하나 또한 걱정이 크도다	雖安亦大虞
영남 호남엔 도적 떼가 꽉 차 있고	嶺湖豺虎滿
경기 지방엔 보리가 전혀 없다고 하네	畿甸麥牟無
졸렬한 계책은 무논을 폐한 것이었고	下策畦田廢
변경 방어엔 장수들이 무능도 하여라	邊籌將帥駑
이러저러한 온갖 우려들이	紛紛萬端慮
무슨 일로 갇힌 선비에까지 미친단 말가	何事及囚儒

25일에 비가 오므로 기뻐서 앞의 운을 사용하다

二十五日雨喜用前韻

은하수가 빛난 지[546] 그 얼마나 오래던고	雲漢昭何久
뜻밖에 비가 주룩주룩 쏟아지누나	淋浪注不虞
해는 끝내 유년이라 쓰지 못할지라도[547]	年終莫書有
혹 재해는 없기를 점칠 수가 있겠네	災或可占無
근본을 튼튼히 함은 검수를 보존함이거니와[548]	固本存黔首
먼 길을 가는데 늙고 둔한 말을 버릴쏜가[549]	長途棄老駑

546 은하수가 빛난 지 : 《시경》 〈대아(大雅) 운한(雲漢)〉에 "밝은 저 은하수여, 빛이 하늘을 따라 도는도다.〔倬彼雲漢, 昭回于天.〕"라고 한 데서 온 말로, 하늘에 구름이 끼지 않고 계속 맑아서 가뭄이 든 것을 의미한다.

547 해는……못할지라도 : 유년(有年)은 대유년(大有年)과 같은 뜻으로 풍년을 이르는데, 유년이라고 쓴다는 것은 곧 풍년이 들었을 경우, 사관(史官)이 '유년'이라고 기록하는 것을 말한다. 204쪽 주457 참조.

548 근본을……보존함이거니와 : 검수(黔首)는 곧 관(冠)을 쓰지 않아 검은 머리를 드러내고 있다는 뜻에서 백성을 가리킨다. 여기서 근본은 역시 백성을 지칭한 것으로, 《서경》 〈오자지가(五子之歌)〉에 "백성은 나라의 근본이니, 근본이 튼튼해야만 나라가 편안하느니라.〔民惟邦本, 本固邦寧.〕"라고 한 데서 온 말이다.

549 먼 길을……버릴쏜가 : 춘추 시대 제(齊)나라의 관중(管仲)과 습붕(隰朋)이 일찍이 환공(桓公)을 수행하여 고죽국(孤竹國)을 정벌했는데, 봄에 갔다가 겨울에야 돌아오면서 옛 길을 잃어버리고 헤매게 되자, 관중이 말하기를 "늙은 말의 지혜를 쓸 만하다.〔老馬之智可用也〕" 하고, 이에 늙은 말을 풀어놓아 말 가는 대로 따라가다가 마침내 옛 길을 찾게 되었다는 데서 온 말이다. 《韓非子 說林》 여기서는 늙은 말이 길을 잘 알 듯이, 사람도 경험이 많은 노인이 모든 일에 도움을 줄 수 있다는 의미로

응당 어부와 함께 마시고 취하려니와[550] 應同醉漁父

난쟁이 광대와 함께 배부르지 않으련다[551] 不共飽侏儒

한 말이다. 두보(杜甫)의 〈강한(江漢)〉 시에 "예로부터 늙은 말을 보존하는 것은, 굳이 먼 길을 다니기 위함이 아니라네.〔古來存老馬, 不必取長途.〕"라고 하였다. 《杜少陵詩集 卷23》

550 응당……취하려니와 : 굴원(屈原)처럼 항상 깨어 있지 않고 술을 즐기겠다는 뜻으로 한 말이다. 195쪽 주436 참조.

551 난쟁이……않으련다 : 한 무제(漢武帝) 때 동방삭(東方朔)이 일찍이 무제에게 아뢰기를 "난쟁이는 키가 3척 남짓밖에 안 되지만 한 자루의 곡식을 받고, 돈 240을 받는데, 신 삭은 키가 9척 남짓이나 되지만 역시 한 자루 곡식을 받고 돈 240을 받으므로, 난쟁이는 배가 불러서 죽을 지경이고, 신 삭은 배가 고파서 죽을 지경입니다. 그러니 신의 말을 채용할 만하시면 예우를 그들보다 다르게 해 주시고, 채용할 만하지 못하면 파면해 주시어, 장안의 쌀만 축내도록 하지 마소서.〔朱儒長三尺餘, 奉一囊粟, 錢二百四十. 臣朔長九尺餘, 亦一囊粟, 錢二百四十. 朱儒飽欲死, 臣朔飢欲死. 臣言可用, 幸異其禮, 不可用, 罷之, 無令但索長安米.〕"라고 한 데서 온 말이다. 《漢書 卷65 東方朔傳》 여기서는 곧 벼슬길에 나가서 형편없는 자들과 함께 어울리지는 않겠다는 뜻으로 한 말이다. 두보는 이와 반대의 뜻으로 시를 썼는데, 그의 〈진주견칙목설삼거수사의랑필사요제감찰……(秦州見勅目薛三璩授司議郎畢四曜除監察……)〉에는 "난쟁이 광대 응당 함께 배부르리니, 어부는 홀로 깨어 있는 이를 꺼리었다오.〔侏儒應共飽, 漁父忌偏醒.〕"라고 하였다. 《杜少陵詩集 卷8》

29일에는 비가 넉넉히 와서 슬프고도 기쁜 정을 나타내다
二十九日雨足悲喜書情

계축년 사월 이십구 일에 비가 넉넉히 와서	癸丑四月廿九雨
무더운 섬 외론 신하 마음을 만족게 해 주네	差强炎洲孤臣心
어떻게 하면 어버이 계신 곳으로 훌쩍 날아가	安得歸飛北堂下
밤새도록 채색옷 입고 술잔을 올릴 수 있을꼬[552]	終宵綵衣醇醪斟

552 밤새도록……있을꼬 : 채색옷이란, 옛날 효자로 이름이 높았던 노래자(老萊子)가 그의 나이 70에 어린애처럼 채색옷을 입고 부모 앞에서 어린애처럼 장난을 하여 부모를 즐겁게 해 드렸던 고사에서 온 말이다. 61쪽 주103 참조.

아우 무회가 상선이 돌아오는 기회를 만나서 독존[553] 네 종류와 군자분[554] 한 개를 부쳐 보내왔으므로, 비를 맞으면서 손수 심다

舍弟無悔遇商舶之回寄送獨尊四種君子盆一事乘雨手植

나의 아우를 보지 못한 것이	不見吾之弟
지루도 하여라 가을하고 또 봄이 지났네	悠悠秋復春
연꽃은 국화와 귀하기가 똑같거니와[555]	蓮將菊同貴
빗물은 눈물과 함께 금세 쏟아지누나	雨與淚俱新
바닷속 산중에선 완상해 줄 이 없지만	海嶠無人賞
군자의 정신을 나만이 스스로 친하노라	精神只自親
알건대 내가 어느 날 저녁에 죽고 나면[556]	知予幾夕死
모래흙 속으로 죄다 묻혀 버리겠지	埋沒逐沙塵

553 독존(獨尊) : 홀로 존엄(尊嚴)하다는 뜻으로, 여기서는 곧 국화(菊花)를 가리킨다. 《소재집》 제3권 〈십익을 읊으면서 모두 고어를 주워 모아 기록하다〔詠十益盡掇古語以記〕〉 시에 국화를 가리켜 "오색 가운데 유독 귀한 노란 빛이요, 온갖 꽃 시든 뒤에 홀로 존엄히 피우네.〔五色中偏貴, 千花後獨尊.〕"라고 하였다.

554 군자분(君子盆) : 연꽃 분재를 말한 것으로, 이는 주돈이(周敦頤)의 〈애련설(愛蓮說)〉에 "연꽃은 꽃 중의 군자이다.〔蓮, 花中之君子也.〕"라고 한 데서 온 말이다.

555 연꽃은……똑같거니와 : 주돈이의 〈애련설〉을 근거로 삼아, 연꽃 또한 위에서 말한 사군자 중 하나인 국화와 귀함을 같이한다는 뜻으로 한 말이다. 111쪽 주214 참조.

556 내가……나면 : 공자의 말에 "아침에 도를 깨달았으면 저녁에 죽어도 괜찮다.〔朝聞道, 夕死可矣.〕"라고 한 데서 온 말이다. 《論語 里仁》 이는 곧 저자 자신이 바르게 살다가 어느 날 후회 없이 죽겠다는 뜻으로 한 말이다.

차운하여 수부[557]에게 답하고 겸하여 무회, 덕로[558]에게 보이다

次韻答秀夫兼示無悔德老

수부가 자못 가난함을 상심해하는 뜻이 있으므로 이러한 내용으로 답한 것이다.

사물은 본래 그림자가 없거니와[559]	有物本無影
사계절의 왕래는 종시 한 가지라네	四時終一般
운수의 통하거나 막힘을 겪어 보지 않으면	非因閒通塞
마음의 총명함과 완둔함을 어떻게 구별하랴	何以別靈頑
입으로는 서산에서 굶어 죽은 걸[560] 탄식하지만	口歎西山餓
마음으론 누추한 시골의 가난함[561]을 꺼리누나	心嫌陋巷艱

557 수부(秀夫) : 저자에게 서외숙(庶外叔)이 되는 이수부(李秀夫)를 가리킨다.

558 무회(無悔), 덕로(德老) : 무회는 저자의 아우인 노극신(盧克愼)의 자이다. 덕로는 정유인(鄭惟仁)의 자인 듯하나 자세하지 않다. 정유인은 중종 연간의 영의정 정광필(鄭光弼)의 손자로, 1504년(연산군10)에 출생하였고, 1543년(중종38) 식년 문과(式年文科)에 급제하였으며, 벼슬은 봉상시 정(奉常寺正)에 이르렀다.

559 사물(事物)은……없거니와 : 불가(佛家)에서 모든 사물을 유(有)가 아닌 허상(虛像), 즉 공(空)으로 보는 견해에서 온 말인 듯하나 자세하지 않다.

560 서산(西山)에서 굶어 죽은 걸 : 여기서 서산은 곧 수양산(首陽山)을 가리킨 것으로, 주 무왕(周武王)에 의해 은(殷)나라가 멸망된 뒤에는, 은나라 말기 고죽군(孤竹君)의 두 아들인 백이(伯夷), 숙제(叔齊)가 의리상 주나라의 곡식을 먹을 수 없다 하여 수양산에 들어가 은거하면서 고사리만 캐 먹다가 마침내 굶어 죽었던 데서 온 말이다.

561 누추한 시골의 가난함 : 공자의 제자 안회(顔回)의 고사에서 온 말이다. 114쪽 주226 참조.

누가 참으로 범을 무서워할 줄 알리오[562] 誰眞知畏虎

겨우 대롱 구멍으로 한 점 무늬나 엿볼 뿐이지[563] 才見管中斑

562 누가……알리오 : 고어(古語)에 "갓난 송아지는 범을 무서워하지 않는다.〔初生之犢不畏虎〕"라는 말이 있거니와, 즉 범한테 물려 보지 못한 사람은 범을 참으로 무서워할 줄을 모른다는 뜻에서, 여기서는 세상 경험이 부족하다는 의미로 한 말이다.

563 겨우……뿐이지 : 진(晉)나라 왕희지(王羲之)의 아들 왕헌지(王獻之)가 어렸을 적에 한번은 자기 부친의 문생(門生)들끼리 노름하는 것을 구경하다가 승부(勝負)가 판가름 나는 것을 보고는 "남방의 노래는 활기가 없다.〔南風不競〕"라고 하자, 한 문생이 왕헌지를 보고 말하기를 "이 아이도 대롱 구멍으로 표범을 엿보아 때로 한 점의 무늬만을 볼 뿐이다.〔此郎亦管中窺豹, 時見一斑.〕"라고 한 데서 온 말이다. 《世說新語 方正》 즉 대롱 구멍으로 표범을 보면 표범의 무늬 전체를 보지 못하고 겨우 그 일부분의 무늬만을 볼 수밖에 없다는 뜻에서, 식견(識見)의 좁음을 비유한 것이다.

무회가 다시 주향[564] 한 묶음을 부쳐 왔다 5월이다.

無悔復寄炷[565]香一束 五月

아우를 사랑한 이는 오직 이 형이거니와	自愛惟兄在
형의 맘을 알기론 아우만 한 이 없고말고	相知莫弟如
우선 향내를 코로 맡아 보려는 것이요	且要參鼻觀
옷자락에 배도록 하기 위함이 아니라네	非爲裛衣裾
밤을 짝한 외론 등불은 고요하고	伴夜孤燈靜
이른 아침엔 온 방이 허명하여라	凌晨一室虛
여기에 거짓 없는 참된 뜻이 있어	於斯有眞意
묵묵히 앉아서 홀로 글을 보노라	默默獨觀書

564 주향(炷香) : 사르는 향을 말한다.

565 炷 : 대본에는 '注'로 되어 있는데, 문맥을 살펴 바로잡았다.

서숙부를 작별하다

別孼叔父

숙부의 이름은 붕(鵬)인데, 아직 관례(冠禮)를 하지 않았다.

할아버지께서 만년에	先祖遲暮時
사랑이 온통 여기에 있었는지라	鍾情常在斯
내가 당신의 적손자인 때문에	以予嫡孫子
한 아이[566]를 내게 부탁하셨었지	托得一孩兒
팔 년 동안 흉화를 많이도 겪었는데	八載多凶禍
오늘 아침에 다시 이별을 하게 되었네	今朝更別離
눈물로 옷깃 적시며 남포를 향해 갈 제	沾衣向南浦
나는 홀로 앉아서 오만 생각에 젖노라	獨坐萬端思

여(予)가 다른 본에는 위(爲)로 되어 있다.

566 한 아이 : 여기서는 곧 저자의 서숙부(庶叔父)가 되는 노봉(盧鵬)을 지칭한 말이다.

진약이[567]의 시에 차운하다

次韻陳約而

강해에 쫓겨난 나그네는 몹시 외로운데	江海羈孤極
천지간에 사면령은 내리지를 않누나	乾坤渙汗零
십 년 전의 옛 친구와 서로 만나니	相逢十年舊
한 치 마음이 밝음을 절로 깨닫겠구려	自覺寸心明
차마 술을 딱 끊을 수야 있으랴마는[568]	忍斷杯中物
늪가에서 깨어 있는 것도 무방하겠지[569]	無嫌澤畔醒
백세의 유구한 세월 속에서	悠悠百世內
헛된 이름 아래 죽은 이가 그 몇이던고	幾箇死浮名

사(死)가 다른 본에는 노(老)로 되어 있다.

567 진약이(陳約而) : 약이는 성이 진씨인 아무개의 자인 듯하나 누구인지 자세하지 않다.

568 차마……있으랴마는 : 두보(杜甫)의 〈희제기상한중왕(戲題寄上漢中王)〉 시에 "차마 술을 딱 끊어 버리고, 좌우명만 볼 수가 있으리까.〔忍斷杯中物, 秖看座右銘.〕"라고 하였다. 《杜少陵詩集 卷11》

569 늪가에서……무방하겠지 : 늪가에서 깨어 있다는 것은 곧 굴원(屈原)이 조정에서 쫓겨나 늪가에서 읊조리며 다닐 적에 〈어부사(漁父辭)〉를 지었는데, 그 〈어부사〉에, 어부가 굴원의 초췌한 몰골을 보고는 "왜 이 지경에 이르렀느냐."라고 하자, 굴원이 말하기를 "온 세상이 다 탁하거늘 나 홀로 맑고, 뭇사람이 다 취했거늘 나 홀로 깨었는지라, 이 때문에 내가 추방되었노라.〔擧世皆濁, 我獨淸; 衆人皆醉, 我獨醒. 是以見放.〕"라고 한 데서 온 말이다. 195쪽 주436 참조. 여기서는 굴원처럼 깨어 있는 것도 무방하리라는 뜻으로 한 말이다.

진약이의 시에 차운하여 주고 작별하다

次陳韻贈別

만리 밖 솔개 떨어지는 장기 뿌연 곳[570]에	萬里墜鳶霧
열흘 동안이나 박초풍[571]이 불어 대누나	彌旬趠舶風
오늘 내 넋은 이미 흩어졌지만[572]	神魂今日散

570 만리……곳 : 후한(後漢)의 명장 마원(馬援)이 일찍이 남방(南方)인 교지(交阯)로 정벌을 나가서 적군 수천 급(級)을 참획(斬獲)하고 크게 격파하여 신식후(新息侯)에 봉해졌는데, 이때 군사들을 호궤(犒饋)하면서 부하 관속(官屬)에게 이르기를 "나의 종제 소유(少游)가 일찍이 말하기를 '선비가 세상에 나서 의식(衣食)이나 해결할 만하거든, 하택거(下澤車)를 타고 관단마(款段馬)를 몰고 선영의 분묘(墳墓)나 잘 수호하며 조용히 지내서 향리(鄕里)로부터 선인(善人)이라는 말만 들으면 될 것이요, 넘치는 행복을 구하는 것은 스스로 괴로울 뿐이다.'라고 하더니, 내가 이곳에 와서 미처 노(虜)를 멸하기도 전에 장열(瘴熱)의 훈증(薰蒸)으로 인하여 솔개가 수중(水中)으로 툭툭 떨어지는 것을 쳐다보면서, 내 종제가 평상시에 하던 말을 생각해 보았지만, 이제는 어쩔 수가 없구나."라고 한 데서 온 말이다. 《後漢書 卷24 馬援列傳》 여기서는 진도를 중국 남방의 장기가 극심한 교지에 빗대서 한 말이다.

571 박초풍(舶趠風) : 매년 음력 5월경에 거세게 부는 바람을 말한다. 소식(蘇軾)의 〈박초풍〉 시의 서(序)에 "오중에 매우가 지나가고 나면 열흘간에 걸쳐 맑은 바람이 거세게 불어온다. 해마다 이러한데, 호인들이 이 바람을 박초풍이라고 한다.〔吳中梅雨旣過, 颯然淸風彌旬. 歲歲如此, 湖人謂之舶趠風.〕"라고 하였다. 《蘇東坡詩集 卷19》

572 오늘……흩어졌지만 : 넋이 흩어졌다는 것은 곧 굴원(屈原)이 조정에서 쫓겨나 시름겨워 산택(山澤) 사이를 방황하다가 혼백(魂魄)이 흩어져 생명이 곧 끊어지게 된 것을 가련하게 여겨, 그의 제자인 송옥(宋玉)이 〈초혼(招魂)〉을 지어서 굴원의 정신을 회복시키려고 한 데서 온 말이다. 30쪽 주18 참조. 여기서는 역시 저자 자신을 굴원에 빗대서 한 말이다.

산천물색은 예전과 똑같구려　　物色舊時同
북방 사막에서 소무는 돌아왔고[573]　　朔漠歸蘇武
유주에서 공공은 죽고 말았네[574]　　幽州死共工
그리운 친구를 늘 생각하노라면　　相思意中友
북쪽 나무와 동쪽 구름이 떠오를 걸세[575]　　樹北與雲東

573 북방……돌아왔고 : 한 무제(漢武帝) 때 소무(蘇武)가 중랑장(中郎將)으로 흉노(匈奴)에 사신으로 갔을 때 흉노가 그를 억류하여 사람이 전혀 살지 않는 북해(北海)가에 안치했는데, 뒤에 한나라와 흉노 사이에 화의(和議)가 이루어지자, 억류된 지 19년 만에야 비로소 한나라로 돌아오게 되었던 데서 온 말이다. 《漢書 卷54 蘇武傳》

574 유주(幽州)에서……말았네 : 《서경》 〈순전(舜典)〉에 "공공을 유주에 유배하고, 환두를 숭산에 방치하고, 삼묘를 삼위에 유찬하고, 곤을 우산에 가두어 네 사람을 죄주시니, 천하가 다 복종하였다.〔流共工于幽洲, 放驩兜于崇山, 竄三苗于三危, 殛鯀于羽山, 四罪而天下咸服.〕"라고 한 데서 온 말이다. 《서경》에는 공공을 유배시킨 사실만 기록되었는데, 여기서 저자가 죽었다고 한 것은 곧 공공이 끝내 석방되지 못하고 그곳에서 죽었음을 의미한다.

575 그리운……걸세 : 북쪽 나무와 동쪽 구름이란 곧 두보(杜甫)가 일찍이 친구인 이백(李白)을 몹시 그리워하여 읊은 시에서 온 말이다. 233쪽 주519 참조.

10리 밖까지 나가서 전별주를 마시다

飮餞十里

그대를 만나서 하룻밤 대화한 것이	逢君一夜話
십 년 동안 글 읽은 것보다 낫단 말 있어[576]	勝讀十年書
병든 내가 예전엔 의심스럽게 여겼더니	病客昔嘗惑
지금은 그 말이 헛된 말이 아님을 알겠네	斯言今不虛
상심되기도 하여라 전괘령이여[577]	傷心錢掛嶺
석양 비낀 빈터에서 전별주를 마시네	把酒日斜墟
생사를 같이할 교정을 논하는 자리에	生死論交處
눈물이 옷깃 적시는 걸 누가 막겠는가	誰禁淚點裾

576 그대를……있어 : 정이(程頤)의 제자 아무개가 묻기를 "불가의 말에 '하룻밤 새에 깨닫는다.'느니, '말이 떨어지자마자 깨닫는다.'느니 하는 말들이 있으니, 무슨 뜻입니까?〔釋氏有一宿覺、言下覺之說, 如何?〕" 하자, 대답하기를 "고인이 이르기를 '그대와 함께 하룻밤 대화를 나눈 것이, 십 년 동안 글 읽은 것보다 낫구려.'라고 했으니, 만일 말하자마자 바로 깨닫는다면 어찌 십 년 동안 글 읽은 것보다 나을 뿐이겠는가.〔古人云: 共君一夜話, 勝讀十年書. 若於言下卽悟, 何啻讀十年書?〕"라고 하였다.《二程遺書 卷18 劉元承手編》

577 상심되기도 하여라 전괘령(錢掛嶺)이여 : 전괘령은 지금 상고할 길은 없으나, 《소재집》 권4에도 〈전괘령협정차운송구씨(錢掛嶺莢亭次韻送舅氏)〉라는 시제(詩題)가 있는 것으로 보아 진도 관내의 한 고개임은 분명하다 하겠다. 아마 이때 저자가 전괘령까지 손님을 전송한 것으로 추측된다. 상심된다는 것은 전별(餞別)의 자리이기 때문에 한 말이다.

흥취를 발휘하여 향교의 서쪽 기둥에 제하다
遣興題校西楹

허물어진 문묘에 해는 더디기만 하여라	毁廟白日遲
말은 못하고 속으로만 슬퍼할 뿐이로다	不言空內悲
고금 사람들의 배부르고 등 다순 게	古今人飽煖
필경 이것이 그 누구의 덕택이던가[578]	畢竟是誰爲

578 허물어진……덕택이던가 : 여기서 문묘(文廟)는 곧 진도(珍島) 향교(鄕校)의 공자 사당을 가리키는데, 허물어졌다고 한 것은 아마 그 당시에 이 사당이 허물어졌는데도 수리를 하지 않고 있었던 듯하다. 고금 사람들이 배부르고 등 다순 게 누구의 덕택이냐고 한 것은 곧 공자의 교화(敎化)로 인하여 모든 사람이 태평을 누리게 되었다는 뜻으로 한 말이다.

또 취하여 향교의 벽에 쓰다

又醉書校壁

세 번째 향교에 와 보니 일마다 생경하여라	三到黌堂事事新
취해 돌아와 회상하니 또다시 상심이 되네	醉歸回首更傷神
인간의 취하고 배부름을 사람마다 기뻐하건만	人間醉飽人皆喜
인간의 취하고 배부른 까닭을 그 누가 알꼬	誰識人間醉飽因

군수[579]가 화철환[580]을 어깨에 맞아 나오지 못하였다

郡守被火鐵丸中肩不出

그 전일에 화살을 맞아 활촉을 막 뽑은 상태였다.

수많은 전함들이 점차 물러가는 즈음에 衆艦漸遷退
외론 군대로 감히 그 앞을 막는단 말인가 孤軍遽敢前
날랜 기병들이 섬멸되고 군영까지 궤멸되고 驍殲且巢覆
활촉을 뽑자마자 이내 화철환을 맞았구려 鏃拔旋丸穿
변방의 분쟁이 시작되는 불화는 있었는데 有釁開邊隙
팔뚝 찢고 독을 제거할 의원은 없었네그려[581] 無醫鑿臂肩

579 군수(郡守) : 여기서는 바로 당시 진도 군수(珍島郡守) 조구(趙逑)를 가리키는데, 《명종실록(明宗實錄)》 8년 8월 11일 기사에 "조구는 전공 세우기를 좋아하고 적을 가벼이 여겨, 많은 관군을 죽게 하여 왜노들에게 비웃음을 사고 국가의 위엄을 실추시킨 것만도 이미 경악스럽습니다. 성질 또한 탐독하여 제주의 왜변을 인해서 군 장비를 무역한다고 핑계를 대고 민간에서 마구 긁어 들여 절반 이상을 자신이 차지하였으므로, 그 말을 들은 자들이 침을 뱉으며 더럽게 여겼습니다. 그를 파직하소서.〔趙逑, 喜功輕敵, 多殺官軍, 取笑於倭奴, 虧損國威, 已爲駭愕. 性且貪黷, 因濟州倭變, 托稱貿易軍裝, 聚斂於民間, 入己者過半, 聞之者莫不唾鄙. 請罷其職.〕"라는 내용이 보인다.

580 화철환(火鐵丸) : 당시 왜구(倭寇)들이 사용했던 화기(火器)의 한 가지인데, 조선에도 군기시(軍器寺)에서 화철(火鐵)을 만들었다는 기록이 보인다.

581 팔뚝……없었네그려 : 팔뚝을 찢고 독을 제거한다는 것은 곧 삼국(三國) 시대 촉한(蜀漢)의 명장 관우(關羽)의 고사에서 온 말이다. 관우가 일찍이 화살을 맞아 왼쪽 팔에 관통상을 입은 바가 있었다. 뒤에 상처는 나았으나, 매양 날이 흐리고 비오는 때를 만나면 팔뚝 뼈가 몹시 아팠는데, 의원이 말하기를 "화살촉에 독이 있어 그 독이 뼛속까지 들어갔으니, 팔뚝을 찢어 열어서 뼈를 긁어내어 독을 제거해야만 이 걱정이

평상시에 무비를 소략하게 했다가　　　　　　　　平居略武備

급한 때를 당하면 끝내 누구의 허물이던가　　　　顚沛竟誰愆

은밀히 관우(關羽)의 일을 사용하였다. 또 군수가 군을 다스린 지 해가 지났지만 전혀 무비(武備)를 일삼지 않았으므로, 여섯째 구절에서 그것을 언급하였으니,[582] 대개 사실을 기록한 것이다.

없어질 것입니다.〔矢鏃有毒, 毒入于骨. 當破臂作創, 刮骨去毒, 然後此患乃除耳.〕"라고 하자, 관우가 문득 팔뚝을 내밀면서 의원에게 수술을 하도록 하였다. 이때 마침 관우가 여러 장수와 음식을 먹고 있던 터라, 팔뚝에서 피가 줄줄 흘러내려 쟁반에 가득 찰 정도였으나, 관우는 불고기를 잘라 먹고 술을 마시면서 태연하게 담소(談笑)를 나누었다고 한다.《三國志 卷36 蜀書 關羽傳》 여기서는 진도 군수에게는 살촉의 독을 제거해 줄 의원도 없었다는 뜻으로 한 말이다.

582 그것을 언급하였으니 : 이는 곧 군수가 무비를 일삼지 않은 탓으로 관우처럼 화살을 맞게 되었다는 뜻으로 한 말이다.

고민을 떨쳐 버리다
排悶

나그네 신세로 하늘 한쪽에서 늙노라니 旅泊天邊老
수상히도 바다 상공에 전운이 감도누나 風煙海上殊
때때로 칠실에서 휘파람을 불기도 하고[583] 時時漆室嘯
사람마다 조조처럼 국사를 걱정도 하네[584] 箇箇祖朝虞
변경에 틈이 생겼는데 방수는 허술하고 境釁虛防戍

583 칠실(漆室)에서……하고 : 칠실은 춘추 시대 노(魯)나라의 읍명(邑名)인데, 노 목공(魯穆公) 때에 임금은 늙고 태자(太子)는 어려서 국사(國事)가 매우 위태로운 지경에 이르렀으므로, 칠실에 사는 한 소녀(少女)가 기둥에 기대어 슬피 휘파람을 불면서 나라를 근심하고 백성을 근심했다는 고사에서 온 말로, 흔히 낮은 신분으로 국사에 관심을 갖는 것을 비유하는 말로 쓰인다. 《列女傳 漆室女》

584 사람마다……하네 : 조조(祖朝)는 춘추 시대 진 헌공(晉獻公) 때 동곽(東郭)에 살던 백성인데, 그가 일찍이 상서(上書)하여 말하기를 "초야의 신하인 동곽의 백성 조조가 국가의 계획을 듣기를 원합니다.〔草茅臣東郭民祖朝, 願請聞國家之計.〕"라고 하였으므로, 헌공이 사자(使者)를 보내서 고하기를 "벼슬아치들이 이미 고려를 하고 있는데, 초야의 백성이 어찌 국사에 간여한단 말인가.〔肉食者已慮之矣. 藿食者尙何與焉?〕" 라고 하자, 조조가 대답하기를 "가사 벼슬아치들이 조정에서 국사의 계획을 잘못한다면 신과 같은 초야의 백성들이 어찌 전쟁으로 중원의 들판에서 죽음을 당하지 않을 수 있겠습니까. 그 화는 신의 몸에도 미칠 것이기에 신 또한 매우 걱정이 되는 바이니, 신이 어찌 국가의 계획에 간여하지 않을 수 있겠습니까.〔設使食肉者一旦失計於廟堂之上, 若臣等之藿食者, 寧得無肝膽塗地於中原之野與? 其禍亦及臣之身, 臣與有其深憂. 臣安得無與國家之計乎?〕"라고 하므로, 헌공이 그를 불러 보고는 마침내 그를 스승으로 삼았던 고사에서 온 말이다. 《說苑 善說》 여기서는 조조처럼 국사를 걱정하는 백성들이 어디에나 많다는 뜻으로 한 말이다.

해는 흉년인데 조세 징수만 다그치누나 年饑急索輸

중책[585]이나마 성상께 드릴 길이 없어 無由獻中策

도성을 향해 홀로 길이 탄식할 뿐이로다 天路獨長吁

585 중책(中策) : 중등의 계책이라는 뜻으로, 상등의 계책은 아니더라도 그저 쓸 만한 계책을 의미한다. 《한서(漢書)》 권94 하 〈흉노전(匈奴傳)〉에 "주나라는 중책을 얻었고, 한나라는 하책을 얻었고, 진나라는 계책이 전혀 없었다.〔周得中策, 漢得下策, 秦無策焉.〕"라고 하였고, 이백(李白)의 〈새상곡(塞上曲)〉에는 "한나라는 중책도 없었기에, 흉노가 위수 다리까지 범했었네.〔大漢無中策, 匈奴犯渭橋.〕"라고 하였다. 《李太白集 卷4》

새끼를 기르는 제비

乳燕

새끼 기르는 제비가 띳집을 드나들면서	乳燕通茆幕
새끼 먹이던 벌레가 필상[586]에 떨어졌네	哺蟲落筆牀
무사히 잘 길러 달포가 되어 가는데	居然向旬月
이미 빙빙 돌아 나는 걸 연습하는구나	已見習翺翔
먹이 받아먹는 네들은 뒤질세라 걱정이요	仰食爾恐後
어미 은혜 아는 나는 곁에서 보고 있노라	知恩余在旁
몹시 걱정스러워라 한번 헤어지고 나면	深憂一分散
눈서리 내릴 때에는 끝내 서로 잊겠지	霜雪竟相忘

묘(茆)가 다른 본에는 염(簾)으로 되어 있다.

팔월이 되면 서로 따라서 떠났다가	八月相隨去
내년 봄에는 절로 돌아올 줄 아리니	明春自識歸
만일 그때까지 이 주인이 있게 된다면	如教主人在
돌아와 옛 둥지 곁에서 나는 걸 보겠지	會傍故巢飛
이 세상엔 위험함과 속임수가 많지만	此世多危詐
네들에겐 아무도 시비할 자 없고말고	于渠莫是非
네 마리 새끼들에게 순순히 이르노니	諄諄語四子
둥지 나란히 지어 한 처마에 의지하거라	列壘一簷依

제비가 새끼 네 마리를 길러서 이미 자랐다.

586 필상(筆牀) : 옛날에 모필(毛筆)을 차곡차곡 뉘어 두던 기구를 말한다.

군수가 두 칸의 붕자[587]를 얽어 주어 나에게 무더위를 피하게 해 주었다

郡守結棚二間避予炎熱

군수가 이 나그네의 병든 몸이	郡守虞羈客
무더위에 고통받는 걸 염려하였네	天炎毒病身
소나무 가지는 화살처럼 곧게 세웠고	松枝樹如矢
겨릅대로 만든 그늘막은 은빛보다 하얗네	麻骨蔭勝銀
비바람이야 가리기 어렵다 하더라도	風雨從難蔽
술 그릇들은 늘어놓을 만하구려	壺罇自可陳
아침저녁으로 밀려오는 조수를 보노라니	朝曛看潮勢
제방이 터지면 아마도 침몰할 것만 같네	堤決想沈淪

587 붕자(棚子) : 대와 나무 등의 재료를 가지고 가설(架設)한 그늘막을 말한다.

왜구의 침해가 그치지 않다

倭寇未息

이 산 저 산 봉화 연기는 어지러이 피어오르고　列嶠烽煙亂
바닷가 나루마다에 급한 경보가 빗발치네　沿津羽檄催
변방 계책은 나 몰라라 안일만 탐하는데　邊謀潛玩愒
성상께서는 오래전부터 심려를 해 왔었지　聖慮久徘佪
그 몇 달이나 미미한 왜구를 봐 주었던고　幾月資微寇
바다 중류에 쌍돛대를 세워 놓았네그려　中流建兩桅
이 서생은 군영의 고각 소리 듣기 싫어라　書生厭鼓角
두렵고 겁나서 자주 머리를 돌린다오　恇愶首頻回

시름을 물리치며 두 수를 읊다 7월이다.

散愁二首 七月

얕은 항구에 버젓이 정박했어라	淺港居然舶
오래 굶주린 소소한 오랑캐들일세	長飢蕞爾蠻
응당 한 군교가 너무나 바쁜지라	應煩一軍校
문득 네 고을 군수까지 동원되었네	却起四城官
조정의 금장들은 연달아 회합을 갖고	禁將聯翩會
관찰사들은 줄을 이어 에워싸지만	藩臣絡繹圜
꺾인 돛대와 썩은 노를 가지고	摧檣與朽櫓
진퇴 간에 무용을 떨칠 수 있겠는가	進退得桓桓

바라보니 서로 전하는 봉화 빛은 하 많은데	烽望傳光衆
들으니 군대는 바삐 해체를 서둔다 하누나	兵聞解陣忙
적의 머리는 한 급도 바치지 못한 채	賊頭無一級
아군들의 몸은 상처투성이가 되었네	卒體有千瘡
백성은 물자 공급으로 집집마다 시달리고	供億家家弊
역리는 분주하다가 역참마다 초상이 났네	馳奔驛驛喪
이제부터라도 약쑥을 쌓아 둔다면[588]	從今尙蓄艾
교화가 이뤄져 백성이 재앙을 면하게 되련만[589]	成敎免民殃

588 약쑥을 쌓아 둔다면 : 모든 일을 항상 미리미리 대비하는 것을 비유한 말이다. 38쪽 주49 참조.

칠석에 거룻배를 띄워 노닐다
七夕汎艇

돛대에 돛 걸자 동풍은 순히 불어오는데　　掛席東風正
배 막 돌리자 저녁 비는 동이로 붓듯 하네　　回篷暮雨傾
어찌 굳이 학가를 타고 갈 것 있으랴만　　何須鶴駕去
오작교가 있다는 것도 낭설일 뿐이라오[590]　　浪說鵲橋成
산해의 타관살이는 석 잔 술로 지내거니와　　山海三杯酒
전쟁의 봉화는 칠 년을 겪어 온 정황일세　　風煙七載情
거나한 나머지에 장대한 마음 무너져라　　酣餘壯心折
항구 저 편에서 왜구와 접전이 벌어졌네　　隔港有交兵

이때 변방 장수가 하의도(何依島)까지 왜놈들을 추격했다고 들었는데, 그 하의도가 시야에 들어왔다.

589 교화(教化)가……되련만 : 맹자가 이르기를 "백성을 가르치지 않고 전쟁에 쓰는 것을 백성에게 재앙을 입힌다고 이르나니, 백성에게 재앙을 입히는 자는 요순의 세상에서는 용납되지 못하였다.〔不教民而用之, 謂之殃民. 殃民者, 不容於堯舜之世.〕"라고 한 데서 온 말이다. 《孟子 告子下》

590 어찌……뿐이라오 : 학가(鶴駕)는 신선(神仙)이 타는 수레를 말하고, 오작교(烏鵲橋)란 바로 칠석(七夕)날 밤에 견우(牽牛)와 직녀(織女) 두 별을 서로 만나게 하기 위하여 까막까치들이 모여서 은하(銀河)에 놓는다는 전설의 다리를 말한 것으로, 여기서는 저자가 칠석날 밤에 호수에 배를 띄워 노닐면서, 굳이 신선 수레로 은하수를 건널 것도 없거니와, 견우와 직녀가 오작교로 은하수를 건넌다는 말도 낭설이었다는 뜻으로 한 말이다.

중원[591]에 느낌이 있어 읊다

中元有感

계절에 따라 인간의 농사일을 마치고 나니	天時人事罷農功
온 세상이 세속 명절을 다 같이 즐기누나	萬里懽娛俗節同
쌀술 동이는 집집마다 응당 기울이려니와	秔酒隨家應倒甕
지전은 어느 절인들 공중에 날리지 않으랴[592]	紙錢何寺不飛空
이 몸은 관량의 달 아래 쓸쓸히 지내는데[593]	一身牢落關樑月
도적 떼는 영해 바람에 멋대로 날뛰는구나[594]	羣盜縱橫嶺海風

591 중원(中元) : 음력 7월 15일을 말한다. 이날을 중원절(中元節), 또는 백중절(百中節)이라고도 한다.

592 지전(紙錢)은……않으랴 : 지전은 종이를 돈 모양으로 만든 것을 말하는데, 옛날 미신(迷信)의 풍속에서 귀신에게 제사를 마친 다음, 이것을 불태워서 귀신의 노자로 삼게 하기도 하고, 혹은 공중에 날리거나 묘지에 걸어 놓기도 했다. 여기서는 사찰(寺刹)에서 하는 행사를 말하는데, 즉 음력 7월 15일 백중절을 불가(佛家)에서는 우란절(盂蘭節)이라 칭하여 우란분회(盂蘭盆會)를 거행한다. 이 행사는 곧 선조(先祖) 및 생존한 부모의 고통을 구제하기 위하여 여러 가지 음식을 장만해서 그릇에 담아 시방(十方)의 불승(佛僧)들에게 베푸는 불사(佛事)이다.

593 이 몸은……지내는데 : 관량(關樑)은 관문(關門)과 교량(橋樑)을 말한 것으로, 외진 변방을 의미하는데, 즉 저자가 달 밝은 백중절을 외진 변방에서 쓸쓸이 지내고 있음을 탄식한 것이다.

594 도적……날뛰는구나 : 영해(嶺海)는 중국의 오령(五嶺) 밖으로부터 남해(南海)를 굽어보는 지역을 말한 것으로, 이 또한 머나먼 변방에 비유하였다. 여기서는 저자가 머물고 있는 남해 지역에 왜구(倭寇)가 계속 침입하여 도적질을 일삼고 있음을 말한 것이다.

내가 다만 속히 저승으로 돌아간다면 但得遄歸九泉下
명년 오늘은 동서남북을 맘대로 다니겠지 明年此日任西東

세속에 전하는 말에 의하면, 중원절에는 저승에서 지옥문(地獄門)을 활짝 열고 죄수들을 방면한다고 하므로, 장난삼아 말한 것이다.

향로들이 모여서 군수를 위문하는 자리에 모임 전체의 말로 나를 초대했는데, 나는 몸이 아파 가지 못하고 시 한 수를 부치는 바이다

鄕老會慰其守合辭邀之辭病不赴仍寄一首

군수가 왜구의 화철을 맞은 곳이 막 나은 상태였다.

적의 화살이 처음에 관우를 놀래키더니[595]	流矢初驚羽
외진 성에서 끝내 구순을 빌리었네[596]	偏城竟借恂
호장을 준비한 이는 다 고을 부로들이요[597]	壺漿盡父老

595 적의……놀래키더니 : 관우(關羽)는 삼국(三國) 시대 촉한(蜀漢)의 명장(名將)인데, 그가 일찍이 화살을 맞아 왼쪽 팔에 관통상을 입었고, 나은 뒤에도 통증이 심하여 결국 의원(醫員)의 말에 따라 팔뚝을 찢어 열어서 뼈를 긁어내어 화살촉의 독을 제거하고야 완치가 되었던 고사에서 온 말이다. 261쪽 주581 참조. 여기서는 진도 군수(珍島郡守) 또한 적의 화살을 맞은 적이 있으므로, 그를 관우의 일에 빗대서 한 말이다.

596 외진……빌리었네 : 후한 광무제(後漢光武帝) 때에 구순(寇恂)이 하내 태수(河內太守) 등을 역임하면서 누차에 걸쳐 군도(群盜)를 평정하여 백성들을 편히 살게 해 주었다. 그가 뒤에 광무제를 따라 영천(潁川)의 도적을 평정하고 돌아갈 적에 영천의 백성들이 광무제의 행차를 가로막고 엎드려서 "구군을 1년만 더 이곳에 머무르게 해 주소서.〔復借寇君一年〕"라고 하소연을 하였다. 구순을 빌린다는 것은 곧 선정(善政)을 베푼 지방관에 대하여 백성들이 그가 더 머물기를 바라는 데에 비유한 말이다.《後漢書 卷16 寇恂列傳》 여기서는 당시 진도 군수가 유임(留任)된 것을 구순의 일에 빗대서 한 말인 듯하다.

597 호장(壺漿)을……부로(父老)들이요 : 호장은 대그릇에 담은 밥과 병에 담은 주장(酒漿)을 가리킨 것으로,《맹자》〈양혜왕 하(梁惠王下)〉에 "대그릇 밥과 병에 담은 주장으로 왕사를 맞이했다.〔簞食壺漿, 以迎王師.〕"라고 한 데서 온 말이다. 흔히 백성

병든 나그네는 유독 이 외로운 신하로다 羈病獨孤臣
먼 포구의 전란 기미는 아직 수상하지만 極浦風煙異
성상의 은택은 균평하게 내리었구려[598] 高天雨露均
병든 나는 술잔 잡아 축하할 길이 없어라 無由執盞祝
무비의 정비를 더욱 정하고 새롭게 하겠지 修備益精新

들이 자기들을 옹호해 주는 군대를 환영하고 위로해 주는 데에 비유하는데, 여기서는 곧 적탄을 맞았던 진도 군수를 백성들이 환영, 위로해 주는 데에 빗대서 한 말이다.

598 성상(聖上)의……내리었구려 : 이는 곧 진도 군수가 더 유임된 것을 말한 듯하나 자세하지 않다.

일 없이 서재에 있으면서 흥취를 느끼어 붓을 내려써 12운을 읊다

齋居無事感興下筆十二韻

맑고 서늘한 밤에 경침[599]을 베고 자고	警枕淸凉夜
이른 아침에 한가히 머리를 빗노라니	閑梳昧爽朝
대숲 바람은 오솔길의 국화를 흔들고	竹風留徑菊
소나무 이슬은 산초나무에 떨어지네	松露滴山椒
안석은 끌어다가 살살 먼지를 떨고	挈几輕輕拂
향은 손으로 집어서 조용히 피우네	拈香寂寂燒
원류는 활발발하게 흘러가는데[600]	源流活潑潑
신선 경계는 월등하여 아득기만 하구나[601]	境界逈迢迢
일생 사업은 세 시렁의 서책이요	事業書三架
검박한 생활은 한 표주박 물이로다	生涯水一瓢

599 경침(警枕) : 둥근 나무로 만든 베개를 말하는데, 이는 잠이 깊이 들지 못하게 하기 위하여 잠이 들면 곧 넘어져서 잠이 깨도록 한 것이라고 한다.

600 원류(源流)는 활발발(活潑潑)하게 흘러가는데 : 원류는 물의 근원, 또는 근원과 지류(支流)를 병칭하기도 하며, 활발발은 생기가 충만함을 말하는데, 이는 흔히 천지간에 성대히 유행하는 천도(天道)에 비유하며, 또는 사람 마음의 생동(生動)함에 비유하기도 한다.

601 신선 경계(神仙境界)는……하구나 : 신선 경계란 흔히 전설상의 신선 세계를 말하기도 하지만, 여기서는 특히 청심과욕(淸心寡慾)하여 세속(世俗)을 월등히 초탈한 심경(心境)을 말한 것이다. 아득기만 하다는 것은 곧 그 경지에 이르기가 어려움을 형용한 말이다.

친구에게서 막걸리 담글 쌀을 얻어 오고　　從朋得醪米
노복에게 땔나무를 해 오라 시키었네　　有僕課薪樵
도성 떠난 건 고향이 그리워서가 아니거니와[602]　　去國非懷土
미개한 곳에 삶은 어찌 교목에서 내려감이랴[603]　　居夷豈下喬
본래 숨죽이고 조용히 있는 걸 달게 여기니　　本來甘屛靜
끝내 향로의 초대를 사절함이 마땅코말고　　終合謝招邀
모든 일은 천명을 따를 뿐이요　　事事聽天命
바다 조류는 해마다 보노라　　年年看海潮
지행하던 고인은 이미 돌아갔고[604]　　知行古人逝

602 도성(都城)……아니거니와 : 저자가 도성을 떠난 것은 고향이 그리워서 일부러 떠난 것이 아니라는 뜻으로 한 말이다.

603 미개한……내려감이랴 : 맹자가 일찍이 대유(大儒)인 진량(陳良)의 제자 진상(陳相)이 자기 스승의 도를 배반하고 만이(蠻夷)인 허행(許行)의 도를 배우는 것을 보고 그를 책망하는 말 중에 《시경》 〈소아(小雅) 벌목(伐木)〉의 "깊은 골짝으로부터 나와서, 높은 나무로 옮겨 가도다.〔出自幽谷, 遷于喬木.〕"라는 시구를 인용하여 "나는 깊은 골짝으로부터 나와서 높은 나무로 옮겨 간다는 말은 들었어도, 높은 나무에서 내려가 깊은 골짝으로 들어간다는 말은 듣지 못했다.〔吾聞出於幽谷遷于喬木者, 未聞下喬木而入於幽谷者.〕"라고 한 데서 온 말이다. 《孟子 滕文公上》 높은 나무에서 내려간다는 것은 곧 학문 같은 것이 진취하지 못하고 오히려 퇴보하는 것을 의미하는데, 여기서는 곧 저자 자신이 멀고 미개한 곳에 유배를 와서 진도(珍島)에 살고 있는 것은 어찌할 수 없는 사정 때문이기에 자신의 인품이나 학문이 퇴보한 것은 아니라는 뜻으로 한 말이다.

604 지행(知行)하던……돌아갔고 : 여기서 지행은 왕양명(王陽明)의 지행합일(知行合一)의 설을 말한 듯하다. 왕양명의 《전습록(傳習錄)》 상(上)의 〈어록(語錄)〉에 "아는 것은 바로 행하자는 주의이고, 행하는 것은 바로 앎의 공부이니, 아는 것이 바로 행함의 시작이요, 행하는 것이 바로 앎의 이룸이다.〔知是行的主意, 行是知的工夫. 知是行之始, 行是知之成.〕" 하였고, 또 그의 《전습록》 중(中)의 〈어록〉에 나오는 '고동교(顧東橋)에게 답한 편지'에서 "앎이 진절하고 독실한 곳이 그게 바로 행이요, 행함에

본성이 가장 간절한 노친[605]은 멀리도 계시어라　情性老親遙
북두를 바라보니 천지는 넓기만 하고[606]　北斗乾坤蕩
남만 땅에도 해와 달은 밝기만 하네[607]　南蠻日月昭
아득하기도 해라 방소가 있어야 하는 한이　悠悠有方恨
꿈속에서는 때로 사라지기도 하누나[608]　時向夢中消

유경(留徑)이 다른 본에는 단과(團過)로 되어 있다.

밝게 깨닫고 정밀히 살핀 곳이 그게 바로 앎이니, 앎과 행함의 공부가 본래 서로 분리되지 않는다.〔知之眞切篤實處, 卽是行; 行之明覺精察處, 卽是知. 知行工夫, 本不可離.〕"라고 하였다.

605 본성이……노친(老親) : 부모가 세상에서 가장 가깝고 친하다는 의미로 한 말이다. 《한비자(韓非子)》 〈오두(五蠹)〉에 "사람의 친애하는 본성이 부모보다 앞설 사람이 없지만, 부모들은 모두 자식을 사랑하되, 자식을 반드시 선하게만 다스리지는 못한다.〔人之情性, 莫先於父母, 皆見愛而未必治也.〕"라고 하였다.

606 북두(北斗)를……하고 : 여기서 북두는 곧 임금이 있는 대궐을 지칭한 말로, 즉 임금이 계신 곳이 아득히 멀다는 뜻으로 한 말이다.

607 남만(南蠻)……하네 : 여기서 남만은 곧 저자가 유배된 진도를 지칭한 것으로, 즉 그곳에도 해와 달은 똑같이 밝게 비춰 주고 있다는 뜻으로 한 말이다.

608 아득하기도……하누나 : 방소가 있어야 하는 한(恨)이란, 공자가 이르기를 "부모가 생존해 계시거든 먼 데 가서 놀지 않으며, 놀아도 반드시 일정한 방소가 있어야 한다.〔父母在, 不遠遊, 遊必有方.〕"라고 한 데서 온 말로, 일정한 방소가 있어야 하는 까닭은 곧 자식이 어느 일정한 곳에 있을 경우, 부모가 혹 자식이 보고 싶어 부르고자 하면 곧 그곳을 알아서 부를 수 있도록 하는 의미이다. 《論語 里仁》 여기서 저자 자신은 바다 가운데 일정한 곳에 있기는 하지만, 부모가 설령 부른다 하더라도 도저히 갈 수가 없는 처지이기 때문에 '한'이라고 말한 것이다. 그러나 꿈속에서는 그 한이 때로 사라지기도 한다는 것은 곧 꿈속에서는 부모를 뵐 때가 있기 때문에 그때만은 '한'이 사라진다는 뜻으로 한 말인 듯하다.

박빈학에게 종이를 보내면서 그 봉투에 쓰다

送紙與朴贇鶴書其背

박빈학이 이때 도성에 가게 되었다.

정중하게 지백[609]으로 하여금	鄭重敎知白
익선[610]을 뒤따르게 하노라	殷勤逐翼仙
가을바람은 현포를 진동시키고	秋風動弦浦
지는 해는 건천에 환히 비추누나	落日照乾川
아우에겐 형 대신 안부를 물어 주련만	少弟寒溫候
부모 나이엔 기쁨과 두려움이 교차하네[611]	高堂喜懼年
그대 오기에 앞서 돌아오는 사자가 있거든	先君有歸使
소식을 자주 전해 주게나	消息數相傳

609 지백(知白) : 저지백(楮知白)의 약칭으로, '종이'를 의인화(擬人化)하여 이른 말이다. 소이간(蘇易簡)의 〈문숭호치후저지백전(文嵩好畤侯楮知白傳)〉에 "저지백은 자가 수현이요 화음 사람이다. 그의 선조가 상산에 은거하여 백화곡으로 들어가서 인하여 '곡'을 씨로 삼았다.〔楮知白, 字守玄, 華陰人也. 其先隱居商山, 入百花谷, 因谷氏焉.〕"라고 하였다. 《文房四譜 卷4》

610 익선(翼仙) : 박빈학(朴贇鶴)의 자이다.

611 부모……교차하네 : 공자가 이르기를 "부모의 나이는 기억하지 않아서는 안 되니, 오래 사시면 한편으로 기쁘고, 노쇠해지면 한편으로 두려운 것이다.〔父母之年, 不可不知也. 一則以喜, 一則以懼.〕"라고 한 데서 온 말이다. 《論語 里仁》

작별의 자리에서 차운하여 취해서 주다

別席次韻醉贈

질펀히 흐르는 찬 물결에 바람 솔솔 불어올 제	淡淡寒波嫋嫋風
사람 보내는 회포가 동서로 다 고통스럽네[612]	送人懷抱苦西東
포구 앞에 술자리 열고 담소를 나누노라니	浦前罇酒通談笑
한 점의 뜬구름인 양 만사가 그만이로다	一點浮雲萬事空

612 사람……고통스럽네 : 여기서 동서(東西)로 고통스럽다는 것은 곧 저자가 연일 동으로 서로 가는 사람들을 보내면서 그 작별의 아쉬움을 나타낸 말이다.

가을밤에 읊다 8월이다.

秋夜吟 八月

서늘한 비 성글게 내리고 어둔 달빛 흐를 제	凉雨疎疎暗月流
반쯤 닫힌 죽창 아래서 귀뚜리가 울어 대네	竹窓斜掩候蟲愁
덧없는 세상에 내 하찮은 남은 생명은	區區浮世殘生事
명년에도 가을을 만나느냐에 달렸을 뿐이네	爭箇明年又值秋

차운하여 취해서 정생에게 써 보이다

次韻醉題示鄭生

푸른 바다는 앞 언덕 아래 하 깊고 碧海深前岸
맑은 바람은 뒷동산에 불어오누나 清風動後園
남은 생애는 초야에 있고 싶을 뿐이요 餘生心在野
세상만사는 술 한 동이면 그만이라네 萬事酒盈罇
나는 이미 스스로 조사를 경시하거니[613] 已自輕操舍
끝내 어찌 고요함과 들렘을 구분하랴 終誰辨闃喧
길이 읊노라니 마음이 유쾌하지 않아 長吟意不愜
황혼 무렵까지 외로이 앉아 있노라 孤坐近黃昏

613 나는……경시하거니 : 조사(操舍)는 곧 선심(善心)을 보존함과 놓아 버림을 말한 것으로, 자세한 내용은 240쪽 주533 참조. 여기서 저자가 조사를 경시한다고 한 것은 곧 저자 자신은 그 선심 보존하는 것을 중요시하지 않는다는 뜻으로 한 말인 듯하다.

다시 '분' 자를 사용하다

復用分字

네 사람[614]이 각각 화답하였으므로, 다시 그들에게 수답한 것이다.

친구들은 삼익이 될 만하거니와[615]	舊好堪三益
새로운 시는 십분 만족하구려	新詩恰十分
해마다 친구를 자주 꿈만 꿨을 뿐이요	連年只頻夢
하루도 함께 취해 보지는 못했었지	一日不同醺
백발의 나이에도 향귤을 품에 넣고[616]	白首懷香橘
일편단심은 맛좋은 미나리를 먹는다오[617]	丹心食美芹
태평성대에서 이 몸이 홀로된 건	淸明身所獨
쓸쓸히 귀신과 무리를 지었기 때문일세[618]	落莫鬼爲羣

614 네 사람 : 구체적으로 누구누구를 가리키는지는 자세하지 않다.

615 친구들은……만하거니와 : 삼익(三益)은 세 가지 유익한 벗을 말한 것으로, 자세한 내용은 34쪽 주30 참조.

616 백발(白髮)의……넣고 : 삼국(三國) 시대 오(吳)나라의 효자(孝子) 육적(陸績)의 고사에서 온 말로, 육적에 대한 자세한 내용은 118쪽 주240 참조. 여기서는 곧 저자 자신이 백발의 나이에도 부모에 대한 효성은 육적과 같다는 뜻으로 한 말인지, 아니면 저자와 함께한 좌중의 어떤 나이 든 이에 대한 효성을 육적에 빗대서 한 말인지 자세하지 않다.

617 일편단심(一片丹心)은……먹는다오 : 이는 임금을 향한 충성심을 말한 것으로, 여기에 대한 자세한 내용은 210쪽 주470 참조.

618 쓸쓸히……때문일세 : 귀신과 무리를 지었다는 것에 대해서는 169쪽 주379 참조. 여기서는 저자 자신 또한 죄인의 몸으로 변방에 유배되어 요괴의 재해를 막게 되었다는 뜻으로 한 말이다.

수부[619]의 운에 차하여 두 수를 읊다
次秀夫韻二首

아무리 급할 때도 말은 공손해야 하고 造次言須孫
평상시에도 행실은 정직하게 해야지 尋常行欲方
아랫목과 부엌에 아첨할 줄은 다 알지만[620] 皆知媚奧竈
창랑가 불렀던 뜻은 모두 믿지를 않네[621] 不信詠滄浪
난난하면 종신토록 소인이 될 뿐이요[622] 赧赧終身溺

619 수부(秀夫) : 저자의 서외숙(庶外叔)이 되는 이수부(李秀夫)를 가리킨다.

620 아랫목과……알지만 : 아랫목은 임금에 비유하고, 부엌은 권신(權臣)에 비유한 것으로, 춘추 시대 위(衛)나라의 권신 왕손가(王孫賈)가 일찍이 공자에게 묻기를 "아랫목의 신에게 아첨하기보다는 차라리 부엌의 신에게 아첨하라는 말이 있으니, 무슨 말입니까?〔與其媚於奧, 寧媚於竈, 何謂也?〕"라고 하자, 공자가 이르기를 "그렇지 않다. 하늘에 죄를 얻으면 빌 곳이 없다.〔不然. 獲罪於天, 無所禱也.〕"라고 한 데서 온 말이다. 《論語 八佾》 여기서는 곧 온 세상 모두가 임금과 권신에게 아첨할 줄은 다 안다는 뜻으로 한 말이다.

621 창랑가(滄浪歌)……않네 : 창랑은 수명(水名)인데, 춘추 시대에 한 어린아이가 노래하기를 "창랑의 물이 맑거든 나의 갓끈을 씻고, 창랑의 물이 흐리거든 나의 발을 씻으리라.〔滄浪之水淸兮, 可以濯我纓; 滄浪之水濁兮, 可以濯我足.〕"라고 하므로, 공자가 그 노래를 듣고 이르기를 "소자들아, 들어 보거라. 맑으면 이에 갓끈을 씻고, 흐리면 이에 발을 씻게 되는 것이니, 스스로 취하는 것이다.〔小子聽之! 淸斯濯纓, 濁斯濯足矣, 自取之也.〕"라고 한 데서 온 말이다. 《孟子 離婁上》 창랑가를 불렀던 뜻이란 곧 처신을 정직하게 하면 모든 사람에게 존경을 받게 되고, 그렇지 못하면 천시(賤視)를 당할 수밖에 없다는 의미이다.

622 난난(赧赧)하면……뿐이요 : 난난은 부끄러워 얼굴이 붉어지는 모양인데, 이는 곧 남의 비위를 맞추기 위해 억지로 아첨을 하다가 양심에 가책을 받아 얼굴이 붉어진

영영하다간 끝내 미치광이가 되리라[623]	營營到底狂
숙수의 즐거움도 드리지 못하고	未能歡菽水
한갓 중유처럼 마음만 아파할 뿐이네[624]	徒用仲由傷
도덕 의리는 사람마다 고유한 것이지만	德義所固有
부귀공명은 우연히 오는 것이라네[625]	功名爲倘來
남은 생은 등에 땀이 흐를 지경이요[626]	殘生汗浹背

것으로, 자로(子路)가 말하기를 "뜻이 같지 않은데도 억지로 남의 비위를 맞춰 말하는 자는 그의 얼굴을 보면 부끄러워 붉어진다. 그런 사람은 내가 알 바가 아니다.〔未同而言, 觀其色赧赧然, 非由之所知也.〕"라고 한 데서 온 말이다. 《孟子 滕文公下》

623 영영(營營)하다간……되리라 : 영영은 염치를 불고하고 이끗만 추구하는 행위를 말한다. 미치광이가 된다는 것은 곧 이욕(利慾)에만 깊이 빠져들게 됨을 의미한다.

624 숙수(菽水)의……뿐이네 : 숙수는 콩과 물을 말한 것으로, 콩을 먹고 물을 마시는 아주 가난한 생활을 뜻한다. 중유(仲由)는 공자의 제자 자로(子路)의 성명인데, 자로가 일찍이 "마음 아파라 가난이여, 어버이가 생존했을 때는 봉양할 것이 없었고, 돌아가셔서는 예를 행할 수가 없도다.〔傷哉貧也, 生無以爲養, 死無以爲禮也.〕"라고 하므로, 공자가 이르기를 "콩을 먹고 물을 마실지라도 어버이의 마음을 즐겁게만 하면 그것을 효도라 하는 것이요, 어버이 초상 때는 머리와 발의 형체만을 겨우 염습하여 정해진 기간을 못 채우고 곧 장사를 지내면서 외곽을 쓰지 못하더라도 자기 형편에 맞게 하면 그것을 예라고 하는 것이다.〔啜菽飮水, 盡其歡, 斯之謂孝. 斂首足形, 還葬而無椁, 稱其財, 斯之謂禮.〕"라고 한 데서 온 말이다. 《禮記 檀弓下》 여기서는 저자 자신이나 저자의 서삼촌이 모두 숙수의 즐거움도 부모님께 드리지 못하는 형편이라는 뜻으로 한 말이다.

625 부귀공명은……것이라네 : 《장자(莊子)》 〈선성(繕性)〉에 "헌면이 내 몸에 있는 것은 내가 타고난 성명이 아니요, 외물이 우연히 내 몸에 와서 붙여 있는 것일 뿐이다.〔軒冕在身, 非性命也, 物之儻來寄也.〕"라고 한 데서 온 말이다. 헌면(軒冕)은 고관(高官)의 면복(冕服)과 거마(車馬)를 가리킨 것으로, 즉 부귀공명을 누리는 고관을 의미한다.

만사를 생각하면 눈물이 뺨을 적시누나　　萬事淚沾腮
불우하게 떠돌자니 천지는 넓기만 하고　　牢落乾坤大
깊이 묻혀 있으매 세월은 바쁘기만 하네[627]　　沈埋[628]日月催
날마다 물은 동쪽으로 흘러가는데　　朝朝水東去
한번 가면 돌아오지를 못한다오[629]　　一去不能廻

뇌락(牢落)이 다른 본에는 망탕(莽蕩)으로 되어 있다.

626 남은……지경이요 : 이는 곧 저자 자신이 죄인으로서 진작 죽지 못하고 아직껏 살아 있는 그 자체가 몹시 황공하고 부끄러울 뿐이라는 뜻으로 한 말이다.

627 깊이……하네 : 두보(杜甫)의 〈증비부소낭중십형(贈比部蕭郎中十兄)〉 시에 "정처 없이 떠돌자니 하늘은 넓기만 하고, 깊이 묻혀 있으매 세월은 바삐도 달리네.〔漂蕩雲天闊, 沈埋日月奔.〕"라고 한 데서 온 말이다. 《杜少陵詩集 卷1》

628 埋 : 대본에는 '理'로 되어 있는데, 문맥을 살펴 바로잡았다.

629 날마다……못한다오 : 세월은 한번 가면 다시 되돌릴 수 없음을 의미한다.

남 사군[630]에게 부쳐 누룩을 요구하다

寄南使君索麴

바다엔 거북 먹던 선인을 잃었고[631]	海失餐龜士
이웃엔 쌀 구걸하던 중도 없어라[632]	隣無乞米僧
늪가에 깨어 있단 핀잔이나 받을 뿐[633]	似從醒澤罵

630 남 사군(南使君) : 이름은 알 수 없으나, 남씨(南氏) 성을 가진 당시 진도 군수(珍島郡守)를 가리킨 듯하다.

631 바다엔……잃었고 : 거북을 먹었다는 것은 곧 진(秦)나라 때 방사(方士)였던 노오(盧敖)라는 사람이 일찍이 북해(北海)에서 노닐 적에 한 선인(仙人)을 만났는데, 그 선인이 마침 거북의 껍데기에 걸터앉아서 대합조개를 먹고 있었다〔方倦龜殼而食蛤蜊〕는 고사에서 온 말인 듯하다. 《淮南子 道應訓》 여기서 그런 선인을 잃었다는 것은 곧 저자 자신은 식량이 없이도 살 수 있는 방법을 배울 데가 없다는 뜻으로 한 말인 듯하다. 후세에 문인들은 이 고사를 인용하면서 흔히 '거북의 껍데기를 먹는다〔餐龜殼〕'는 뜻으로도 인용하였다.

632 이웃엔……없어라 : 한유(韓愈)의 〈기노동(寄盧仝)〉 시에 "옥천 선생은 낙양성 안에 사는데, 허름한 집 두어 칸이 있을 뿐이네.……선생은 젊어서부터 속된 무리들을 미워하여, 집에 들앉아 세상에 안 나온 지 어느덧 십여 년이 되었네. 지금까지 이웃 중이 쌀을 구걸해다 보내 줄 정도이니, 현윤이 된 내가 부끄럽지 않을 수 있겠는가.〔玉川先生洛城裏, 破屋數間而已矣.……先生結髮憎俗徒, 閉門不出動一紀. 至今鄰僧乞米送, 僕忝縣尹能不恥?〕"라고 한 데서 온 말이다. 《韓昌黎集 卷5》 여기서는 곧 저자의 몹시 곤궁한 처지를 노동에 빗대서 한 말이다.

633 늪가에……뿐 : 굴원(屈原)이 조정에서 쫓겨나 늪가에서 읊조리며 다닐 적에 〈어부사(漁父辭)〉를 지었는데, 그 〈어부사〉에 대한 자세한 내용은 195쪽 주436 참조. 여기서 저자는 실상 술이 없어서 못 마시는 것을, 일부러 안 마시고 깨어 있었던 굴원에 빗대서 한 말이다.

아무도 취향으로 불러 주지는 않누나[634] 不起醉鄕徵
먼지 낀 술잔은 텅 빈 게 부끄럽지만 塵爵虛相恥
오직 국화만은 스스로 과시하는구려[635] 霜花祗自矜
뉘에게 의탁해 누룩 공급을 받는단 말가 憑誰給麴糵
하루에 서 되 술이 그리웁구려[636] 可戀日三升

634 아무도……않누나 : 아무도 저자에게 술을 받아 줄 이가 없다는 뜻으로 한 말이다.

635 먼지……과시하는구려 : 도잠(陶潛)의 〈구일한거(九日閒居)〉 시에 "먼지 낀 술잔 텅 빈 술 그릇은 부끄럽지만, 국화만이 제 스스로 곱게 피었구나.〔塵爵恥虛罍, 寒華徒自榮.〕"라고 하였다. 《陶淵明集 卷2》

636 뉘에게……그리웁구려 : 수(隋)나라 말기에 왕통(王通)의 아우인 왕적(王績)이 어린 나이에 효렴(孝廉)으로 천거되어 육합현 승(六合縣丞)이 되었으나 술을 너무 즐긴 탓으로 정무에 방해가 되자, 스스로 병을 칭탁하고 향리(鄕里)로 돌아가 버렸다. 그 후 당 고조(唐高祖) 무덕(武德) 연간에 문하성(門下省)의 대조(待詔)로 들어가자, 그의 아우인 왕정(王靜)이 그에게 말하기를 "대조가 즐겁습니까?〔待詔可樂否〕"라고 하자, 그가 말하기를 "대조는 봉록이 박하고 더구나 쓸쓸한 자리임에랴. 다만 날마다 좋은 술 서 되씩 내려 주는 것이 조금 그리울 뿐이다.〔待詔俸薄況蕭索? 但良醞三升, 差可戀耳.〕"라고 한 데서 온 말이다. 《唐才子傳 卷8 隱逸》

또 보릿가루를 부쳐 준 데 대하여 사례하다

又謝寄麥粉

객지에 오래 머문 사람을 누가 기억해 주랴	久客何人記
남해의 다정한 남 사군뿐이로다	殷勤南海南
한 줄기 두 이삭 상서의 보리를 곱게 갈아[637]	精硏兩歧瑞
도시락밥도 달게 여긴 내게 멀리 보내왔네[638]	遠辦一簞甘
느릅나무 가루 죽으로 아침은 실컷 먹고[639]	楡屑資朝飫
국화꽃은 저녁거리가 넉넉히 된다오[640]	英飡助夕婪
다시 누룩의 풍미를 더해 주니[641]	還添麴風味

637 한 줄기……갈아 : 보리가 한 줄기에 두 이삭이 달리는 것은 곧 풍년이 들 길조(吉兆)라 하는데, 후한(後漢) 때 장감(張堪)이 어양 태수(漁陽太守)로 있을 적에 이런 상서가 있었던 데서 온 말이다. 173쪽 주392 참조. 여기서는 남씨(南氏) 성을 가진 군수(郡守), 즉 남 사군(南使君)의 선정(善政)을 후한의 장감에 빗대서 한 말이다.

638 도시락밥도……보내왔네 : 도시락밥도 달게 여긴다는 것은 곧 공자의 제자인 안회(顏回)의 곤궁했던 생활을 저자의 처지에 빗대서 한 말이다. 114쪽 주226 참조. 멀리 보내왔다는 것은 바로 군수가 보릿가루를 보내 준 것을 이른 말이다.

639 느릅나무……먹고 : 당(唐)나라 때 명신(名臣) 양성(陽城)이 일찍이 생활이 몹시 곤궁하여 느릅나무 가루 죽을 먹고 지낸 데서 온 말이다. 《신당서(新唐書)》 권194 〈탁행열전(卓行列傳) 양성〉에 "일찍이 흉년이 들었을 때 자취를 감추어 이웃 마을에도 가지 않고 들어앉아서 느릅나무 가루로 죽을 끓여 마시면서 경전 강론을 중지하지 않았다.〔歲飢, 屛跡不過鄰里, 屑楡爲粥, 講論不輟.〕"라고 하였다. 여기서는 저자 자신의 곤궁한 생활을 양성에 빗대서 한 말이다.

640 국화꽃은……된다오 : 굴원(屈原)이 일찍이 국화의 떨어진 꽃잎을 먹었다는 데서 온 말이다. 65쪽 주113 참조. 여기서는 역시 저자의 생활을 굴원에 빗대서 한 말이다.

이로써 반쯤은 거나하기에 넉넉하구려　　　足倚半生酣

이해 봄에 몹시 굶주렸기 때문에 이렇게 말한 것이다.

641 다시……주니 : 보릿가루가 누룩의 재료가 되기 때문에 한 말이다.

열나흘 밤에 읊다

十四夜

객지에 오래 머문 나그네가 병까지 많아	久客仍多病
가을밤이 더욱 길다는 걸 깨닫겠네	秋宵覺更長
벌레 소리는 작은 지게문에 모여들고	蟲聲集小戶
달빛은 차가운 방을 지나가누나	月影度寒房
세상에 난 것이 아무 쓸모없이 되었으니	生世徒爲爾
시국을 근심하는 게 어찌 가당할 바이랴	憂時豈所當
내일 아침이 바로 세속의 명절이라	明朝是俗節
곳곳마다 집 안을 깨끗이 소제하겠지	處處掃湜堂

중추절에 술을 마시다
仲秋飮酒

논마다 쓰러졌던 나락이 다 일어나고 畝畝秔禾起
마을마다 살구꽃이 화려하게 피었네[642] 村村杏艶繁
이런 때에 막걸리 잔을 기울이니 此時拈濁酒
애오라지 나그네 넋을 위로할 만하구려 聊得慰羈魂
덧없는 세상에 두 귀밑털은 헝클어졌고[643] 浮世雙蓬鬢
남은 생애는 반쪽 거적문이 전부로다 殘年半席門
깨고 나니 기상이 한결 좋아져서 醒來好氣像
조용히 앉아 성현의 말씀을 읽노라 靜讀聖賢言

642 마을마다……피었네 : 두목(杜牧)의 〈청명(淸明)〉 시에 "애야 술집이 어디메 있느냐고 물으니, 목동이 멀리 살구꽃 핀 마을을 가리키네.〔借問酒家何處有, 牧童遙指杏花村.〕"라고 한 데서 온 말로, 살구꽃 핀 마을이란 곧 술집을 가리키는데, 여기서는 바로 풍년이 들어 마을마다 집집마다 술을 빚어 마시게 되었다는 뜻으로 전용하였다.

643 두 귀밑털은 헝클어졌고 : 이는 바로 저자의 초췌한 형용을 말한 것이다.

면직되어 고향으로 돌아가는 군수를 보내다. 군수의 고향은 나의 처가와 같다

送主倅罷官還鄕鄕與吾氷家同

굶주린 복조는 맑게 갠 섬에서 날고[644]	飢鵩飛晴島
장열 쐰 솔개는 비 온 바다에 툭툭 떨어지는데[645]	炎鳶跕雨洋
맑은 새벽이면 항상 채소를 보내 주었고[646]	淸晨常荷菜
공무의 여가에 자주 함께 술도 마셨네	暇日數傳觴
쓸쓸한 생활은 중추의 끝자락에 이르렀고	落魄中秋晩
나그네 넋은 흩어진 지 하마 칠 년이 넘었다오[647]	羈魂七載强

644 굶주린……날고 : 가의(賈誼)의 〈복조부(鵩鳥賦)〉에서 온 말로, 자세한 내용은 122쪽 주250 참조. 여기서는 저자 자신의 처지를 가의에 빗대서 한 말이다.

645 장열(瘴熱)……떨어지는데 : 후한(後漢)의 명장(名將) 마원(馬援)이 남방(南方)인 교지(交阯)로 정벌을 나갔을 때의 일을 말한 것으로, 자세한 내용은 256쪽 주570 참조. 여기서는 역시 저자가 머물고 있는 진도(珍島)를 중국 남방의 장열이 심했던 곳에 빗대서 한 말이다.

646 맑은……주었고 : 두보(杜甫)의 〈원관송채(園官送菜)〉 시에 "맑은 새벽에 채소 단을 보내왔으니, 항상 지주의 은혜를 흠뻑 입었네.〔淸晨送菜把, 常荷地主恩.〕"라고 한 데서 온 말이다.《杜少陵詩集 卷19》 여기서는 옛날에 두보가 지주에게서 늘 채소를 받아왔듯이, 이곳 군수 또한 저자에게 늘 채소를 보내 준 것을 두보의 일에 빗대서 한 말이다.

647 나그네……넘었다오 : 굴원(屈原)의 제자인 송옥(宋玉)이 일찍이, 늪가에서 방황하며 시름겹게 지내는 스승의 넋이 혹 흩어져서 장차 생명을 잃게 될까 염려한 나머지 〈초혼(招魂)〉을 지어 스승의 넋을 회복시키고자 한 데서 온 말로, 자세한 내용은 30쪽 주18 참조. 여기서는 저자 자신의 처지를 굴원에 빗대서 한 말이다. 7년이란 저자가 진도에 유배된 이후의 기간을 말한 것이다.

이별에 임하니 갑절이나 서글퍼라 臨分倍惆悵
이는 필경 내 고향 생각 때문이겠지[648] 畢竟是思鄕

648 이별에……때문이겠지 : 이 시의 제목에 의하면, 이때 면직되어 돌아가는 군수의 고향이 저자의 처가댁과 같다고 하였는데, 저자의 처가댁이 바로 충주의 용탄동(龍灘洞)이고 보면, 이곳은 저자의 고향인 상주(尙州)와도 가깝기 때문에 더욱 고향 생각을 하게 된 것이다.

중구일에 읊다 9월이다.

九日 九月

그윽한 심사가 홀연히 쾌적지 못해　幽意忽不適
지팡이 짚고 북쪽 산언덕을 거니노라니　扶藜循北岡
노란 국화는 무슨 일로 피었는고　黃花何事發
오늘이 바로 중양일이로구려[649]　今日是重陽

649 노란……중양일(重陽日)이로구려 : 옛날에 음력 9월 9일, 즉 중양일에는 국화주(菊花酒)를 마시곤 했으므로 한 말이다.

배를 띄워 새벽에 출발했다가 밤에 돌아와서 두 수를 읊어 이루다

汎艇曉發夜歸吟成二首

은하수 빛은 삼경 밤에 희미해지고　河淡三更夜
바다 조수는 가을 구월에 불어나는데　潮肥九月秋
다만 어부의 물어 줌을 인연하여　直緣漁父問
짐짓 낚싯배의 놀이를 지었노라[650]　故作釣船遊
취중의 정신은 참으로 꿈처럼 몽롱한데　醉酒眞成夢
부질없이 낚싯줄에 바늘 달아 드리웠네　垂綸浪設鉤
맑은 새벽에 서서 길이 휘파람 부노라니　淸晨立長嘯
갈매기 백로가 두어 소리로 화답해 주네　鷗鷺數聲酬

언덕 위에서는 뱃사공을 보았더니　岸上看三老
바구니에는 팔초어[651]가 가득 쌓였네　籠中貯八梢

650 다만……지었노라 : 어부(漁父)의 물음이란 바로 굴원(屈原)의 〈어부사(漁父辭)〉에서 온 말이다. 〈어부사〉에 의하면, 굴원이 조정에서 쫓겨나 초췌한 형용으로 늪가를 방황할 적에 어부가 굴원의 초췌한 형용을 보고 어찌하여 이 지경에 이르렀느냐고 물은 데서 온 말로, 자세한 내용은 40쪽 주56 참조. 여기서는 저자가 이때 어부의 초대를 받아 낚싯배를 타고 선유(船遊)하였으므로, 굴원의 고사에 빗대서 한 말이다.

651 팔초어(八梢魚) : 문어(文魚)의 별칭이다. 문어는 긴 다리가 8개이기 때문에 이렇게 일컫는다. 이 시의 자주(自註)에서는 '산 낙지'를 먹었다고 하였으니, 문어와 낙지가 똑같이 다리가 8개이기 때문에 통용해서 쓴 말이 아닌가 싶다.

굼틀굼틀하매 머리는 어딘지 알 수 없고　蜿蜒首不辨
구부렸다 폈다 하니 다리는 서로 꼬이누나　伸屈股相交
아 살아 있는 것을 강식[652]하노라니　生物嗟强食
가는 배 안에 푸주가 가까움을 깨닫겠네　行舟覺近庖
맛난 음식은 동복에게까지 두루 나누어 먹이고　分甘遍僮僕
또 막걸리 바가지를 엎기도 하였네　且覆濁醪匏

산 낙지를 얻어서 삶아 먹었다. 생(生)이 다른 본에는 만(萬)으로 되어 있고, 행(行)이 다른 본에는 편(扁)으로 되어 있다.

652 강식(强食) : 약육강식(弱肉强食)의 뜻이 있고, 또는 아무리 먹기 싫어도 몸을 생각해서 억지로 음식을 먹는 의미로도 쓰이는데, 여기서는 저자가 '산 낙지'를 먹으면서 '약육강식'의 의미를 부여한 듯하다.

박빈곤의 계조모에 대한 만사

挽朴贇鵾繼祖母

상고하건대, 박빈곤은 박빈학의 형이다.

소나무 잣나무 울창한 망산[653] 길이요	松柏邙山路
풍광은 말끔한 푸른 바다 마을이로다	風光碧海村
수많은 사람들이 호리가[654]를 부르더니	千人唱蒿里
하룻저녁에 천문을 닫아 버렸네[655]	一夕掩泉門
차가운 해는 쓸쓸히 다 넘어가고	寒日蕭條盡
뜬구름은 적막하게 떠가는데	浮雲寂寞徂
하늘 한쪽에 붉은 명정 펄럭일 제	天邊有丹旐
이 나그네 심정은 청추일속[656]뿐이라오	客意束青芻

653 망산(邙山) : 낙양(洛陽) 북쪽에 있는 산명으로, 한(漢), 위(魏), 진(晉) 시대에 왕후(王侯)와 공경(公卿)들을 여기에 많이 장사 지냈던 데서, 묘지(墓地)의 뜻으로 쓰인다. 낙양 북쪽에 있었으므로 '북망산'이라 칭하기도 한다.

654 호리가(蒿里歌) : 죽은 이를 보내는 만가(輓歌)이다.

655 하룻저녁에……버렸네 : 천문(泉門)은 묘도(墓道)의 문을 말한 것으로, 닫아 버렸다는 것은 곧 장사를 지냈다는 뜻으로 한 말이다.

656 청추일속(青芻一束) : 푸른 꼴 한 묶음이라는 뜻으로, 후한(後漢) 때의 고사(高士)였던 곽태(郭太)가 일찍이 모상(母喪)을 당했을 적에 역시 당대의 고사로서 평소 곽태를 존경해 왔던 서치(徐穉)가 그곳에 조문을 가서는 곽태를 현사(賢士)로 존경하는 뜻에서 생 꼴 한 묶음만 여막(廬幕) 앞에 두고 상주(喪主)는 만나지도 않은 채 그냥 돌아가 버렸다. 사람들이 그 까닭을 알지 못하여 괴이하게 여기자, 곽태가 말하기를

저승 집은 적적하여 본디 긴긴 밤이련만	泉臺寂寂自長夜
세상길은 분잡스러움이 그칠 때가 없어라	塵路紛紛無已時
칠 년 동안 한 섬에 외로이 갇힌 나그네가	一島孤囚七年客
그 몇 번이나 만가의 시를 지어 노래했던고	幾番題作挽歌詩

해상에서 새로 알아 칠 년을 종유하다 보니	新知海上七年遊
가문의 명성 훌륭한 게 본디 까닭이 있었네	飽占家聲自有由
죄수 신세에 병든 나는 상여 줄도 잡을 수 없어	縲絏病身孤執紼
가을바람에 머리 돌려 만사만 쓸 뿐이로다	秋風回首寫哀誳

"그 사람은 반드시 남주의 고사 서유자일 것이다. 《시경》 〈소아(小雅) 백구(白駒)〉에서, 떠나는 현사를 보내기가 아쉬워 '흰 망아지에게 생 꼴 한 묶음을 먹이노니, 그 사람이 옥 같도다.'라고 하지 않았던가. 나는 그만한 대접을 받을 만한 덕이 없구려.〔此必南州高士徐孺子也. 詩不云乎: 生芻一束, 其人如玉! 吾無德以堪之.〕"라고 한 데서 온 말이다. 유자(孺子)는 서치의 자이다.《後漢書 卷53 徐穉列傳》 여기서는 곧 어진 상주에게 조문하는 뜻으로 위의 고사를 인용한 것이다.

지진손이 유자를 보내왔다. 지진손의 집에 유자나무 세 그루가 있는데 매우 무성하다

池進孫送柚子池有三樹甚盛

연기 안개는 세 그루에 듬뿍 끼었고	煙霧蒙三蓋
무늬는 청색 황색 두 가지가 섞이었지	文章雜二團
가벼운 바구니는 지사 근처에서 왔는데[657]	輕籠池榭近
한적한 내 오두막에다 살살 쏟아 놓았네	細瀉草亭閑
잎 달린 유자에 벼랑 바람이 일어날 듯	帶葉崖風起
노랗고 윤택한 살갗에 이슬이 남아 있네	凝膚野露殘
평생에 육랑의 눈물만 흘릴 뿐이로다[658]	平生陸郎涕
세월은 덧없고 가는 길은 험난하구려	日月道途艱

657 가벼운……왔는데 : 지사(池榭)는 지원 대사(池苑臺榭)의 약칭으로, 여기서는 곧 유자나무가 있는 근처의 지원 대사를 말하는데, 즉 그 근처에서 유자를 담은 바구니가 왔다는 뜻이다.

658 평생에……뿐이로다 : 육랑(陸郎)은 삼국(三國) 시대 오(吳)나라의 효자 육적(陸績)을 가리킨 것으로, 그가 나이 6세 때 원술(袁術)을 찾아가 알현했는데, 그 집에서 귤(橘)을 주자 몰래 품속에 넣어 가지고 가서 모친에게 드리려 했다는 고사에서 온 말이다. 118쪽 주240 참조. 여기서는 저자 자신은 귤이 있어도 부모님께 가져다 드릴 수 없음을 한탄한 것이다. 이때 저자가 유자(柚子)를 얻었으므로 이것을 육적의 귤에 빗대서 한 말이다.

김공이 후지가 준 시를 전해 보여 주므로[659] 그 운에 차하여 서로 그리워하는 정을 부치다
金公傳示厚之所贈詩仍次其韻以寓相思

후지의 시는 맑고 평온하고 고요한데 之也詩沖澹
늦가을 이때에 전해 온 시를 보았네 傳看在晚秋
주양의 생각은 똑같은 개념이었거니와[660] 朱楊思一概
도사의 솜씨와는 함께 노닐게 되었네[661] 陶謝手同遊

659 김공(金公)이……주므로 : 여기서 김공은 바로 조선의 문신 김익(金瀷)을 가리키고, 후지(厚之)는 곧 하서(河西) 김인후(金麟厚)의 자이다. 김인후가 김익에게 준 시는 《하서전집(河西全集)》 권8에 수록된 〈증김재청익(贈金載清瀷)〉이라는 제목의 시이다. 김익의 자는 재청(載淸), 호는 북일(北逸)이다. 그는 1540년(중종35) 문과에 급제한 이후 검열(檢閱), 지평(持平) 등 여러 관직을 역임하고 벼슬이 첨지중추부사(僉知中樞府事)에 이르렀다.

660 주양(朱楊)의……개념이었거니와 : 주양은 곧 송대(宋代) 도학(道學)의 연원 가운데 양시(楊時)와 주희(朱熹)를 병칭한 말인 듯하다. 즉 도학의 연원은 이천(伊川) 정이(程頤)를 비롯하여 양시, 나종언(羅從彦), 이동(李侗), 주희로 이어졌다. 여기서는 당시 김인후와 저자가 똑같이 도학에 정진하고 있다는 뜻으로 한 말이 아닌가 싶으나 자세하지 않다.

661 도사(陶謝)의……되었네 : 도사는 남조(南朝) 송(宋) 때의 도잠(陶潛)과 사영운(謝靈運)을 병칭한 말인데, 도잠은 전원시(田園詩)를 잘 지었고, 사영운은 산수시(山水詩)를 잘 지어서 두 사람이 모두 자연의 경물(景物)을 묘사하는 데 뛰어났다. 두보(杜甫)의 〈강상치수여해세료단술(江上値水如海勢聊短述)〉 시에 "어찌하면 도사와 같은 시상과 솜씨 지닌 이를 얻어, 그들로 하여금 시 짓게 하고 함께 노닐 수 있을꼬.〔焉得思如陶謝手, 令渠述作與同遊?〕"라고 한 데서 온 말이다. 《杜少陵詩集 卷10》 여기서는 또한 김인후와 저자 자신을 도잠, 사영운에 빗대서 한 말이다.

해마다 병이 침범한 걸 오히려 알겠노니 尙覺年侵病
거의가 시름 없애려 술 마신 때문이라오 多緣酒破愁
마주 앉아 담소를 나눌 길이 없는지라 無由對相笑
애는 끊어지고 정신만 좇아갈 뿐이로다 魂斷更神投

후지(厚之)와 나는 똑같이 술로 병든 사람이다.

홀로 삼성동[662]에서 노닐며 다섯 수를 읊다

獨遊三聖洞五首

높은 산 깊디깊은 골짜기를 바라보면서　望嶽深深洞

흐르는 물 따라 내려가 징검다리를 건넜네　沿流點點矼

황량한 봉수대엔 횃불 밑동만 남아 있고　荒臺殘炬跋

황폐한 절에는 승려의 발걸음이 끊어졌네　廢寺斷僧跫

갠 하늘 단풍 숲엔 붉은 놀이 내려앉은 듯　晴樹紅霞落

흐르는 샘물 방울은 벽옥이 서로 부딪는 듯　風泉碧玉撞

돌 위에 올라가 단정히 앉아서　翛然石上坐

외로이 읊조리니 흥취가 천하무쌍일세　孤咏儘無雙

이 산 이름은 첨찰(尖察)이다. 맨 위에 봉수대(烽燧臺)가 있고 그 사이에 또 삼성암(三聖庵)이 있었는데, 암자는 진작 폐해졌다.

바위는 넓어 세 사람이 앉을 만하고　巖闊三人席

모인 물은 깊어 반 길쯤의 못이 되었네　泓深半丈塘

고운 단풍잎 꽂히어 돌은 안 늙어 보이고　簪楓石不老

국화가 잠기어 물에서는 향내가 나누나　蘸菊水生香

한 발 달린 짐승은 이끼 위에 조용히 졸고[663]　一足眠苔靜

662 삼성동(三聖洞) : 옛날 삼성암이 있던 진도 첨찰산(尖察山) 골짜기를 말한다.

663 한 발……졸고 : 한 발 달린 짐승이란 곧 산귀(山鬼), 즉 다리가 하나만 달린 일종의 괴물인데, 《영가군기(永嘉郡記)》에 "안국현에는 산귀라는 것이 있어, 형체는 마치 사람 같으나 다리가 하나뿐이고, 키는 한 자 남짓한데, 소금 먹기를 좋아하여

비늘 없는 중택이는 먹이 쫓느라 바쁘구려　無鱗逐餌忙
나는 평소에 인지를 좋아했는데[664]　平生樂仁智
오늘 호방한 회포에 위로가 되었네　今日慰疏狂

장(丈)이 다른 본에는 묘(畝)로 되어 있고, 족(足)이 다른 본에는 각(脚)으로 되어 있다.

지는 해가 사람의 눈에 환히 들올 제　落日在人眼
산수의 경치가 십분 눈에 번쩍 뜨이네　十分泉石明
기다란 등덩굴 푸른 잣나무는 늙었고　長藤翠柏老
푸른 안개 조각 놀은 가볍기만 하여라　碧靄斷霞輕
외로운 지팡이 의지해 천천히 걸어 올라　款款移孤杖
쉴 새 없이 와서 한 잔을 기울이었네　行行倒一觥
병든 나에게 만일 이러한 게 있다면　病夫如有此
가만히 누워서 여생을 보낼 수 있으련만[665]　堅臥送殘生

나무 베는 사람의 소금을 매양 훔쳐 가곤 한다. 그놈은 사람을 그리 무서워하지 않고, 사람들도 그놈을 감히 범하지 못하는데, 범했다가는 즉시 봉변을 당하기도 한다. 특히 계곡 가운데서 게를 잡아먹기를 좋아한다.〔安國縣有山鬼, 形體如人而一脚, 裁長一尺許好噉鹽, 伐木人鹽, 輒偸將去. 不甚畏人, 人亦不敢犯, 犯之卽不利也. 喜於山澗中取食蟹.〕"라고 하였고, 두보(杜甫)의 〈유회태주정십팔사호(有懷台州鄭十八司戶)〉 시에 "산 귀신은 유독 다리가 하나뿐이고, 살무사는 나무처럼 기다랗네.〔山鬼獨一脚, 蝮蛇長如樹.〕"라고 하였다. 《杜少陵詩集 卷7》

664 나는……좋아했는데 : 인지(仁智)는 바로 공자의 말에 "지혜로운 자는 물을 좋아하고, 인한 자는 산을 좋아하며, 지혜로운 자는 동하고, 인한 자는 고요하며, 지혜로운 자는 즐겁고, 인한 자는 장수한다.〔智者樂水, 仁者樂山; 智者動, 仁者靜; 智者樂, 仁者壽.〕"라고 한 데서 온 말로, 좋은 산수(山水)를 이른 말이다. 《論語 雍也》

거나하니 천 필 비단이 손에 잡힐 듯[666]	醉捉千繒錦
미쳐서 백 쌍의 벽규를 내던져 놓은 듯[667]	狂抛百璧圭
돌난간에 기대었지만 붓이 없으니	石欄凭欠筆
차 잎새 가져다 앉아서 시 쓰기 어렵구려[668]	茶葉坐難題
석양 아래 구름은 골짜기에 드리우고	返照雲垂洞
가는 사람 앞에 시냇물은 꿀꿀 흐르네	歸人水咽谿
경치는 한번 웃으며 기뻐할 만하건만	堪供一笑喜
머리 돌리니 뜻이 온통 혼란스럽구나	回首意都迷

좌(坐)가 다른 본에는 인(引)으로 되어 있다.

665 병든……있으련만 : 여기서 '이러한 게'라고 한 것은 곧 첨찰산 삼성동의 좋은 산수 경치를 가리켜 한 말이다. 두보의 〈진주잡시(秦州雜詩) 금일명인안(今日明人眼)〉에 "오늘날에 사람의 눈을 번쩍 뜨이게 한 것은, 못가에 우뚝 서 있는 좋은 역정이로다.……병든 나에게 만일 이러한 게 있다면, 교외 은거지에 있는 거나 다름없으련만.〔今日明人眼, 臨池好驛亭.……老夫有如此, 不異在郊坰.〕"이라고 하였다.《杜少陵詩集 卷7》

666 거나하니……듯 : 천 필의 비단이란 곧 화려한 산수의 경치를 비단에 빗대서 말한 것이다.

667 미쳐서……듯 : 벽규(璧圭)는 옛날에 제왕(帝王)과 제후(諸侯)가 사용했던 옥(玉)을 말한 것으로, 여기서는 깎아지른 절벽을 벽규에 빗대서 한 말이다.

668 돌난간에……어렵구려 : 두보가 일찍이 〈배정광문유하장군산림(陪鄭廣文遊何將軍山林)〉이라는 제목의 시 10수를 지었고, 또 뒤에 지은 〈중과하씨(重過何氏)〉 시에 "돌난간에서 비스듬히 붓에 먹 찍어, 앉아서 오동잎에 시를 쓰노라.〔石欄斜點筆, 桐葉坐題詩.〕"라고 한 데서 온 말이다.《杜少陵詩集 卷2, 卷3》 두보는 당시 하 장군의 별장에서 붓이 있어 시를 쓸 수 있었지만, 지금 여기 저자는 붓이 없어 시를 쓰지 못한다는 뜻으로 한 말이다.

만년의 심경은 더욱 즐겁지 못하니 暮意更不愜
내가 장차 어디로 가야 한단 말인가 吾將何所歸
국화는 말의 머리에 꽂혀 있고 黃花揷馬首
단풍잎은 노복의 옷에 붙어 있네 紅葉貼奴衣
어찌 어려운 길의 위로를 지을쏜가 豈作窮途慰
참으로 본성에 어긋남이 혐의롭구려 眞嫌素性違
환락에 이어 슬픈 감정 치밀어 올라라 哀情繼懽樂
팔 년 동안 부모 계신 곳을 바라만 볼 뿐이네 八載望庭闈

이날 저녁에 이거[669]의 집에 가서 술을 마시고 취하여 노래하다. 이때 이거가 서울에서 막 돌아왔다

是夕過李琚酌醉歌時琚自京初歸

서울에 갔다가 잘 돌아왔는지라	京國歸來好
마을에서 만나 즐겁게 얘기를 나누노라니	鄕隣晤語良
단풍 숲은 나를 위해 붉어진 듯	楓林爲我赤
국화는 그대를 위해 노랗게 핀 듯하네	菊蕊對君黃
쇠하고 병든 몸에 석 잔 술을 마시었고	衰病三杯酒
바람 가린 등불 아래 온밤이 서늘쿠려	風燈一夜凉
취한 때에 두어 곡조를 노래하노라니	醉時歌數曲
나그네 생각이 유독 아득하기만 하여라	羈思獨茫茫

669 이거(李琚) : 자는 덕보(德寶)이고, 본관은 안악(安岳)이다. 1534년(중종29) 생원시(生員試), 진사시(進士試)에 각각 합격하였다.

고택에서 고기를 잡으면서 차운하다
漁于姑澤次韻

공자는 도를 근심해 바다에 뜨려 하였고[670]	仲尼憂道思浮海
범려는 모신책으로 호수에 뜨기 결단했지[671]	范蠡謀身決汎湖
도를 책임지지 못한 채 몸 또한 갇혀 있어	道不任身身又縶
칠 년 동안 고택항에서 조개만 줍고 있노라	七年姑港拾蒲盧

670 공자(孔子)는……하였고 : 공자가 일찍이 천하에 현군(賢君)이 없어 도(道)를 행할 수 없음을 탄식하는 뜻에서 가설적인 말로 이르기를 "도가 행해지지 않으니, 뗏목을 타고 바다에 떠서 떠나리라.〔道不行, 乘桴浮于海.〕"라고 한 데서 온 말이다. 《論語 公冶長》

671 범려(范蠡)는……결단했지 : 범려는 춘추 시대 월왕(越王) 구천(句踐)의 모신(謀臣)이었다. 월왕 구천이 일찍이 오왕(吳王) 부차(夫差)에게 회계(會稽)에서 치욕을 당한 뒤, 범려가 미인(美人) 서시(西施)를 오왕에게 바쳐 오왕의 마음을 현혹되게 하여 끝내 오나라를 멸망시키고 나서는 자신이 화(禍)를 입을까 염려하여 이내 월왕을 하직하고, 다시 서시를 데리고 서호(西湖)에 배를 띄워 함께 떠나 버렸던 고사에서 온 말이다. 《史記 卷41 越王句踐世家》

남도포의 도중에서 읊다 10월이다.

南桃途中 十月

만호(萬戶) 김수생(金水生)의 초대를 받아 중산(中山)에서 노닐다.

시월이라 열하룻날	十月十一日
아침 일찍 파리한 말을 타고 나설 제	平明羸馬騎
밀물은 광활한 칠전 바다에 밀려들고	潮生漆田闊
구름은 굴봉 높다란 곳에 뚝 끊어졌네	雲斷屈峯危
들에 비친 태양은 희미하게 떠오르고	野日荒荒轉
높은 절벽 바람은 살살 불어오누나	崖風款款吹
말채찍 휘두르며 동복에게 묻노니	揮鞭問僮僕
이곳을 놔두고 다시 어디를 간단 말이냐	捨此復何之

칠전(漆田)은 포구 이름이고, 굴봉(屈峯)은 산봉우리 이름이다. 사(捨)가 다른 본에는 종(從)으로 되어 있다.

남도진관의 판상에 쓰인 눌재 선생의 운[672]에 차하다

次南桃鎭館板上訥齋先生韻

칠 년 동안 잡념 없이 귀문관[673]에 조용히 누웠다가	七載冥心臥鬼關
오늘 아침 흥취를 일으켜 중산에 올라 보니	今朝發興上中山
큰 파도는 남으로 쳐 대어 광활한 눈 더미를 만들고	洪濤南蹴漫漫雪
섬들은 동으로 열 지어 있어 점점이 쪽머리 같구나	島嶼東排點點鬟
왜선들은 고래처럼 내달려 요해처를 꽉 채웠는데	群艣鯨奔實要害
우리는 작은 성의 오합지졸로 그들을 막고자 하네	片城烏合欲防閑
취해 읊던 이 축객도 도리어 붓을 던지고[674]	醉吟逐客還投筆

672 남도진관(南桃鎭館)의……운(韻) : 눌재(訥齋)는 조선 중기의 문신 박상(朴祥, 1474~1530)의 호이다. 그는 연산군(燕山君) 때 문과에 급제하여 정자(正字), 박사(博士) 등을 지내고, 중종 초기에 헌납(獻納)이 되어 종친(宗親)의 중용(重用)을 반대했다가 한산 군수(韓山郡守)로 좌천되었다. 그 후 수찬(修撰), 교리(校理) 등을 거쳐 담양 부사(潭陽府使)가 되어서는 순창 군수(淳昌郡守) 김정(金淨)과 함께 앞서 중종반정(中宗反正)으로 폐위된 단경왕후(端敬王后) 신씨(愼氏)의 복위(復位)를 청하는 상소를 올렸다가 중종의 진노를 사서 남평(南平)의 오림역(烏林驛)에 유배되었다. 뒤에 풀려나 충주(忠州), 상주(尙州)의 목사(牧使) 등을 지내고, 문과 중시(文科重試)에 장원하여 나주 목사(羅州牧使)를 지내고는 낙향하였다. 청백리(淸白吏)에 녹선(錄選)되었고, 문장가로 이름이 높았다. 다만 그가 진도 남도진관의 판상(板上)에 남긴 시에 대해서는 자세하지 않다. 《訥齋集》

673 귀문관(鬼門關) : 유배지(流配地)의 별칭으로, 자세한 내용은 151쪽 주328 참조.

674 취해……던지고 : 축객(逐客)은 유배된 사람을 지칭한 것으로, 여기서는 곧 저자 자신을 가리킨다. 붓을 던졌다는 것은 곧 후한(後漢) 때 반초(班超)가 일찍이 집이 가난하여 품팔이를 하고 지내다가 한번은 붓을 던지고 탄식하여 말하기를 "대장부가

장군에게 유세하노니 얼굴 펴고 웃지를 마오　　　遊說將軍莫破顏

별다른 지략이 없을진댄, 오히려 의당 부개자나 장건을 본받아 이역 땅에서 공훈을 세워 봉후를 취해야지, 어찌 오래도록 문필에만 종사할 수 있겠는가.〔大丈夫無他志略, 猶當效傅介子、張騫立功異域, 以取封侯, 安能久事筆研間乎?〕"라고 한 데서 온 말로, 이는 곧 문사(文士)가 문업(文業)을 버리고 무사(武事)를 선택하는 데 비유한다.《後漢書 卷47 班超列傳》 여기서는 바로 저자 자신 또한 국가를 위하여 외적(外敵)을 방어하겠다는 의지를 표현하는 뜻으로 한 말이다.

화살로 과녁을 쏘는 것을 구경하고 느낌이 있어 읊다
觀射革有感

이때 만호(萬戶) 김수생(金水生)이 활을 잘 쏘았는데, 이 군(郡)에 사는 배세량(裵世良)은 나이가 70인데도 활 솜씨가 김수생과 필적할 만하였다.

버들잎을 뚫던 절묘한 활 솜씨[675]로	才妙穿楊手
달을 떨어뜨릴 만한 활을 당기어라[676]	强彎落月弓
놀라고 환호함에 북소리는 둥둥 이어지고[677]	驚懽聽鼓續
상벌을 시행함에 벌주는 쌓일까 두렵구나[678]	賞罰怕籌同
굳세고 굳셈은 간성 같은 장수요[679]	赳赳干城將

675 버들잎을……솜씨 : 버들잎을 뚫는다는 것은, 춘추 시대 초(楚)나라의 대부(大夫) 양유기(養由基)가 활을 매우 잘 쏘아, 100보(步) 밖에서 버들잎을 쏘아 백발백중했다는 고사에서 온 말이다. 《史記 卷4 周本紀》 여기서는 곧 만호 김수생과 향인(鄕人) 배세량의 활 솜씨를 양유기에 빗대서 한 말이다.

676 달을……당기어라 : 이백(李白)의 〈대렵부(大獵賦)〉에 "이에 하늘가 닿을 듯한 긴 칼을 뽑아 들고, 달을 떨어뜨릴 만한 강한 활을 당기도다.〔于是擢倚天之劍, 彎落月之弓.〕"라고 한 데서 온 말이다. 《李太白集註 卷1》

677 놀라고……이어지고 : 활쏘기를 할 때 과녁을 맞힐 때마다 모두 환호성을 지르며 북을 둥둥 울렸던 데서 온 말인 듯하다.

678 상벌(賞罰)을……두렵구나 : 벌주(罰籌)는 벌주(罰酒) 잔을 세는 산가지를 말한 것으로, 즉 활쏘기에서 이긴 자에게는 상을 주고, 진 자에게는 벌주를 마시게 했던 데서 온 말이다.

679 굳세고……장수요 : 《시경》 〈주남(周南) 토저(兎罝)〉에 "굳세고 굳센 무부여, 공후의 간성이로다.〔赳赳武夫, 公侯干城.〕"라고 한 데서 온 말로, 여기서는 만호 김수생을 빗대서 한 말이다.

의기양양함은 확삭하던 늙은이 같네[680] 揚揚矍鑠翁
이 서생은 덕행을 보자는 게 아니요[681] 書生不觀德
곧장 왜놈의 기세만 꺾고 싶을 뿐이라네 直欲折倭鋒

680 의기양양함은……같네 : 확삭(矍鑠)은 용맹이 있는 모양을 형용한 말로, 후한(後漢)의 명장 마원(馬援)이 62세의 노령(老齡)으로 다시 전쟁에 나가려고 하였으나, 임금이 그의 연로함을 안타깝게 여겨 윤허하지 않으므로, 마원이 짐짓 몸소 갑옷을 입고 말안장에 올라앉아 이리저리 돌아보며 몸을 가볍게 놀려서, 아직도 쓸 만하다는 것을 보이자, 임금이 이르기를 "확삭하도다, 이 늙은이여.〔矍鑠哉, 是翁也!〕"라고 한 데서 온 말이다.《後漢書 卷24 馬援列傳》여기서는 진도의 향인으로 당시 활을 잘 쏘았던 배세량을 후한의 마원에 빗대서 한 말이다.

681 이 서생은……아니요 :《예기》〈사의(射義)〉에 "활 쏘는 것은 진퇴와 주선함이 반드시 예에 맞게 하나니, 속의 뜻이 바르고 겉의 몸이 곧은 다음에야 궁시를 잡는 것이 세밀하고 견고해지며, 궁시를 잡는 것이 세밀하고 견고한 다음에야 맞히는 것을 말할 수 있으니, 이는 곧 덕행을 볼 수 있는 것이다.〔射者, 進退周旋, 必中禮. 內志正, 外體直, 然後持弓矢審固. 持弓矢審固, 然後可以言中. 此可以觀德行矣.〕"라고 한 데서 온 말인데, 여기서 저자는 활을 쏘아서 덕행을 보자는 것이 아니라, 왜놈을 물리치는 것만을 생각할 뿐이라는 뜻으로 한 말이다.

만호에게 주다

贈萬戶

진영은 남도포에 조그맣게 설치되었고 鎭設南桃小
성은 우뚝하여 수많은 섬을 굽어 임했네 城臨亂嶼崇
강물은 멀리 오른쪽을 뚫고 흘러가고 河流遙透右
일본은 동쪽에서 곧장 쳐들어오누나 日本直衝東
도망친 죄인들은 배를 연결해서 모여들어 結舶逋逃萃
칼날을 서로 잇대어 노략질을 함께 해 대네 連鋒剽竊同
그 누가 토벌과 방수에 대비할 수 있으랴 誰能備戰守
자네는 다시 청직과 충성까지 갖췄네그려 子復具淸忠

이에 앞서 다른 만호는 끝없이 백성을 침탈했는데, 지금 만호는 백성들에게서 돈 한 푼도 받지 않고 오직 군사(軍事)에 관한 설비(設備)만을 힘쓰고 있다.

두통에 대한 시 85운을 지어서 아픈 증상을 갖추 서술하여 스스로 마음을 풀다

頭疼詩八十五韻備述疼狀以自遣

가정 계축년[682]이요	嘉靖癸丑歲
월건으로 해월인 시월 십육 일에	既望建亥月
노자가 바야흐로 글을 읽는데	盧子方讀書
편두통이 갑자기 발작하는구나	偏頭疼暴發
어찌 이렇게 갑자기 발작한단 말인가	是何發之暴
고질병이 그치는 때가 없구려	痼疾罔時歇
거년에도 몹시 괴로워 끙끙 앓았는데	前年劇唸吚
금년에도 몹시 괴로워 정신이 멍해지네	今年更慌惚
처음 막 발작할 때에는	當其初發時
오직 속히 쓰러져 죽고만 싶다가	惟欲速僵蹶
잠시 후에 통증이 진정되고 나서야	少焉及痛定
바야흐로 내 머릿골이 있음을 깨닫겠네	方覺在我顱
늙은 여종은 술을 찾아 데워 주고	老婢索酒煨
늙은 노복은 급히 방구들에 불을 지펴 주어	長鬚亟爕堗
이불 두껍게 덮고 눠 봐도 끝내 땀이 안 나서	厚被竟莫汗
일어나서 다시 버선을 신고 앉았노라니	起而復帶襪

682 가정(嘉靖) 계축년 : 가정은 명 세종(明世宗)의 연호인데, 계축년은 곧 1553년(명종8)으로, 명 세종 32년에 해당한다.

오른쪽 뒤통수에 통증이 극심해져라 涔涔後頂右

어찌 그리도 통증이 갑자기 심해진단 말인가 何其興也勃

살점을 한점한점 툭툭 두드려 오는 듯 搯入切切肉

모지라진 짧은 머리털을 낱낱이 뽑아내는 듯 鑷出種種髮

살가죽을 조각조각 벗겨 내는 듯 剝皴片片皮

도끼로 휙휙 뼛조각을 부서뜨리는 듯 砉髏碎碎骨

아무 소리도 안 들려라 청관[683]을 빼내 버린 듯 沈沈挻聽官

고동치는 기세는 천돌[684]에 은은히 울리누나 洶洶隱天突

눈꺼풀을 뜨고 똑바로 살펴보기도 하고 矘矘瞳瞼督

입 벌리고 치아를 딱딱 다지기도 해 보네 呯呯齻齞揭

신정은 언뜻언뜻 번복을 해 대고[685] 神庭倏飜覆

백회는 때때로 뜨다 잠기다 하고[686] 百會時浮沒

지쳐서 흐른 진땀은 들들 볶여 말라 가고 勞液煎煎枯

요동치는 맥혈은 술술 새어 고갈되누나 盪血滲滲竭

683 청관(聽官) : 청기(聽器)와 같은 뜻으로, 귀〔耳〕의 별칭, 또는 청력(聽力)의 뜻으로 쓰인다.

684 천돌(天突) : 한의서(漢醫書)에 의하면, 사람의 목구멍 아래로 네 치쯤에 있다는 혈위(穴位)의 이름이다.

685 신정(神庭)은……대고 : 신정은 두부(頭部)의 발모(髮毛)가 생장하는 가장 가의 부분, 즉 발제(髮際)에 있다는 혈위(穴位)의 명칭인데, 여기가 번복한다는 것은 무슨 의미인지 자세하지 않다.

686 백회(百會)는……하고 : 백회는 정수리의 한 중앙에 위치한 혈위(穴位)의 명칭이고, 뜨다 잠기다 한다는 것은 곧 한의학에서 사람의 맥상(脈象)을 말할 때, 겉으로 현저히 드러나는 맥을 부맥(浮脈), 속에 잠복하여 드러나지 않는 맥을 침맥(沈脈)이라 일컫는 데서 온 말이다.

정신은 모였다 흩어졌다 하고 精神集若散
수족은 더웠다가 이내 썰렁해지곤 하네 手脚熱乍瘷
아이가 달려와 해골을 끌어안을 땐 兒奔抱髑髏
지탱하는 소리가 불안하기만 하여라[687] 枝撑聲窸窣
혹은 솜 둔 옷을 껴입기도 하고 或重以縕袪
혹은 곱고 윤택한 모직물로 바꿔도 입고는 或換以沃紱
머리로 병풍 받고 곧 베개에 엎드려 있노라면[688] 觸屛旋伏枕
우뚝한 흙덩이처럼 우매할 뿐이로다[689] 怐愗塩崒屼
진실로 온갖 병증을 다 갖추었으니 百證信具備
수많은 증상에 어찌 하나인들 빠뜨렸으랴 萬狀詎一闕
혹 급히 찍어 대는 건 딱따구리 같기도 하고 或敲急若鴷
혹 후려치는 건 송골매 같기도 하고 或搏戞若鶻

687 아이가……하여라 : 여기서 해골이란 바로 저자 자신의 바싹 야윈 모습을 형용한 말로, 즉 어린아이가 저자에게 달려들어 끌어안고 어리광 부릴 때면 그 아이조차도 감당할 기력이 없어 몸이 휘청거린다는 뜻으로 한 말인 듯하다. 두보(杜甫)의 〈자경부봉선현영회오백자(自京赴奉先縣詠懷五百字)〉 시에 "강물의 다리는 다행히 뜨지 않았지만, 괸 나무의 소리가 불안하기만 하구나.〔河梁幸未坼, 枝撑聲窸窣.〕"라고 하였다. 《杜少陵詩集 卷4》

688 머리로……있노라면 : 머리로 병풍을 받는다는 것은 곧 졸음이 와서 자신도 모르게 병풍에 머리를 부딪치게 됨을 이른 말이다. 《한서(漢書)》 권66 〈진만년전(陳萬年傳)〉에 "진만년이 병들었을 때 그의 아들 함을 와상 아래로 불러 놓고 경계의 말을 이를 적에 한밤중에 이르자 함이 졸다가 머리로 병풍을 받았다.〔萬年嘗病, 召咸教戒於牀下. 語至夜半, 咸睡頭觸屛風.〕"라고 하였다.

689 우뚝한……뿐이로다 : 한유(韓愈)의 〈남산시(南山詩)〉에 "망연히 시험 삼아 머리 들어 바라보면, 흙덩이가 가득 막힌 듯 우매함만 낼 뿐이네.〔茫如試矯首, 塩塞生怐愗.〕"라고 하였다. 《東雅堂昌黎集註 卷1》

혹은 어미를 쪼는 올빼미 같기도 하고[690]	或若啄母梟
혹은 두더지를 씹어 먹는 물수리 같기도 하고	或若噍鼴鷲
혹은 그림자를 쏘아 대는 물여우 같기도 하고[691]	或射影若蜮
혹은 꼬리의 독침을 쏘아 대는 전갈 같기도 하고	或螫氣若蠍
혹은 창자를 가르는 살무사 같기도 하고[692]	或若拆腸蝮
혹은 창으로 찌르는 방게 같기도 하고[693]	或若鬪戟蛆
혹은 경알이 물어뜯는 것 같기도 하고[694]	或若獍猰噬
혹은 들소나 놀란 말이 깨무는 것 같기도 하고	或若犦驍齕
혹은 성난 범이 발톱으로 할퀴는 것 같기도 하고	或若虓爪攫
혹은 멧돼지 어금니로 찔러 대는 것 같기도 하고	或若豨牙揳

690 어미를……하고 : 한유의 〈맹동야실자(孟東野失子)〉 시에 "올빼미는 어미의 뇌를 쪼아 먹고, 어미가 죽고 나서야 새끼가 비로소 난다.〔鴟梟啄母腦, 母死子始翻.〕"라고 한 데서 온 말이다. 《東雅堂昌黎集註 卷4》 또 《설문(說文)》에 "올빼미는 어미를 잡아먹으므로 불효한 새이다.〔梟食母, 不孝鳥.〕"라고 하였다.

691 그림자를……하고 : 《시경》 〈소아(小雅) 하인사(何人斯)〉에 "귀신이나 물여우는, 볼 수나 없거니와, 너는 뻔뻔스레 얼굴을 들어, 끝없이 사람을 보는구나.〔爲鬼爲蜮, 則不可得, 有靦面目, 視人罔極.〕"라고 한 데서 온 말인데, 물여우란 물속에 사는 독충(毒蟲)으로, 사람의 눈에 띄지 않으면서 사람의 그림자를 보고 독기(毒氣)를 쏘면 사람이 병든다고 한다.

692 창자를……하고 : 한유의 〈맹동야실자(孟東野失子)〉 시에 "살무사는 새끼를 낳을 때에, 어미의 창자와 간을 가르고 나온다네.〔蝮蛇生子時, 坼裂腸與肝.〕"라고 한 데서 온 말이다. 《東雅堂昌黎集註 卷4》

693 창으로……하고 : 창으로 찌른다는 것은 곧 방게의 집게발은 마치 칼처럼 예리하여 그 발로 먹이를 취하기 때문에 '옹검(擁劍)'이라는 별칭을 갖고 있는 데서 온 말이다.

694 경알(獍猰)이……하고 : 경알은 두 악수(惡獸)의 이름인데, '경'은 어미를 잡아먹는다는 짐승의 이름이고, '알'은 사람을 잡아먹는다는 짐승의 이름이다.

혹 얕게는 까끄라기에 찔린 것 같기도 하고 或淺若受芒

혹 깊게는 말뚝을 쳐 대는 것 같기도 하고 或深若椓橛

혹 잘게는 자자형을 가하는 것 같기도 하고[695] 或細若利黥

혹 크게는 무서운 도끼로 찍는 것 같기도 하고 或鉅若威鉞

혹은 쇠북을 치듯이 때리기도 하고 或摐若鐘鏞

혹은 공갈[696]을 연주하듯 치기도 하고 或揳若椌楬

혹은 천둥 벼락으로 때리는 것 같기도 하고 或撇若霹靂

혹은 비갈에 명을 새기는 것 같기도 하고 或劂若銘碣

혹은 탄환으로 과녁을 맞히는 것 같기도 하고 或彈若中的

혹은 대포를 쏘아 방패를 내던진 것 같기도 하네 或奓若投敵

이게 바로 공공이 성내어 莫是共工怒

우뚝한 부주산을 들이받고 다친 게 아닐까[697] 傷於不周矶

그렇지 않다면 지백이 죽은 뒤에 不然智伯死

그의 두골을 끊어 술 그릇으로 만든 그것이겠지[698] 斷爲飮器兀

695 자자형(刺字刑)을……하고 : 자자형은 옛날 죄인(罪人)의 얼굴에 죄명(罪名)을 새겨서 먹물로 문신(文身)하던 형벌을 말하는데, 즉 그것을 새길 적에는 바늘 같은 것으로 이마를 잘게 쿡쿡 찔러서 글자를 새겼던 데서 온 말이다.

696 공갈(椌楬) : 두 악기(樂器)의 이름으로, 즉 축어(柷敔)의 별칭이다.

697 공공(共工)이……아닐까 : 공공은 전설상의 천신(天神) 이름인데, 《열자(列子)》〈탕문(湯問)〉에 "공공씨가 전욱씨와 서로 제왕이 되려고 겨루다가 노하여 부주산을 들이받아서 하늘을 괴고 있던 기둥이 부러지고, 대지를 유지하는 동아줄이 끊어졌다.〔共工氏與顓頊爭爲帝, 怒而觸不周之山, 折天柱, 絶地維.〕"라고 한 데서 온 말이다. 여기서는 저자가 두통이 심하기 때문에 부주산을 머리로 들이받았던 공공의 고사를 인용한 것이다.

698 지백(智伯)이……그것이겠지 : 지백은 전국 시대 진(晉)나라 육경(六卿) 중의

힘으로 산봉우리 뽑으니 산봉우리가 넘어진 듯　力拔山冢踣
칼로 땅을 찌르매 샘물이 콸콸 흐르는 듯도 하네　劒刺泉水汩
완악한 이양의 억센 주먹에 맞은 듯도 하고[699]　老拳李陽頑
우악스러운 주해의 철퇴를 맞은 듯도 하여라[700]　神槌朱亥悖
장주가 초나라에서 두드림을 받은 듯하고[701]　如周捶於楚

한 사람인데, 조 양자(趙襄子)가 일찍이 그와 싸워 그를 잡아 죽이고 그 두골(頭骨)에 옻칠을 하여 술 그릇으로 삼았다는 고사에서 온 말이다.《戰國策 趙策》여기서는 두통이 심하기 때문에 지백의 두골에 대한 고사를 인용한 것이다.

699 완악한……하고 : 이양(李陽)은 후조(後趙) 시대 장사(壯士)로 일컬어진 인물이다. 후조를 창건한 석륵(石勒)이 일찍이 부로(父老)들을 모아 놓고는, 자신이 과거에 이웃에 살던 이양과 삼 담그던 못〔漚麻池〕을 가지고 항상 서로 주먹다짐을 했던 일을 회상하면서 말하기를 "이양은 장사이다. 그는 왜 오지 않았는가. 삼 담그는 일로 싸우던 것이 바로 내 포의 시절의 한 맺힌 일이지만, 내가 지금은 천하에 존숭을 받는 황제가 되었는데, 어찌 그런 필부를 원수로 삼겠는가.〔李陽, 壯士也. 何以不來? 漚麻是布衣之恨, 孤方崇信於天下, 寧讐匹夫乎?〕" 하고, 이양을 불러오게 하여 그와 함께 술을 마시며 해학을 나누다가 마침내 그의 팔을 끌어 잡고 웃으며 말하기를 "내가 지난날에는 그대의 억센 주먹에 실컷 맞았지만, 그대 또한 나의 독한 손에 많이도 맞았었지.〔孤往日厭卿老拳, 卿亦飽孤毒手.〕"라고 한 데서 온 말이다.《晉書 卷105 石勒載記下》한유의 〈투계연구(鬪鷄聯句)〉 시에 "독한 손에 이양이 실컷 맞은 듯, 사십 근 철퇴로 주해한테 당한 듯하네.〔毒手飽李陽, 神槌困朱亥.〕"라고 하였다.《東雅堂昌黎集註 卷8》

700 우악스러운……하여라 : 주해(朱亥)는 전국 시대 위(魏)나라 사람으로 용력(勇力)이 매우 뛰어났다. 진병(秦兵)이 일찍이 조(趙)나라를 포위했을 때 조나라에서 위나라에 구원병을 요청했으나 위왕(魏王)이 들어주지 않자, 공자(公子) 신릉군(信陵君)이 주해를 시켜 위장(魏將) 진비(晉鄙)의 군영(軍營)에 쳐들어가 40근 철퇴(鐵槌)로 진비를 쳐 죽이게 하고 마침내 그의 군대를 탈취하여 조나라를 구해 주었던 고사에서 온 말이다.《史記 卷77 魏公子列傳》

701 장주(莊周)가……듯하고 : 장주는 본디 초(楚)나라 몽현(蒙縣) 사람이고, 여기서 두드림이란 본디 조화(造化)가 인간을 단련시키는 것을 말한 것으로,《장자(莊子)》

오자서가 월나라에서 눈을 뺀 것 같기도 하고[702]	如胥眼於越
화타의 금비로 눈을 잘못 긁어낸 듯도 하고[703]	如佗篦謬刮
영 땅의 도끼로 어지러이 찍어 대는 듯도 하구나[704]	如郢斤亂捽
혹은 마치 오장원에서	或如五丈原
수많은 쟁기로 한때에 밭을 가는 듯도 하고[705]	萬犂一時垡

〈대종사(大宗師)〉에 "대저 무장 같은 미인이 그의 아름다움을 잃어버렸고, 거량 같은 역사가 그의 힘을 잃어버렸으며, 황제가 그의 지혜를 잃어버린 것은 모두 조화의 단련을 받은 때문이다.〔夫無莊之失其美, 據梁之失其力, 黃帝之亡其知, 皆在鑪捶之間耳.〕"라고 한 데서 온 말인데, 여기서는 그 조화의 단련을 마치 매를 맞듯이 두들겨 맞는 뜻으로 해석한 듯하다.

702 오자서(伍子胥)가……하고 : 오자서는 춘추 시대 오(吳)나라 대부(大夫)인 오운(吳員)을 가리킨다. 자서는 그의 자이다. 월왕(越王) 구천(句踐)이 일찍이 오왕(吳王) 부차(夫差)에게 화친(和親)하기를 청했을 때, 오자서가 오왕에게 월왕의 청을 거절하라고 강력히 권유했는데, 오왕이 소인의 참소하는 말을 믿고 오자서에게 촉루검(鐲鏤劍)을 내려 자결하게 하자, 오자서가 죽음에 임하여 말하기를 "내 눈알을 빼서 오나라 동문에 걸어 두어 월나라가 오나라를 멸망시키는 것을 보게 해 달라.〔抉吾眼置之吳東門, 以觀越之滅吳也.〕"라고 한 데서 온 말이다.《史記 卷31 吳太伯世家》 여기서는 눈알이 빠질 것처럼 괴로운 통증을 위의 고사에 빗대서 한 말이다.

703 화타(華佗)의……하고 : 화타는 후한(後漢) 때의 명의(名醫)이고, 금비(金篦)는 금으로 만든 칼 이름인데, 이 칼은 본디 고대 인도(印度)의 의사(醫師)가 맹인(盲人)의 안막(眼膜)을 제거해 주는 도구로 사용했다고 한다. 여기서는 금비로 안막을 잘못 긁어낸 것처럼 통증을 느낀다는 뜻으로 한 말이다.

704 영(郢)……하구나 : 영은 옛날 초(楚)나라 도읍의 이름이다. 영 땅 사람이 일찍이 자기 코끝에다 흰 흙을 파리 날개만큼 얇게 발라 놓고, 장석(匠石)을 불러 그 흙을 깎아 내게 했더니, 장석이 휘휘 바람이 나도록 도끼를 휘둘러 그 흙을 완전히 깎아 냈으나, 그 사람의 코는 조금도 다치지 않았다는 고사에서 온 말이다.《莊子 徐無鬼》 여기서는 도끼로 코를 어지러이 찍은 것처럼 통증을 느낀다는 뜻으로 한 말이다.

705 오장원(五丈原)에서……하고 : 오장원은 섬서성(陝西省) 기산현(岐山縣) 남쪽

또는 공류의 창고에서 又如公劉倉
수많은 절구에서 일시에 절구질을 하는 듯도 하네[706] 萬杵一時䢃
참혹하기는 마치 진도사에서 패전하여 慘如陳濤敗
어지러이 짓밟혀 전차들이 절단 난 것 같기도 하고[707] 蹂[708]躪挨輗軏
맹렬하기는 마치 적벽의 화공전에서 烈如赤壁火
수많은 전함들이 찢겨 흩어진 것과도 같아라[709] 蕩析殘艦檝

에 있는 지명인데, 촉한(蜀漢)의 승상(丞相) 제갈량(諸葛亮)이 일찍이 대군을 거느리고 오장원에서 위(魏)나라 사마의(司馬懿)와 대치하고 있을 때 항상 군량(軍糧)을 대지 못할까 걱정하여 군대를 나누어 한편으로는 둔전(屯田)을 하게 해서 군량을 조달한 데서 온 말이다.《三國志 卷35 蜀書 諸葛亮傳》 여기서는 마치 수많은 쟁기로 밭을 가는 듯 머리의 통증이 걷잡을 수 없음을 표현한 것이다.

706 공류(公劉)의……하네 : 공류는 주(周)나라 시조인 후직(后稷)의 증손으로, 일찍이 백성들에게 농업을 권장, 발전시킴으로써 의식(衣食)을 충족하게 하였다. 여기서는 곧 마치 수많은 절구통에서 일시에 절구질을 해 대는 것처럼 머리가 뒤흔들리고 어지러이 쑤셔 대는 것을 절구질에 빗대서 형용한 말이다. 《시경》〈대아(大雅) 공류(公劉)〉에 "후덕한 공류 어른께서, 편안히 거처하지 않으시고, 밭두둑을 다스리고 경계를 다스리어, 곡식을 노적에 쌓고 창고에 쌓았네.〔篤公劉, 匪居匪康, 迺場迺疆, 迺積迺倉.〕"라고 하였다.

707 참혹하기는……하고 : 진도사(陳濤斜)는 지명이다. 당 숙종(唐肅宗) 초기에 재상 방관(房琯)이 스스로 병마원수(兵馬元帥)가 되어 양경(兩京)을 수복하겠다고 청하여 윤허를 얻은 다음, 왕사례(王思禮) 등을 부원수로 삼고, 군대를 삼군(三軍)으로 나누어 양희문(楊希文), 유철(劉悊), 이광진(李光進)에게 각각 일군(一軍)씩 거느리게 하고, 춘추 시대 거전법(車戰法)을 사용했는데, 마침내 안녹산(安祿山)의 장수 안수충(安守忠)과 진도사에서 싸워 크게 패전함으로써 수많은 군졸과 우마(牛馬)가 불에 타 죽고 전차(戰車)들이 마구 짓밟혀 절단 나게 한 데서 온 말이다.《唐書 卷139 房琯列傳》 이 또한 두통의 혼란스러운 양상을 전쟁에 빗대서 한 말이다.

708 蹂 : 대본에는 '鞣'로 되어 있는데, 문맥을 살펴 바로잡았다.

709 맹렬하기는……같아라 : 삼국 시대 촉오 연합군(蜀吳聯合軍)이 조조(曹操)의 군

처음에는 쥐가 담장을 뚫는 것처럼 느껴지더니　初如鼠穿墉
끝내는 토끼가 굴속에 숨은 것처럼 느껴지네　終如兎藏窟
혹 잔인하기는 구폄[710]하는 것 같기도 하고　或忍若灸砭
혹 바싹 켕기는 건 재갈을 먹인 것 같기도 하고　或緊若箝钀
혹 음암한 느낌은 짐독[711] 같기도 하고　或暗若鴆蠱
혹 꽉 죄는 느낌은 족쇄를 채운 것 같기도 하고　或拘若桎梏
혹 움츠러듦은 추위에 움츠린 거북과도 같고　或縮若凍龜
혹 움직일 땐 놀라 달아나는 짐승과도 같고　或動若驚狘
혹 위태로운 느낌은 얼음을 밟는 것과도 같고　或危若履氷
혹 멍해진 느낌은 바다에 둥둥 뜬 것과도 같고　或怳若漂渤
혹은 송의 익새가 바람에 밀려 후퇴하는 것과도 같고[712]　或宋鷁退風
혹은 오나라 소가 달을 보고 헐떡이는 것과도 같고[713]　或吳牛喘月
혹 눈 흐림은 안개 속의 꽃을 보는 것과도 같고[714]　或徒見霧花

대와 적벽(赤壁) 아래 강에서 대전(對戰)할 적에 당시 조조의 전선(戰船)들은 강 북쪽에 집합해 있었고, 오의 장수 주유(周瑜) 등의 군대는 강 남쪽에 집합해 있었다. 이때 마침 동남풍이 불어오자 그 바람을 이용하여 섶나무 실은 전선에 기름을 붓고 조조의 전선 쪽으로 다가가서 불을 질러 화공(火攻)을 펼침으로써 마침내 강 북쪽에 위치한 조조의 전선들을 모조리 불태워 대파시켰던 데서 온 말이다.

710 구폄(灸砭) : 구는 사람의 환부(患部)에 쑥뜸을 놓는 것을 말하고, 폄은 환부에 돌침을 놓는 것을 말한다.

711 짐독(鴆毒) : 짐조(鴆鳥)의 독을 말하는데, 짐조는 색깔이 검고, 그 깃을 술에 담가서 먹이면 사람이 죽는다고 한다.

712 송(宋)의……같고 : 《춘추》 희공(僖公) 16년 조에 "여섯 익새가 바람에 밀려 뒤로 날아서 송나라 도읍을 지나갔다.〔六鷁退飛, 過宋都.〕"라고 한 데서 온 말이다.

713 오(吳)나라……같고 : 오나라의 지역은 더위가 극심하기 때문에 그곳의 소들은 달을 쳐다보고도 태양으로 착각하여 헐떡거린다는 고사에서 온 말이다.

혹 코로는 악취를 흠뻑 맡는 것 같기도 하고	或多聞臭蘚
혹 담은 뭉쳐 아교처럼 딱딱하기도 하고	或痰聚爲膠
혹 살에는 때가 끼어 먼지가 나는 것 같기도 하고	或膩凝爲埻
혹 살가죽은 쭈글쭈글 말려 까칠하고[715]	或卷臠而澁
혹 정신은 흩어져 혼란스럽기도 하여라	或渙散而滑
원기는 경각 사이에 착란을 일으키고	元氣亂頃刻
객사[716]는 창졸간에 변동을 거듭하누나	客邪變倉卒
두꺼비가 점차 달을 먹어 가는 느낌이 들기도 하고[717]	侵侵蝕蝦蟆
홀연히 살별이 나타나는 느낌이 들기도 하네	忽忽見彗孛
저주와 부적은 생각할 방법도 없거니와	詛符計無施
의약과 복서의 방술도 본디 무디었으니	醫卜術已鈯
죽을 때까지 자신을 책망할 뿐이거니와	引分死後已
혹 때로는 돌돌을 허공에 쓰기도 하노라[718]	或時書咄咄

714 눈……같고 : 두보의 〈소한식주중작(小寒食舟中作)〉 시에 "봄 강물에 배 띄우니 하늘 위에 앉은 것 같고, 늙은 눈의 꽃구경은 안개 속에 보는 것 같네.〔春水船如天上坐, 老年花似霧中看.〕"라고 하였다.

715 살가죽은……까칠하고 : 한유의 〈성남연구(城南聯句)〉에 "떫은 과실을 깎으니 껍질은 쭈글쭈글하고, 쓴 오이를 쪼개니 배는 불룩하구나.〔澁旋皮卷臠, 苦開腹彭亨.〕"라고 한 데서 온 말이다. 《東雅堂昌黎集 卷8》 여기서는 까칠해진 살갗을 과실 껍질에 빗대서 한 말인 듯하다.

716 객사(客邪) : 인체(人體) 밖으로부터 인체에 엄습해 와서 사람의 질병을 만드는 각종 병원(病原)을 지칭한 말이다.

717 두꺼비가……들고 : 당대(唐代)의 시인 노동(盧仝)의 〈월식시(月蝕詩)〉에 "또 고로의 말을 들어 보니, 달을 먹는 놈은 두꺼비의 요정이라 하네.〔又聞古老說, 蝕月蝦蟆精.〕"라고 한 데서 온 말인데, 여기서는 두통으로 인하여 총명(聰明)이 자꾸 흐려지는 것을 월식에 빗대서 한 말인 듯하나 자세하지 않다.

오일이 지나서는 더욱더 심해져서　越五日滋甚
어눌함을 체인한 듯 묵묵히 앉아 있다가[719]　泯默如認訥
우연히 낮잠을 자다가 꿈을 꾸니　偶然入華胥
두 아이가 와서 나를 알현하고[720]　有二豎子謁
말하기를 질병은 성인이 삼가는 바인데[721]　謂疾聖所愼
당신은 실로 자신을 스스로 친 것이요　而子實自伐
스스로 친 것 또한 사리상 타당키도 하니　伐却理亦宜
감히 자초지종이나 듣기를 청합니다 하네　敢請聞始卒
나는 그 말을 듣고 깜짝 놀라 슬퍼하다가　予愕然以戚
얼굴을 찡그리며 그들에게 고하기를　蹙頞而告曰
옛날 우리 중종대왕께서　昔在吾中宗
병세가 매우 위독해졌을 때　大漸勢䠡硊
마침 나는 분수 밖의 관직에 임명됐는지라　時予謬通籍
마냥 허둥지둥 고달프게 지내면서　長遑遑矻矻
수십 일 동안 먹고 자는 것도 폐하고　寢食廢數旬
눈서리 크고 작은 바람까지 무릅쓰고 지냈는데　冒霜雪颮颰

718 돌돌(咄咄)을……하노라 : 돌돌은 돌돌괴사(咄咄怪事)의 약칭으로, 즉 뜻밖의 놀랄 만한 괴이쩍은 일이라는 뜻이다. 160쪽 주349 참조.

719 어눌함을……있다가 : 어눌함이란 바로 공자의 말에 "군자는 말은 어눌하게 하고 행실을 민첩하게 하고자 한다.〔君子欲訥於言而敏於行〕"라고 한 데서 온 말인 듯하다. 《論語 里仁》

720 두 아이가……알현하고 : 여기서 두 아이란 곧 병마(病魔)를 지칭한 것이다. 59쪽 주98 참조.

721 질병은……바인데 : 《논어》 〈술이(述而)〉에 "공자께서 삼가신 것은 재계와 전쟁과 질병이었다.〔子之所愼, 齊戰疾.〕"라고 한 데서 온 말이다.

중종 인종 두 국상을 연거푸 치르고 나서는　　大卹疊遘遇
상한[722]에다 더위까지 먹어 기력을 잃은 터에　　傷寒復中暍
갑자기 순천에 유배됐다가 이어 진도로 이배돼서는　　俄遷順移珍
독한 장기가 신궐[723]에 전염되었지　　瘴癘染神闕
그 후로는 셋집에서 덥고 서늘함을 갖추 겪으면서　　僦備嘗炎涼
보리 싸라기 죽만 먹기도 몹시 싫증이 났고　　餬厭苦糠麧
혹 술잔은 만나는 대로 들이마시고 나서　　杯觴或逢場
취하면 항상 나무 그늘에 눕곤 하였으니　　醉臥常依樾
형세가 비록 그럴 수밖에 없는 처지였지만　　雖其勢然耳
끝내 내 스스로 병을 만든 것임을 아노라 하였네　　畢竟自貽厥
두 아이는 내 강퍅한 성질을 흉잡아　　豎也短我愎
상제께 아뢰어 나를 꽤나 헐뜯었지만　　上訴頗相訐
상제께서는 나의 마음을 환히 살피시고　　上帝鑑我心
나의 넋이 흩어지는 것을 불쌍히 여기시어　　憐我魂隕越
급히 무양을 인간 세계에 내려보내서　　急遣巫陽下
초혼을 해 주고 벌을 주지 않게 하면서[724]　　以招不以罰
그 사람에게 밝게 말해 주어　　可明語其人

722 상한(傷寒) : 풍한(風寒)이 인체(人體)에 침입하여 생긴 질병인데, 한의학에서는 이것을 열병(熱病)의 범칭으로 간주한다.

723 신궐(神闕) : 인체의 혈위(穴位)의 이름으로, 배꼽의 한가운데에 위치한다.

724 상제(上帝)께서는……하면서 : 굴원(屈原)이 조정에서 쫓겨나 이리저리 방황할 적에 그의 넋이 흩어져 버릴까 염려하여 상제가 신무(神巫)인 무양(巫陽)을 시켜 인간 세계에 내려가서 굴원의 넋을 불러 주게 했다는 고사에서 온 말이다. 《楚辭 卷7 招魂》 여기서는 저자 자신의 처지를 굴원의 처지에 빗대서 한 말이다.

맘을 조금 놓아서 너무 동요하지 않게 하라 하시고 少寬無太扤
이미 두 아이를 도망치지 못하도록 가두시어 已囚豎莫逃
제멋대로 포학을 부리지 못하게 하시었다 使莫肆暴猝
또 내게 이르길 네 뜻을 내가 관대히 동정하노니 爾意予自恕
나의 명을 너는 경홀히 여기지 말거라 予命爾罔忽
요절한 자도 꼭 수척하지만은 않는 것이요 夭者未必瘦
장수한 자도 꼭 살찌지만은 않는 것이거니와 壽者未必腯
상처와 고통이 많은 자가 혹 오래 살기도 하고 瘡痍或久生
건강한 자가 혹 먼저 죽기도 하는 거란다 康强或先歿
한신 팽월은 후왕으로서 삼족이 전멸당했고[725] 韓彭醢侯王
백이숙제는 고사리만 캐 먹다가 굶어 죽었지[726] 夷齊餓薇蕨
어찌 송조의 미모를 쓰겠느냐[727] 何用宋朝美

725 한신(韓信)……전멸당했고 : 한신은 한 고조(漢高祖)의 공신(功臣)으로 소하(蕭何), 장량(張良)과 함께 삼걸(三傑)로 일컬어진 인물이다. 그는 고조의 대장(大將)으로서 조(趙), 연(燕), 제(齊) 등의 나라를 차례로 공략하여 천하 통일의 기초를 확립하고 왕(王)으로 피봉(被封)되었으나, 뒤에 여후(呂后)와 소하의 모계(謀計)에 의하여 모반죄(謀叛罪)로 체포되어 삼족(三族)이 전멸당했다. 팽월(彭越) 역시 한 고조의 무장(武將)으로서 초(楚)나라를 멸하는 데에 많은 공을 세워 양왕(梁王)에 피봉되었으나, 뒤에 참소를 입어 그 역시 삼족이 전멸당했다. 《漢書 卷34 韓信傳, 彭越傳》 여기 원문에는 인체(人體)를 소금에 절이는 형벌, 즉 해(醢) 자로 되어 있으나, 《한서》에는 삼족을 멸하는 것으로만 기록되었으므로 《한서》대로 번역하였다.

726 백이숙제(伯夷叔齊)는……죽었지 : 251쪽 주560 참조.

727 어찌……쓰겠느냐 : 공자가 이르기를 "축관 타의 말재주와 송조와 같은 미모를 지니고 있지 않으면 지금 세상에 환난을 면하기 어려울 것이다.〔不有祝鮀之佞, 而有宋朝之美, 難乎免於今之世矣.〕"라고 한 데서 온 말이다. 《論語 雍也》 이는 본디 공자가, 난세에는 아첨 잘하는 자나 미모를 지닌 자만이 살아남을 수 있다는 뜻으로 세상을

변화의 발꿈치 베인 것도 해로울 것 없느니라[728] 無傷卞和刖
위의 두 가지 경우[729]는 어찌할 수 없는 일이니 二者無奈何
네가 정도를 지키다가 죽는다면 爾得正而猝
비록 죽는다 해도 다행하고 편안하리니 雖猝幸而安
약 안 쓰고 기쁨으로 병을 다스릴 수 있으리라[730] 勿藥喜可伐
어부는 참으로 과격한 말을 하여 漁父誠激言
진흙탕을 휘저어 흙탕물을 일으키라 했지만[731] 波揚以泥淈
공자는 이르기를 자신을 속이지 않고 魯叟不欺汝
충신하면 오랑캐 땅에서 죽어도 좋다 하였지[732] 忠信死蠻羯
너는 또 도깨비의 재해를 막고 있는 처지거니[733] 且禦海魑魅

개탄하여 한 말인데, 여기서는 아무리 난세라 할지라도 그런 짓을 해서는 안 된다는 의미로 한 말이다.

728 변화(卞和)의……없느니라 : 변화는 옛날 초(楚)나라 사람으로, 그가 일찍이 형산에서 옥박(玉璞)을 얻어, 이것을 초나라 여왕(厲王)과 무왕(武王) 2대에 걸쳐 왕에게 바쳤으나, 그때마다 옥인(玉人)의 잘못된 감정에 의해 왕을 속였다는 죄목으로 발꿈치를 베는 형벌을 받아 두 발꿈치를 다 베이었다. 63쪽 주107 참조. 여기서는 곧 재능(才能)을 가지고 고초를 당하는 것은 해로울 것이 없다는 뜻으로 한 말이다.

729 위의 두 가지 경우 : 바로 위에서 말한 인간의 행(幸)과 불행(不幸), 장수(長壽)와 요절(夭折) 등을 가리켜 한 말이다.

730 약(藥)……있으리라 : 《주역》 〈무망괘(无妄卦) 구오(九五)〉에 "무망의 병은 약을 쓰지 않으면 기쁨이 있으리라.〔无妄之疾, 勿藥, 有喜.〕"라고 한 데서 온 말인데, 기쁨이란 곧 병이 저절로 나아 버리는 것을 말한다.

731 어부(漁父)는……했지만 : 굴원(屈原)이 조정에서 쫓겨나 늪가에서 읊조리며 다닐 적에 〈어부사(漁父辭)〉를 지었다. 195쪽 주436 참조.

732 공자(孔子)는……하였지 : 자장(子張)이 행해짐〔行〕을 물은 데 대한 공자의 대답이다. 34쪽 주32 참조.

오직 두려워할 건 초나라 《도올》일 뿐이니라[734]	可懼楚檮杌
질병은 혹 부모님께 걱정을 끼칠 수 있을지라도[735]	疾或憂父母
행실로 어찌 문벌을 더럽혀서 되느냐고 했다 하였네	行豈玷門閥
상제의 명을 전해 준 무양[736]에게 재배하여 사례하고	再拜謝子陽
삼가 이 말씀을 내 홀에 기록하노라	謹以書諸笏
자고 일어나 머리를 곧게 세우고 있노라니	睡起頭容直
동방이 점차 밝아오는구나	杲杲東方昢

733 도깨비의……처지거니 : 도깨비의 재해(災害)에 대해서는 169쪽 주379 참조. 여기서는 곧 저자 자신 또한 변방에 유배되어 요괴의 재해를 막게 되었다는 뜻으로 한 말이다.

734 오직……뿐이니라 : 도올(檮杌)은 본디 악수(惡獸)의 이름이다. 옛날에 이를 흉인(凶人)의 호칭으로 일컬어 '악한 일을 기록하여 경계를 드리우는〔記惡垂戒〕' 뜻을 취하여 이것을 사기(史記)의 이름으로 삼았던 데서, 역사(歷史)를 의미한다. 맹자가 이르기를 "진나라의 《승》과 초나라의 《도올》과 노나라의 《춘추》가 똑같은 것이다.〔晉之乘, 楚之檮杌, 魯之春秋, 一也.〕"라고 하였다. 《孟子 離婁下》

735 질병은……있을지라도 : 질병은 마음대로 할 수 없기 때문에 이른 말이다. 37쪽 주43 참조.

736 무양(巫陽) : 원문은 '子陽'이다. 이는 분명 위에 나오는 무양을 가리키는 것인데, 그렇다면 자(子) 자는 혹 우(于) 자의 착오가 아닌가 싶으나 자세하지 않다.

동짓날 11월이다.

至日 十一月

우레 소리는 한밤중에 경동하고[737]	雷響驚宵半
양의 뿌리가 한밤중 자시에 동하였네[738]	陽根動子中
만물이 모두 흔흔히 양기에 감동하되	欣欣摠氣感
적막해라 양기의 형체는 텅 비었도다	漠漠却形空
천도는 원래 시작도 끝도 없거니와	天道元無始
인정은 유종의 미를 거두기 어렵다오	人情鮮有終
나는 해마다 장장 나그네 신세로	年年長作客
좋은 날을 함께할 먼 고향을 바라보노라	望遠令辰同

737 우레……경동하고 : 《주역》 복괘(復卦)가 11월 동지(冬至)에 해당하는데, 〈복괘 상사(象辭)〉에 "우뢰가 땅속에 잠재한 것이 복이니, 선왕이 그것을 인하여 동지일에 관문을 닫아서, 장사꾼도 다니지 못하게 하고, 임금은 사방을 시찰하지도 않는다.〔雷在地中, 復. 先王以, 至日閉關, 商旅不行, 后不省方.〕"라고 한 데서 온 말로, 즉 그동안 땅속에 잠재했던 우레가 동지에 이르러 처음 발동하기 시작한다는 뜻으로 한 말이다.

738 양(陽)의……동하였네 : 동지일 한밤중 자시(子時)에 일양(一陽)이 생(生)하는 것을 이른 말이다.

읊조리어 기둥에 제하다

口號題楹

서쪽으로는 선창포에 다다르고	西薄船倉浦
동쪽으로는 욕실천이 굽이돌았는데	東紆浴室川
관노봉은 성긴 나무숲 너머에 있고	官奴疎樾外
망적산은 난립한 솔밭 앞에 우뚝하네	望敵亂松前
조그만 도랑은 평범한 땅에 있고요[739]	汚瀆尋常地
띳집엔 여덟아홉 서까래를 얹었다오	茅茨八九椽
숨어 살므로 편협한 성정 이룰 테고[740]	幽棲遂褊性
남은 생애는 막걸리 잔에 맡기련다	濁酒任殘年

739 조그만……있고요 : 가의(賈誼)의 〈조굴원부(弔屈原賦)〉에 "저 조그마한 도랑이야 어찌 배를 삼킬 만한 고기를 용납할 수 있으랴. 강호를 횡행하는 전어나 고래라도 진실로 개미들에게 제재를 당하리로다.〔彼尋常之汙瀆兮, 豈容呑舟之魚? 橫江湖之鱣鯨兮, 固將制於螻蟻.〕"라고 한 데서 온 말이다. 《漢書 卷48 賈誼傳》 여기서는 곧 저자가 현재 머물고 있는 곳은 바로 현자(賢者)가 머물 곳이 못 된다는 의미로 한 말이다.

740 숨어……테고 : 두보(杜甫)의 〈외인(畏人)〉 시에 "사람을 두려워해 작은 집을 지었으니, 편협한 성정은 숨어 삶이 합당코말고.〔畏人成小築, 褊性合幽棲.〕"라고 한 데서 온 말이다. 《杜少陵詩集 卷10》

서울에서 온 사람이 채색 비단으로 오려 만든 삼색도화를 나에게 바쳤다. 다음 날에는 이어서 늙은 매화나무를 주고 겸하여 죽엽도 만들어 주므로, 화분을 찾아 거기에 꽂아서 오두막의 서쪽 벽 아래 안치해 놓고 문득 두 수[741]를 쓰다

有由京至者呈三色桃花剪綵爲之翼日繼餉老梅兼作竹葉索盆植之便安于茅宇西壁輒書二首

복사꽃은 짙고 옅은 삼색으로 나뉘었고	深淺分三色
꼬불꼬불한 복사나무는 한 그루인데	輪囷共一枚
붉은 연지 빛은 거나히 취한 얼굴 같고요	臙脂半醉面
붉은 화장 빛은 게을리 자는 미인 뺨 같구려	丹膩懶眠腮
늙은 나는 요괴를 일으킬까 겁이 나는데	老恸妖方作
동복은 어느새 봄이 왔는가 놀라는구나	僮驚節乍廻
셋집의 이웃에서 묻는 사람이 있거든	僑隣有相問
무릉도원[742]에서 온 거라고 말하련다	云自武陵來

741 두 수 : 이 시제(詩題) 아래 두 수의 시를 말한다. 첫째 수는 삼색도화(三色桃花)를 읊은 것이고, 둘째 수는 매화(梅花)와 죽엽(竹葉)을 겸하여 읊은 것이다.

742 무릉도원(武陵桃源) : 옛날 선경(仙境)의 이름으로, 도잠(陶潛)의 〈도화원기(桃花源記)〉에 나온다. 동진(東晉) 태원(太元) 연간에 무릉의 한 어부가 시내를 따라 한없이 올라가다가 갑자기 도화림(桃花林)이 찬란한 선경을 만났는데 그곳에는 선대(先代)에 진(秦)나라 때의 난리를 피해 처자(妻子)를 거느리고 들어와 대대로 살고 있는 사람들이 있었다. 어부는 그들로부터 극진한 대접을 받고, 수일 후에 그곳을 떠났는데 다시 배를 얻어 타고 수일 전에 갔던 길을 되돌아왔으나 그 후로는 다시 그 도화림을 찾을 수 없었다고 한다. 《陶淵明集 卷六》

분(分)이 다른 본에는 위(爲)로 되어 있고, 공(共)이 다른 본에는 즉(卽)으로 되어 있다. 나는 복사꽃은 좋아하지 않고 도원(桃源)만 좋아하는 뜻이 있기 때문에 장난삼아 말한 것이다.

빙설 같은 외롭고 차가운 꽃술이요　冰雪孤寒蕊
규룡 같은 백년 묵은 고목 등걸이로다[743]　虯龍百歲槎
푸른 가지는 절로 성기고 파리하여라　青枝自疎瘦
얼룩무늬 대가 비낀 매화를 도와 섰네[744]　斑篠助橫斜
새벽 섬돌 대에는 바람이 한가히 지나고[745]　曙砌風閑度
황혼의 창 아랜 달만 공연히 비추이네[746]　昏窓月謾加
정신이야말로 생화보다 전혀 못하지만　精神全爲減
그래도 우리 집 매죽과 유사함이 기쁘구려　尙喜類吾家

내 고향 집에 매죽(梅竹)이 다락 앞에 있기 때문에 그것이 생각나서 말한 것이다.

743 빙설(冰雪)……등걸이로다 : 앞 구절은 매화를 읊었고, 뒤 구절은 고목(古木)인 매화나무를 읊었다.

744 푸른……섰네 : 이 두 구절은 대를 읊은 것인데, 그중에 비낀 매화란 곧 북송(北宋) 시대 처사(處士)였던 임포(林逋)의 〈산원소매(山園小梅)〉 시에 "성긴 그림자는 맑고 얕은 물 위에 비껴 있고, 은은한 향기는 황혼 달빛 아래 부동하누나.〔疎影橫斜水淸淺, 暗香浮動月黃昏.〕"라고 한 데서 온 말이다. 115쪽 주229 참조.

745 새벽……지나고 : 이 구절은 대나무의 새벽 풍경을 읊은 것이다.

746 황혼의……비추이네 : 이 구절은 매화를 읊은 것인데, 임포의 시에서 온 말이다. 위의 주744 참조.

밤중에 글을 읽다가 술을 마시면서 입으로 부르다

夜中讀書飮酒口號

어느 글인들 읽을 수 없으리오	何書不可讀
술도 있어 스스로 따라 마시고	有酒自能斟
밝은 눈으로 고인의 글을 찾아 읽어서	炯炯求前志
근심스러운 나그네 회포를 푸노라	悠悠散旅襟
거센 바람이 크나큰 나무를 부러뜨리고	獰風喬木折
차가운 저녁 밀물이 창문을 침범할 제	寒汐小窓侵
차가운 서리에 원앙새는 놀라 날고	霜冷鴛鴦警
희미한 등불 아래 나그네는 읊조리네	燈殘客子吟
올랐다 내렸다 한 건 기나긴 밤의 흥취요	抑揚遙夜興
기뻤다 두려웠다 한 건 칠 년의 맘이로다[747]	喜懼七年心
어찌 나를 알아줄 사람이 있어 그와 함께	詎有人知己
술잔 들고 고금의 득실을 확론할 수 있으랴	持觴確古今

유유(悠悠)가 다른 본에는 소소(蕭蕭)로 되어 있다.

747 기뻤다……맘이로다 : 이는 곧 저자가 그 당시까지 7년 동안의 유배 생활 속에서 늘 두려운 마음으로 지내면서 혹 안심이 되는 때도 있었던 일을 말한 것이다.

정우를 애도하다. 정우의 늙은 모친이 영암에 생존해 있으니 더욱 슬픈 일이다

悼鄭遇遇母老在靈巖益可悲也

그대 과거 공명에 대한 뜻 가련도 해라	憐爾科名志
자주자주 술 싣고 나를 찾아왔었는데	頻煩載酒過
뜻밖에 그대 전염병에 걸린 때는	居然遘癘疾
바로 내 묵은 병이 발작한 때였지	屬我動沈痾
탕약은 제대로 쓰지 못한 때가 많았고	湯劑時多負
빙시 때 임곡하는 의리는 진작 어긋났네[748]	臨凴義久訛
모친과의 영결도 못하고 말았는지라	高堂失永訣
머리 돌리니 더욱 슬픈 노래가 나오누나	回首轉悲歌

748 빙시(凴尸)……어긋났네 : 빙시는 초상이 났을 때 자식이 부모의 유체(遺體)를 부여잡고 매달려 통곡하는 의식이고, 임곡(臨哭)은 바로 조객(弔客)들이 망자(亡者)를 애도하는 절차이다. 여기서는 저자가 정우(鄭遇)의 초상 때 조문을 가지 못했음을 의미한다.

친구[749]의 운에 차하다

次友人韻

십 년을 귀문관[750] 옆에서 초췌한 몰골로 지내건만　十年顑頷鬼門傍
멀리 나온 자식 쫓겨난 신하[751]는 원망치 않는다오　遠子孤臣不觖望
황곡[752]처럼 높이 날아 세상 밖에 놀고자 하리오　黃鵠肯將遊汗漫
백구가 푸른 물결에 같이 놀기를 되레 허락했지　白鷗還許狎蒼茫
그대가 던져 준 명월 같은 좋은 시구를 읊노라니　吟君明月投佳句
내 이별의 간장을 수레바퀴처럼 빙빙 돌게 하누나[753]　屬我車輪轉別腸
어찌 후일에 모친 뵙겠다는 약속이나 있었으랴[754]　詎有升堂異日約

749 친구 : 바로 앞의 시제(詩題)에 나온 정우(鄭遇)를 지칭한 말인 듯하나, 자세하지 않다.

750 귀문관(鬼門關) : 여기서는 저자의 배소(配所)인 진도(珍島)를 가리킨다. 151쪽 주328 참조.

751 멀리……신하 : 저자 자신이 바로 부모에게는 멀리 집 나온 자식이요, 임금에게는 쫓겨난 신하라는 뜻으로 한 말이다.

752 황곡(黃鵠) : 새 이름이다. 이 새는 한번 날면 단번에 천리를 간다는 데서, 흔히 고재(高才)와 현사(賢士)에 비유된다.

753 내……하누나 : 맹교(孟郊)의 〈원유연구(遠遊聯句)〉에 "이별 슬픈 간장 수레바퀴처럼 돌아라, 하루에도 일만 번이나 회전하누나.〔別腸車輪轉, 一日一萬周.〕"라고 한 데서 온 말이다. 《東雅堂昌黎集註 卷8》

754 어찌……있었으랴 : 후일에 모친을 뵙겠다는 약속이란 곧 후한(後漢) 때 범식(范式)과 장소(張劭)의 고사에서 온 말이다. 범식과 장소는 서로 친구 사이였는데, 어느 날 모두 각각 향리(鄉里)로 돌아가게 되자, 범식이 장소에게 말하기를 "앞으로 2년 후에는 내가 의당 돌아가서 장차 그대의 집에 들러 모친을 배알하고 어린애도 볼 것이

두어 줄 쇠한 눈물만 나그네 술잔에 떨어지누나　　數行衰淚落羈觴

다.〔日後二年當還, 將過拜尊親見孺子焉.〕" 하고 날짜를 약속했는데, 2년 후 그날이 되자 범식이 과연 장소의 집에 가서 당(堂)에 올라가 장소의 모친을 배알하고 술을 마시며 실컷 즐기고 작별했던 데서 온 말이다. 《太平御覽 卷407》 여기서는 곧 저자가 친구의 모친을 뵙겠다는 약속도 해 보지 못한 채 친구가 죽었음을 의미하는 것으로, 바로 앞의 시에 나오는, 모친을 두고 먼저 죽은 정우(鄭遇)를 두고 한 말인 듯하나 자세하지 않다.

어떤 사람에게 장난삼아 부치다 12월이다.

戲寄人 十二月

남쪽 지방엔 낮에도 안개가 자욱한데	南國晝多霧
거센 북풍 아래 날이 정히 차가웁구려	北風天正寒
때때로 작은 술 항아리를 열어 보노니	時時窺小甕
꽁꽁 언 거품이 끝내는 응당 마르겠지[755]	蟻凍竟應乾

755 때때로……마르겠지 : 아무리 꽁꽁 언 술이라도 늘 떠 마시어 끝내는 술 항아리가 텅 비게 되리라는 뜻으로 한 말이다.

다시 앞의 운[756]을 따라 지어 풍천[757]에게 부쳐 답하다

復步前韻寄答楓川

시절이 남쪽 지방은 중앙과 다르거니	甲子炎洲異
흐리고 갬을 누가 분간할 수 있으랴	陰晴孰可分
시장에 가 봐도 맛난 맛을 잊은 것 같고	趁虛如忘味
좋은 경치를 만나도 취할 수가 없구려	遇景不成醺
남쪽 부락에 집집마다 술이 있고	南部家家酒
동성 지역에 곳곳에 미나리가 있건만	東城處處芹
다시 마주하여 술 마실 길이 없으니	無由更對喫
처절도 하여라 평생 친구들이여	凄斷百年羣

756 앞의 운 : 《소재집》 제3권 〈술을 보내 준 사람에게 사례하다〔謝人送酒〕〉라는 시와 〈다시 '분' 자를 사용하다〔復用分字〕〉라는 시가 모두 이 시의 운(韻)과 같다.

757 풍천(楓川) : 어떤 사람의 별호(別號)인 듯한데, 누군지는 자세하지 않다.

이경헌은 나와 같은 향리에 사는 사람이다. 그가 나를 방문하여 주연을 베풀어 주고 시를 주므로, 그의 운에 차하여 사례하다

李景憲同里閈也來訪設酌贈詩次韻謝之

빠른 세월은 하늘 한쪽에 저물어 가는데 急景天隅晚
풍만한 얼굴은 도성서 처음 만난 때 같구려 丰容洛下初
세월은 같은 향리에 살았던 때가 기억나고 星霜記同閈
술잔은 도허[758]의 처지에 위로가 될 만하네 觴勺慰逃虛
친절한 뜻은 좋은 시구를 남겨 주었고 厚意留佳句
친구의 다정함은 서신을 보내 주었구려 交情發信書
타관살이에 참으로 병은 많지만 羈棲儘多病
친구들과 멀어졌음을 깨닫지 못하겠네[759] 未覺故人疎

언우(彥遇)[760]가 이경헌에게 서신을 부쳐 왔으므로 언급한 것이다.

758 도허(逃虛) : 세속을 피하여 청정 무욕(淸靜無欲)한 경계를 찾아다니는 것을 말한다.

759 타관살이에……못하겠네 : 맹호연(孟浩然)의 〈세모귀남산(歲暮歸南山)〉 시에 "재주가 없어 성명한 군주께 버림받았고, 병이 많으니 친구들과 소원해졌네.〔不才明主棄, 多病故人疎.〕"라고 한 데서 온 말이다. 《孟浩然集 卷3》 여기 저자에게는 방금 찾아 준 친구가 있기 때문에 맹호연처럼 병은 많아도 친구가 소원해짐을 깨닫지 못하겠다는 뜻으로 한 말이다.

760 언우(彥遇) : 조선 중기의 문신 유중영(柳仲郢)의 자이다. 중종 말기 문과에 급제하였고, 명종 때에 장령(掌令), 형조 참의(刑曹參議), 황해도 관찰사(黃海道觀察使), 승지(承旨) 등을 역임하였다. 유중영은 바로 유성룡(柳成龍)의 부친이기도 하다.

다시 앞의 운에 차하여 군수에게 바치다

復次前韻呈主倅

이때 이경헌이 군수와 함께 나를 방문하였다.

천자는 오랑캐 땅에 산 지가 오래되었고[761]	賤子居夷久
존공께선 진도군에 부임한 처음이로다	尊公莅郡初
탁 트인 수루에 맑은 호가 소리 울려 퍼지고[762]	淸笳戍樓曠
텅 빈 시골 정자에 조개[763]가 왕림하였네	皁蓋野亭虛
위하여 천 잔의 술을 들어 권하노니	爲把千鍾酒
배 속의 만권서에 들이부을 만하리다[764]	堪澆萬卷書

761 천자(賤子)는……오래되었고 : 천자는 저자 자신의 겸칭(謙稱)으로 한 말이고, 여기서 오랑캐 땅이란 바로 유배지인 진도(珍島)를 가리킨다.

762 탁 트인……퍼지고 : 수루(戍樓)는 적군의 동정을 망보기 위해 성(城) 위에 만든 누각(樓閣)을 말하고, 호가(胡笳)는 북방 민족들이 불던 관악기의 일종이다. 수루에 호가 소리가 울려 퍼진다는 것은 곧 진(晉)나라 때 충신 유곤(劉琨)의 고사에서 온 말이다. 유곤이 일찍이 진양(晉陽)에 주둔하고 있을 적에 한번은 호기(胡騎)가 겹겹으로 에워싸 성중(城中)이 대단히 군박(窘迫)했는데, 유곤이 달밤에 누각에 올라가서 휘파람을 청아하게 불자, 적들이 그 소리를 듣고 모두 슬픔에 잠겨 길게 탄식하였다. 한밤중에는 유곤이 호가를 연주하자, 적들이 또 고향 생각에 눈물을 흘리며 탄식하였고, 새벽에 다시 호가를 연주하자, 적들이 모두 포위망을 풀고 달아났다고 한다. 《晉書 卷62 劉琨列傳》 여기서는 곧 진도의 성루(城樓)를 유곤의 성루에 빗대서 한 말이다.

763 조개(皁蓋) : 옛날에 관원들이 사용했던 수레의 검은 일산을 말한 것으로, 여기서는 군수의 행차를 지칭한 것이다.

764 위하여……만하리다 : 소식(蘇軾)의 〈이월십구일휴백주노어과첨사군식괴엽랭도(二月十九日携白酒鱸魚過詹使君食槐葉冷淘)〉 시에 "비파 열매는 이미 익어 황금빛

깊은 은정을 늘상 입는 게 부끄러워라　　深情媿常荷
방탕한 이 취객을 또다시 용서해 주었네　　更恕醉狂疎

이 찬란할 제, 상락주를 처음 맛보니 거품이 출렁거리네. 잠시 연잎만 한 큰 술잔을 빌려다가, 텅 빈 배 속의 오거서에 한번 들이붓노라.〔枇杷已熟粲金珠, 桑落初嘗灩玉蛆. 暫借垂蓮十分盞, 一澆空腹五車書.〕"라고 하였다.《蘇東坡詩集 卷39》

이날 다시 처음 운을 사용하여 이경헌과 작별하다
是日復用初韻別李

이별의 자리가 애석하기도 해라	可惜分携地
참으로 기약 없이 만난 처음일세	眞當邂逅初
언덕 바람은 옷소매에 불어와 차갑고	岸風吹袖冷
아침 눈은 허명한 창 앞에 떨어지는데	朝雪落窓虛
뱀이 의심스런 술잔을 기꺼이 기울이고[765]	喜倒疑蛇醆
복조를 점친 글을 시름겨이 읊조리노라[766]	愁吟占鵩書

765 뱀이……기울이고 : 뱀이 의심스럽다는 것은, 후한(後漢) 때 급군 태수(汲郡太守) 응침(應郴)이 일찍이 주부(主簿) 두선(杜宣)을 초청하여 술을 대접했는데, 그때 청사(廳事)의 벽에 걸린 쇠뇌가 뱀의 형상으로 술잔에 비쳤다. 두선은 이것을 보고 술잔에 뱀이 들어간 것으로 잘못 알고 그 술을 먹기가 싫었지만, 상관 앞이라 감히 사양 못하고 억지로 그 술을 마시고 돌아가서는 그 뱀이 자기 배 속으로 들어갔다고 생각한 나머지 그것으로 병이 나서 곧 죽게 되었다. 응침이 이 소식을 듣고 앓고 있는 두선을 가마에 실어 오게 하여 전일에 그가 앉았던 자리에 다시 그를 앉히고 잔에 술을 따르니, 또 술잔에 뱀이 나타나므로, 응침이 이것은 벽에 걸린 쇠뇌의 그림자이고 다른 변괴가 아니라고 일러 주자, 그제야 두선은 의혹이 풀려 병이 나았다는 고사에서 온 말이다.《風俗通 怪神》진(晉)나라 악광(樂廣) 또한 일찍이 자기 친구와 술을 마신 적이 있는데, 그때 그 친구가 술잔 속에 비친 뱀의 그림자를 보고는 마음이 섬뜩하여 그 길로 병이 났다가, 뒤에 그 뱀의 그림자가 바로 그 청사의 벽에 걸린 각궁(角弓)의 그림자였음을 알고 나서는 그 병이 저절로 나았다는 고사도 있다.《晉書 卷43 樂廣列傳》다만 여기서는 어떤 의미에서 이 고사를 인용했는지 자세하지 않다.

766 복조(鵩鳥)를……읊조리노라 : 복조는 올빼미를 말한 것으로, 한 문제(漢文帝) 때 가의(賈誼)가 장사왕 태부(長沙王太傅)로 폄척되어 나갔는데, 3년이 지난 어느 날 올빼미가 그의 집에 날아들어 자리 한구석에 앉았으므로, 이를 불길(不吉)하게 여겨

그대 돌아가거든 마을 인심은 인후한데 君歸語仁里
나의 쇠한 백발은 쓸쓸하더라 말해 주오 衰髮白蕭疎

설락(雪落)이 다른 본에는 일조(日照)로 되어 있다.

점을 쳐 보고 〈복조부(鵩鳥賦)〉를 지은 데서 온 말이다. 122쪽 주250 참조. 여기서는 저자 자신의 처지를 가의에 빗대어 〈복조부〉를 읊조린다는 뜻으로 한 말이다.

밤에 앉아서 읊다

夜坐

멀리 떠나온 나그네가 긴 밤에 앉아서　遠客坐長夜
작은 창 아래 쓸쓸한 등불 켜고는　寒燈點小窓
때때로 붓과 벼루를 꺼내 놓고　時時撥筆硯
술 그릇은 낱낱이 밀쳐 버리고　箇箇放甖缸
안석에 기대어 굶주린 쥐를 보면서　隱几看飢鼠
바람결에 개 짖는 소리를 듣노니　因風聽吠狵
아단[767]이 돌아오는 길은 지루하기도 해라　悠悠阿段路
그 언제나 돌아오는 발자국 소리를 들을꼬　幾夕有歸跫

서울과 시골을 다녀오라고 노복을 보냈는데, 아직 돌아오지 않으므로 언급한 것이다.

767 아단(阿段) : 본디 만족(蠻族) 노복(奴僕)의 이름인데, 여기서는 저자의 노복을 지칭한 것이다.

용탄 선생[768]의 휘일에 울면서 예전의 운을 사용하였다
龍灘先生諱日泣用舊韻

때는 반축을 지났건만[769] 일은 구비하기 어려워라[770]	時經反築事難俱
객의 눈물 강물처럼 흐르고 부끄러워 얼굴 붉히네	客淚飜河面發朱
제사 도울 자식 같은 자식 되긴 길이 하직했고	助祭長辭如子子
아내에게 모범이 될 남편이 되기도 영영 틀렸네	刑家終隔作夫夫
유배지는 적적하여 잠이나 졸기에 마땅하고	鬼門寂寂惟堪睡
대궐 길은 하도 높아 호소할 방도가 없구려	天路高高不可呼
다음 생을 점칠 수 없음[771]이 원망스럽기도 해라	却怨他生尙未卜
천도란 게 옳은지 그른지 있는 건지 없는 건지 원	是邪非與有邪無

작(作)이 다른 본에는 시(是)로 되어 있다.

768 용탄(龍灘) 선생 : 저자의 장인이며 스승으로 호가 탄수(灘叟)인 이연경(李延慶)을 가리킨다.

769 때는 반축(反築)을 지났건만 : 반축은 돌아와서 집을 짓는다는 뜻으로, 공자가 별세했을 때 모든 문인(門人)들이 심상 삼년(心喪三年)을 치른 다음 모두 짐을 챙겨 떠났으나, 자공(子貢)만은 다시 돌아와서 공자의 묘의 마당에 집을 짓고 홀로 3년을 더 거처하여 모두 6년을 지낸 데서 온 말이다.《孟子 滕文公上》 여기서는 저자의 스승인 이연경이 별세한 지 6년이 되었으므로, 저자 또한 스승에 대한 추모심을 자공에 빗대서 한 말이다.

770 일은 구비하기 어려워라 : 여기서 '일'이라고 한 것은 곧 돌아간 스승을 위해서 해야 할 모든 일들을 말한 듯하다.

771 다음……없음 : 여기서는 곧 다음 생에서도 사제(師弟)의 인연과 부부(夫婦)의 인연을 다시 맺게 될지 알 수 없다는 뜻으로 한 말이다.

마음을 풀다 갑인년(1554, 명종9)[772] 정월이다.

遣心 甲寅正月

창 종이에 비친 해는 점차 침침해지고	窓日沈沈紙
띠 처마 바람은 쌀쌀하게 불어오는데	簷風颯颯茅
늙은이가 의관을 정제하고 앉아서	衣冠老翁坐
서책을 펴 놓고 고인들과 사귀어 보네	簡策古人交
부질없이 한 달 동안 갈건을 저버렸고[773]	空負三旬葛
공연히 십 년 동안 박을 매달아 버렸네[774]	徒懸十載匏
내 마음은 정히 동요되지 않아서[775]	予心政不動

772 갑인년 : 이때 저자의 나이는 40세였다.

773 부질없이……저버렸고 : 갈건(葛巾)을 저버렸다는 것은 곧 저자가 한 달 동안 술을 마시지 못했음을 의미한다. 동진(東晉)의 처사(處士) 도잠(陶潛)이 술을 매우 즐겼던 나머지, 항상 갈건을 쓰고 다니다가, 집에 빚은 술이 익기만 하면 그 즉시 갈건을 벗어서 술을 걸러 마시고는 다시 그 갈건을 쓰곤 한 데서 온 말이다. 《晉書 卷49 隱逸列傳 陶潛》

774 공연히……버렸네 : 이는 곧 저자 자신이 마치 매달린 박처럼 한정된 배소(配所)에 10년 동안이나 꼼짝 못하고 있음을 비유한 것으로, 공자가 이르기를 "내가 어찌 박이더냐, 어째서 한 군데에 매여 있어 음식도 먹지 못한단 말이냐.〔吾豈匏瓜也哉? 焉能繫而不食?〕"라고 한 데서 온 말이다. 《論語 陽貨》

775 내……않아서 : 맹자의 제자 공손추(公孫丑)가 일찍이 맹자에게 묻기를 "부자께서 제나라의 경상 지위에 오르시어 도를 행할 수 있게 된다면 이로 말미암아 패자나 왕자가 되는 것도 이상하지 않을 것입니다. 이렇게 된다면 마음이 동요하시겠습니까, 그러지 않겠습니까?〔夫子加齊之卿相, 得行道焉, 雖由此霸王, 不異矣. 如此則動心否乎?〕" 하자, 맹자가 이르기를 "아니다. 나는 40세에 마음이 동요하지 않았노라.〔否!

세상만사를 풍등 포말[776]에 부치노라 萬事寄燈泡

내 나이 딱 40이 되었으므로 장난삼아 말한 것이다.

我四十不動心.]"라고 한 데서 온 말이다. 그 집주(集註)에 "40세는 한창 강하여 처음 벼슬할 나이이니, 군자의 도가 밝아지고 덕이 성취되는 때이다. 공자가 40세에 의혹하지 않은 것 또한 부동심을 이른 것이다.〔四十彊仕, 君子道明德立之時. 孔子四十而不惑, 亦不動心之謂.〕"라고 하였다. 《孟子 公孫丑上》

776 풍등(風燈) 포말(泡沫) : 바람 앞의 등불과 물거품을 말한 것으로, 인간사(人間事)의 덧없음을 비유한다.

밤에 세 편을 읊다
夜吟三篇

늙어 갈수록 잠은 점차 적어지고 老去無饒睡
봄이 오매 시름만 민감해지네 春來只敏愁
부모님과는 만리나 떨어져 있고 庭闈萬里別
내 신세는 십 년 동안 유랑 중이로다 身世十年流
단경의 등불이 어찌 멀리 비출 수 있으랴 檠短何曾遠
바람은 거세어 그치려 하지 않는구나[777] 風長不肯休
아이 불러 잡아매 놓은 닭을 찾게 하노니 呼兒訪鷄杙
혹 잃어버리고 찾을 줄을 모를까 봐[778] 或放不知求

먼 포구의 나그네는 깊이깊이 늙어 가는데 極浦深深老

777 단경(短檠)의……않는구나 : 단경은 짧은 등잔걸이를 말한 것으로, 등불을 이르는바, 이 시구는 인간의 생명이 단축하여 덧없음을 의미한 듯하다. 《좌선삼매경(坐禪三昧經)》 권상(卷上)에 "누가 능히 죽을 때를 알리오, 추향하는 바는 어느 길을 따라야 할꼬. 비유하자면 인생은 바람 앞의 등불 같아, 꺼지는 때를 알 수가 없다네.〔誰能知死時? 所趣從何道? 譬如風中燈, 不知滅時節.〕"라고 하였다.

778 아이……봐 : 맹자가 이르기를 "사람이 닭이나 개를 잃었을 때는 찾을 줄을 알지만, 자기 마음은 잃어버리고도 찾을 줄을 모르니, 학문하는 도리는 다른 것이 없다. 그 잃어버린 마음을 찾는 것뿐이다.〔人有鷄犬放, 則知求之; 有放心而不知求. 學問之道無他, 求其放心而已矣.〕"라고 한 데서 온 말이다. 《孟子 告子上》 이는 저자 자신 역시 자신의 마음을 잘 보존하는 것보다는 닭이나 개를 잃어버릴까 염려하는 마음이 앞선다는 겸사로 한 말인 듯하다.

고당의 부모님은 조각조각이 시름이리라	高堂段段愁
부지런한 데서 정해지는 도학에 뜻 두었지만	精勤志道學
게으름에서 거칠어져 시인 무리가 돼 버렸네[779]	荒懶作詩流
문 닫고 들앉은 그 누구만 좋은 명성 누렸던가[780]	閉戶誰專美
글 보는 것은 나만 유독 그만두었다오	觀書我獨休
어찌 반드시 큰 눈이 내린 뒤에야	何須有大雪
바야흐로 남에게 요구할 수가 없단 말인가[781]	方可不干求
까치의 지저귐에 짜증 날 뿐 어찌 기쁘랴[782]	鵲噪嗔何喜
등화를 보니 의아해라 시름만 더해지네[783]	燈花訝益愁

779 부지런한……버렸네 : 한유(韓愈)의 〈진학해(進學解)〉에 "학업은 부지런한 데서 정밀해지고, 즐거이 노는 데서 거칠어진다.〔業精於勤荒於嬉〕"라고 하였다. 《東雅堂昌黎集註 卷12》

780 문……누렸던가 : 후한(後漢) 때의 학자 손경(孫敬)이 집에 가만히 들어앉아 글만 열심히 읽었던 고사에서 온 말이다. 《초국선현전(楚國先賢傳)》에 "손경의 자는 문보인데, 항상 문을 닫고 들어앉아 글을 읽으면서 졸음이 오면 상투에 노끈을 매어서 들보 위에 묶어 놓아 잠을 쫓고 글을 읽었으므로, 그가 일찍이 시장에 들어가자 시장 사람들이 그를 보고 모두 말하기를 '폐호 선생이 왔다.'라고 했다.〔孫敬字文寶, 常閉戶讀書, 睡則以繩繫頭, 懸之梁上. 嘗入市, 市人見之, 皆曰閉戶先生來也.〕"라고 하였다.

781 어찌……말인가 : 후한(後漢)의 명상(名相) 원안(袁安)이 효렴(孝廉)으로 천거된 고사에서 온 말이다. 170쪽 주383 참조. 여기서 저자는 큰 눈이 온 때가 아니더라도 남에게 요구를 해서는 안 된다는 뜻으로 한 말이다.

782 까치의……기쁘랴 : 까막까치가 오랫동안 울어도 반가운 소식이 없었으므로, 이제는 까막까치 울음에 마음 쓰지 않는다는 뜻으로 한 말이다. 153쪽 주331 참조.

783 등화(燈花)를……더해지네 : 등화는 곧 등잔불 심지 끝이 타서 맺힌 불똥을 가리킨 것으로, 이것이 맺히는 것을 보면 돈과 재물을 얻는다는 고사가 있다. 두보는 〈독작성

몇 해 동안이나 구름은 북으로 갔던고[784] 幾年雲北去
오만 일들은 동으로 흐르는 물 같구려[785] 萬事水東流
술은 흉년이 든 때문에 끊었거니와 酒以凶荒斷
시는 늙고 병든 때문에 그만두었지 詩應老病休
나는 이제 전혀 하는 일이 없으니 全然無事業
공서화 자로 염유를 싫어한 듯하구려[786] 似厭赤由求

시(獨酌成詩)〉에서 "등화를 보니 어찌 그리 너무나도 기쁜가. 좋은 술을 만나니 정히 서로 친하도다.〔燈花何太喜? 酒綠正相親.〕"라고 하였다.《杜少陵詩集 卷5》 여기서 저자는 두보와 반대로 등화를 보아도 시름만 더한다고 한 것은 아마 저자에게는 돈이나 재물과는 아무런 상관이 없다는 뜻에서 한 말인 듯하다.《서경잡기(西京雜記)》에 한 고조(漢高祖)의 무장(武將) 번쾌(樊噲)가 일찍이 육가(陸賈)에게 묻기를 "예로부터 인군이 모두 '하늘로부터 명을 받는다.'느니, '상서로운 조짐이 있었다.'느니 말들 하는데, 어찌 이런 이치가 있겠는가.〔自古人君皆云受命于天, 云有瑞應. 豈有是乎?〕"라고 하자, 육가가 말하기를 "그런 이치가 있다. 대저 눈이 자주 깜빡거려지면 술과 음식을 얻게 되고, 등잔불에 불똥이 맺히면 돈과 재물을 얻게 되고, 까치가 지저귀면 소식을 전할 사람이 오게 되고, 거미가 내려오면 오만 일이 기쁘게 된다는 말이 있으니, 사소한 일에 조짐이 있고 보면 큰일 또한 의당 그러할 것이다.〔有之. 夫目瞤得酒食, 燈火花得錢財, 乾鵲噪而行人至, 蜘蛛集而百事喜. 小旣有徵, 大亦宜然.〕"라고 하였다.

784 몇 해……갔던고 : 구름이 북으로 갔다는 것은 곧 북녘에 있는 사람들과 이별한 지 오래되었음을 의미한다. 당대(唐代)의 시인 저광희(儲光羲)의 〈이유고사별(貽劉高士別)〉 시에 "북쪽 구름은 오월 지방으로 가고, 남쪽 기러기는 강한을 떠나도다.〔北雲去吳越, 南雁離江漢.〕"라고 하였다.《儲光羲詩集 卷4》

785 오만……같구려 : 동으로 흐르는 물은 다시 돌아올 수 없는 것이므로, 동으로 흐르는 물이란 곧 모든 사물이 한번 지나고 나면 다시 돌이킬 수 없는 무상(無常)함에 비유한 것이다.

786 나는……듯하구려 : 공자의 제자인 자로(子路), 염유(冉有), 공서화(公西華)가 일찍이 공자를 뫼시고 앉았을 때, 공자가 이르기를 "평소에 너희들이 말하기를 '나를 알아주지 못한다.'라고 하는데, 혹 너희들을 알아준다면 어떻게 하겠느냐?〔居則曰不吾

노복이 서울로부터 돌아와서 소식을 들으니 슬픔과 기쁨이 교차하는지라, 붓 가는 대로 뜻을 말하다

奴還自京悲喜相兼漫筆言情

해가 바뀌매 나그네 맘은 죽은 것 같고 改歲羈心死

석양을 당해선 병든 눈이 빠질 듯하네[787] 斜陽病眼穿

잠깐 까막까치 지저귀는 걸 보았더니 乍蒙烏鵲報

知也, 如或知爾, 則何以哉?〕"라고 하자, 맨 처음 자로가 대답하기를 "천승의 나라가 대국의 사이에 속박을 받아 전쟁이 가해지고 인하여 기근이 들더라도 제가 그 나라를 다스리면 3년에 이르러 백성들을 용맹하게 할 수 있고, 또 의리로 향할 줄을 알게 할 수 있습니다.〔千乘之國, 攝乎大國之間, 加之以師旅, 因之以饑饉. 由也爲之, 比及三年, 可使有勇, 且知方也.〕"라고 하였고, 염유가 대답하기를 "사방 6, 7십 리나 혹은 5, 6십 리쯤 되는 작은 나라를 제가 다스리면 3년에 이르러 백성들은 풍족하게 할 수 있거니와 예악에 대해서는 군자를 기다리겠습니다.〔方六七十, 如五六十, 求也爲之, 比及三年, 可使足民. 如其禮樂, 以俟君子.〕"라고 하였고, 공서화가 대답하기를 "제가 능하다는 것이 아니라, 배우기를 원합니다. 종묘의 일과 제후들이 회동할 때에 현단복을 입고 장보관을 쓰고 작은 집례자가 되기를 원합니다.〔非曰能之, 願學焉. 宗廟之事, 如會同, 端章甫, 願爲小相焉.〕"라고 하여, 세 사람 모두가 각각 정사에 참여하고자 하는 뜻을 말하였다.《論語 先進》 여기서 저자는 세상일에 전혀 관여할 마음이 없기 때문에 자로, 염유, 공서화 같은 사람들과는 뜻이 맞지 않다는 의미로 한 말이다.

787 해가……듯하네 : 나그네 마음이 죽은 것 같다는 것은 곧 저자의 처지가 세월이 흘러갈수록 실망 속에 활기를 잃게 됨을 한탄하여 한 말이고, 병든 눈이 빠질 듯하다는 것은 곧 고향 소식을 애타게 기다리는 뜻에서 한 말이다. 두보(杜甫)의 〈자경찬지봉상희달행재소(自京竄至鳳翔喜達行在所)〉 시에 "석양을 당해서는 눈이 빠질 듯하고, 식은 재를 부착한 듯 마음은 활기를 잃었네.〔眼穿當落日, 心死著寒灰.〕"라고 하였다.《杜少陵詩集 卷5》

이내 시골과 서울의 소식을 전해 오누나 　却替雁魚傳
노복에게 이런저런 소식을 귀찮게 묻노니 　款款煩相問
먼 길 왕래한 동안 나는 잠을 못 이뤘었지 　迢迢耿不眠
모든 소식이 진정 눈물을 흘릴 만하여라 　無非可流涕
슬픔과 기쁨에 정신이 끝내 아득해지누나 　悲喜竟茫然

장차 경신일 밤을 새우려 하는데[788] 마시고 즐길 만한 술이 없으므로, 글을 읽어 스스로 마음을 풀고 장난삼아 8운을 쓰다

將守庚申無酒可娛讀書自遣戲書八韻

너 삼시충의 참소하는 걸[789] 염려하노니　慮爾三蟲訴
나 홀로 나그네 잠자리가 한탄스럽네　嗟吾獨客眠
등잔불 켜니 거적문은 환히 비치고　燈張蓬戶影
향 사르니 질화로에 연기가 모락모락　香爇瓦爐煙
도박놀이로 즐기는 일은 없거니와　博塞歡娛乏
시서는 치우치게 탐독하는 바이기에　詩書痼疾偏
한 책상에 지필연묵을 다 가져다 놓고　一床招四友
천재 이래 수많은 현성들을 마주하니　千載對羣賢
온화한 말들은 누에 실처럼 뽑혀 나오고　軟語抽絲繭
맑은 회포는 산골 물을 쏟아 내린 듯하네　淸懷注壑泉
누가 와서 나를 방해 놓을 수 있으랴　誰能來敗我
자득하여 내 눈 앞에 드러남을 보거늘[790]　自得見參前

788 경신일……하는데 : 경신일 밤을 꼬박 새운다는 것은 곧 도가(道家)의 장생법(長生法)의 한 가지이다. 125쪽 주257 참조.

789 너……걸 : 삼시충(三尸蟲)은 도가에서 이른바, 인체(人體) 내에서 빌미를 만드는 세 가지 신(神)을 말하는데, 경신일 밤이면 사람이 잠든 틈을 타서 이것들이 밖으로 빠져나가서 사람의 죄과(罪過)를 천제(天帝)께 낱낱이 고해바친다는 데서 온 말이다. 125쪽 주257 참조.

빠지기 쉬운 건 응당 사소한 물욕이지만 易陷應微物
속이기 어려운 건 저 푸른 하늘이라네 難欺彼上天
삼팽이 이 노수신을 어찌하겠느냐[791] 彭如愼何奈
바다 위 태양이 벌써 산마루에 반짝이는 걸 海日閃山顚

790 자득(自得)하여……보거늘 : 공자가 일찍이 자장(子張)의 행(行)에 대한 물음에 답한 말 가운데서 "일어서면 충신(忠信)과 독경(篤敬)이 눈앞에 드러나는 것을 볼 수 있고, 수레에 있으면 충신 독경이 멍에에 기대 있음을 볼 수 있어야 하니, 그런 다음에야 행해질 수 있는 것이다.〔立則見其參於前也, 在輿則見其倚於衡也, 夫然後行.〕"라고 한 데서 온 말이다. 34쪽 주32 참조. 눈앞에 드러남을 본다는 것은 곧 충신과 독경이 몸에 흠뻑 배는 것을 의미한다.

791 삼팽(三彭)이……어찌하겠느냐 : 삼팽은 353쪽 주789에 나오는 삼시충(三尸蟲)을 말한다. 팽은 곧 삼시충의 성(姓)으로, 상시(上尸) 팽거(彭倨)는 보물(寶物)을 좋아하고, 중시(中尸) 팽질(彭質)은 오미(五味)를 좋아하고, 하시(下尸) 팽교(彭矯)는 색욕(色欲)을 좋아한다고 하는데, 이들을 또한 팽시(彭尸)라고도 일컫는다. 여기서는 저자 자신이 이미 경신일 밤을 자지 않고 꼬박 새웠으므로 그들이 자신을 어찌할 수 없으리라는 뜻으로 한 말이다.

군수가 왜놈을 잡았다는 소식을 듣다 2월이다.

聞郡守捕倭 二月

왜구가 청해진[792]을 삼킬 적에　倭寇吞淸[793]海
관군은 흑산도를 점거하였다가　官軍擁黑山
소굴을 쳐들어가 교활한 두 놈을 쳐 죽이고　穴探殲二黠
조수를 쏘아[794] 완악한 적군들을 섬멸하였네　潮射剿羣頑
한 척의 병선으로 전공을 속히 거두고　單舸收功速
전군을 보전하여 개가를 부르며 돌아왔네　全師放凱還
굶주린 백성들은 밤낮으로 기다렸다가　飢民日夜待
진집을 입어 기쁜 얼굴을 보전하였구려[795]　賑輯保歡顔

792 청해진(靑海鎭) : 전라남도 완도(莞島)의 관할이다.

793 淸 : 대본에는 '靑'으로 되어 있는데, 《신증동국여지승람(新增東國輿地勝覽)》 권37 〈전라도 강진현(康津縣)〉에 의거하여 바로잡았다.

794 조수(潮水)를 쏘아 : 오월왕(吳越王) 전류(錢鏐)가 일찍이 궁노(弓弩)로 조수의 높은 물결을 쏘아서 조수를 나직하게 했다는 고사에서 온 말로, 여기서는 강한 군대(軍隊)를 의미한다. 소식(蘇軾)의 〈팔월십오일간조오절(八月十五日看潮五絶)〉 시에 "어찌하면 부차의 무소 갑옷 입은 군대를 얻어, 삼 천 병력의 강한 쇠뇌로 조수를 쏘아 낮춰 볼꼬.〔安得夫差水犀手, 三千强弩射潮低?〕"라고 하였다. 《蘇東坡詩集 卷10》

795 진집(賑輯)을……보전하였구려 : 진집은 진휼 안집(賑恤安輯)의 약칭으로, 즉 굶주린 백성들을 진휼하여 편안히 살게 해 주는 것을 이른 말인데, 그렇게 해 줌으로써 백성들이 행복을 누리게 되었다는 뜻으로 한 말이다.

24일 밤에는 아침까지 자지 않고 울면서 입으로 부르다

3월이다.

廿四夜達朝不寐涕泣口號 三月

병든 나그네는 놀라움이 아직 남았는데	病客驚猶在
봄밤은 더욱 길기도 하여라	春宵較却長
근심하지 않는 것이 바로 군자이거니와[796]	何憂乃君子
없어지지 않는 건 바로 삼강오륜이라	不泯是天常
아득히 먼 고향의 늙은 두 어버이를	渺渺高堂老
팔 년 동안 끝없이 바라만 볼 뿐이로다	悠悠八載望
닭이 울자 해가 떴느냐고 묻고 나니	雞鳴問日出
베개맡에 눈물이 뚝뚝 떨어지누나	枕席涕滂滂

796 근심하지……군자(君子)이거니와 : 사마우(司馬牛)라는 사람이 공자에게 어떻게 해야 군자일 수 있느냐고 물었을 때, 공자가 이르기를 "군자는 근심하지도 않고 두려워하지도 않는 것이다.〔君子不憂不懼〕"라고 하자, 사마우가 말하기를 "근심하지도 않고 두려워하지도 않으면 군자라고 할 수 있는 것입니까?〔不憂不懼, 斯謂之君子已乎?〕" 하므로, 공자가 이르기를 "속으로 반성해 보아 양심에 가책됨이 없으면 무엇을 근심하며 무엇을 두려워하리오.〔內省不疚, 夫何憂何懼?〕"라고 한 데서 온 말이다. 《論語 顔淵》

꿈을 기록하다

記夢

갑인년 삼월 그믐날 삼경 밤 꿈에 甲寅三月晦三更
어머니를 뵈오니 몸이 편치 않으시기에 夢省慈闈體未寧
화롯불 돋우어 서둘러 정기산[797]을 달여 드리고 撥火催煎正氣散
깨고 나서 걱정되어 우노라니 맘이 아득하구려 覺來憂泣意冥冥

797 정기산(正氣散) : 한의서(漢醫書)에 나오는 약방문(藥方文)의 한 가지인데, 화제(和劑)를 조금씩 가감(加減)하는 데에 따라 약재(藥材)와 효능(效能)이 수없이 달라진다.

두 노복이 아파서 거의 죽을 뻔했다가 다행히 소생하였다. 이날 저녁에 서울의 서신을 받았다 4월이다.

二奴病幾死幸甦是夕得京書 四月

서울의 서신을 전해 온 날이요　京洛書傳日
동복의 병이 뜸한 처음이로다　奚僮病間初
걱정이 바로 기쁨이 된 건 이미 알았거니와　已知憂是喜
사실이 혹 거짓이 아닐까 이내 의아스럽네　旋訝實爲虛
만사는 신음하는 속에 겪어 가고　萬事呻吟裏
외로운 삶은 눈물의 나머지로다　孤生涕淚餘
마음가짐은 매양 시름겹기만 하건만　持心每忽忽
세상 버리는 건 우선 천천히 하련다　棄世姑徐徐

점찰산에서 한숭덕에게 보이다

占察山示韓崇德

새벽에 인진[798]의 소재지를 출발하여	曉發因珍治
아침에 점찰산을 올라가니	朝隮占察山
푸른 솔은 돌 비탈길 양쪽에 죽 늘어섰고	靑松夾雲磴
붉은 동백꽃은 백사장 물굽이를 뒤덮었네	紫柏被沙灣
바다 파도는 중국 강남 왼편을 쳐 대고	浪拍江南左
바람은 일본과의 사이를 왕래하누나	風來日本間
외론 신하가 오래 서서 휘파람 부노라니	孤臣久立嘯
아침 해가 높은 산봉우리에 떠오르네	紅日上孱顔

798 인진(因珍) : 진도(珍島)의 고호이다.

향목포에서 한숭덕에게 보이다

香木浦示韓

바다를 본 이에겐 물이 되기 어렵다더니[799]	於海難爲水
지금 보니 참으로 그런 바다가 있구려	如今信有之
때는 사월 끝자락에 이르렀는데	時當四月尾
파도는 한 갈래의 지류를 진동시키네	波動一岐支
하늘 높이 나는 새는 바라볼수록 작아 보이고	雲鳥望望小
바람 받는 배 돛은 낱낱이 더디 가누나	風帆箇箇遲
나는 응당 너희들과 더불어	應須與爾輩
안개비 속에서라도 함께 따르련다	霧雨亦追隨

미(尾)가 다른 본에는 말(末)로 되어 있다.

799 바다를……어렵다더니 : 맹자가 이르기를 "공자가 동산에 올라가서는 노나라를 작게 여겼고, 태산에 올라가서는 천하를 작게 여기셨다. 그러므로 바다를 본 사람에게는 다른 물은 물이 되기 어렵고, 성인의 문하에 종유한 사람 앞에서는 다른 사람의 말은 말이 되기 어려운 것이다.〔孔子登東山而小魯, 登太山而小天下. 故觀於海者, 難爲水; 遊於聖人之門者, 難爲言.〕"라고 한 데서 온 말이다. 《孟子 盡心上》

취해 노래하여 차운하다 5월이다.

醉歌次韻 五月

서포에서는 삼 년 동안을 살아왔는데	西浦三年宅
남성 밖으로 만리를 가는 배들이 줄이었네	南城萬里船
땅은 낮아서 장기 품은 안개가 가득하고	地卑饒瘴霧
마을은 텅 비어 밥 짓는 연기가 드물구려	村曠少炊煙
두려운 사물이 이와 같이 널려 있는데도	畏物聊如此
생명을 보전한 것은 역시 우연이리라	全生亦偶然
밝은 달빛 아래서 길이 노래 부르고	長歌皎月下
흰 구름 가에서 외로이 휘파람도 불어보네	孤嘯白雲邊

술 취한 자리에서 읊조리어 해면되어 돌아가는 군수에게 주다 6월이다.

醉席口占贈主守罷歸 六月

바다와 산 천리 멀리 이별하기 어려워라	海山千里別離難
가는 사람 오는 사람 사정도 갖가지였건만	人去人來事萬端
병든 죄수가 팔 년 중 오늘 가장 느꺼운 건	最是孤囚八載病
장안으로 올라가는 사람을 보낸 때문일세	送人歸去上長安

칠석에 마음을 풀다 7월이다.

七夕遣心 七月

사람들은 다 천신의 기교를 기원하건만[800] 人盡祈天巧
나는 오히려 배 속의 서책을 포쇄하노라[801] 吾猶曬腹書
노복에게 맛없는 술이나마 사 오게 하여 教奴市薄酒
초승달 맞아 궁벽한 처소에서 마주하였네[802] 邀月對幽居
천지 사이에 도랑에 버려진 나무토막 신세요 天地溝中斷
오랜 세월 속 타고 남은 오동나무 신세라[803] 光陰爨下餘

800 사람들은……기원하건만 : 음력 7월 7일 밤을 칠석(七夕)이라 하는데, 해마다 이 날이면 견우와 직녀 두 별이 오작교(烏鵲橋)에서 서로 한 번씩 만난다는 전설(傳說)이 있으므로, 예로부터 이날 밤이면 부녀자들이 견우, 직녀 두 별에 길쌈과 바느질 솜씨가 늘게 해 달라고 기원하는 풍속이 있었던 데서 온 말이다. 이것을 걸교(乞巧)라 한다.

801 나는……포쇄(曝曬)하노라 : 진(晉)나라 때 학륭(郝隆)이 일찍이 7월 7일에 마당 가운데 나가서 드러누웠으므로, 어떤 이가 그 까닭을 묻자, 대답하기를 "나는 배 속에 가득 찬 서책을 포쇄하는 것이다.〔我曝書〕"라고 한 데서 온 말이다. 《世說新語 排調》

802 노복에게……마주하였네 : 이백(李白)의 〈월하독작(月下獨酌)〉 시에 "꽃 사이에서 한 병의 술을 가지고, 친구 하나 없이 홀로 술을 마시면서, 술잔 들어 밝은 달을 맞이하니, 그림자와 합쳐서 삼인이 되었네.〔花間一壺酒, 獨酌無相親. 擧杯邀明月, 對影成三人.〕"라고 한 데서 온 말이다. 《李太白集 卷22》

803 천지……신세라 : 도랑에 버려진 나무토막 신세란, 《장자(莊子)》 〈천지(天地)〉에 "백 년 묵은 나무를 잘라서 제사에 쓰는 술통을 만들어 청색, 황색으로 곱게 칠하고, 그 잘라 버린 토막은 도랑에 내버리는데, 뒤에 그 술통을 저 도랑에 버린 토막에 비교한다면 아름답고 추악한 차이는 있지만, 그 나무의 본성을 잃은 것은 마찬가지다.〔百年之

덧없는 인생이 이 지경에 이르렀으니 浮生到此已

오당으로 돌아가지 않을 수 있겠는가[804] 吾黨不歸歟

木, 破爲犧樽, 青黃而文之, 其斷在溝中. 比犧樽於溝中之斷, 則美惡有間矣, 其於失性一也.〕"라고 한 데서 온 말인데, 여기서는 곧 아무 쓸모없는 물건에 비유한 것이다. 타고 남은 오동나무 신세란, 《후한서(後漢書)》 권60 하 〈채옹열전(蔡邕列傳)〉에 "오나라 사람이 오동나무로 불을 때서 밥 짓는 자가 있었는데, 채옹이 그 불타는 소리를 듣고 그것이 좋은 나무인 걸 알고는 그 주인에게 청하여 타다 남은 것을 가지고 거문고를 만들었더니, 과연 아름다운 소리가 나고, 그 꼬리 부분에는 아직도 타고 남은 흔적이 있었으므로, 당시 사람들이 이것을 '초미금'이라 이름했다.〔吳人有燒桐以爨者, 邕聞火烈之聲, 知其良木, 因請而裁爲琴, 果有美音, 而其尾猶焦, 故時人名曰焦尾琴焉.〕"라고 한 데서 온 말인데, 여기서도 역시 쓸모없는 물건에 비유한 것이다. 한유가 일찍이, 신상(神像)으로 만든 인형(人形)처럼 생긴 썩은 나무토막을 '목거사(木居士)'라 칭하여 지은 〈제목거사(題木居士)〉 시에 "신이 되었으니 어찌 도랑에 버려진 나무토막에 비할쏜가. 사람의 감상을 받으니 타고 남은 오동나무와도 같구려. 하지만 썩고 벌레 먹어 조각의 공력을 감당할 수 없거니, 아무리 기교가 절묘한 장인인들 어찌할 수 있겠는가.〔爲神詎比溝中斷? 遇賞還同爨下餘. 朽蠹不勝刀鋸力, 匠人雖巧欲如何?〕"라고 하였다. 《東雅堂昌黎集註 卷9》

804 오당(吾黨)으로……있겠는가 : 공자가 일찍이 진(陳)에 있을 때, 중용(中庸)의 도에 부합하지 못한 제자들을 걱정하여 이르기를 "돌아가련다, 돌아가련다. 오당의 소자들이 뜻만 크고 소략하여 찬란하게 문장만 이루었을 뿐이요 그것을 재단할 줄 모르는도다.〔歸與! 歸與! 吾黨之小子狂簡, 斐然成章, 不知所以裁之.〕"라고 한 데서 온 말이다. 52쪽 주79 참조. 여기서는 저자 자신을 공자의 제자들의 뜻만 크고 소략한 데에 빗대서 한 말이다.

지씨의 임정 연회에서 읊다
池氏林亭燕集

나의 객사 가까운 곳에서 초대해 주어[805]	旅次招要近
드높은 귤사에 올라와 보니	登臨橘榭高
서늘한 솔바람은 오암[806]에 불어오고	松颸爽烏匼
대숲에 새 나온 햇살은 백발을 비춰 주네	竹日照霜毛
온화한 담소에 공연히 주미를 휘두르고[807]	話軟空揮麈
거나한 뒤에 지게미를 깔고 누우려 하네[808]	酣餘欲藉糟
즐거웠다가 또한 처량도 하여라	懽娛亦蕭瑟
탕한[809]의 운수를 거듭 만났기 때문일세	湯旱運重遭

805 나의……주어 : 지씨(池氏)의 임정(林亭)이 저자의 우거(寓居)한 곳과 가깝기 때문에 한 말이다. 지씨는 지진손(池進孫)으로, 241쪽 주538 참조.

806 오암(烏匼) : 옛날에 은자(隱者)가 썼던 오각건(烏角巾)의 별칭이다. 두보(杜甫)의 〈칠월삼일……희정원이십일조장(七月三日……戲呈元二十一曹長)〉 시에 "저녁 바람이 오암에 서늘하게 불어오니, 꺾이었던 근력이 소생되누나.〔晩風爽烏匼, 筋力蘇摧折.〕"라고 하였다. 《杜少陵詩集 卷15》

807 온화한……휘두르고 : 주미(麈尾)는 고라니의 꼬리털로 만든 먼지떨이를 말하는데, 옛날에는 청담(淸談)하던 사람들이 이것을 많이 가졌고, 후세에는 불도(佛徒)들도 이것을 많이 가져서 설법(說法)할 때에 흔히 사용했다고 한다.

808 거나한……하네 : 진(晉)나라 때 죽림칠현(竹林七賢) 가운데 한 사람인 유령(劉伶)의 〈주덕송(酒德頌)〉에 "누룩을 베개 삼아 베고 술지게미를 깔고 눕는다.〔枕麴藉糟〕"라는 말이 있다.

809 탕한(湯旱) : 은(殷)나라 탕왕(湯王) 때에 7년 동안 큰 가뭄이 들었던 것을 이른다.

서울로 돌아가는 김 주부를 보내다

送金主簿歸京

김수생(金水生)이 남도 만호(南桃萬戶)로 있다가 체직되어 군자 주부(軍資主簿)가 되었다.

독한 장기는 다년간 폐를 손상하였고	炎瘴多年肺
머리털은 어젯밤에 내린 서리 빛일세	秋霜昨夜毛
나그네 정은 늘 북쪽 나무를 향하려니와[810]	羈情向北樹
호쾌한 기상은 지금 남도포를 떠나누나	爽氣去南桃
오두막집에 해가 중천에 오른 때를 당해	蓬蓽三竿日
천지간에 한 말 술을 둘이 나눠 마시네	乾坤一斗醪
돌아가 채의 입고 춤출 사람[811]을 보내자니	送將歸舞綵
눈물 흘리며 차가운 파도를 굽어보노라	垂淚俯寒濤

810 나그네……향하려니와 : 두보(杜甫)의 〈춘일억이백(春日憶李白)〉 시에 "위수 북쪽엔 봄 하늘의 나무요, 강 동쪽엔 해 저문 구름이로다. 어느 때나 한 동이 술을 두고서, 우리 함께 글을 조용히 논해 볼꼬.〔渭北春天樹, 江東日暮雲. 何時一樽酒, 重與細論文?〕"라고 한 데서 온 말이다.《杜少陵詩集 卷1》 이는 곧 저자가 지금 떠나는 김수생(金水生)을 앞으로 두고두고 그리워할 것이라는 뜻으로 한 말이다.

811 채의(彩衣)……사람 : 춘추 시대 초(楚)나라의 효자(孝子)로 명성이 높았던 노래자(老萊子)의 고사에서 온 말이다. 61쪽 주103 참조. 여기서는 곧 부모가 계신 서울로 돌아가는 김수생을 가리켜 한 말이다.

취하여 읊다 8월이다.

醉吟 八月

이때 나한테서 배우는 사람 집에 술이 익었다는 말을 듣고 문득 가서 마시고 크게 취하였다.

기자는 양자운이 알았고[812]	奇字揚雲識
이웃집 와상에선 필탁이 잠들었었지[813]	隣牀畢卓眠
나갈 땐 삽을 놓고 따르게 하거니와[814]	出教隨放鍤
다닐 땐 지팡이 끝에 돈이 없거나 말거나[815]	行任杖無錢

812 기자(奇字)는 양자운(揚子雲)이 알았고 : 양자운은 곧 한대(漢代)의 문장가인 양웅(揚雄)을 가리키는데 자운은 그의 자이다. 양웅이 본디 고문(古文), 기자 등을 많이 알았으므로, 유분(劉棻) 등이 항상 그에게 가서 기자를 물어 배웠다. 양웅은 또 원래 가난한 데다 술을 좋아했으므로, 가끔 호사자(好事者)들이 술과 안주를 싣고 그를 찾아가 수업(受業)을 청하기도 했다. 《漢書 卷87下 揚雄傳》 여기서는 저자 자신을 양웅에 빗대서 한 말이다.

813 이웃집……잠들었었지 : 필탁(畢卓)은 진대(晉代)의 문신이었는데, 그는 술을 몹시 즐겨 마시어 주호(酒豪)로 이름이 높았다. 그가 이부랑(吏部郎)으로 있을 때 한번은 그 이웃집에 술이 익은 것을 알고는 밤중에 그 항아리 곁으로 가서 술을 실컷 훔쳐 마시고 바로 그 자리에서 잠이 들어 마침내 술을 관리하는 사람에게 붙들려서 꽁꽁 묶여 있다가 다음 날 아침에야 풀려난 데서 온 말이다. 《晉書 卷49 畢卓列傳》 여기서는 역시 저자 자신을 필탁에 빗대서 한 말이다.

814 나갈……하거니와 : 진(晉)나라 때 죽림칠현(竹林七賢)의 한 사람인 유령(劉伶)과 관련된 이야기이다. 56쪽 주89 참조. 여기서 저자는 유령과는 달리 삽을 메지 않고 그냥 따르게 한다는 뜻으로 한 말이다.

815 다닐……말거나 : 진(晉)나라 사람 완수(阮脩)는 술을 매우 좋아했다. 그는 항상 돈 100전(錢)을 지팡이 끝에 걸고 보행(步行)을 하면서 주점(酒店)을 만날 때마다 홀로

현인의 술[816]을 대하여 마시지 않았다면 不對賢人酒
혼돈의 세계[817]를 돌이킬 수 있겠는가 能回混沌天
선생[818]은 지금 어디에 있는고 하면 先生在何許
말라 죽은 나무처럼 쓰러져 있을 뿐이네 槁木只頹然

술을 마시어 실컷 취하곤 한 데서 온 말이다. 《晉書 卷49 阮脩列傳》 여기서 저자는 완수처럼 지팡이 끝에 걸고 다닐 만한 돈이 없다는 뜻으로 한 말이다.

816 현인(賢人)의 술 : 삼국(三國) 시대 위(魏)의 상서랑(尙書郞) 서막(徐邈)의 고사에서 온 말로, 탁주(濁酒)를 가리킨다. 41쪽 주61 참조.

817 혼돈(混沌)의 세계 : 혼돈은 본디 하늘과 땅이 아직 나뉘지 않은 상태를 말한 것으로, 여기서는 술이 몹시 취하여 정신이 몽롱하고 아득해진 상태를 말한 것이다.

818 선생(先生) : 여기서는 저자 자신을 지칭한 것이다.

양산립이 술을 가지고 멀리 황량한 포구까지 방문하였으므로, 마시고 크게 취하여 장난삼아 쓰다

梁山立携酒遠訪荒浦大醉戲書

가련도 하여라 양공섭은	可憐梁公燮
지금 어떤 사람이 되어 있는고[819]	今爲何等人
양공섭은 지금 만날 수가 없고	燮旣不可見
그의 자질과 좋은 술을 마실 뿐이네	與其子飮醇

공섭은 바로 산립(山立)의 계부(季父)이다.

819 가련도……있는고 : 양공섭(梁公燮)은 조선 중기의 문신인 양응정(梁應鼎, 1519~1581)을 가리킨다. 그의 자는 공섭이고, 호는 송천(松川)이다. 그는 1540년(중종35) 생원시(生員試)에 장원으로 합격하였고, 1552년(명종7) 식년 문과(式年文科)에 을과(乙科)로 급제하여 검열(檢閱)을 거쳐 공조 좌랑이 되었다. 그 후 수찬, 진주 목사(晉州牧使)를 역임하고, 1574년(선조7) 경주 부윤(慶州府尹)을 지냈으며, 뒤에 벼슬이 공조 참판에 이르렀다. 시문(詩文)에 능하여 선조 때 8문장의 한 사람으로 뽑혔으며, 효행(孝行)으로 정문(旌門)이 세워졌다.

두 서생과 더불어 술을 마시다 9월이다.

與二生飮 九月

만성[820]의 저녁 빗속에 술을 마시고	暮雨蠻城酒
오랜 세월 갈고 아래 노래도 부르노니[821]	流年羯鼓歌
오직 손님 초청하기만 좋아할 뿐이요	惟應喜速客
다시 나귀에 태워 보낼 건 묻지도 않네	不復問歸馱
머나먼 고장에도 송국은 남아 있건만	絶域存松菊
혹독한 서리에 마름과 연잎은 시들었네	嚴霜敗芰荷
길이 읊으며 채의 입고 춤추던 걸 생각하니	長吟憶綵舞
저절로 눈물이 강물처럼 쏟아지누나[822]	自有淚成河

820 만성(蠻城) : 남만(南蠻)의 성이라는 뜻으로, 여기서는 진도(珍島)가 남방에 위치하기 때문에 이렇게 호칭한 것이다.

821 오랜……부르노니 : 갈고(羯鼓)는 장고(杖鼓)와 비슷하게 생긴 타악기(打樂器)의 일종인데, 이 또한 본디 만족(蠻族)의 악기였으므로, 여기서는 역시 그곳의 악기를 갈고에 빗대서 말한 것이다. 그리고 노래를 부른다는 것은 시를 읊조리는 것을 이른 말이다.

822 채의(綵衣)……쏟아지누나 : 채의 입고 춤을 춘다는 것은 곧 옛날에 효자로 명성이 높았던 노래자(老萊子)가 나이 70에 어린애처럼 채색옷〔彩衣〕을 입고 부모 앞에서 어린애처럼 장난을 하여 부모를 즐겁게 해 드렸던 데서 온 말로, 부모에게 효도하는 것을 의미한다. 여기서는 아마 저자가 예전에 부모를 모시고 있을 때를 추억하면서 지금은 가 뵐 수 없음을 슬퍼하여 이른 말인 듯하다.

또 제하다

又題

가을비는 계속 내리어 개려 들지 않는데	秋雨淫淫不肯晴
뜨락의 귤과 유자는 노란 빛깔을 드러내네	空庭橘柚向人明
선생은 술 취한 뒤에 길이 읊조리는데	先生醉後長吟去
제자는 거나하자 북을 재촉하여 울리누나[823]	弟子酣餘促鼓鳴

823 제자(弟子)는……울리누나 : 여기서 북을 울린다는 것은 곧 취흥(醉興)을 돋우기 위한 것인 듯하다.

임석천[824]의 시를 보고 차운하여 쓰다

觀林石川詩次韻書之

나의 집은 진도성 동쪽 마을이요	弊止城東里
고사의 집은 바닷가의 마을이로다	高門海上村
통달한 석천을 길이 그리워하거니와	長懷石川達
뒤집히는 거센 파도를 매양 싫어한다오[825]	每厭浪波飜
소산한 풍격에 시 명성은 고대하고	蕭散詩名大
청허한 인품에 좋은 명망은 높기도 해라	淸虛令望尊
무슨 방도로 기꺼이 만나 볼 수 있으랴	何由得良覿
사십이 되도록 알려진 게 없으니 말일세[826]	四十已無聞

824 임석천(林石川) : 조선의 문신으로 호가 석천인 임억령(林億齡)을 가리킨다. 그는 전라도(全羅道) 해남(海南) 출신으로, 중종 때 문과(文科)에 급제하였고, 명종 연간에 동부승지(同副承旨), 병조 참지(兵曹參知), 강원도 관찰사(江原道觀察使) 등을 역임하였다. 일찍이 금산 군수(錦山郡守)로 있을 때 동생 임백령(林百齡)이 소윤(小尹) 일파에 가담하여 대윤(大尹)의 많은 선비들을 추방하자, 자책을 느껴 벼슬을 사퇴하였고, 그 후 임백령이 원종공신(原從功臣)의 녹권(錄券)을 보내오자 분격하여 이를 불태우고 해남에 은거하였다.

825 통달한……싫어한다오 : 통달한 석천(石川)이란 곧 석천 임억령의 인품을 콸콸 흐르는 시냇물에 빗대서 한 말이고, 뒤집히는 거센 파도란 곧 험난한 세태(世態)에 빗대서 한 말이다.

826 사십(四十)이……말일세 : 공자가 이르기를 "후생이 두려울 만하니, 앞으로 나오는 후생들이 지금의 나보다 못하리라는 것을 어찌 알겠는가. 그러나 사십, 오십 세가 되도록 알려진 것이 없으면 그 또한 두려울 것이 없는 것이다.〔後生可畏, 焉知來者之不如今也? 四十五十而無聞焉, 斯亦不足畏也已.〕"라고 한 데서 온 말이다. 《論語 子罕》

꿈에 아버지를 뫼시고 있었는데, 안색이 화려하고 풍만하였다. 꿈에서 깨어 울면서 기록하다 10월이다.

夢侍家君顔色華豐旣寤泣記 十月

곁에서 뫼실 땐 저절로 기뻤었는데	侍側自懽說
깨고 나니 근심 걱정만 더하누나	覺時增悶憂
어이하여 육순이 지난 연세에	如何耳順去
되레 화려한 안색을 갖고 계신단 말가	反有貌華留
죽어서 흘릴 눈물은 다하지 않았거니와	不盡他生淚
십 년을 갇힌 죄수는 아직 살아남았네	猶存十載囚
갑인년에 시를 읊어 쓰노니	題詩攝提格
때는 시월 중순 첫머리로다	十月仲旬頭

밤중에 우연히 이루다

夜中偶成

울타리 약하고 모래 퍼석해 문 낼 데도 없는데[827]	籬弱沙虛無定門
저녁부터 북풍이 몰아치고 초천은 흐리어라[828]	北風吹暮楚天雲
춥고 배고픈 건 유생이 주관할 바 아니기에	飢寒不屬儒生管
한가로이 불똥 떨어뜨리며 고문을 읽고 있노라	閑落燈花讀古文

827 울타리……없는데 : 두보(杜甫)의 〈과소수서작사북과림……(課小豎鉏斫舍北果林……)〉 시에 "울타리가 약하니 문을 어디로 향할꼬. 모래는 퍼석하여 언덕이 무너지도다.〔籬弱門何向? 沙虛岸只摧.〕"라고 한 데서 온 말이다. 《杜少陵詩集 卷20》

828 저녁부터……흐리어라 : 초천(楚天)은 남초(南楚) 지방의 하늘이라는 뜻으로, 여기서는 곧 남방에 위치한 진도를 초천에 빗대서 한 말이다. 두보의 〈모춘(暮春)〉 시에 "초천에는 사계절 내내 비가 끊이지 않고, 무협에는 항상 만리 거센 바람이 불어오네.〔楚天不斷四時雨, 巫峽常吹萬里風.〕"라고 하였다. 《杜少陵詩集 卷18》

소재[829]를 말끔하게 소제하다

蘇齋淨訖

손수 등덩굴 가닥으로 좀먹은 자리를 깁고	手拈藤理補蟫餘
사방 벽을 종횡으로 차례차례 종이를 바르고	四壁縱橫次第糊
모처럼 먼지를 떨고 나니 한껏 쾌활하여라	試拂塵埃更快活
이제야 소재의 호칭이 헛된 게 아님을 알겠네	方知不枉號齋蘇

차제(次第)가 다른 본에는 관관(款款)으로 되어 있다.

829 소재(蘇齋) : 저자의 서재(書齋) 이름이다.

정우에 대한 만사

挽鄭遇

사람들이 장원급제한 선비를 보면	見士由高第
다들 특별한 가르침이 있었나 의심하지만[830]	疑皆有異聞
삼 년을 배우고는 학문을 계속하지 못했고[831]	三年學不得
그대보다 나이만 조금 많을 뿐이었네[832]	一日長乎云
노주[833]는 깊은 술잔으로 흥취를 같이했고	魯酒深杯興

830 사람들이……의심하지만 : 특별한 가르침이란 곧 춘추 시대 노(魯)나라 진항(陳亢)이라는 사람이 일찍이 성인(聖人)의 아들은 혹 특별한 가르침을 받지 않았을까 하는 생각에서 공자의 아들 리(鯉)에게 "그대는 역시 특별한 가르침을 받았는가?〔子亦有異聞乎〕"라고 묻자, 리가 아버지로부터 시(詩)와 예(禮)를 배워야 한다는 말씀을 듣고 그것을 배웠을 뿐이라고 대답한 데서 온 말이다.《論語 季氏》 여기서는 저자 자신 또한 일찍이 장원급제(壯元及第)는 했지만, 스승이나 아버지로부터 특별한 가르침을 받은 적은 없었다는 뜻으로 한 말이다.

831 삼 년을……못했고 : 공자가 이르기를 "삼 년을 배우고도 녹봉에 뜻을 두지 않는 자를 쉽게 얻지 못하겠다.〔三年學, 不至於穀, 不易得也.〕"라고 한 데서 온 말로, 공자의 뜻은 곧 모든 사람이 삼 년쯤만 배우고 나면 흔히 학문을 그만두고 벼슬길에 나가려고 한다는 의미로 한 말이다.《論語 泰伯》 여기서는 저자 자신 역시 글을 조금 배우고는 더 이상 학문에 정진하지 않고 바로 벼슬길에 나아갔다는 뜻으로 한 말이다.

832 그대보다……뿐이었네 : 공자가 일찍이 제자들에게 이르기를 "내 나이가 너희들보다 조금 더 많기는 하나 그 때문에 나를 어렵게 여기지 말라.〔以吾一日長乎爾, 毋吾以也.〕"라고 한 데서 온 말이다.《論語 先進》 여기서는 저자 자신 또한 이미 고인(故人)이 된 정우(鄭遇)의 스승 위치에 있었기 때문에 겸사로 한 말이다.

833 노주(魯酒) : 본디 노나라에서 빚은 술을 말하는데, 그 술은 맛이 아주 싱거웠으므로, 후세에는 흔히 박주(薄酒)의 대칭으로 쓰인다.

《제론》의 글은 고작 반부를 읽었을 뿐이지[834] 齊論半部文
끝내 알괘라 옥수를 땅에 묻고 나면 竟知埋玉樹
다시 양자운을 찾아오지 않을 줄을[835] 不復過楊雲

향약[836]을 아침에 부쳐 주었는데 香藥朝分寄
부음이 밤중에 갑자기 들리누나 凶音夜遽聞
고향 사람들도 모두 애달파할 터인데 鄉情盡怛怛
나의 병이야 더구나 운운할 것 있으랴 吾病況云云
부인이 있어 《논어》는 거두어 가겠지만 有婦收論語
아이가 없으니 묘지문은 누가 청할꼬 無兒請誌文
상여를 잡고 늘어져 출발을 못하는데 靈輀擁不發
포구의 나무에 찬 구름이 자욱하구나 浦樹密寒雲

834 제론(齊論)의……뿐이지 : 《제론》은 한대(漢代)에 제나라에서 전했다는 《논어(論語)》를 말하는데, 현존한 《논어》인 《노론(魯論)》보다 〈문왕(問王)〉, 〈지도(知道)〉 두 편이 더 있었으나 산일되었다고 한다. 지금 여기서 하필 《제론》이라고 말한 것은 곧 바로 위의 구절에서 노주(魯酒)를 말했기 때문에 《노론》이라 하지 않고 《제론》이라 한 것이다. 반부(半部)는 곧 '절반'과 같은 뜻인데, 절반만 읽었다는 것은 곧 죽은 정우를 가리켜 한 말이다.

835 끝내……줄을 : 옥수(玉樹)는 재능이 뛰어난 사람을 일컫는 말로, 여기서는 곧 정우를 가리킨다. 《세설신어(世說新語)》 〈상서(傷逝)〉에, 유량(庾亮)이 죽었을 때 하충(何充)이 말하기를 "옥수를 흙 속에 묻으려니, 사람의 인정을 어찌 누그리게 할 수 있겠는가.〔埋玉樹著土中, 使人情何能已已?〕"라고 하였다. 양자운(揚子雲)은 한대의 문장가였던 양웅(揚雄)을 가리킨다. 366쪽 주812 참조. 양웅이 은거하며 제자들을 길렀으므로, 여기서는 저자 자신을 양웅에 빗대서 한 말이다.

836 향약(香藥) : 향료(香料), 또는 향료와 약재(藥材)를 병칭하기도 하는데, 여기서는 약재를 말한 것이다.

부모 형제가 동서남북으로 뿔뿔이 흩어져 있어　父母弟兄南北東
천지간에 떠도는 바람 구름 해 달과도 같아라　風雲日月大空中
백발의 나는 금년까지 그대로 남아 있으면서　依然白首今年在
그대 집으로 훌쩍 돌아가는 그대를 보내노라　送爾翩翩返爾宮

진도군의 성 동쪽에다 빈소를 차렸다가　殯于珍島郡城東
저 영암의 옥야[837] 가운데 장사를 지내려 하네　藏彼靈巖玉野中
아내는 궤연을 끌어당기고 형은 상여 줄을 잡아라　婦挽几筵兄執紼
모친께선 또 깊은 집에서 통곡을 끝없이 하겠지　更堪慈母哭深宮

837 옥야(玉野) : 영암(靈巖)에 옥(玉) 자가 들어가는 지명이 있었는지 자세하지 않다.

질녀의 서신을 얻었는데, 지금 질녀 나이 열두 살이다. 슬픔과 기쁨이 겹치어 마침내 짤막한 시구를 짓다 11월이다.

得姪女書時年十二悲喜相兼遂作短句 十一月

난초 싹처럼 자라던 세 살 적을 보았는데	蘭茁看三歲
명주처럼 곱게 자란 그 후 팔 년이 생각난다	珠明憶八春
서신을 적어 보내올 줄을 어찌 알았으랴	那知尺書報
두어 줄을 똑 고르게 말을 적어 왔구나	已辦數行勻
고운 말솜씨는 참으로 얼굴을 본 것 같으니	辭氣眞如貌
착하고 유순하여 반드시 인자의 짝이 되련만	徽柔必配仁
여자에 대한 훈계를 가르칠 길이 없어	無因訓女訓
머리 돌리며 한번 눈물로 수건 적시노라	回首一沾巾

16일 밤에 앉아서 읊다

既望夜坐

바람결에 고각 소리 황량한 군영은 처량하고	風連鼓角悲荒戍
안개 자욱한 오두막 쓸쓸한 처소는 닫혀 있네	霧壓柴荊閉索居
울타리 밑에 드나드는 조수를 익히 보노라니	慣見籬邊有潮水
한가로이 저절로 밀려왔다 빠졌다 하는구나	閑來閑去自盈虛

조 판관이 거듭 해도에 들어와 서로 만나서 내일 다시 만나기로 약속하다

曺判官重入海相見約來日更會

눈서리 바람 추위는 아직 미약한데	霜雪寒猶薄
티끌 같은 뿌연 장기는 사라져 가누나	塵埃瘴欲銷
백구가 돌아오는 건 그윽한 꿈에 부쳤지만	鷗廻屬幽夢
까치가 지저귀더니 청요가 한데 모이었네[838]	鵲報赴淸謠
세상일은 잠깐 사이에 고금이 달라졌는데	俛仰成陳跡
서남쪽에서 온 예전의 친구를 만났도다	西南得舊要
응당 수년 동안의 일을 담론하자면	應談數年事
내일하고도 또 날마다 해도 끝이 없을 걸	明日又朝朝

838 까치가……모이었네 : 까치가 지저귄다는 것은 곧 기쁜 소식을 전해 준다는 뜻에서, 여기서는 바로 반가운 친구가 찾아온 것을 의미한다. 청요(淸謠)는 본디 진(秦)나라 말기에 난리를 피해 속세를 떠나서 상산(商山)에 은거했던 네 노인〔四皓〕, 즉 동원공(東園公), 기리계(綺里季), 하황공(夏黃公), 녹리선생(甪里先生)이 자지(紫芝)를 캐 먹으면서 노래를 지어 불렀던 〈자지가(紫芝歌)〉를 가리킨 것으로, 여기서는 곧 저자와 친구가 모두 세속을 초월하여 시를 읊고 노니는 것을 상산의 네 노인의 〈자지가〉에 빗대서 한 말이다. 도잠(陶潛)의 〈증양장사(贈羊長史)〉 시에 "고관대작은 환난을 면할 수 없거니와, 빈천한 이들은 서로 왕래하며 즐김이 있고말고. 청요가 마음 깊은 속에 맺히어라, 사람에게 운이 따라 주지를 않는구려.〔駟馬無貰患, 貧賤有交娛. 淸謠結心曲, 人乖運見疎.〕"라고 하였다. 《陶淵明集 卷2》

판관의 운에 차하다

次判官韻

이 한 몸은 멀리 하늘 한쪽에서 눈물 흘리며	天隅涕淚一身遙
단지 아침저녁으로 바다 조수만 볼 뿐인데	只管朝曛看海潮
오늘 그 누가 나를 홀로 취하게 하였던가	今日誰教我獨醉
십 년 동안의 신기가 한꺼번에 날아오를 듯하네	十年神氣儘飄颻

또 차운하다

又次

진중한 조 군자를 만나고 나니	珍重曺君子
내 가문과의 이별의 한이 더해지누나	家門別恨添
찬바람은 눈 쌓인 바닷가를 맴돌고	寒風逗雪浦
빠른 햇볕은 구름 덮인 처마를 지나가네	急景過雲簷
술은 즐기어 큰 술잔으로 수작을 하는데	酖酒盃傳白
시는 지은 지 오래라 붓끝이 얼어붙었네	荒詩筆凍尖
다정한 마음으로 그대에게 말해 주노라	殷勤與君說
가는 곳마다 성은을 흠뻑 입고 있다고	到處聖恩霑

재차 차운하여 주어 작별하다

再次贈別

나는 만사에 마음이 식은 재가 다 되었는데[839]　萬事心灰盡
그대는 삼 년 동안에 백발만 더하였구려[840]　三年鬢雪添
채색옷 입은 걸 보니 마음은 하 슬프지만[841]　悲涼覩綵服
두건을 젖혀 쓰고 소리 높여 읊조리노라　吟嘯岸冠簪
예전에 보았던 얼굴엔 정채가 넘쳐흐르고　舊面英華溢
새로운 시는 아로새긴 기교가 예리하구려　新詩刻畫尖
다시 장부의 눈물을 가져다가　還將丈夫淚
한번 친구를 위하여 수건을 적시노라　一爲故人霑

839 나는……되었는데 : 마음이 식은 재가 되었다는 것은 곧 세상만사에 전혀 관심이 없다는 뜻으로 한 말이다.

840 그대는……더하였구려 : 조 판관(曺判官)을 3년 전에 만나고 지금 다시 만났기 때문에 한 말인 듯하다.

841 채색옷……슬프지만 : 채색옷을 입었다는 것은 곧 부모를 뵈러 고향으로 가는 조 판관(曺判官)을 가리킨 것으로, 부모 앞에서 채색옷을 입은 고사는 61쪽 주103 참조. 그리고 마음이 슬프다는 것은 곧 저자 자신은 부모를 뵐 수가 없기 때문에 한 말이다.

동지에 느낌이 있어 읊다

冬至有感

캄캄한 갈대 재 밑에서 불을 불어오자[842]　嘘火陰灰下

어둑새벽 무렵에 양기의 정신을 살피노라　觀神昧爽間

연잎 옷[843]은 껴입어도 다습지 않고　荷衣襲未煖

팥죽은 먹어도 오히려 춥기만 하네　豆粥食猶寒

어린애가 장차 우물에 빠질 지경이라[844]　孺子將墜井

842 캄캄한……불어오자 : 갈대의 재〔葭灰〕란 곧 십이율관(十二律管)에 담은 갈대의 재를 말한 것이다. 황종(黃鐘), 대주(大簇), 고선(姑洗), 유빈(蕤賓), 이측(夷則), 무역(無射), 대려(大呂), 협종(夾鐘), 중려(仲呂), 임종(林鐘), 남려(南呂), 응종(應鐘)의 십이율려(十二律呂)가 1년 열두 달에 짝하여, 황종은 11월 동지, 대주는 정월, 고선은 3월, 유빈은 5월, 이측은 7월, 무역은 9월, 대려는 12월, 협종은 2월, 중려는 4월, 임종은 6월, 남려는 8월, 응종은 10월에 각각 배속(配屬)되었는데, 후기(候氣)의 법칙에 의하면, 방 하나를 삼중(三重)으로 밀폐하고 방 안에 나무 탁자 12개를 각각 방위에 따라 안쪽은 낮고 바깥쪽은 높게 비치한 다음, 위 12개의 율관을 12개의 탁자 위에 각각 안치하고 갈대 재를 각 율관의 내단(內端)에 채워 놓고 절기(節氣)를 기다려 살피노라면, 매양 한 절기가 이를 때마다 해당 율관의 재가 날아 움직이게 됨을 말한다. 예컨대, 11월 동지에는 황종율관의 재가 날아 움직이고, 12월에는 대주율관의 재가 날아 움직이게 되는 등의 법칙에서 온 말이다. 여기서는 11월 동지가 되자, 황종율관 밑에서 갈대 재를 불어 날리어 일양(一陽)이 처음 생기게 된 것을 말한 것이다.

843 연잎 옷 : 옛날에 은사(隱士)들이 흔히 연잎으로 옷을 지어 입은 데서 온 말로, 전하여 은자(隱者)의 옷을 의미한다.

844 어린애가……지경이라 : 맹자가 이르기를 "사람들이 모두 사람을 차마 해치지 못하는 마음을 가지고 있느니라. 선왕들은 사람을 차마 해치지 못하는 마음을 가지어, 사람을 차마 해치지 못하는 정사를 행하였다.……사람들이 모두 사람을 차마 해치지

선왕들께서는 정히 관문을 닫았었지[845]	先王正閉關
누가 몸 가리라는 경계[846]를 능히 수행할꼬	誰能掩身戒
이때의 선단[847]을 잘 길러야 하고말고	善養此時端

못하는 마음을 가지고 있다고 말한 까닭은 바로 지금 사람들이 갑자기 어린애가 곧 우물로 들어가려는 것을 보고는 모두 깜짝 놀라고 측은해하는 마음을 갖게 되기 때문이다.……측은해하는 마음은 인의 단서이고, 수오하는 마음은 의의 단서이고, 사양하는 마음은 예의 단서이고, 시비의 마음은 지의 단서이다.〔人皆有不忍人之心. 先王有不忍人之心, 斯有不忍人之政矣.……所以謂人皆有不忍人之心者, 今人乍見孺子將入於井, 皆有怵惕惻隱之心.……惻隱之心, 仁之端也; 羞惡之心, 義之端也; 辭讓之心, 禮之端也; 是非之心, 智之端也.〕"라고 한 데서 온 말이다. 《孟子 公孫丑上》 여기서는 곧 일양이 처음 생기는 동지를 맞아 조심스럽게 양(陽)을 기르듯이 맹자가 말한 인(仁), 의(義), 예(禮), 지(智) 네 가지의 선단(善端)을 잘 길러야 한다는 뜻으로 한 말이다.

845 선왕(先王)들께서는……닫았었지 : 관문을 닫는다는 것은 곧 동지에 일양이 처음 생긴 것은 아주 미약하기 때문에 그것을 안정시켜 길러서 천하가 태평해지기를 기원하는 뜻으로, 《주역》 〈복괘(復卦) 상사(象辭)〉에 "우뢰가 땅속에 잠재한 것이 복이니, 선왕이 그것을 인하여 동지일에 관문을 닫아서, 장사꾼도 다니지 못하게 하고, 임금은 사방을 시찰하지도 않는다.〔雷在地中, 復. 先王以, 至日閉關, 商旅不行, 后不省方.〕"라고 한 데서 온 말이다.

846 몸 가리라는 경계 : 몸을 가린다는 것은 곧 깊고 조용한 곳에 몸을 은폐시켜 거처한다는 뜻으로, 《예기》 〈월령(月令)〉에 "동짓달에는……해가 가장 짧고 음양이 서로 다툼으로 인하여 모든 생물이 움직이어 싹트기 시작한다. 이런 때에 군자는 재계하여 근신하고, 반드시 깊고 조용한 곳에 거처하면서, 편안하게 지내도록 한다.〔仲冬之月, ……日短至, 陰陽爭, 諸生蕩. 君子齊戒, 處必掩身, 身欲寧.〕"라고 한 데서 온 말이다.

847 선단(善端) : 여기서는 동지에 일양이 처음 생긴 것을 인(仁), 의(義), 예(禮), 지(智)의 네 가지 선단에 빗대서 한 말이다. 384쪽 주844 참조.

차운[848]하다 12월이다.

次韻 十二月

바다 동쪽 서쪽에서 십 년 동안 생각을 갈앉혔는데[849]　海東西住十年思
사람은 밤낮으로 두 귀밑의 백발이 교차하누나　人日夜交兩鬢絲
살아온 생애는 반평생 넘게 충효를 훼손했거니와　彊半爲生忠孝毁
죽을 때까지 이끗 명예의 유혹받은 건 그 얼마던고　幾多垂死利名欺
산수를 등진 곳에서 도깨비와 함께 지내노라니[850]　負山水地同魑魅
성현의 글을 읽을 때마다 부끄럽기 그지없네　讀聖賢書每忸怩
몸이 들어간 곳[851]에 자득함이 있어야 하는 것이니　身所入能爲自得
아마도 그대의 학문 경지는 여기에 가까우리　意君到位庶幾玆

848 차운(次韻) : 여기서는 곧 정황(丁熿)의 시에 차운한 것이다. 이 시에서 앞의 것은 정황의 시이다. 정황은 정암(靜庵) 조광조(趙光祖)의 문인으로, 1536년(중종31) 문과(文科)에 급제한 이후 여러 관직을 거쳐 춘추관 기주관(春秋館記注官)으로 있던 1545년 을사사화(乙巳士禍) 때 관작이 삭탈되었고, 1547년(명종2) 양재역벽서사건(良才驛壁書事件)에 연루되어 곤양(昆陽)에 유배되었다가 다음 해 거제(巨濟)로 이배(移配)되었다.

849 바다……갈앉혔는데 : 여기서 말한 동쪽, 서쪽은 곧 정황이 유배된 동쪽 거제와 여기 저자가 유배된 서쪽 진도(珍島)를 가리킨 것이다.

850 산수(山水)를……지내노라니 : 산수를 등진 곳이란 곧 저자의 유배지를 말한 것이고, 도깨비와 함께 지낸다는 것에 대한 내용은 169쪽 주379 참조. 여기서는 저자 자신 또한 변방에 유배되었음을 의미한다.

851 몸이 들어간 곳 : 학문(學問)의 문로(門路)에 들어간 것을 말한 듯하다.

청명한 자리에서 도리어 쓸데없는 생각을 하고	居淸明地却閑思
마음을 안정하려 할 때 다시 난마처럼 번란해지네	要把安時更亂絲
천리 멀리 친한 정분 새겨 온 지는 이미 오래거니와	千里親情天已老
일생 동안 사귄 의리는 귀신을 속이기 어려우리	百年交義鬼難欺
알괘라 내 마음 날로 저상함은 겸손이 아니거니와	知心日喪非謙退
아침에 도 듣고 후회와 부끄럼 없기만 바란다네[852]	欲道朝聞莫悔怩
기두의 이름[853]으로 일찍이 왕협을 같이했으니[854]	箕斗名曾同枉挾
보아 오매 내 병통은 이것을 벗어나지 못함일세	看來病痛不離玆

852 아침에……바란다네 : 공자(孔子)의 말에 "아침에 도를 깨달았으면 저녁에 죽어도 괜찮다.〔朝聞道, 夕死可矣.〕"라고 한 데서 온 말이다.《論語 里仁》

853 기두(箕斗)의 이름 :《시경》〈소아(小雅) 대동(大東)〉에 "남쪽에는 '키'라는 별이 있으나, 까불어 날릴 수 없고, 북쪽에는 '말'이라는 별이 있으나, 술과 물을 뜰 수가 없도다.〔維南有箕, 不可以簸揚; 維北有斗, 不可以挹酒漿.〕"라고 한 데서 온 말로, 유명무실(有名無實)한 사물에 비유한다. 여기서는 저자 자신이 헛된 명성을 누렸다는 뜻으로 한 말이다. 소식(蘇軾)의 〈차운삼사인성상(次韻三舍人省上)〉 시에 "아 그대들 좋은 자질은 다 호련 같은 그릇인데, 나의 헛된 이름은 남기성 북두성과 똑같다오.〔嗟君妙質皆瑚璉, 顧我虛名俱箕斗.〕"라고 하였다.《蘇東坡詩集 卷28》

854 왕협(枉挾)을 같이했으니 : '그릇되이 헛된 기세를 부렸다.〔枉挾虛氣〕'는 말의 약칭이다.《을사전문록(乙巳傳聞錄)》〈노수신전(盧守愼傳)〉에 "을사사화가 일어나자, 대간이 논계하여 관작을 삭탈시켰고, 정미년(1547, 명종2)에 죄가 가중되어 '노수신이 정황과 더불어 그릇되이 헛된 기세를 끼고 부박함을 선동하였다.'라는 죄목으로 순천에 유배시켰다가 다시 진도로 이배시켰다.〔乙巳禍作, 臺諫論啓, 削奪官爵. 丁未加罪, 以爲公與丁熿枉挾虛氣, 鼓煽浮薄, 竄順天, 移配珍島.〕"라고 한 데서 온 말이다. 여기서는 곧 저자 자신이 헛된 명성을 가지고 대간(臺諫)의 말과 같이 정황과 더불어 그릇되이 허황한 기세를 부렸다고 겸사로 자책(自責)한 것이다.

용탄 선생의 휘일에 울면서 예전의 운을 사용하다
龍灘先生諱日泣用舊韻

선생께서 문학과 함께 한번 떠나시고 나자	先生一去與文俱
만사가 아득하여라 자주가 혼란스럽네[855]	萬事茫茫亂紫朱
비명은 지을 데 없어 유부를 전할 수 없거니[856]	無處乞銘傳幼婦
무슨 맘으로 논을 지어서 잠부를 본받으랴[857]	何心著論效潛夫

855 자주(紫朱)가 혼란스럽네 : 자(紫)는 간색(間色)이고, 주(朱)는 정색(正色)인데, 이것이 혼란스럽다는 것은 곧 선악 진위(善惡眞僞)가 혼동되어 그 실상을 알 수가 없게 된 것을 의미한다. 공자가 이르기를 "나는 간색인 자색이 정색인 주색을 빼앗는 것을 미워하며, 정나라의 음악이 아악을 어지럽히는 것을 미워하며, 말 잘하는 입이 나라를 전복시키는 것을 미워한다.〔惡紫之奪朱也, 惡鄭聲之亂雅樂也, 惡利口之覆邦家者.〕"라고 하였다. 《論語 陽貨》

856 비명(碑銘)은……없거니 : 유부(幼婦)는 곧 후한(後漢) 때 채옹(蔡邕)이 조아비문(曹娥碑文)을 보고 그 비석의 배면(背面)에다 은어(隱語)로 '황견유부외손제구(黃絹幼婦外孫虀臼)' 여덟 글자를 새겨 놓은 데서 나왔는데, 뒤에 양수(楊脩)가 이것을 해석하기를 "황견은 색사(色絲)이니 글자로는 절(絶) 자가 되고, 유부는 소녀(少女)이니 글자로는 묘(妙) 자가 되고, 외손은 여자(女子)이니 글자로는 호(好) 자가 되고, 제구는 매운 맛을 받는 것이니 글자로는 사(辭) 자가 되므로, 이른바 '아주 절묘한 좋은 문장〔絶妙好辭〕'이라는 뜻이다."라고 한 데서 온 말이다. 《世說新語 捷悟》 여기서는 뛰어난 문장으로 된 비명(碑銘)을 의미한다.

857 무슨……본받으랴 : 잠부(潛夫)는 곧 은자(隱者)를 의미한 말로, 후한(後漢) 때 왕부(王符)가 일찍이 난세(亂世)를 만나서 강직한 지조(志操) 때문에 세상에 용납되지 못함을 분개하여 은거(隱居)하면서 당시의 폐정(弊政)을 통절히 비판하여 《잠부론(潛夫論)》을 저술한 데서 온 말이다. 《後漢書 卷49 王符傳》 두보(杜甫)의 〈만청(晩晴)〉 시에 "때로 잠부의 남긴 논을 들어 보니, 노부가 은거함이 괴이치 않도다.〔時聞有餘論,

일생의 은덕과 신의는 천 종정에 새길 만한데[858] 沒身恩信千鍾鼎
덧없는 세상의 세월은 한 호흡만큼 빠르구려 浮世光陰一吸呼
상례 제례는 의리에 맞춰 창작함도 무방하건만 喪祭不妨從義起
생명 보전하느라 참으로 작은 정성도 펴지 못했네 全生眞爲寸誠無

未怪老夫潛.〕"라고 하였다.《杜少陵詩集 卷10》 여기서는 저자 자신은 은자를 자처하고 《잠부론》을 지을 수도 없다는 뜻으로 한 말이다.

858 일생의……만한데 : 종정(鍾鼎)은 쇠북과 가마솥을 말하는데, 옛날에 종정의 상면(上面)에다 흔히 공훈(功勳)을 표창하는 문자를 새겼던 데서 온 말로, 여기서는 곧 저자의 스승인 이연경(李延慶)의 은덕과 신의는 1000개의 종정에도 새길 만하다는 뜻으로 한 말이다.

지은이 **노수신(盧守愼)**

1515년(중종10)~1590년(선조23). 조선 중기의 문신으로, 본관은 광주(光州), 자는 과회(寡悔), 호는 소재(穌齋)·이재(伊齋)·암실(暗室)·여지노인(茹芝老人)이다. 장인인 이연경(李延慶)을 사사하였다. 1543년 문과 식년시에 장원급제하였다. 이후 홍문관 수찬·시강원 사서·병조 좌랑 등을 역임하였고 사가독서(賜暇讀書)를 하였다. 1545년(명종 즉위년)에 을사사화가 일어나자 파직되어 순천(順天)에 유배되고, 다시 양재역벽서사건(良才驛壁書事件)에 연루되어 진도(珍島)·괴산(槐山) 등지에서 유배 생활을 하였다. 1567년에 선조가 즉위하자 홍문관 교리로 서용되었다. 이후 홍문관 부제학·충청도 관찰사·대사헌·이조 판서·문형 등을 역임하고, 1573년(선조6)에 우의정, 1578년에 좌의정을 거쳐 1585년에 영의정이 되었다. 1589년 기축옥사가 일어나자 이에 연루되어 파직되었다. 시·문·서예에 뛰어났으며 양명학(陽明學)에 조예가 있었다. 승려 휴정(休靜)·선수(善修) 등과도 교유하였다. 저술로는 《소재집》 등이 있다. 시호는 문의(文懿)였으나 뒤에 문간(文簡)으로 고쳤다.

옮긴이 **임정기(任正基)**

1951년 전남 보성에서 태어났다. 가학을 전수받았으며, 민족문화추진회 부설 국역연수원 연수부를 졸업하였다. 현재 한국고전번역원 자문위원 및 번역위원으로 한국문집 번역에 참여하고 있다. 번역서로는 《목은집》, 《점필재집》, 《사가집》, 《백사집》, 《상촌집》, 《한수재집》, 《다산시문집》, 《완당전집》, 《허백당집》, 《매천집》 등이 있다.